南开公共管理研究丛书

共生理论视域下政府与社会组织关系研究

Research on the
Relationship between
the Government
and Social Organizations from
the Perspective
of Symbiosis Theory

刘志辉◎著

天津出版传媒集团

天津人民出版社

图书在版编目(ＣＩＰ)数据

共生理论视域下政府与社会组织关系研究 / 刘志辉
著. —— 天津：天津人民出版社, 2017.8
  (南开公共管理研究丛书)
  ISBN 978-7-201-12305-9

Ⅰ.①共… Ⅱ.①刘… Ⅲ.①国家行政机关—关系—
社会组织—研究—中国 Ⅳ.①D630.1②C912.21

中国版本图书馆 CIP 数据核字(2017)第 209841 号

共生理论视域下政府与社会组织关系研究
GONGSHENGLILUNSHIYUXIA ZHENGFU YU SHEHUIZUZHI GUANXIYANJIU

出　　版	天津人民出版社
出 版 人	黄　沛
地　　址	天津市和平区西康路35号康岳大厦
邮政编码	300051
邮购电话	(022)23332469
网　　址	http://www.tjrmcbs.com
电子信箱	tjrmcbs@126.com
策划编辑	王　康
责任编辑	郑　玥
特约编辑	王　玎
印　　刷	高教社(天津)印务有限公司
经　　销	新华书店
开　　本	787毫米×1092毫米 1/16
印　　张	23.5
插　　页	2
字　　数	350千字
版次印次	2017年8月第1版　2017年8月第1次印刷
定　　价	69.00元

总　序

改革开放以来,中国行政学恢复研究已经历了三十多年。三十多年来,行政学伴随着改革开放的发展而发展,在与行政改革和行政发展实践的互动中奠定了理论根基,并不断地开拓自身的研究疆域,在中国社会科学的学术土壤中茁壮成长,如今已成为最富有生机和活力的学科之一。

作为学科,其建设至少包含研究队伍、科学研究、人才培养和学术声誉四个要素,它们综合水平的高低体现着该学科的整体实力。从较为宏观的角度来看,行政学作为社会科学重要的组成部分,其研究队伍从改革开放初期的从无到有、从弱到强,已经完成了从"转行"出身到"科班"出身的转换,一大批中青年的专业研究人才崭露头角,成为行政学研究领域的重要力量。在科学研究方面,各个梯次的研究队伍伴随着当代中国行政改革实践的发展,深入地探讨了行政系统各个内在要素及其相互之间的关系、行政系统与其环境之间的关系,全方位地探讨了与行政发展相关的重大问题,并形成了较为丰富的研究成果。这些成果源于行政改革实践,并对行政改革实践发挥着重要的指导意义。从人才培养来看,随着中国行政管理专业人才需求的增长,高等学校陆续设置了相关专业,至今已经形成了包括本科、硕士(专业硕士)和博士在内的完整的人才培养体系,为行政学的学科发展培育了一大批新生的学术力量,也为提高政府机关的整体素质提供了有力的保障。在学术声誉方面,行政学科自恢复研究以来,以其理论与实际相结合,积极构建中国特色行政学科,主动参与行政改革实践,努力解决当今中国行政发展与发展行政的重大问题,而在中国的社会科学领域确立了自己的地位,并赢得了良好的学术声誉。

如今,中国的经济、社会和人们的社会生活发生了巨大的变化,国内外的行政学科也取得了很大的进展。具有社会性、综合性、动态性特点的行政学,应当对这种变化给予更大的理论自觉。在以后的理论研究中,应当突出需求导向和前沿导向。所谓需求导向,就是行政学的研究要瞄着国家发展中的战略课题,运用新理论、新方法和新技术解决经济、社会进步和政府自身发展中的重大问题。马克思曾经指出:"理论在一个国家的实现程度,决定于理论满足这个国家的需要的程度。"邓小平也曾指出:"深入研究中国实现四个现代化所遇到的新情况、新问题,并且作出有重大指导意义的答案,这将是我们思想理论工作者对马克思主义的重大贡献。"行政学能否取得其应有的学术地位,关键因素之一就是它在多大程度上研究了行政管理自身以及社会发展中的重大问题,并且为政府提供了多少富有创造性的、行之有效的对策。所谓前沿导向,即追寻国外行政学发展的最新趋势和最前沿课题,将其与中国行政改革和社会发展实践相联系,努力形成新观点,构建新理论,积极推进我国行政学科的发展。

党的十八大在新的社会历史条件下对我国的行政改革提出了新的要求。在政府和社会的关系方面,深入推进政企分开、政资分开、政事分开、政社分开;在政府建设方面,构建职能科学、结构优化、廉洁高效、人民满意的服务型政府;在政府职能及其转变方面,深化行政审批制度改革,继续简政放权,推动政府职能向创造良好发展环境、提供优质公共服务、维护社会公平正义转变;在行政体制改革方面,稳步推进大部门体制改革,健全部门职责体系;在行政技术方面,创新行政管理方式,提高政府公信力和执行力;在管理效率方面,严格控制机构编制,减少领导职数,降低行政成本;在事业单位改革方面,推进事业单位分类改革;在改革部署及其实施方面,完善体制改革协调机制,统筹规划和协调重大改革。

此外,党的十八大报告提出在改善民生和创新管理中加强社会建设,加强和创新社会管理,加快推进社会体制改革,加快形成党委领导、政府负责、社会协同、公众参与、法治保障的社会管理体制,加快形成政府主导、覆盖城乡、可持续的基本公共服务体系,加快形成政社分开、权责明确、依法自治的现代社会组织体制,加快形成源头治理、动态管理、应急处置相结合的社会管理机制,提高社会管理科学化水平,推动社会主义和谐社会建设。

以上论述为中国的行政改革和社会管理发展指明了方向,也为行政学科的研究提出了新的课题。行政学应当按照上述新的要求迈向新的研究征程,争取为我国的经济、社会发展提供理论指导和应用支撑。

南开大学的行政学科建设起步于20世纪80年代中期,在新的世纪取得了长足的进步。除了设有行政管理本科专业之外,还设有公共管理一级学科硕士点和一级学科博士点。在公共管理一级学科硕士点下设行政管理、社会保障、教育经济与管理三个二级学科硕士点;在公共管理一级学科博士点下设行政管理、教育经济与管理两个二级学科博士点。多年来在教学和科研中,不仅培养出一批优秀的专业人才,而且发表和出版了一批优秀的科研成果。为进一步推进行政学科的理论研究,我们和天津人民出版社一道策划了南开公共管理研究丛书,搭建南开行政学科教师和学生科研成果的展示平台。希望通过我们的努力,为中国行政学科的发展做出我们应有的贡献。

沈亚平

2013年3月于南开园

前　言

改革开放以来,伴随着我国经济体制改革、政治体制改革和社会管理创新的推进,政府逐步退出社会生活的微观管理领域,社会自由自主力量在不断增强。政府与社会组织在互动中共同发展。政府的体制改革为社会组织的兴起和发展创造了条件,社会组织的发展也为政府改革创造了社会条件。因此,对两者关系的研究成为社会组织理论研究中的焦点问题。

对于社会组织及其与政府关系,可以在借鉴国内外相关研究的基础上,从生物学共生理论视角来展开,即以共生理论的框架和方法分析作为逻辑起点,提出研究和解释政府与社会组织关系的新框架——政府与社会组织共生关系。政府与社会组织共生不仅有坚实的理论基础,还有着充分的现实依据。政府与社会组织的共生是政府转型的需要,社会组织是政府职能转变、简政放权的重要承接主体,是公共服务供给多元化的重要机制,同时也是政府与公民沟通的桥梁和纽带。政府与社会组织共生也是社会组织自身发展的需要,社会组织的发展需要政府为其提供生存的空间。此外,共生也是社会转型重塑政府与社会组织关系的必然要求。共生关系的本质是共生关系主体之间基于各自功能优势而形成的资源依赖关系。从生物学共生到经济学共生再到公共管理领域共生,共生关系主体的属性跨越极大。因此,可以针对政府与社会组织共生关系构建"资源相互依赖性—组织自主性"分析框架,据此分析框架对政府与社会组织共生关系的应然类型——寄生、非对称性共生、共栖、对称性互惠共生所具有的特征进行界定。共生关系的演进与共生关系的存在一样都具有普遍性，自然生态系统和社会系统都不例外，所不同的是共生关系演进机理存在差异性。基于社会系统共生关系具有人为的主导性和目标的导向性，将此领域共生关系演进的机理分为三个层次——共生环境、共生制度、共生机制，三个层次之间相互联系、相互影响。共生演进机理的提出对于优化现阶段政府与社会组织非对称性共生关系，进而构建对称性互惠共生关系是至关重要的。

我国社会组织的兴起与发展，是改革开放以来经济体制、政治体制和社会管理体制改革的必然结果。社会组织的发展体现出"自上而下"和"自下而上"两条不同的发展路径。"自上而下"的官办社会组织和"自下而上"依法在民政部门登记注册的民办社会组织，由于都受双重管理体制的束缚，将其视为体制内社会组织，未登记注册的草根社会组织被视为体制外社会组织。我国政府与社会组织共生关系的现状如何？根据"资源相互依赖性—组织自主性"分析框架对我国政府与社会组织共生关系现状进行研判。在分析过程中运用案例、访谈和理论分析相结合的方式，选取草根环保组织——绿色北京作为体制外社会组织的代表进行个案分析，对六个体制内社会组织开展焦点座谈会，并对民政部门和街道工作人员进行访谈。在此基础之上提出我国政府与社会组织现阶段共生关系为共栖和非对称性共生并存，体制内社会组织与政府共生关系表现为非对称性共生，体制外社会组织与政府共生关系表现为共栖。

政府与社会组织现阶段共生关系的成因是多方面的。其形成既受国家与社会、政府与市场关系的共生宏观环境影响，也与政府管理的价值取向、政府对社会组织管理制度过剩与制度短缺并存、政府职能转变不到位、政府对社会组织选择性信任等政府因素有关，更离不开社会组织内部治理失当、掌控资源有限，以及公信效用短缺等组织自身因素。这种共生关系的现状对社会组织的发展造成一系列不利影响，包括社会组织发展不均衡、社会组织功能的偏离、社会组织公共责任缺失、治理主体地位式微，甚至延缓公民社会的发育和成熟。因此，优化现阶段政府与社会组织共生关系显得愈益迫切。在对西方国家政府与社会组织关系考察和借鉴的基础上，重新定位我国政府与社会组织共生关系，提出构建对称性互惠共生关系是两者关系发展的必然趋势。

新型关系的构建需要从三个方面着手：首先，需要思路的改善。平衡政府与社会组织之间的权力、责任、利益，平衡两者之间的资源相互依赖关系，更需要社会组织自主性的成长。其次，需要确定共生关系的发展路径。实现政府理念由政府取向型向社会取向型转变。借鉴国外社会组织登记管理制度改革经验，改革社会组织管理体制，为对称性互惠共生关系提供体制保障。变革共生制度，通过加强和完善社会组织法制建设来规范政府与社会组织关系，维护社会组织发展的合法权益。同时，以新形势下政府大力推进政府向社会组织购买服务为契机，规范政府向社会组织购买服务，实现购买服务的制度化、竞争性和购买双方的相互独立，推进政府与社会组织平等基础上契约关系的形成。新型共生关系的构建不仅需要政府的努力，社会组织也应通过坚定信念和使命、完善内部治理结构、拓展资金来源渠道、加强组织自律和行业自律等方式提高自身能力。最后，对称性互惠共生关系的构建还需要建立健全促进共生关系演进的共生机制，包括信任机制、监督机制、责任机制、沟通与协调机制以及竞合机制。

目　录

第一章 导 论

第一节 问题的提出及研究意义

一、问题的提出

改革开放以来,我国在经济、政治和社会领域都发生了深刻的变化,国家与社会的关系也发生了转变, 从计划经济时期诸领域合一的 "整体性社会"向市场经济时期诸领域相对分离的社会演进。政府体制改革为社会组织的发展创造了条件。中国的社会组织在经济体制改革和政府职能转变中曲折成长,时至今日,无疑已成长壮大为一支不可忽视的组织力量。[①]社会组织作为相对于政府和市场之外的社会力量, 成为承接政府转移职能的重要主体、公共服务供给的重要力量,其参与公共事务治理的领域日益拓展,发挥着不可替代的作用。

然而与其发展壮大形成鲜明对比的是, 政府对社会组织的管理定位和取向,虽然从计划经济时期的全面禁止转变到改革开放以后的控制型监管,并逐步走向社会管理创新时期的监督管理和培育发展并重, 但是由于政府

---

① 李国武. 公共服务领域政府与社会组织关系研究. 科学决策,2011(7):31—48.

对社会组织管理"路径依赖"的存在和社会领域改革的相对滞后,致使相对于政企分开、政事分开所取得的成绩而言,政社分开的调整显得滞后,且效果不显著。当然,现今我国社会组织发展中存在的问题是多种因素交互作用的结果,但是从社会组织兴起、发展的历史来看,社会组织的生存和发展与政府的态度和行为密切相关,其在生成路径、资源获取、管理体制等方面都与政府紧密相连。进一步讲,社会组织与政府之间的关系是影响其能力建设、功能发挥的最为重要的因素。概言之,社会组织与政府的关系决定了社会组织的现实处境,也决定了社会组织的未来,从更深远意义上也决定了我国公民社会的未来发展。因此,政府与社会组织关系成为一个异常重要而迫切的研究课题。目前,人们已经认识到了政府与社会组织关系的重要性,对此进行了有益的探索,并取得了一定的成果。但是当下对政府与社会组织关系的研究更多的只停留在表层,人们对口号的关心更甚于关心行动和背后的实质,例如如何将发达国家的"伙伴关系"引入中国,因此也就形成了关于两者关系的研究无法深入下去,出现重宏观叙事轻实践研究、观念变革倡议多于行动策略指引等现象。

学者杨团在总结我国社会组织研究困境时指出:"研究目前还基本上停留在总结社会事实的层面,在局部研究上已经开始运用价值观工具进行NPO 行为背后的理性分析,但是一是没有找到一个可以牵一发而动全身的研究方位,二是没有找到在一定价值观基础上的适用的理论工具,所以从研究的理论角度看,难以上升到一个较为完善的经验研究层次,从研究的实践效果看,难以回答复杂而丰富的改革实践中的大量问题。"[①]由此,无论是基于政府与社会组织关系在社会组织发展中的重要地位,还是基于学界对政府与社会组织关系研究中尚存的不足,都促使我们继续关注和深入研究政府与社会组织关系问题。

---

① 杨团. NPO 类型界定与理性选择. http://www.chinanpo.gov.cn/1835/15740/preindex.html.

　　政府与社会组织关系应当如何发展才能有利于政府和社会组织各自功能优势的发挥？什么样的关系才能更好地促进社会组织良性发展和能力的提高？为了突破政府与社会组织关系理论研究的瓶颈，同时更是为了促进实践中两者关系的优化，亟需以新的理论、新的视角、新的分析框架来形成对政府与社会组织关系的重新认识，并理性地构建政府与社会组织关系的理想形态。借此，在前人已有研究的基础之上，本书尝试将生物学共生理论引入政府与社会组织关系研究中，以共生理论的研究框架和分析方法来研判我国政府与社会组织关系，提出政府与社会组织共生关系的研究命题。

　　共生理论为政府与社会组织关系研究提供了崭新的视角。社会组织的发展离不开各类共生关系主体，因为其发展是以各种共生关系为基础的。社会组织的发展过程就是不断处理与各类共生关系主体的关系，以获取资源、寻求合作与发展的过程，其持续的演进与各种共生关系主体的关系紧密相连。政府作为最重要的共生关系主体，对社会组织的成长与发展起着至关重要的作用。基于共生理论来界定和分析社会组织与其他社会主体之间的关系，尤其是与政府之间的关系实现了研究视角的转型——由宏观的国家与社会关系视角到中观甚至是微观层面的组织之间视角的转变。共生理论相对于其他解释模式而言，对社会组织与政府之间的关系具有更强的解释力，其可以囊括社会组织与政府关系的主要范畴，清晰地揭示两者关系发展的历史、现状以及未来的走向。因此，该理论的研究和实践，不仅有助于推动社会组织良性发展，同时也可以促进政府转型。

　　那么什么是共生关系？政府与社会组织共生关系有哪些类型？当前政府与社会组织共生关系的现状为何？影响共生关系形成的因素有哪些？政府与社会组织共生关系发展的未来走向及如何构建两者关系发展的理想形态等问题，是开展本研究需要回答的问题。

二、研究意义

政府与社会组织共生关系问题既是我国社会组织发展建设中一个重要的实践问题,同时也是值得学术界重点关注的理论课题,尤其是在当前学术界对政府与社会组织共生关系问题关注不够、系统性研究尚属空缺的情况下进行研究,无论是对于现实中优化政府与社会组织关系,促成两者对称性互惠共生关系的构建,还是在公共管理研究中引入新的理论视角,都具有重要的研究价值和重要意义。

(一)理论意义

本书试图超越传统的政治学、行政学、社会学关于政府与社会组织关系所进行的研究,引入生物学的共生理论、管理学的资源依赖理论,运用多学科的研究成果开启两者关系的探究之旅。本研究具有重要的理论意义:

首先,在研究中引入跨学科的理论——共生理论。共生理论发端于生物学,后在农学、医学、经济学等学科得到了广泛应用。公共管理学研究中应用共生理论的研究还处于起步阶段,已有的研究对共生理论的引介还停留在概念的阐发阶段,没有系统地讨论共生理论在公共管理学科研究中的适用性问题,更没有系统地就公共管理实践中的问题进行分析和论证。本书在这方面尝试着进行突破。

其次,丰富了公共行政学理论体系。公共行政学是综合性、边缘性的独立学科,这是其最大的学科优势也是最突出的特点。因此,行政学在发展过程中需要不断借鉴来自各个学科的知识来丰富和完备自身的理论体系,本书研究中应用多学科理论知识的尝试,无疑会对公共行政学理论体系的发展起到促进作用。

(二)现实意义

在我国经济体制、政治体制和社会体制改革的大环境下,政府逐渐从部分社会领域中退出,政府退出后大部分管理职能主要由社会组织来承接,这势必会给社会组织的发展带来更多的空间和机遇。我国体制改革为社会组织的发展提供了强大的动力,使其逐渐与政府、企业形成现代社会组织结构的"三足鼎",在整体上发挥功能互补的作用。社会组织日益成为社会管理与社会建设的重要力量,承担着提供服务、规范行为、反映诉求等功能。但在社会组织数量上不断发展壮大的同时,出现了许多令人担忧的问题,例如社会组织发展不均衡、功能偏离、公共责任缺失、治理主体地位式微等。因此,社会组织持续健康发展的问题被提上了议事日程。社会组织在社会治理中功能和作用的发挥要依托政府与社会组织关系的改进与优化。易言之,政府与社会组织的共生关系的类型决定着社会组织自身发展和功能作用发挥的整体状况。因此开展关于政府与社会组织共生关系的研究是理顺政社关系、激发社会组织活力和有效发挥其功能、开展政社合作的现实且迫切的需求。甚至从更高的层面上来说,政府与社会组织共生关系如何牵涉着政府机构改革和职能转变的顺利进行,进而关乎着整个社会转型能否顺利进行。本书分析了我国政府与社会组织共生关系的现状,指出了共生关系未来发展的趋势,并在考察、借鉴西方发达国家社会组织管理经验基础上提出了完善的思路和具体路径,这为我国加强和改进社会组织管理提供了实践指南。

第二节　国内外研究现状

一、国外相关文献

非营利组织历史源远流长,而对非营利组织的研究却一直处在社会科学中被遗忘的角落,这种被"冷落"的状况直到最近三十年才得到改观。社会组织研究热潮是在西方福利国家危机背景下兴起的,是对"全球结社革命"

趋势的学术回应和对西方国际福利制度重构过程中非营利组织作为政府行动的替代性工具的学术关怀。国外非营利组织的研究始于 20 世纪 70 年代的美国,至 20 世纪 90 年代,非营利组织研究的浪潮已经影响到欧洲和其他发达国家,专门从事非营利组织研究的机构和人员在日趋增多,研究成果日益丰富。梳理已有的研究成果发现既有的研究主要围绕以下四个方面展开:

(一)非营利组织形成与发展动因问题

1. 市场、政府失灵理论

政府失灵又称政府失败或政府缺陷,为英文"government failure"一词的中文译文。另外英文中还有"nonmarket failure"一词,中文译为非市场失灵、非市场失败或非市场缺陷,在有关政府失灵理论中几乎是与前者相等同的概念。政府失灵理论的提出经历了一个发展过程。人们通常认为,政府失灵的产生是政府在克服市场失灵的过程中产生的。因为现代市场经济是一种混合经济,市场经济的发展既不能单纯依靠市场,也不能单纯依靠政府,而是在政府与市场两者结合之间的选择。换言之,在市场经济的发展过程中政府终归是要发挥作用的。早期自由主义经济学家认为经济发展无须政府干预,只要通过市场这只"看不见的手"调节就足够了,因此主张"大社会,小政府",政府只要做好"守夜人"的工作就足够了。但是从西方市场经济发展的实践来看,单靠市场的力量无法解决公共物品、外部性、自然垄断和信息不对称等问题,因为市场机制要发挥作用是需要一定前提条件的,即只有存在理想化的完全竞争才可能达到帕累托最优。[①]

20 世纪 30 年代以后,凯恩斯理论成为西方经济学界的主流理论。西方国家遵从凯恩斯理论加大了对经济和社会发展的干预,尽管在某些领域取得了成功,一定范围和程度上纠正了市场失灵。但是伴随着政府对经济和社会发展的干预,政府职能和规模不断扩大,其结果是政府机构膨胀、公共政

① 张建东,高建奕. 西方政府失灵理论综述. 云南行政学院学报,2006(5):82-85.

策失效、公共资源浪费等现象的出现,这使得国家对经济和社会的干预陷入困境,从而导致了政府失灵或失败现象的出现。换言之,市场失灵为政府干预提供了必要性和空间,但是市场解决不好的问题,政府未必就一定可以解决得好。政府失灵理论最早是由美国经济学家罗兰·麦凯恩(Roland McKean)提出的,后来因 20 世纪 70 年代公共选择理论的流行而引起关注。在公共选择理论看来,政府失灵的基本假设是经济人假设,即政治系统中的公务员既追求政治利益,也存在对经济利益的追求,甚至他们追求的是自身利益而非公共利益。政府失灵主要表现为, 个人对公共物品的需求得不到很好的满足,公共部门在提供公共物品时趋向于浪费和滥用资源,致使公共支出规模过大或者效率低下, 政府的活动并不总像应该的那样或理论上所说的"有效"。1974 年,美国经济学家伯顿·韦斯布罗德(Burton Weisbrod)用经济学传统的需求-供给分析范式解释非营利组织的存在。他认为,政府和市场在提供公共物品上存在着缺陷是非营利组织兴起的缘由,换言之,非营利组织是对"政府失灵"和"市场失灵"的矫正和替代。他指出,政府提供的公共物品只能满足一部分人而不是大多数人。因此,非营利组织可以填补政府不能提供的物品和服务的缝隙。①韦斯布罗德采用了需求-供给这个传统经济学分析方式来解释非营利组织为什么会存在。在他看来,任何投票者都有对于物品的需求,这其中既包括对公共物品的需求,也包括对私人物品的需求,政府、市场和非营利部门都是满足个人需求的手段。这三者在满足物品和服务的需求时存在着相互替代性。正是由于政府和市场在公共服务和物品提供中存在着局限性,才导致了对非营利部门的需求。市场、政府失灵论从市场和政府的缺陷切入分析了非营利组织存在的必要性。

---

① Weisbrod B.A. Toward a Theory of the Voluntary Non-Profit Sector in a Three-Sector Economy. In E S Phelps (ed), *Altruism, Morality and Economic Theory*. New York: Russel Sage Foundation, 1975: 197-223.

2. 契约失灵论

该理论是由美国学者亨利·汉斯曼（Henry B.Hansmann）提出的，他从经济学的角度研究非营利组织问题，他从非营利组织所具有的"非分配约束"特性的角度，论证了为什么某些特定物品只能由非营利组织而不是营利性的市场组织来提供的原因。①他从营利组织的局限性入手，对非营利组织的功能需求进行分析，认为消费者和生产者在产品和服务的质量上存在明显的信息不对称，仅仅依靠生产者和消费者之间的合约难以防止生产者坑害消费者的机会主义行为，这就是契约失灵产生的原因。契约失灵会发生的领域包括再分配性的慈善、提供复杂的个人服务、服务的购买者和消费者分立、存在的价格而歧视和不完全贷款市场以及提供公共物品等。在这些领域中，营利性组织往往具有降低承诺服务的数量和质量的激励。在上述营利组织可能出现失灵的领域，由非营利组织提供的产品或服务的过程中，生产者的欺诈行为就会少得多。相比较而言，非营利组织则更值得信赖，因为它们受到"非分配限制"，因此没有足够的动力来提供更少或更低质量的服务。"非分配限制"是非营利组织区别于营利组织最重要的特征。这个特征使得非营利组织在提供存在信息不对称的产品或是服务的过程中，尽管存有提高价格或是降低服务或产品质量的机会，且不用担心服务使用者的报复，但是仍然不会损害消费者的利益。正是由于非营利组织具备的这个特征在很大程度上抑制了生产者实施机会主义行为的动机。由此可见，契约失灵论更多的是从非营利组织自身的特性和优势来论证其存在的。

3. 第三方管理

莱斯特·萨拉蒙（Lester.Salamon）提出了第三方管理的模式。他认为，市场、政府失灵论和契约失灵论中暗含着非营利组织作为市场和政府拾遗补缺的替补地位，同时也忽略了非营利部门本身的缺陷。他指出，政府在提供

---

① Henry B.Hansmann. The Role of Nonprofit Enterprise, *Yale Law Journal*, 1980, 89:835–901.

公共服务时存在弱势,以权力为基础的科层制度缺乏灵活性,难以根据不同群体的需求提供相应的服务,而且成本相对较高。然而非营利组织在提供服务的过程中是富有弹性的,可以满足不同层次的需求。此外,非营利组织在提供服务的过程中还可以展开竞争,从而可以提供更好的服务。他通过对美国非营利组织的考察,认为非营利组织广泛地参与到公共事务活动中,而不是仅仅弥补政府和市场的不足,联邦政府在福利项目提供中更多的是充任管理的角色,而把相当程度的处理权留给了非营利部门。借此,他提出用第三方管理来定义这些组织的角色,即非营利组织在公共服务提供中应作为优先的选择,政府的介入是以非营利组织志愿失灵为前提的,政府的介入是对非营利组织的缺陷的弥补。在萨拉蒙看来,非营利组织同样存在着四大缺陷:慈善不足(philanthropic insufficiency)、慈善组织的家长作风(philanthropic paternalism)、慈善组织的业余性(philanthropic amateurism)、慈善的特殊主义(philanthropic particularism)。①萨拉蒙认为,第三方管理模式可以有效调和美国公民对公共服务的社会需求与政府机构的敌意之间的矛盾。之所以如此,原因在于非营利组织在公共福利供给中参与可以增强政府在公共福利提供中的作用,同时又可以避免美国政府的过度膨胀,从而使政府机构保持一个适度的规模。在萨拉蒙看来,非营利组织与政府之间并非冲突关系,非营利组织提供公共物品的功能在历史上是早于政府的。因此,在这个意义上,非营利组织是与政府部门和市场部门并列的第三大部门,其存在的目的是应对市场失灵和政府失灵现象的存在。

(二)政府与非营利组织相互关系的研究

政府与非营利组织关系问题一直以来是西方学者关注的热点问题,形成了几种不同的观点,代表性的成果包括吉德隆(Gidron)、丹尼斯(Dennis R.

---

① L. M. Salamon. Rethinking Public Management:Third-party Government and the Changing Forms of Government Action, *Public Policy*, 1981:255-275.

Young)、纳吉姆(Najam)、科斯顿(Coston)、布林克霍夫(Brinkerhoff)等学者的研究。

吉德隆和萨拉蒙以福利服务中"服务的资金筹集和授权"和"服务的实际提供"两个维度对政府与非营利组织互动关系进行研究,将两者的关系总结成为四种不同的组合与搭配。①政府主导,在这个模式中政府在资金筹集和服务提供中占据着支配性地位;②非营利组织主导,在这个模式中非营利组织在资金筹集和服务提供中占据着支配性地位;③双重模式,这是一种混合模式,在这个模式中政府和非营利组织都参与到资金的筹集和服务的提供中,只是都局限在各自的领域;④合作模式,这种模式中政府与非营利组织合作提供公共服务,一般的情况是政府负责筹集资金,非营利组织负责具体服务的提供。科斯顿发展出政府与非营利部门的八种互动关系类型与模式:压制、敌对、竞争、契约签订、第三方政府、合作、互补以及协作。[1]丹尼斯运用经济学的理性选择模式分析了非营利组织与政府的互动模式,将其归纳为三种:互补模式(complementary model),非营利组织与政府部门是合作伙伴关系,政府提供一定的经费,非营利组织协助政府提供一定的服务;补充模式(supplementary model),认为非营利组织能够满足那些政府无法提供的公共物品的需求,非营利组织需自行筹措资金;抗衡模式(adversarial model),非营利组织督促政府的公共政策,推动政府公共政策的改革,以保证政府能够对公众负责,履行职责,而政府也通过各种规范措施来影响非营利组织的行为。[2]纳吉姆强调建立一个概念架构以了解非营利组织与政府的动态关系的重要性,因而提出 4C 模式,非营利组织与政府的互动性质取决于两者之间的策略性制度利益互动,而不是单独由一些因素来决定。他指出,政府与非

---

① Coston J M. A Model and Typology of Government-NGO Relationships. *Nonprofit and Voluntary Sector Quarterly*, 1998, 27(3).

② 周爱萍.非营利组织与其外部环境的互动关系研究——以温州绿眼睛环保组织为例,博士学位论文.上海:上海大学,2010.

营利组织之间的互动模式可经由两个方面来观察,一为目标,政府与非营利组织都要追求实践某些目标;另一为策略或手段,两者都有自己的偏好或方法以达成目标。①这两个变量交互的结果便得出四种组合:两者用相似的手段追求相似的目标;两者用相似的手段追求不相同的目标;两者追求的是相似的目标,但手段或策略不同;两者手段或策略不同,且追求的目标也不同。②布林克霍夫根据组织身份和相互依赖性,界定出政府与非营利组织关系的四种模式:合作伙伴关系、合同性关系、延伸性关系、操纵性和逐步吞并性关系。③

(三)非营利组织的管理研究

非营利组织所取得的成功在很大程度上应归功于良好的管理。1978 年,德鲁克在《非营利组织的管理工作》一文中提出:"非营利组织还仅仅是一个新近出现的现象,但我们确实认为,非营利组织需要管理。"他在 1992 年出版的《非营利组织管理》一书中对非营利组织的管理作了全面总结。他认为,非营利组织也需要管理和管理者,更需要有效的管理机构对组织的目标和行为负责。他指出,非营利组织管理结构的核心是董事会和总裁。尽管美国非营利组织在使命和规模上存在几乎无限的多样性,但是其中绝大多数都采用相似的管理结构。④阐述了非营利组织需要职业化管理,在非营利组织中实施目标管理等思想。其他成果还有赫茨琳杰等出版于 2004 年的专著《非营利组织管理》,研究揭示了管理的目的并非利润最大化。非营利组织的有效经营管理需要借鉴营利精神和商业行为。盖拉特的专著《21 世纪非营利组织管理》是当代美国非营利组织管理方面的经典之作,对非营利组织管理

---

① 汪锦军.走向合作治理:政府与非营利组织合作的条件、模式和路径.杭州:浙江大学出版社,2012:22.

② Najam A. The Four C's of Government Third Sector–Government Relations:Cooperation,Confrontation,Complementarily,and Co-optation. *Nonprofit Management & Leadership*,2000,10(4).

③ Brinkerhoff Jennifer M.Government –nonprofit Partnership:A Defining Framework,*Public Administration*,2002,22:19–30.

④ 张远凤. 德鲁克论非营利组织管理. 外国经济与管理,2002(9):2–7.

中的若干重要问题进行了论述，这些问题包括非营利组织的使命、战略规划、营销、公共关系、筹款策略、财务管理、人力资源管理、沟通、董事会、志愿者、竞争力等。这些著作对非营利组织的内部要素如领导决策、战略管理、财务管理、人力资源管理、项目管理、营销管理以及非营利组织的评估进行了较为详细的分析，为非营利组织治理研究提供了现实依据。[①]

(四)非营利组织治理研究

20 世纪 90 年代初，伴随着"全球治理"概念的出现，治理逐渐被广泛地应用在经济学、管理学、社会学等学科和诸多研究领域，国外非营利组织研究学者也开始将治理概念运用到非营利组织的研究中去，取得了非营利组织治理研究的一系列成果。

第一，非营利组织治理研究内容。从已有的研究来看，关于治理的论述大多是以理事会的角色及运作作为探讨的核心。美国著名学者丹尼斯指出："治理已成为非营利组织能否有效运作的首要课题，非营利组织治理指非营利组织用以设定长期方向并维持组织整合的机制。一般而言，治理通常围绕理事会的角色及运作为探讨的核心。"[②]行政学者 Gies & David 等认为："治理是一种监督与管理，当一群人为了非营利的目的，共同筹组法人团体时，治理的功能便已产生。"Saidel 认为："在非营利部门，治理一般是指董事会成员和执行长发挥关键作用的行动领域，它与目标、基本的组织活动、决策、参与者以及环境有关。"[③]有的学者认为，治理一般是指理事会成员针对与组织有关的事务表达自己的态度、价值及信念的过程，非营利组织的治理就等同

① 程昔武. 非营利组织治理机制研究. 北京：中国人民大学出版社，2008：43-44.

② Dennis R. Young. *Governing Leading and Managing Nonprofit Organizations：New Insights from Research and Practice.* New York：Jossey Bass Wiley. 1993：141.

③ Saidel J. R. & Harlan S. L. Contracting & Patterns of Nonprofit Governance. *Nonprofit Management & Leadership.* 1998(3)：243-259.

于理事们的职能及角色的发挥与运用。[①]但是也有学者并不认同这种将治理与理事职能等同起来的简单化、静态解释。Chait 认为:"治理的概念是复杂而且动态发展的,不能将其等同于某些一成不变的职务分工,从总体上来说,我们只能建议理事会多关注治理活动,而少干涉管理事务。"[②]在论及非营利组织治理与管理的区别时,Tandon 认为,治理着重于政策和组织特性的问题,而管理是日常项目实施的问题。治理意味着解决非营利组织的前景、使命以及战略的问题,着重于未来的方向和长期的战略考虑。

第二,非营利组织治理问题产生的原因。关于非营利组织治理问题产生的根源,学界主要从具有内在逻辑关系的两个方面进行了讨论:产权引起的委托–代理问题以及管理者的机会主义行为。[③]法玛和詹森认为,非营利组织这种特殊组织生存在于捐赠行为带来的代理问题中,其核心在于所有权和控制权的分离,尽管无法用剩余索取权来解释捐赠人的行为和管理者的策略,但是捐赠者为了保护非营利组织活动所带来的正外部性,有可能采取对组织发展有利的行为和策略。[④]管理者的机会主义行为是非营利组织治理起源的另一个原因。格雷瑟认为,在所有的经济组织中,管理者都不会自觉地最大化捐赠人的目标,即使管理者本身也是志愿者,所有权和控制权分离带来的代理问题不可避免,因为利他主义者——捐赠人不可能找到这样一个完美的代理人,完全按照委托人的意愿行事。[⑤]

第三,非营利组织治理模式、机制研究。国外学者在研究非营利组织治理模式和机制时,通常将非营利组织与社会环境联系起来,同时通过与企业

---

① Giesoti Shafritz. *The Nonprofit Organization: Essential Readings.* Pacific Grove CA: Brooks/Cole Publishing Company, 1990.

② 陈林,徐伟宣. 从"非国有化"到"非营利化":NPO 的法人治理问题. 中国研究(香港),2002(8).

③⑤ 赵秀芳,黄苏华. 非营利组织治理问题研究综述. 绍兴文理学院学报.2008(9).

④ Jensen M.C. Organization Theory and Methodology. *The Accounting Review.* 1983,58(4):319–339. Fama. E. F.,Jensen M.C. Separation of Ownership and Control. *Journal of Law & Economics.* 1983(26): 301–325.

组织治理的比较来认识非营利组织治理的特点。葛雷萨比较了营利组织与非营利组织在治理特征上的差异,指出了非营利组织的弱治理性,并构建了非营利组织行为模型,运用该模型对医院、博物馆、大学和教堂的行为进行研究,他发现,组织使命在治理中起着基本导向作用,并且认为,由于市场竞争的存在,优秀专业人员将最终控制组织的行为。[①]曼多特则根据非营利组织的特点构建了关系治理模型,该模型着重强调理事会要很好地运用决策的变动技巧,理事会与执行总裁之间维持一种建议和合作关系以及保持组织工作环境的开放性、灵活性和创造性的特点。[②]詹森认为,控制非营利组织治理的力量有四种:外部控制系统包括三种,它们是资本控制市场、司法系统、产品要素市场以及内部控制系统(主要是董事会控制系统)。詹森认为,由于没有资本市场和有效的外部市场来约束非营利组织的管理者,只能依靠非营利组织内部控制系统来保护捐赠人所捐赠的资产。[③]而权力关系是非营利组织治理活动中很重要的一环,克莱姆根据以色列15家非营利组织的决策权力分布状况,将非营利组织的治理模式分为两大类:个人主导的治理模式和董事会主导的治理模式。[④]多数学者如沃尔夫、英格兰姆等从科层角度讨论董事会与执行长之间的权责关系以及治理模式,认为董事会是非营利组织的最高权力机关,负责使命的导向、政策的制定、实施与监督以及绩效考核,董事会跟执行长之间的关系是决策和执行的关系。[⑤]由此,我们不难看出,非营利组织治理基本上是以董事会为核心展开的,还有研究在此基础上探讨了董事会与非营利组织治理绩效的关系。桑德奇·卡伦建立了一个非营利组织激励的新框架,认为非营利组织的治理主要集中在董事会的激励

① E. L. Glaeser. *The Governance of Not-For-Profit Firms.* Harvard Institute of Economic Research Discussion Paper. 2002.

② Mandato I. *Nonprofit Management a New Model for a New World.* Working Paper. 2003.

③ Jensen M.C. Organization Theory and Methodology. *The Accounting Review.* 1983,58(4):319-339.

④⑤ 赵秀芳,黄苏华.非营利组织治理问题研究综述.绍兴文理学院学报,2008(9).

机制上面。①斯通纳和奥斯特等认为,董事会是组织和外界接触的桥梁,董事会对于非营利组织负有最终的责任。②

总之,国外对非营利组织所开展的各项研究已经取得了丰硕的成果。国外的研究内容非常广泛,涉及非营利组织形成与发展动因问题、非营利组织与政府关系类型研究、非营利组织的管理研究和非营利组织治理研究等方面。这些研究成果的取得为处理好政府与社会组织关系奠定了坚实的基础。总体上看,尽管国外关于非营利组织治理的研究已取得很大的成果,但是基本上还是以非营利组织内部治理的视角作为研究的起点,无论是对于治理模式的研究还是对于治理机制的分析,无一例外地将焦点落在了非营利组织内部,更有相当多的研究将非营利组织治理等同于理事会治理,而忽视或者确切地说是对外部治理不够重视。当然,这种情况的发生与国外非营利组织特殊的生存环境是分不开的,国外非营利组织与我国社会组织生存的社会环境不同,因此就促成了国外的相关研究更多地将研究聚焦在内部治理方面。我国社会组织生存与发展始终与外部治理环境有着千丝万缕的联系,社会组织的健康持续发展离不开内部治理的完善,更离不开外部治理的支持。所以研究我国社会组织的治理需要关注外部治理和内部治理两个层面,在特殊的时期,外部治理的重要性甚至超过了内部治理,这也就意味着政府与社会组织的关系对社会组织的生存与发展是至关重要的。

二、国内相关文献

有学者认为,我国对社会组织研究的开展比国外晚了十年,因此我国社

① Sandrich Karen. A New Governance Framework. *Hospitals and Health Networks*. 2001,75(4): 48-50.

② Ostower Francie & Stone Melissa M. Governance Research Trends. *Gaps and Prospects for the Future*. The Arnovaoi Conference M-iami Florida. 2001.

会组织的早期研究主要是引介西方概念和模仿国外研究视角。近些年来,社会组织研究逐步转向本土的实证研究和理论探索。社会组织研究呈现"四多四少"的特征:"宏观层面的研究比较多,微观层面的研究比较少;理论性的研究比较多,实证性的研究比较少;翻译、介绍和简单应用国外理论与方法的研究比较多,有自己创新的深入理论探讨比较少;城市的研究比较多,农村的研究比较少。"①从研究内容来看,社会组织已有的研究主要包括以下方面:

(一)社会组织的界定与类型

非营利组织这一概念来自西方的语境。由于各国文化背景的差异以及学者在研究时侧重点和偏好的不同,他们通常从不同的语境和话语体系出发进行研究,因此导致在研究和实践中存在着不同的称谓:非营利组织、非政府组织、第三部门、志愿组织、免税组织、中介组织等;在我国官方曾被称做社会团体、民间组织,现在为社会组织。国际上被广泛认可的定义是莱斯特·萨拉蒙(Lester. Salamon)提出的五特征法,即非营利组织是指同时具有组织性、非政府性、非营利性、自治性、志愿性五个特征的组织。如果严格按照这个定义来作为评判和界定非营利组织标准的话,我国并不存在严格意义上的非营利组织。尽管如此,在我国确实存在着既不同于政府又不同于企业的社会组织,这些组织在行为和运作机制方面与政府和企业都不同,虽然这些组织并不具备上述的五个特征,但却与非营利组织有着相近相同的一面。因此,国内学者结合中国实际情况对社会组织重新做了界定。

王名对非营利组织的定义中包括三个要素:一是不以营利为目的,二是具有正式的组织形式,三是属于非政府体系。他认为,非营利组织是指在政府部门和以营利为目的的企业(市场部门)之外的一切志愿团体、社会组织或民间协会。②俞可平认为,民间组织是公民社会的主体,有着共同的利益追

---

① 万江红,张翠娥.近十年我国民间组织研究综述.江汉论坛,2008(4):123-125.

② 王名,刘国翰,何建宇.中国社团改革——从政府选择到社会选择.北京:社会科学文献出版社,2001:12.

求,是公民自愿组成的非营利性社团,具有非政府性、非营利性、相对独立性和自愿性,另外也具有正当性和非宗教性。[①]

康晓光在《NGO 扶贫行为研究》中提出:"只要是依法注册的正式组织,从事非营利性活动,满足志愿性和公益性要求,具有不同程度的独立性和自治性,即可被称为非营利组织。"[②]

学者们对非营利组织的概念界定不统一,再加上非营利组织本身也各具特色,这就使非营利组织的分类标准和类型划分难于统一。吕星以非营利组织的注册地点、性质以及工作领域为分类标准,根据注册地点的不同将其分为地方性机构、全国性机构、国际性机构;从性质上分为学会机构、协会机构、研究/教育培训机构、项目实施机构、筹资机构;在工作领域上分为教育机构、医疗卫生机构、环境保护机构、扶贫机构、综合机构。

康晓光依据非营利组织的起源方式将非营利组织划分为:由党政机构发起创办的非营利组织(自上而下型),由事业单位、企业、个人发起创办的非营利组织(自下而上型)和由海外组织或个人发起创办的非营利组织(外部输入型)。[③]

王名和贾西津借鉴美国税法的规定,认为中国现阶段的非营利组织应主要包括五大类:会员制互益型组织、公益型组织、人民团体、转型中的国有事业单位以及未登记或转登记的团体。

何建宇根据是否为会员制和服务对象这两条标准,将非营利组织区分为会员互益型、运作型和中间型的组织。

还有学者从法律视角进行划分,商玉生把非营利组织划分为法人非营利组织和非法人非营利组织。毛刚以公、私法人为基础将非营利组织分为法人和非法人两大类。法人非营利组织可分为社团法人和财团法人:社团法人

---

① 俞可平. 中国公民社会:概念,分类与制度环境. 中国社会科学,2006(1):109-124.

② 康晓光. NGO 扶贫行为研究. 北京:中国经济出版社,2001:2.

③ 康晓光. 权力的转移——转型时期中国权力格局的变迁. 杭州:浙江人民出版社,1999:219.

包括企业法人(非营利性企业)、公益社团法人、中间社团法人,财团法人包括基金会、事业单位法人、民办非企业单位。非法人非营利组织可分为(合伙、个体)民办非企业单位、(经批准)单位内部非营利组织和未注册、未批准的非营利组织。①

尉俊东等从公共服务营销的角度,根据组织受益人的特质,将非营利组织划分为以公众、顾客、成员为导向的三类组织,并分析了这三类组织的行为特征。

从以上的列举中可以看出,学界对非营利组织的分类和类型界定是纷繁复杂的,这一方面反映出我国非营利组织千差万别的特性和复杂性,同时也说明开展非营利组织研究的难度之大,明确的概念界定和合理的分类是研究开展的前提。

(二)社会组织兴起的原因和动力机制分析

很多学者把中国非营利组织兴起的首要因素归功于经济领域和政治领域所进行的改革,其为非营利组织释放了巨大的发展空间。其次,政治控制的松动和市场化带来的所有制结构的多样化,产生了政府控制以外的资源,使得非营利组织有可能不完全依赖于政府而独立生存与发展。②最后,利益主体的多元化、人们需求的多样性、社会中间层的形成以及国际交流合作的增加也是非营利组织发展的直接动因。③

王名用"政府选择"和"社会选择"两种模式来解释我国社会组织的形成,在他看来,计划经济体制下国家掌握着资源的配置权,非营利组织为从政府获取生存与发展的资源要主动迎合执政党和政府的需求,即政府选择为主。而在市场经济体制下,国家已然不是计划经济体制下垄断一切资源和包揽一切事务的国家,社会逐渐发展壮大并成为继国家之后可以为社会组

---

① 程昔武. 非营利组织治理机制研究. 北京:中国人民大学出版社,2008:54.

② 康晓光. 转型时期的中国社团. 中国青年科技,1999(10):386-395.

③ 邓国胜. 非营利组织评估. 北京:社会科学文献出版社,2001:23-33.

织发展提供资源和机会的重要力量。更为重要的是,市场经济体制下社会组织发展的主要动力不在唯政府是瞻,而更多地致力于满足多元的社会需求,从而在满足社会的多元需求后求得自身的生存与发展, 即过渡到以社会选择为主。王名指出了我国社会组织改革的总体方向是由政府选择过渡到社会选择。

王绍光认为,改革以前是政府垄断着国民经济和社会服务,社会组织无生存空间;改革以后,市场在资源配置中逐渐占主导地位,政府从许多领域退出。由于无论是膨胀的市场部门,还是萎缩的政府部门均无法满足社会各种广泛的需求,于是民间非营利部门应运发展。[1]

另有学者认为,现代化改革是我国非营利组织发展的背景,非营利组织的发展是在与市场经济及民主政治建设同步的环境下发生的。

香港学者金耀基认为,社会组织的产生有两个来源,一是来自供应方,一是来自需求方。通过政府机构改革,政府采取政策鼓励、资金扶助、支持和促进等方式促成非营利组织的创建, 同时将一些政府和市场都做不好的事情交给非营利组织去做。[2]但目前我国相当多的社会组织应社会需求而产生的不多,而是来自政府的供应。

(三)社会组织治理研究

无论是从研究开展的时间上,还是从研究的深度与取得的成果来看,社会组织治理研究滞后于社会组织其他方面的研究。之所以如此,源于治理理论从引入中国到被应用到社会组织的研究是一个逐步发展的过程。在 1989 年世界银行首次使用治理危机概括非洲发展问题之后, 治理概念便被广泛应用到政治学、管理学以及社会发展研究之中。20 世纪 90 年代,治理又被赋予了新的含义,使其更广泛地应用到各个领域。在我国治理概念首先被应用到公司治理研究中,社会组织应用治理概念展开研究不过十余年的时间。有

---

① 王绍光. 促进中国民间非营利部门的发展. 管理世界,2002(8):44-53.

② 金耀基. 从全球化与现代化看中国 NGO 的发展. 载范丽珠主编. 全球化下的社会变迁与非政府组织(NGO). 上海:上海人民出版社,2003:8.

学者以 2002 年 9 月"亚洲国家第三部门:治理的问责性与运作"中国项目课题组在北京大学召开的"第三部门治理"研讨会作为我国社会组织治理研究开始的标志。国内关于社会组织治理的研究如下:

1. 以社会组织整体为研究对象进行的治理研究

王名在《中国社团改革》一书中谈到了治理理论,认为治理理论通常分为两个层次:"第一个层次是国家层次,即强调国家与社会、政府与公民的合作;第二个层次是组织层次,最为突出的讨论就是公司治理的讨论,其实质是指公司相关利益者对公司管理的参与与监督。"[①]

清华大学 NGO 研究所通过对中国 NGO 个案的研究探讨我国社会组织治理问题,他们将治理问题分为组织章程、会员制干部来源和决策方式。

王名、贾西津从产权角度分析了非营利组织的公益产权性,指出非营利组织产权存在三个特点,即受益权与控制权分离造成所有者缺位、使用权的受限以及受益主体的虚拟化,因而认为非营利组织不存在一个完整产权的拥有者,其面对的是一个多元利益相关主体的治理结构。

陈林借鉴公司治理理论,提出了非营利法人治理概念,认为非营利组织法人治理是以所有权、控制权与受益权分离为基础,以利害相关者协同为重心,以委托-代理关系为主线,以公共责任为依归。

丁元竹研究了中国非营利组织善治问题,认为目前非营利组织的可持续发展需要健全的法律环境、强化董事会决策机制,需要加强治理。[②]

金锦萍则从法学的角度就非营利法人治理结构做了开创性的探讨,提出将非营利法人分为社团法人和财团法人,并分别就两类法人的治理结构和监督机制做了深入的分析。

康晓光等在《中国 NGOs 治理:成就与困境》中,全面评价了中国非营利

---

① 王名,刘国翰,何建宇. 中国社团改革——从政府选择到社会选择. 北京:社会科学文献出版社,2001.

② 丁元竹. 社会和谐需要善治机制. 人民论坛,2006(20).

组织的治理现状,指出 NGOs 治理机制分为"内部的"和"外部的"。"内部的治理机制"包括组织使命、文化、理事会以及内部管理制度。"外部的治理机制"指政府相关部门的管理与控制。

钱颜文认为,非营利组织治理以监督与激励为核心内容,不但研究非营利组织治理结构对经营者的监督与制衡机制,也强调如何通过治理结构与治理机制来保证组织决策的科学性与有效性,从而维护组织相关利益群体的利益。[①]

毛刚通过激励机制试图研究我国非营利组织内部治理结构问题,并对非营利组织治理结构、内部人控制等非营利组织治理的焦点问题进行了探讨。[②]

刘春湘从非营利组织内部和外部两个层面研究治理结构,内部治理包括董事会治理和监事会监督,外部治理包括政府监管和利益相关者监督。[③]

程昔武从理事会制度与决策、激励与约束、信息披露以及监督四个方面对非营利组织治理进行了全面、系统的研究。[④]

臧红雨将管理学中的整体性管理模式应用到非营利组织治理结构中,提出了非营利组织整体性治理结构,在非营利组织治理过程中,政府、捐助者以及受众者都有参与管理和监督的权利与责任。[⑤]

中国台湾学者黄秉德通过对台湾成立五年以上的六大类非营利组织(宗教、文化教育、职业、社会福利、艺术及环保)进行调查,分别从组织特征、管理制度与工具、组织与外在环境的关系与策略形态、决策特征、领导风格五个方面总结其治理特征。[⑥]

① 钱颜文,姚芳,孙林岩.非营利组织治理及其治理结构研究——一个对比的视角.科研管理,2006(2).

② 毛刚.我国非营利组织内部治理机制.西南交通大学,2006.

③ 刘春湘.非营利组织治理结构研究.湖南:中南大学出版社,2007.

④ 程昔武.非营利组织治理机制研究.北京:中国人民大学出版社,2008.

⑤ 臧红雨.非营利组织整体性治理结构研究.博士学位论文.黑龙江:哈尔滨工业大学,2009.

⑥ 黄秉德.非营利组织经营管理理念——台湾经验分析.非营利组织之经营管理与社会角色研讨会论文集.台湾中山大学,1998:161-178.

2. 以某类社会组织或社会组织的某方面问题进行的研究

徐晞、叶民强引入博弈论对基金会内部治理进行分析,指出基金会内部治理问题主要是如何处理好监事会与理事会的内部监督关系, 以及理事会与内部办事机构的委托-代理关系。

阎凤桥依据非营利组织"无所有者"和"非分配约束"两个突出性分析了我国民办学校的产权形式和治理结构,提出在非营利组织框架内,设计其外部和内部治理结构。

黎军、李海平对我国行业协会治理进行研究,提出行业协会法人治理机制完善应确立自治、法治、制衡、民主的基本原则,同时也指出了政府应该为法人治理机制的完善进行微观制度的建构。田凯从制度层面分析了中国非营利组织理事会制度的发展与运作。

王洛忠研究了我国非营利组织筹资困境,并从宏观和微观两个方面提出了非营利组织提升能力的治理策略。

(四)社会组织与政府关系研究

社会组织与政府关系研究是社会组织研究的必修课,不仅国外学界给予了高度的重视,形成了诸多的关系模型,国内学界也纷纷从不同的视角探讨两者的关系。一种代表性的研究是从政治学视角出发,侧重于社会组织的政治意涵,研究国家与社会关系变迁中两者的关系。康晓光根据国家与社会关系演变分析了社会组织与政府的关系模式,他指出,我国国家与社会关系的演变经历了从国家合作主义向社会合作主义转变, 对应国家与社会关系的不同阶段,政府与社会组织的关系从官方控制、官民合作到民间自治。国家与社会关系的演变过程,从某种程度上将是权力配置格局的调整,从该模型中政府与社会组织关系发展的三个阶段印证了政府权力调整、社会自主性权力增强的过程。

与之相似的解释模式还有"公民社会""法团主义"以及"行政吸纳社会"模式。公民社会视角强调独立于国家之外的社会空间及其对国家权力的制衡和约束,而法团主义则强调国家对于市民社会的参与、控制以及国家与社会之间制度化的联系渠道。[①]行政吸纳社会的观点认为,改革开放以来的社会变迁是一个在社会自治的过程中重建行政控制的过程,中国政府通过"分类控制"和"功能替代"的策略使得公民社会反抗国家之类的社会结构无法出现,在国家与社会的关系中仍然是政府主导着社会。[②]

当然,社会组织与政府的关系还具化为各种不同的形式,因此除了宏观政治层面视角外,还有学者从具体的领域探讨两者的关系。王名对社会组织参与公共服务购买的模式进行了分析,提出了三种关系:独立竞争性购买、独立非竞争性购买和依赖性非竞争购买。[③]李国武着眼于社会组织的经济功能,考察了公共服务供给中政府与社会组织关系模式。他认为,自新中国成立以来,在公共服务领域,政府与社会组织关系经历了全面禁止模式、补充模式和合作模式三个阶段。武继兵和邓国胜探讨了扶贫领域政府与社会组织的合作模式、合作机制等问题。宋锦洲、张贵群探讨了公共危机中政府与社会组织的合作治理、协作治理问题。陶传进研究了环保领域中政府与社会组织合作的关系与模式。其他的如陈春萍《合作-收益政府与非营利组织关系研究》、张丹丹《合作与互补:非营利组织的发展及其与政府关系之探讨》、范小雨《政府与非营利组织合作关系的探析》、李永旷《构建我国政府与非营利组织互动合作关系的思考》、董文琪《政府、企业及非营利组织的共生关系探析》、甘肃省民政厅课题组从国内外社会组织发展与政府关系变化分析,提出建立二者之间相互依存、相得益彰的新型合作伙伴关系以及对社会组织与政府合作模式、条件[④]等具体内容的思考。新型合作关系以社会组织对政府的依赖为前提,以社会组织能力的发展为二者合作伙伴关系的基础,并分

---

① 刘安. 市民社会?法团主义? ——海外中国学关于改革后中国国家与社会关系研究述评. 文史哲,2009(5):162-168.

② 李国武. 公共服务领域政府与社会组织关系研究. 科学决策,2011(7):31-48.

③ 王名,乐园. 中国民间组织参与公共服务购买的模式分析. 中共浙江省委党校学报,2008(4):5-13.

④ 甘肃省民政厅课题组. 社会组织与政府关系模式研究. 甘肃社会科学,2009(5):231-234.

别从政府和社会组织两个层面分析建立新型合作伙伴关系的路径选择。还有杨锢龙、许利平、帅学明的《政府与非营利组织合作的新模式——从制度化协同走向联动嵌入模式》、汪锦军《政府与非营利组织合作的条件：三层次的分析框架》等。

在政府与社会组织关系的研究中，已有学者开始关注政府与社会组织共生关系的研究。韦鞴在《从伴生走向共生——中国民间组织与政府关系的演进探析》一文中尝试用生物学知识分析政府与民间组织两者关系的历史演进过程。该研究将我国民间组织划分为四个阶段，即 1949 年到 1958 年的初步诞生阶段、1958 年到 1976 年的缓慢发展阶段、1976 年到 1992 年的探索改革阶段和 1992 年至今的繁荣发展阶段。与民间组织发展的四个阶段相对应将两者的关系划分为三个时期，即政府与民间组织的伴生期、过渡期和共生期，并探讨了中国民间组织顺利从伴生到共生的对策建议。

陈晓春《非营利组织的共生探析》一文中指出："非营利组织共生是指非营利组织为了维持自身的生存和发展与其他社会生态系统所达成的互利、互惠、合作共存的状态。"①该研究将非营利组织共生的类型划分为非营利组织外部共生和非营利组织内部共生。非营利组织外部共生是指非营利组织与其他不同种的组织或群体组成的相互需求、相互依存的互利联盟。非营利组织内部共生是指非营利组织的内部组织和成员与非营利组织形成的利益共同体，主要表现为内部组织与非营利组织之间的共生关系、成员与非营利组织之间的共生关系。在此基础上从社会系统组织间的比较优势、相互需求和多重博弈三个层面分析了非营利组织外部共生的原因。

董文琪在《政府、企业及非营利组织的共生关系探析》一文中从政府、企业和非营利组织之间的职能差异以及它们各自在现代社会中的变革要求出发，阐述了三者之间建立互利、互惠、合作共存关系的前提与必要性。

---

① 陈晓春，黄炎波，颜克高. 非营利组织共生探析. 湖南大学学报(社会科学版),2004(3):52-55.

李琼、夏晓辉在《共生:第三部门与政府治理的现代转型》一文中尝试将共生理念延展到政府与第三部门的关系之中，分析了政府与第三部门共生关系的可行性,并指出"共生理念倡导建立一种协同发展模式,以共生的理念变革政府与第三部门注意消解'中心',包括'政府中心'与'第三部门本位',促使共同成长。'共生效应'显示了生物群体的巨大作用,把它迁移运用于第三部门和政府治理中极为必要"①。

总体而言,四篇文章基于共生的理念提出了社会组织与政府互利互惠、相互补充、相互需求的合作关系。但是这些对政府与社会组织共生关系的研究还停留在共生理念倡议的层面,并没有探讨共生及共生理论在公共管理学科应用的可行性和共生理论跨学科应用可能出现的问题,因此也没有构建共生理论延展到公共管理学科研究中的分析框架。因此,共生及共生理论在公共管理学科和政府与社会组织关系的研究中尚处于起步阶段,很多研究的空白有待填补。与宏观政治层面视角研究不同,具体领域的研究主要聚焦在政府与社会组织合作关系的研究,尽管对这种关系的描述有多种表述,如伙伴关系、合作关系、互动关系、合作治理、协作治理、新型关系、竞合关系等,虽然在文字的表述上和具体研究领域、方法等方面存在着一定的差异,但抛开表象的差异,这些研究大部分都将两者的关系定位为合作。

这些研究表明我国学界对社会组织与政府关系是给予了相当程度的重视。已有的研究数量之多、思考之深也表明社会组织与政府关系是一个具有理论和实践双重价值的题域,两者的关系研究关系两者未来发展的趋势,因此值得学界进一步深入探讨和研究。现有的研究为我们认识两者关系提供了极好的启示,无论是从宏观的国家与社会关系层面上研究,还是从中观的组织体系层面上探讨亦或是从微观的关系运行机制的构建,这些研究的视角启迪了我们的思维,使我们能够更加立体地认识两者的关系。

_____

① 李琼,夏晓辉. 共生:第三部门与政府治理的现代转型. 探索,2009(2):139-142.

　　但是不容否认的是,这些研究也存在着一定的不足。这种不足首先体现在研究的价值取向上存在研究合作的多,非合作的少。在研究的时间轴上来看,研究当下的多,追溯历史的少。从研究的视角上来看,宏观研究多,中微观研究少。研究方法上,规范分析多,实证研究少。诸如此类问题不胜枚举,由此我们不难想象社会组织与政府关系的研究并没有做好足够的准备,还有许多问题有待解决。因此,引入新的概念和建构新的分析框架来解释与揭示政府与社会组织之间的关系,成为新时期促进政府与社会组织各自发展和双方良好关系的必然选择。社会组织在发展的不同历史时期与政府的关系必然是不同的,在这种情况下,如果还停留在一个不具有丰富内涵与外延的概念来解释两者的关系,恐难形成相对完整、富有说服力的观点,例如现行的最热的词汇——合作、互动、新型关系等,这些词语所揭示的仅仅是两者关系发展的一个阶段,事实上,社会组织与政府之间的关系远非这么简单,合作仅仅是两者关系的一个层面,而且合作本身也区分为不同的情况,但对合作进一步的细化分析与研究并不是"合作"概念的特长,"合作"概念广为使用的状况使其在某种程度上徒具形式意义,而忽略了真正的合作应该以两个独立组织自由缔结契约为基础的,应该是社会组织在合作中相对于政府平等主体地位的确立。由此我们引入新的概念——共生,用共生所涵盖的关系模式来解释社会组织与政府关系,终究还是要达到以社会组织发展历程的客观事实结合共生及其理论的应用,实现对两者关系发展的连续性进行考察,从而为社会组织与政府关系的发展而提供更强的理论依据与指导。

第三节 研究思路与研究方法

一、研究思路

基于政府推进社会组织建设的实践需要和社会组织完善自身建设的内部需求，并鉴于政府作为最重要的共生关系主体对社会组织未来如何演进与发展起着至关重要的作用，本书以政府与社会组织关系作为研究主题。研究的过程中，本书以生物学共生理论作为研究的主要理论工具，并以资源依赖理论作为研究的辅助。社会组织的发展过程就是不断处理与政府以及其他共生关系主体之间的关系，以获取资源、寻求合作与发展的过程，而在这个过程中政府对于社会组织共生关系的形成具有重要的意义。

政府与社会组织是否具有共生关系？影响共生关系形成、演进的因素有哪些？政府与社会组织共生关系应当如何发展才能有利于各自功能优势的发挥？为了回答和解决这些问题，笔者首先进行了理论上的准备，建构了共生在公共管理领域应用的框架。共生理论在公共管理领域中是否具有适用性以及如何应用到公共管理领域中来？带着这样的思考，通过追溯生物学共生的起源及其在哲学、经济学领域的发展，笔者提出共生在自然生态系统和社会系统之间的差异，而且鉴于共生在社会系统各领域主体之间的差异性，在对生物学共生和经济学共生借鉴的基础上，提出共生在公共管理领域的分析框架，据此描述政府与社会组织共生的应然类型。共生关系的演进如同共生关系的存在一样具有普遍性。影响政府与社会组织共生关系演进的因素有哪些？在公共管理领域共生演进的机理包括共生环境、共生制度和共生机制三个层次。在对政府与社会组织共生关系基本理论进行阐释之后，用"资源相互依赖性–组织自主性"分析框架对我国政府与社会组织共生关系进行研判,分别对共栖和非对称性共生关系进行了理论和实证分析。现阶段共生关系的成因既有共生演进机理因素的影响,同时也离不开政府与社会组织各自的原因。在明晰现阶段政府与社会组织共生关系所带来的不利影响后,本书提出了构建政府与社会组织对称性互惠共生关系的主张及具体的改善思路、发展路径和动力机制。为了实现研究目标和满足讨论过程的内在要求,各章之间的逻辑关系如下图所示:

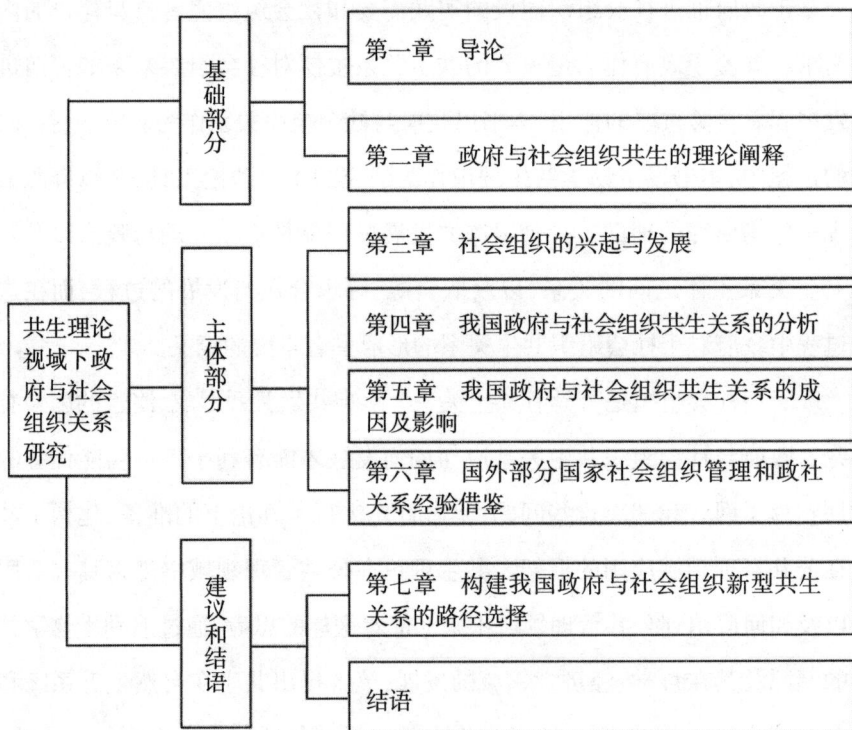

```
                              ┌─────────────────────────────────────┐
                    ┌─ 基  ───┤  第一章   导论                        │
                    │  础     └─────────────────────────────────────┘
                    │  部     ┌─────────────────────────────────────┐
                    │  分  ───┤  第二章   政府与社会组织共生的理论阐释  │
                    │        └─────────────────────────────────────┘
                    │        ┌─────────────────────────────────────┐
                    │     ───┤  第三章   社会组织的兴起与发展          │
  共生理论           │        └─────────────────────────────────────┘
  视域下政府         │        ┌─────────────────────────────────────┐
  与社会      ───────┼─ 主  ──┤  第四章   我国政府与社会组织共生关系的分析│
  组织关系           │  体     └─────────────────────────────────────┘
  研究              │  部  ──┤  第五章   我国政府与社会组织共生关系的成  │
                    │  分     │            因及影响                    │
                    │        └─────────────────────────────────────┘
                    │        ┌─────────────────────────────────────┐
                    │     ───┤  第六章   国外部分国家社会组织管理和政社 │
                    │        │            关系经验借鉴                 │
                    │        └─────────────────────────────────────┘
                    │  建     ┌─────────────────────────────────────┐
                    │  议  ──┤  第七章   构建我国政府与社会组织新型共生 │
                    └─ 和     │            关系的路径选择               │
                       结     └─────────────────────────────────────┘
                       语     ┌─────────────────────────────────────┐
                          ───┤  结语                                 │
                              └─────────────────────────────────────┘
```

第一章,导论。导论部分首先分析了研究开展的背景,提出了社会组织发展及其与政府关系存在的问题。其次,在对国内外研究文献综述的基础上提出了全书的研究思路、逻辑结构安排,并指出了开展政府与社会组织共生关系研究的理论和实践意义。最后,指出了研究的创新之处和可能存在的不足及后续研究。

第二章,政府与社会组织共生的理论阐释。此章的内容是对政府与社会组织共生关系的理论基础、现实依据和共生关系本质、共生关系演进机理进行了分析。首先,介绍了共生关系的理论依据——共生及共生理论和资源依赖理论;其次,分析了政府与社会组织共生的现实依据;再次,对共生关系的本质、特征、类型进行了深入的剖析;最后,构建了共生关系演进的机理。在构建演进机理的过程中,对共生理论中共生环境进行解构与重构,提出了从共生宏观环境、共生制度和共生机制三个层面来构建共生关系。

第三章,社会组织的兴起与发展。首先,对社会组织进行界定。目前关于社会组织研究使用的概念可谓是五花八门,因此在研究开始前首先梳理、分析、厘清概念的含义和变迁,然后介绍了社会组织的特征、类型与功能。其次,分析社会组织兴起的体制原因。最后,阐述我国社会组织发展历程和特性。

第四章,我国政府与社会组织共生关系的分析。在前文对共生理论阐释的基础上,本章以案例、理论论证和访谈结合的方式,剖析我国政府与社会组织共生关系的类型——非对称性共生关系和共栖关系。在论述非对称性共生关系时论述了社会组织对政府依赖性、政府对社会组织依赖性和社会组织自主性。

第五章,我国政府与社会组织共生关系的成因及影响。政府与社会组织共生关系是在共生环境、共生制度、政府因素和社会组织自身因素共同作用下形成的。在分析完现阶段共生关系形成原因之后,文章分析了这种关系对政府、社会组织和社会带来的影响。

第六章,国外部分国家社会组织管理和政社关系经验借鉴。政府对社会组织的管理以及如何处理政府与社会组织的关系是世界各国面临的共同问题。因此,在这一章考察了包括英国、美国、德国和日本在内的西方发达国家社会组织的管理和政社关系发展,为我国社会组织管理的改革和政府与社会组织关系的构建奠定基础。

第七章,构建我国政府与社会组织新型共生关系的路径选择。本章提出构建对称性互惠共生关系应从三个层面着手:首先是共生关系思路的改善,其次是优化政府与社会组织共生关系具体的发展路径，最后是建立促进共生关系演进的共生机制。

二、研究方法

(一)跨学科研究方法

跨学科研究方法又被称为多学科融合研究，是在学科分化基础之上打破学科之间的固有界限、跨越不同研究领域的研究方法。跨学科研究已经成为当代科学发展的新趋势，不同学科之间的相互交叉、相互渗透和综合是解决自然科学和社会科学中面临的复杂问题的有效方式。政府与社会组织关系问题的研究是公共管理学中重要而复杂的问题，公共管理学依凭学科自身知识对两者关系展开了积极的研究，取得了不少成果。但是鉴于社会组织是特殊的活动主体以及突破依赖单一学科对两者关系认知的局限，有必要借鉴其他学科的知识和方法来实现研究视角的拓展。本研究借鉴生物学共生及共生理论和管理学中的资源依赖理论进行研究，试图通过引入跨学科的概念和构建新的分析框架对政府与社会组织关系进行新的解读与阐释，并探索未来两者共生关系的定位与实现的路径。

(二)访谈研究方法

"访谈(interview)是收集调查资料的一种替代方法。这种方法不是让受访者亲自阅读并填答问卷，而是由研究者派遣访员口头提问，并记录受访者的回答。"①政府与社会组织关系的研究并不能简单地通过一些数据的统计和分析而有所收获，更何况关于两者关系的数据本身就难以获得。因此对政府工作人员的深度访谈和对社会组织的焦点座谈会显得异常的重要。通过深度访谈可以发现被访者的观点，随着访谈的深入和双方良好关系的建立，

---

① [美]艾尔·巴比. 社会研究方法(第十版). 邱泽奇译. 北京:华夏出版社,2005:255-256.

可以收集更多与研究主题相关的重要因素，这些因素往往是一般的数据统计和问卷调查所无法比拟的。通过对这些互动交流获取的材料进一步整理和分析，可以对政府与社会组织共生关系的研究有更为深刻的认识。

（三）文献分析方法

文献分析法是社会科学研究的基本方法，是通过搜集和分析已有的研究文献，通过间接的方式获取研究对象信息的方法。目前，国内外有不少关于政府与社会组织关系、社会组织自主性等方面的研究成果，包括学术论文、著作以及政府相关部门的各种统计数据和研究报告等，因此需要通过文献搜集并结合本书研究的情况对已有的文献进行分析整理，以此获取我国政府与社会组织共生关系研究方面的各种资料和数据。

（四）比较研究方法

美国人类学家斯旺森指出："没有比较的思维是不可思议的。如果不进行对比，一切科学思想和所有的科学研究，也都是不可思议的。"①政府与社会组织关系问题是一个世界性问题，世界各国围绕社会组织管理和处理社会组织关系形成了各具特色的制度和模式，这些管理经验是我国在优化政府与社会组织共生关系时的参考，因此在建构对称性互惠共生关系的过程中就需要考察、比较与借鉴相关国家的经验。

（五）案例研究方法

案例研究是经验研究的一种类型。该方法从理论发展的作用角度讲，通过对个案的分析和归纳，得出一般性的结论，从而为理论研究提供一个证明或作出一个否证。本书基于共生理论提出政府与社会组织共生关系的类型，为解释政府与社会组织之间的共栖关系采取案例研究方法。虽然案例分析难以得出普遍性的结论，但是通过案例研究可以佐证提出的观点。

---

① 转引自［美］尼尔·丁·斯梅尔塞. 社会科学的比较方法. 王宏周等译. 北京:社会科学文献出版社,1992:2-3.

(六)问卷调查方法

问卷调查是社会科学中调查研究的一种方法,通过问卷的方式系统地、直接地从一个取自某种社会群体的样本那里收集资料,并通过对问卷的统计分析来认识社会现象及其规律的社会研究方式。为了解我国社会组织能力的现状、政府与社会组织关系以及探索政府与社会组织关系和社会组织之间的相关性,研究中对社会组织进行问卷调查,并运用 SPSS22.0 对问卷调查结果进行统计分析。

第四节　研究的创新与不足

一、本书的创新

首先,研究视角的创新。本书引入生物学共生理论作为研究的切入点,可以说是分析视角上的创新。国内外对政府与社会组织关系研究的不少,但运用共生理论研究两者关系的不多。本书将政府与社会组织关系置于共生理论之下,提出了政府与社会组织关系研究的新解释框架,即依据共生关系的行为模式提出了政府与社会组织的寄生关系、非对称性共生、共栖和对称性互惠共生关系。这种拓荒式的探索和研究是比较具有新意的。

其次,研究框架的创新。在引入共生理论的过程中,有借鉴,也有发展。借鉴了共生理论中共生的三要素、共生系统相变原理、共生系统进化原理等内容。对共生理论所进行的创新包括:提出了共生系统进化的动力机制——共生机制的概念,提出了共生环境的三个维度——共生宏观环境、共生制度、共生机制,提出了从组织自主性和资源相互依赖程度来考察公共管理领域组织之间共生关系的分析框架,提出了共生理论是生物学的资源依赖理论的观点,并用资源依赖理论来解释共生关系的行为模式。

最后,研究观点的创新。本书提出了我国政府与社会组织的关系类型为共栖和非对称性共生关系,并在共生关系与共生机制之间建立起一定的对应关系。在此基础之上,指出现阶段共生关系是导致我国社会组织发展过程中出现各种问题的原因。本书提出政府与社会组织共生关系的理想形态——对称性互惠共生关系,并从共生关系改善的思路、发展路径和共生机制三个层面来构建对称性互惠共生。

二、不足及后续研究

首先,本书在对政府与社会组织共栖关系和非对称性共生关系的分析中运用了理论分析、案例分析和访谈研究方法相结合的方式,理论研究与实证研究的结合应该说对于研究的顺利开展和研究结论的合理性提供了较强的支撑。不能否认的是,尽管通过访谈获得了很多第一手资料,但这些资料的"质量"参差不齐。在与政府民政部门、街道办事处工作人员的访谈中,由于是通过熟人介绍,因而在访谈的过程中可以与被访谈者建立充分信任的关系,访谈沟通顺畅、获取信息质量好,也较为充分。在对社会组织进行的焦点座谈会的访谈中,社会组织对政府是否有资金支持等问题较为敏感,没有提供相关的信息,当然这与访谈的形式以及难于在短时间内与被访谈者建立充分的信任关系是分不开的,因此这在某种程度上影响了有价值信息的获取。

其次,本书通过对6个典型社会组织的焦点座谈会形式开展的访谈、对政府民政工作人员、街道办事处人员的访谈、多个草根社会组织的案例,以及通过资源依赖理论和已有的对社会组织自主性的研究,可以从实证和理论两个层面共同解释基于共生理论而提出的政府与社会组织共生关系的类型。但是对于提出的共生关系类型,尤其是非对称性共生关系能否再进一步地细分,因为体制内的社会组织既有自上而下的官办社会组织,也有自下而上的民办社会组织。尽管从宏观上看，两者都处于非对称性共生的状态，但是两者应该是有差异的。本书提出了这种差异性，但是对差异性的解释方面仅凭已经进行的访谈可能存在着样本量过少而影响解释力的嫌疑。

　　未来的研究可以通过增加样本量来予以完善。通过访谈更多的社会组织和政府相关部门，获取信息翔实、价值更高的第一手资料。特别是对非对称性共生的表现形式或者是内部类型的再划分，以此来补充和完善本书的研究结论。

第二章 政府与社会组织共生的理论阐释

第一节 共生关系的理论依据

一、共生及共生理论

共生是生物科学中重要的基本概念,其在生物学中的应用具有普及性,涉及生物学众多的分支学科。尽管共生作为生物学领域的研究成果提出才百余年的历史,但随着各学科发展及相互渗透,"共生"已不再只是生物学家的专利,越来越多的研究表明,共生不仅是一种普遍的生物现象,而且也是一种普遍的社会现象,共生进化弥补了达尔文进化论中的不足和缺陷,是继达尔文的自然选择理论、突变论后重新审视物种起源的又一划时代的贡献。共生的提出被誉为继达尔文进化论之后又一次重大的理论创新。因此 20 世纪中叶以来,共生方法开始广泛应用于农业、经济、管理等各个社会领域。社会科学领域的许多学者也纷纷对"共生"产生了浓厚兴趣,这就使得"共生"理论研究的范围越来越大,研究成果也不断深入。其重要性不仅体现在共生是生物科学的理论网络,还在于共生涉及许多实际应用问题。共生不仅可以帮助认识、理解和解决众多的实际问题,而且还可以将其视为一种生物哲学,乃至作为一种方法论、社会哲学。尽管对共生的研究发轫于生物学,但其发生的领域早已超出生物学范畴，共生现象的存在具有广泛的普遍性。因此，共生一经提出，不仅在生物学界引发了研究的热潮，其他学科领域也对共生给予了很大的关注，医学、农业、建筑学、经济学等领域将共生作为新的研究方法予以运用，取得了不少成果。近百年来，对于共生的研究越来越活跃，不但生物学家、医学家热衷此道，许多研究人文科学的专家学者也纷纷加入这个行列，研究范围日益扩大，研究成果不断深入，蔚为壮观。①

（一）共生的渊源——生物学意义上的共生

"共生"一词来源于希腊语，其概念首先是由德国真菌学家德贝里（Anton de Bary）在1879年提出，用以指不同种属生活在一起，并具有延伸的物质联系。②他认为共生是一种自组织现象，生物体之间出于生存的需要必然按照某种方式互相依存、相互作用，形成共同生存、协同进化的共生关系。③他描述了生物间共生的多种形式，包括共生、寄生、腐生。作为生物学概念，共生大多是指不同种属按某种物质联系生活在一起而形成的相互性活体营养性联系，暗示着生物体某种程度的永久性物质联系。共生概念一经提出就受到了众多生物学家的青睐，因此伴随着理论研究的深入，共生的内涵和外延不断丰富和拓展。但是内涵与外延的发展并未使学界达成对共生共识性的理解，反而由于与学科传统和学术倾向的差异使人们在共生概念的理解上产生了分歧，因此形成了广义共生和狭义共生之别。

狭义共生说认为，共生是物种间互惠、互利的合作关系。德国科学家毕希纳（Buchner）认为，共生是两种不相似有机体之间亲密的持久的联合，并且倾向于将共生限制为互利的结合。原生动物学家戴维斯（Dale. S. Weis）也把

---

① 洪黎民. 共生概念发展的历史、现状及展望. 中国微生态学杂志，1996(4)：50—54.

② 袁纯清. 共生理论——兼论小型经济. 北京：经济科学出版社，1998：2—4.

③ V. Ahmadjian. *Symbiosis: An Introduction to Biological Association.* University Press of New England，1986：1—10.

共生定义为几对合作者之间的稳定、持久、亲密的组合关系。①广义共生说认为，物种之间存在代谢和能量转换等利害关系就是共生。该理论的代表有美国生物学家玛格丽斯（Margulis），其从生态学角度指出："共生是不同生物种类成员的个体在不同的生活周期中重要部分的联合。"高夫在1982年指出："共生包括不同程度的寄生、共生和共栖。"②寄生、共栖、共生是一个相互联系的有全局意义的连续统一体，正是这样对于生物间的相互关系的理解和分析要采取慎重的态度。③因此，随着研究的进一步深入，共生、共栖和寄生这三个概念越有合三为一的趋势，即统称为共生。美国科学家斯坦豪斯（E.A. Steinhaus）提出，把寄生、共栖都归于共生概念，这是符合科学实际和现在科学发展潮流的。不同的生物学家基于不同的研究背景和研究视角的迥异形成了对共生的不同认识，这也揭示了共生是复杂的动态的，甚至是界限模糊的。概念自身的特质必然源于理论原型的特性，因为生物之间的关系是动态的、复杂的。因此，划分生物之间共生方式或是类型，其价值更多地体现为一种理论上的界定，现实中不同的共生类型之间存在着相互转化、渗透。以此来看，需要用发展的眼光来认识共生概念所蕴涵的内容，并且在应用共生概念过程中更加关注所应用领域的特殊性。

（二）共生在社会科学领域中的应用

共生自产生以后不仅引起生物学界的重视，而且不断地被应用到其他研究领域。20世纪中叶，共生及其相关方法开始应用于社会科学研究领域，包括社会学哲学、经济学、管理学等诸领域。

社会学认为，在现代社会里人与人、人与物之间已经形成了相互依赖的"共同体"。因此提出用"共生方法"的理论来设计社会生产体系，强调各种社会生产体系各组成部分之间的相互作用和相互依赖。共生的研究不仅在领

① 杨玲丽. 共生理论在社会科学领域的应用. 社会科学论坛，2010（16）：149-157.

② Golf. I. J. Symbiosis and Parasitism Another View Point. *Bioscience*，1982（32）：256.

③ 李广军，王春梅，高文. 论共生、共栖、寄生的关系. 临沂师专学报，1994（6）：48-49.

域上不断被拓展,越来越多国家的学者尝试将共生作为研究的方法和工具。共生在我国也得到了发展, 复旦大学胡守钧教授从哲学研究的视域出发提出了社会共生论①。他认为,共生是人的基本生存方式,人们在改造社会的过程中,应该以共生的理念指导资源的分配。此外,自然是人类的宿主,因此人类应与自然和谐共生,建立规则约束自己的行为,建立对自然的回馈机制。哲学意义上的共生实质是强调共生存在的普遍性,共生作为本源性的存在,其存在的领域遍及自然领域和社会领域, 涉及的主体遍及生物界和人类社会、各种组织。无独有偶,学者吴飞驰指出,个体与社会、个体与自然、社会与自然存在共生关系②。从上述观点可知,作为哲学意义的社会共生论已然将共生作为本源性、普遍性的存在。共生的本源性体现为存在就是共生,共生是存在和发展的原因和动力。共生存在的普遍性体现为共生主体和共生领域的普遍性。无论自然界还是人类社会,无论是社会个体还是政府、企业以及社会组织等各类型的组织,无论是经济领域,还是政治领域,抑或是文化领域都存在着共生。哲学意义上的共生更多的是强调事物之间相互联系、相互影响,因此哲学上的共生是生物共生概念的泛化,是从宏观视角来解读和应用生物学共生的原初意蕴。

(三)共生在经济学领域的应用——共生理论

我国学者袁纯清在研究生物学共生概念及相关理论后, 认识到共生现象不仅生发于生物领域,同时发现经济学领域中共生现象也是普遍存在的;共生既可以表征为一种自组织状态——物种间、组织间自发自觉形成的关系,同时也可以体现为人为构建的被组织状态。借此,袁纯清将共生应用到

---

① 所谓社会共生论,乃是借用生物共生论的某些基本观点来研究社会共生现象,所建立的一种社会哲学。

② 共生关系是指人类之间、自然之间以及人与自然之间形成的一种相互依存、和谐、统一的命运关系。在生物界指异种生物间相互依存的现象,在人类社会指有着不同质的文化、社会、思想和身体的个体与团体之间的关系。

经济学领域的研究中,以小型经济为研究对象,将生物学共生概念与辩证唯物主义和系统论相结合,建构形成了共生理论。共生理论提出以后,经济学有关领域相继以共生理论为研究的理论工具展开研究,如产业共生、产业集群共生研究、基于共生关系的开发区发展研究等。事实上,共生不仅在经济学的具体领域得到广泛的应用,更有学者提出了运用共生分析经济现象创立共生经济学的设想。抽象地讲,"共生是指共生单元之间在一定的共生环境中按某种共生模式形成的关系"[①]。具体而言,经济学意义上的共生是指经济主体之间存续性的物质联系,因能量传递和资源、利益分配的方向不同而形成不同的共生模式。共生理论是研究具有共生关系的共生单元之间资源、信息、能量的交换与分配的理论,其核心是经济主体间依照共生行为模式与共生组织程度组合所形成的共生关系。共生理论是一个完整的分析框架,其由描述共生系统的共生三要素——共生单元、共生模式和共生环境,共生的基本原理、共生的基本方法以及共生动力模型等构成。共生原理揭示了共生关系形成和发展的必然联系,主要包括质参量兼容原理、共生能量生成原理和共生界面选择原理。共生理论是以辩证唯物主义和系统论为基础向社会科学领域进行拓展的一种新理论,因此它和其他社会科学理论一样是一个完整的体系。但鉴于研究的针对性,这里仅就文中涉及的内容进行分析。

1. 共生三要素

共生单元是指构成共生体或共生关系的基本能量和交换单位,是形成共生体的基本物质条件。在不同的共生体和不同层次的共生分析中,共生单元的性质和特征是不同的。共生单元的特征由两个参数来反映:象参量——反映共生单元的外部特征,质参量——反映共生单元的内在性质。共生单元之间的相互作用表现为质参量和象参量之间的相互作用。

质参量是指决定共生单元内在性质及其变化的因素。任何共生单元的

---

① 袁纯清. 共生理论——兼论小型经济. 北京:经济科学出版社,1998:2-4.

质参量往往不止一个,而是存在一组质参量,它们共同决定共生单元的内部性质。在这一组质参量中,各个质参量的地位是不同的,而且也是变化着的,在特定时空条件下,往往有一个质参量起主导作用,称之为主质参量,主质参量在共生关系的形成中具有关键作用。

象参量是指反映共生单元外部特征的因素。共生单元的象参量也不是唯一的,往往是一组象参量从不同角度分别反映共生单元的外部特征。同一共生单元的质参量和象参量的关系随时空条件和共生关系的变化而变化。在共生关系中,质参量和象参量的相互作用是共生单元存在和发展的基本动力,也是共生关系形成和发展的内在依据和基本条件,不同共生单元的相互作用通过质参量和象参量之间两两相互作用体现出来。

共生模式实际上是指共生单元之间形成的共生关系,所以共生模式即共生关系。共生模式是指共生单元之间建立的联系形式,是共生单元之间相互作用或相互结合的形态。它既反映共生单元之间相互联结的方式,同时也可以反映相互作用的强度。它既可以反映共生单元之间的能量互换关系,也可以反映共生单元之间的物质信息交流关系。依据考察维度的不同,共生模式被分为两种形式:一是共生组织维度,这种模式依据共生单元之间相互结合的形式或强度将共生关系分为点共生、间歇共生、连续共生和一体化共生等四种共生类型;二是共生行为维度,这种模式依据共生单元相互作用的方式,将共生关系分为寄生、偏利共生、非对称性互惠共生和对称性互惠共生等四种共生类型。

共生环境是共生关系形成的基础和前提,因为共生单元之间的关系不能脱离其所处的环境,并且总是在一定的环境中产生和发展的。共生环境是指共生关系即共生模式存在发展的外生条件,共生单元以外的所有因素的总和构成共生环境。①"根据环境对共生关系影响效果的不同,可以将其分为

---

① 袁纯清.共生理论及其对小型经济的应用研究(上).改革,1998(2):101-105.

正向环境,中性环境和反向环境。正向环境对共生体起激励和积极作用;中性环境对共生体既无积极作用,也无消极作用;反向环境对共生体起抑制和消极作用。"①

在共生三要素中,共生单元是基础,共生关系是关键,共生环境是重要的外部条件。任何共生关系都是共生单元(U)、共生模式(M)和共生环境(E)相互作用的结果,都是一组共生单元、模式和环境的组合。②

2. 质参量兼容原理

共生单元之间只有具备某种内在的联系才可能构成共生关系。③共生单元之间这种内在的相互联系通常体现为质参量可以相互表达,共生单元之间质参量相互表达的特性被称为质参量兼容。这种相互表达可能是线性的,也可能是非线性的;可能是连续因果性的,也可能是不连续因果性的,还可能是随机性的。所谓质参量,是指决定共生单元内在性质及其变化的因素。质参量是否兼容决定着不同共生单元之间共生关系形成的可能性。质参量兼容的方式决定共生在组织维度上的共生类型。随机性兼容一般对应点共生,不连续的因果性兼容一般对应间歇共生,连续的因果性兼容一般对应连续共生或一体化共生。因此,可以将质参量兼容原理视作是共生关系识别的基本依据,其揭示了共生关系形成的基本决定因素,它为我们认识和开发自然共生关系指明了方向,同时也为识别和构建社会系统共生关系提供了理论依据。

3. 共生系统相变原理

共生系统相变是指系统从一种状态向另一种状态的转变过程。根据相变的性质不同可分为 M 型相变和 P 型相变,以及连续相变和不连续相变。④共生系统相变实际上就是分析共生关系形态之间的转换。共生系统相变分

---

① ② 张旭. 基于共生理论的城市可持续发展研究. 博士学位论文. 哈尔滨:东北农业大学,2004.

③ ④ 袁纯清. 共生理论及其对小型经济的应用研究(上). 改革,1998(2):101-105.

为共生行为模式变化促成的 P 型相变、共生组织模式变化促成的 M 型相变，以及由共生行为和共生模式共同变化促成的混合相变。相变原理指出，非对称分配，不匹配使用和全要素共生度变化是共生相变的基本原因。①

4. 共生能量生成原理

共生的重要特征之一就是在共生的过程中产生新能量。共生能量是用来描述共生单元、共生关系和共生环境相互作用的层次与成效。共生能量因共生单元和共生关系的不同而有着不同的表现形式。在生物界，因共生而产生的新能量可以表现为物种的生存能力和繁殖能力的提高。在人类社会中，共生能量的产生可以表现为共生单元生存能力和增殖能力的提高。以经济组织为例，企业之间共生能量的生成可以表现为企业经济效益的提高、经济规模的扩大或经营范围的扩张等。

5. 共生系统进化原理

共生相变原理描述了共生系统相变的原因和类型，揭示了共生系统是动态的、发展的。那么其发展的方向是什么？共生意味着共生关系主体之间可以影响双方的生存和发展形态。然而共生的价值在于共生关系主体生存状况的改善和发展能力的提高，共生关系的价值所在实际上就体现为共生进化作用。共生关系产生和发展的总体过程，总是体现为促进共生关系主体向着更具生存能力和发展的状态发展。共生系统进化原理揭示了共生系统发展的方向。共生系统的进化总是从低级阶段向高级阶段发展的，一个共生系统的建立往往是从偏利共生开始的，而对称性互惠共生是共生系统进化的最终方向，是生物界和人类社会进化的本质要求。②共生进化是共生系统的本质，对称性互惠共生是共生系统进化的一致方向，是生物界和人类社会进化的根本法则，对我们认识自然共生系统和构造社会共生系统具有不可

① 袁纯清. 共生理论及其对小型经济的应用研究(上). 改革，1998(2):101–105.

② 李良贤. 基于共生理论的中小企业竞合成长研究. 北京:经济管理出版社，2011:26.

替代的作用。①在共生理论所建构的共生系统中,对称性互惠共生系统是最具效率也是最稳定的。同时,任何具有对称性互惠共生特征的系统,在同种共生关系中能够产生最大的共生能量。因此,对称性互惠共生是共生进化的终极目标,其不仅是一种进化的理想状态,同时也是达成进化的重要机制。

(四)共生理论在公共管理领域中的适用性、意义与挑战

1. 共生理论在公共管理领域中的适用性

探讨一个理论在某个领域中的适用性问题,首先要准确把握该理论所揭示的本质,其次是探究该理论是否与即将被引入领域中理论发展的特点和脉络相吻合,并且有适合的研究题域。

共生理论是在借鉴生物学种间关系的基础上,经理论抽象和建构而创建的理论工具,其滥觞于经济领域,以研究经济组织之间关系而著称。换言之,经济组织之间的资源交往关系是共生理论研究的关注点,同时也是其用武之地。事实上,组织之间的资源交往关系绝非局限于经济组织之间,经济组织与政府之间、社会组织与政府之间、政府组织之间、组织与社会个体之间都存在着资源的交互。正是基于各类主体间资源交换的客观事实,在借鉴共生及共生理论核心观点的基础上,我们可以尝试将分析对象从生物学的种间关系和经济学的经济组织间关系,拓展到公共管理领域内的各类组织及相关主体中来。研究领域和分析对象的迁移,在某种程度上可能会导致所引入概念的适应性问题,但这对于开展跨学科研究来讲是较为普遍的情况。解决此类问题的关键是需要在充分理解分析概念核心意义的基础上,在相近的意义上进行拓展。正如有学者所言:"如果不做苛刻的要求,不一定要按照概念提出者赋予的既定意义去使用概念,而是在某种相近的意义上展开分析,并用于新的分析对象,这样或许会延长这一概念的分析链条,并使这

---

① 袁纯清. 共生理论及其对小型经济的应用研究(上). 改革,1998(2):101–105.

一概念有更宽广的意义。"①

行政学在百余年的发展和演变历程中所出现的三次"范式"转换,即从公共行政学到新公共行政学再到(新)公共管理学的三次重大突破。②范式的转换带来学科研究对象、范围、方法、理论等方面的转变。尽管新旧"范式"在研究的视角和价值取向等方面有差异, 但是各种范式之间还是存在着共同点,即都研究政府组织与其他社会组织、社会个体之间的关系。传统行政学以政府组织为主体,其他社会组织为客体,实施的是管理与控制的单一治理模式。从传统行政学到公共管理学, 实现了在价值和工具两个层面上的拓展。工具层面的拓展使公共管理获得了治理性,实现了行政行为从单向的等级控制到上下互动的协作, 在社会事务管理上实现了从单中心到多中心的转移,公共管理的主体不再局限于政府,各种公共的和私人的机构都可以参与到公共事务治理中。价值层面的拓展实现了从以效率原则为核心价值取向到追求公平、正义等民主价值观。

多元治理主体的出现是对传统行政学视野下主客体关系的颠覆,意味着政府与其他治理主体间的关系发生着深刻变化。那么如何解释、应对多元治理主体之间的关系就成为公共管理学必须要解决的重要问题, 这与共生及共生理论作为研究组织间关系的范畴不谋而合。可以肯定的是,从传统行政学到公共管理学,政府与其他社会组织、社会个体之间的共生关系必然发生了变迁, 至于具体的变迁路径和方向还有待引入共生及共生理论后做更进一步的研究。

社会组织与政府之间的关系是公共管理领域中一个重要的议题, 历来是学者关注的重点,形成了一些关系研究的解释模式,主要有"公民社会""法团主义""行政吸纳社会"等。"公民社会"强调的是民间力量相对于国家

---

① 王思斌. 中国社会工作的嵌入性发展. 社会科学战线,2011(2):206-222.

② 陈振明. 从公共行政学、新公共行政学到公共管理学——西方政府管理研究领域的"范式"变化. 政治学研究,1999(1):79-88.

的独立性以及对国家权力的制衡,"法团主义"强调的是民间力量与国家权力的沟通与融合,而"行政吸纳社会"则认为政府通过"分类控制"和"功能替代"策略将民间力量吸纳到政府体制之中。①这些模式对于理解两者关系有很大的启发。但是研究社会组织与政府关系最为关键的是不能忽视我国社会组织发展的特殊性。仅就这一点来看,"行政吸纳社会"模式更符合我国的现实。我国社会组织的创建主要是政府自上而下推动的,政府赋予社会组织参与社会管理的一定权力,但这并不意味着相对于国家独立和与国家权力相制衡的"公民社会"的必然产生。因此,"公民社会"模式描述的情境与我国社会组织发展现实是相违背的,其在我国实践中的应用价值是值得商榷的。

关于"法团主义"模式,有学者指出其"作为一种模式并不适合用来对中国的国家与社会关系进行理论概括或预测,尽管二者在观念及制度上具有高度相似性,但后者缺乏前者所必需的社会组织基础"②。对于"公民社会"与"法团主义"模式的适用性问题,需要发掘新的解释模式,共生及其理论可以为社会组织与政府关系研究提供新的视角。实际上,公共管理中可以引入共生理论进行研究的并不限于社会组织与政府关系这一题域,但凡涉及多元主体之间关系的领域,基本上都可以应用共生及其理论。例如区域行政发展,因为涉及多元主体的参与,政府、企业、社会组织和公民等都可以作为区域发展过程中不可或缺的共生单元。各主体间只有建立互助、互益性的共生关系,才有助于区域经济的发展、区域公共事务的解决。再如,公共冲突管理也涉及多元主体之间的关系,因此也可以应用共生及其理论作为一种研究的视角。无论是对冲突原因的探析还是冲突的化解和处置,都可以尝试从冲突主体之间共生关系分析入手,进而尝试建立共生关系类型与冲突类型、冲突管理策略之间的对应关系。

---

① 李国武. 公共服务领域政府与社会组织关系研究. 科学决策,2011(7):31-48.

② 吴建平. 理解法团主义——兼论其在中国国家与社会关系研究中的适用性. 社会学研究,2012(1):174-198.

2. 共生及其理论应用于公共管理领域的意义和挑战

(1)公共管理领域引入共生及其理论的意义

第一,公共管理领域引入共生及其理论是政府转型的需要。共生及其理论揭示和研究了经济组织、主体之间的资源交换关系的规律和机理。这不仅对经济领域内的产业共生、企业共生、开发区建设与发展等方面具有重要的理论价值和实践意义,同时对于理解和推动其他社会领域的持续发展具有重要的理论和实践意义。不容置疑的是公共管理领域引入共生及其理论亦具有理论和实践的双重价值。从理论层面上讲,公共管理学科是边缘性的交叉学科,学科自身的发展需要不断借鉴、吸收自然科学、人文社会科学领域的新的理论、方法以促使学科成长,提高学科理论的解释力。从实践层面上讲,我国当前正处于社会转型时期,从计划经济体制下政府权力统摄一切的整体性社会向市场经济体制下政治、经济、文化诸领域相对分离的社会转变。从宏观的视角上看,社会转型意味着社会结构的整体性变迁,社会结构的变迁必然推动社会各领域之间、领域内部原有关系的变革。关系变革从某种程度上可以理解为相关主体之间资源交换关系的变迁。转型期新体制与旧体制共生、新制度与旧制度共生,新体制、新制度的建立与发展不可能脱离旧体制、旧制度,而是在与其共生的过程中逐步实现进化与演变。政府作为我国经济与社会发展的主要推动力量,在社会转型的过程中也必然要做出积极回应。这种回应不是对国家行政做简单的修补或做局部的调整,而是在社会转型的促进下实现国家行政的整体性发展,其实质是政府转型,即政府从计划经济条件下的政府类型向市场经济条件下的政府类型过渡。①

在社会转型、政府转型的过程中,如何处理政府与社会组织的关系则是转型时期无法逾越的问题,共生及其理论可以为解决这些问题提供别具特色的诠释。以政府与社会关系为例,计划经济体制下政府控制一切资源,政

① 沈亚平. 转型社会中的行政发展. 南开学报(哲学社会科学版),2004(4):51-57.

府凌驾于社会之上造就了社会"寄生"于政府的境况。尽管这种模式确保了政府对社会的控制,但是却以牺牲社会的活力为代价。这种政府办社会的模式最终也导致政府不堪重负,导致政府机构臃肿、人浮于事等诸多弊病。在市场经济体制下,政府调整与社会关系,两者关系从寄生向互惠共生发展,由单向的政府控制社会到双向的政府与社会的互动转变。在关系调整的过程中,政府主动调整职能的范围、合理勘定管理的边界,一改以往大包大揽全能政府的形象,自觉从经济微观管理领域和社会个体自主活动领域退却。

第二,公共管理领域引入共生及其理论是公共管理学理论发展的需要。公共管理学的兴起,在方法上的突出特征是强调用跨学科研究途径来研究公共管理问题,提供以问题为中心的知识产生方法。①公共管理作为一个跨学科、综合性的研究领域,在研究中可以引介和应用不同的学科理论、研究方法对公共管理过程进行研究,从而为公共管理理论的发展和公共管理实践的进步注入新的动力。公共管理学的兴起与发展的历程就是在理论上博采众家之长的历史,其超越了传统行政学圈于政治学和管理学的局限,吸收、借鉴各个学科的理论和方法,新公共管理、新公共服务、公共选择理论、新制度主义、治理理论等都是其研究公共管理研究对象的理论基础和知识框架。公共管理学的理论不仅是多元的,更为重要的是其理论的发展性,这种发展性不仅体现在既有理论的应用范围和研究深度的拓展,还体现为不断吸纳新的理论来充实理论资源,以及增强公共管理学对现实的解释力。共生及共生理论既是一种关于结构的范畴,又是一种关于行动的范畴。从结构层面上讲,共生提供了一个概念性框架,它揭示了组织间、组织与其他社会主体之间关系的若干理念类型,公共管理主体之间可以是竞争关系、冲突关系、合作关系、伙伴关系、敌我关系等,而共生关系是这些关系的基础,是更高层次的关系范畴。从行动层面讲,它提供了分析性的模式,勘定了公共管

---

① 陈振明.公共管理学——一种不同于传统行政学的研究途径.北京:中国人民大学出版社,2003:25.

理多主体之间相互联系、相互影响的行动模式,涉及资源、信息以及能量流动的方向、频次、强度、效应等。从某种意义上,共生理论与同样研究多主体间关系的治理理论相比具有一定的优势。因为治理理论关注更多的是全景与宏观的,对于微观过程的关注显得匮乏。而且治理理论本身提供的也主要是一个概念性的框架,而不是一整套的理论体系,它的解释更多的是阐释性的,而不是分析性的。①相比较而言,共生不仅是阐释性的,更多的是分析性的,不仅可以从宏观的视角理解主体间的关系,而且可以从共生过程中剖析资源交换与能量交互的微观景象。因此,共生及其理论的引介对于公共管理的发展是大有裨益的。

(2)公共管理领域引入共生理论的挑战

第一,共生及共生理论在公共管理理论研究中尚属起步阶段。判断一种理论在某领域研究所处的阶段可以从三个方面来考量:一是取决于理论研究所应用的范围或是广度,二是取决于理论研究所触及问题的深度,三是要考虑学界的关注度或是研究的热度。从研究所应用的范围来看,公共管理领域目前引入共生的范围限于第三部门和区域行政发展研究。从研究问题的深度而言,无论是对第三部门的研究还是对区域行政发展的研究更多的是将共生作为一种观念,即本书前面提及的作为结构理念的共生,如"树立共生观念为区域行政的良性发展提供正确的思想引导"②。作为行动的共生尚未引起足够的重视,这在一定程度上导致了对共生完整性的割裂,如此一来也会影响共生及其理论的价值和作用的发挥。从研究的热度来看,在中国知网上可查询到的应用共生研究公共管理问题的文章总数还是个位数。这表明此领域只有少数学者加入了共生的研究队伍,尚未形成研究公共管理共生的学术氛围。因而,相对于农学、经济学等学科对共生及共生理论的研究

---

① 汪锦军. 走向合作治理:政府与非营利组织合作的条件、模式和路径. 杭州:浙江大学出版社,2012:25.

② 陈晓春,谭娟,胡扬名. 基于共生理论的区域行政发展研究. 财经理论与实践,2007(6):115-118.

广度、深度、热度而言,公共管理领域中引入共生的探索还处于起步阶段。理论引介的起步阶段会面临各种各样的困难,如何准确把握共生概念的演化则是需要首先解决的基础性问题。生物学共生、哲学共生、经济学共生与公共管理领域的共生有何异同——生物学共生是机械团结而公共管理领域的共生是有机团结,共生理论所提出的共生关系是否可以直接应用在公共管理多元治理主体间关系的研究中,共生在公共管理领域如何发展、是否需要建构新的概念等问题都需要研究者给予关注。跨学科理论的引介一旦缺少如此基础性的研究,就会直接影响理论价值潜力的挖掘。由此看来,公共管理领域引入共生理论的研究还面临着许多有待解决的问题和挑战。

第二,共生及共生理论自身存在的问题。毋庸置疑,共生概念向人们揭示了自然界和人类社会普遍存在的现象,为我们重新认识自然和社会提供了崭新的视角;共生理论作为共生引入经济学领域研究产生的重要理论成果,其自身是一个完整而相对成熟的理论体系,已经成为经济学各分支学科开展研究的重要理论工具。但不能否认的是,共生及其理论自身还存在着一些问题,还需要不断地加以完善。共生理论需要在以下方面进一步的完善:

一是共生关系多样性的匹配问题。广义共生概念指出,生物种间关系包括寄生、共栖和共生,共生理论依据组织间共生行为模式和共生组织模式的不同组合,提出了 16 种共生关系类型。如此之多的共生关系类型来自于生物学的观察、思考以及学者的建构,但共生关系类型与现实中组织间关系的对应问题尚未引起重视。尽管共生理论指出了一体化共生和对称性互惠共生是共生关系进化的终极方向,但是就组织间关系演化过程中不同的组织间关系适用何种类型的共生关系问题没有涉及。

二是共生关系相变的动力问题——共生机制。共生系统相变是指系统从一种状态向另一种状态的转变过程,根据相变的性质不同可分为 M 型相变和 P 型相变,以及连续相变和不连续相变。尽管该理论提出了共生关系相变的基本原因——非对称分配、不匹配使用和全要素共生度变化,但是我们尚需注意到相变原因与相变动力之间存在的差异,因此与相变的原因相比,我们更迫切需要明晰相变过程的动力,即共生机制,组织之间如何共生?如何从低级的共生模式向高级的共生模式进化?这些问题的解决需要共生机制的建立,诸如信任机制、沟通机制、培育机制、合作机制、监管机制等。

三是共生关系类型的决定因素——共生规范。尽管共生理论建构了共生单元之间不同的关系类型,并且提出了判定相应类型的依据——以共生行为模式为例,主要依据共生能量特征和能量的分配特征来判断,但是其并没有解释影响和调整共生关系类型的因素,基于存在的问题,我们尝试建立共生规范的概念来完善共生理论。共生规范是指影响和调整共生单元之间相互影响、相互作用、相互联系这些关系的正式的法律、法规、制度、非正式的制度以及政治文化、意识形态等。

从上述三个方面所反映出的问题,我们确信将共生及其理论引入公共管理领域还需要对其做进一步的发展与建构。这体现为共生与公共管理相互影响、相互渗透的过程,更是共生及其理论不断丰富自身体系的过程。在这个过程中需要建构新的概念、具象化的标准等来解决共生及其理论"水土不服"的问题。因此,新的建构、新的概念是共生及其理论延展其应用领域的必修课,而这本身就是一种挑战。

二、资源依赖理论

从组织理论所研究的关注点的不同,可以将其分为两种模式:一种是早期的以研究组织内部规则、结构等为主的封闭系统模式,另一种是以研究组织与环境问题为主的开放系统模式。组织作为一个开放系统被研究是20世纪60年代以后的事情。组织作为一个开放的系统,需要与外部环境之间进行各种物质和信息的交换,这种交换关系对组织的存在和发展意义深远,因此组织与环境的关系问题引起了不同领域学者的关注,成为组织理论的核心议题。开放系统模式提出后受到了不同领域学者的关注与重视，管理学家、组织理论家和社会学家纷纷从不同的视角出发，对组织与环境的关系进行了不同的诠释，形成了多个理论学派，其中资源依赖理论、种群生态理论和新制度主义理论最为盛行。资源依赖理论因其研究的系统性和综合性，因此在众多理论学派中占据了重要地位，成为研究组织间关系的分析框架和工具。该理论萌芽于 20 世纪 40 年代，自 70 年代以来被广泛应用于组织关系的研究。

　　费佛尔(Pfeffer)和萨兰奇科(Salanick)是资源依赖理论的集大成者。其代表作为 1978 年两人合著的《组织的外部控制：一个资源依赖的视角》(*The External Control of Organizations：A Resource Dependence Perspective*)。该理论的基本假设是，组织是一个开放的系统，任何组织要生存就必须获得资源，因为组织无法持有自身生存和发展所需要的全部资源。但通常没有任何组织是能够自给自足的，这就意味着组织若想获得资源就必须同环境中其他组织进行交换，从而产生了组织对于环境的依赖。[①]组织从环境中所获取的资源主要包括"(1)原材料，包括资金支持和人力资源；(2)信息；(3)社会和政治方面的支持，即合法性的支持"[②]。资源依赖理论将资源交换看作组织与环境联系的纽带。组织行为的限制来自不对称性的相互依赖，如果组织对外部环境的依赖性越强，就越容易受到更多的影响；反之，外部环境越重要，就越能决定组织的机能和生存。资源依赖理论除了关注环境对组织的影响外，也强调组织应对环境的策略性行为方式，充分给予组织以能动性，揭示了中心组织与其他组织(环境)的依赖关系，这种依赖可以是相互的，正如一个组织依赖于另一个组织，两个组织也可以同时地相互依赖。当两个组织之

---

① Jeffrey Pfeffer，Gerald R. Salancik. *The External Control of Organizations：A Resource Dependence Perspective*. New York：Harper& Row Publishers，1978：258.

② 费显政. 资源依赖学派之组织与环境关系理论评介. 武汉大学学报(哲学社会科学版)，2005(4)：451–455.

间的依赖是非平衡的依赖关系,权力也变得不平等。中心组织可以采用各种策略来改变自己、选择环境和适应环境。

具体而言,可以从五个方面来理解资源依赖理论:

第一,资源依赖理论提出的四个假设。①组织最重要的是关心生存;②组织通常不能完全自给自足,需要从其所依赖的环境获取生存的资源;③组织必须与其所依赖的环境发生互动;④组织的生存建立在控制与其他组织关系的能力基础之上。

控制与依赖是一个问题的两个方面,是从不同主体的考量。组织通过外部环境中的要素取得生存的关键资源,而环境中提供资源的要素自然会对组织提出要求,因此就产生了外部环境中要素对组织的控制,即外部控制。从组织自身的角度出发,也就是组织对外部环境要素产生了依赖。

第二,资源依赖的程度取决于三个因素:资源对组织维持运营和生存的重要程度,持有资源的群体控制资源分配和使用的程度,替代资源的可得程度。

第三,组织间资源依赖关系一个重要特点是依赖往往是相互的。组织间的依赖关系往往并不是单边方式,更多的情况是参与方在某种程度上的一种资源互赖关系(re-source interdependence)。①如果参与方彼此之间的依赖程度不同,这种依赖关系的不对称性(asymmetry)无法经过其他的交换过程来得到弥补,那么满足依赖程度较低一方的要求,则成了保证依赖程度较高一方的生存和发展所必需的前提条件。②由此看来,组织间不对称性的相互依赖会造成对组织行为的限制。如果组织对外部环境的依赖性越强,就越容易受到更多的影响;反之,外部环境越重要,就越能决定组织的机能和生存。资源依赖理论除了关注环境对组织的影响外,也强调组织应对环境的策略性行为方式,充分给予组织以能动性,揭示了中心组织与其他组织(环境)的

①② 胡杨成,蔡宁. 资源依赖视角下的非营利组织市场导向动因探析. 社会科学家,2008(3):120-123.

依赖关系,这种依赖可以是相互的,正如一个组织依赖于另一个组织,两个组织也可以同时地相互依赖。当两个组织之间的依赖是非平衡的依赖关系,权力也变得不平等。中心组织可以采用各种策略来改变自己、选择环境和适应环境。具体而言,组织的行为、结构、功能在很大程度上受到环境的影响,组织的生存能力取决于其与环境的交往和谈判。换言之,外部环境越重要,就越能获得控制组织的权力,越能决定组织的机能和生存。

第四,资源依赖理论认为,组织不是静止和被动的,外部环境是可以管理和控制的。与新制度主义(New Institution Theory)和种群生态理论(Population Ecology Theory)环境决定论的观点不同,资源依赖理论认为,组织在与环境的关系中是积极的和主动的,可以对外部环境进行管理和控制,可以采取各种策略以减少对外部环境的依赖和来自外部的制约。因此,学界认为"资源依赖理论的一个重要贡献就在于让人们看到了组织采用各种战略改变自己、选择环境和适应环境"①。组织管理与环境中其他组织依赖性的策略包括:①适应或者回避外部需求。②通过增长、并购和多元化等多种方式扩大组织规模,以改变组织对环境的依赖。组织应对环境依赖性的一种方法是吸收环境,即将环境纳入组织内部,尤其是在这种相互依赖性较强且给组织带来很大的不确定性时。②垂直一体化增强了组织对关键性交易的控制;水平一体化和扩张提高了组织在交易关系中的权力,并降低了来自竞争的不确定性;多元化降低了组织对其他占主导地位的组织的依赖性。③ ③建立组织与环境沟通和谈判的渠道。④通过法律、参与公共政策和改变对合法性的定义来改变环境。

第五,组织间资源依赖的类型。组织间资源依赖关系,依据不同的维度可以划分为不同的类型。宾尼斯(Pennings)将资源依赖关系区分为水平依

---

① 邱泽奇. 在工厂化和网络化的背后——组织理论的发展与困境. 社会学研究,1999(4):1-25.

②③ 费显政. 资源依赖学派之组织与环境关系理论评价. 武汉大学学报(哲学社会科学版),2005(4):451-455.

存、共生依存和垂直依存。①水平依存:组织间为获得相似资源,输出相似产品或服务,因而建构出竞争性的关系;②共生依存:组织间处于互补地位,彼此并未掌握对方所需资源;③垂直依存:组织间有明显的上下层级的依赖关系,垂直共生一旦形成,组织做任何决策都需要考量这层关系,因此会迫使组织为取得生存资源而使其自主性受限。①萨德尔(Saidel)认为,政府与非营利组织之间的关系并不完全是单方面顺从与服从的关系,而是彼此相互依赖的关系,这是由于它们都掌握着某些重要的资源。②

资源依赖理论是围绕组织间资源交换所形成的依赖与反依赖、外部控制与自主权力相互角逐所形成关系来展开分析和研究的。凡是组织之间存在着资源交换以及在此基础上形成的依赖都可以将该理论作为分析的框架。这也使得该理论的应用范围极广。资源依赖理论的应用范围从微观到宏观,分析单位跨越极大,从个别管理者到组织内部部门、企业、联盟和合资企业以及组织间网络。③

三、"公民社会"理论

"公民社会"属于纯粹西方的话语,其历史源远流长,流派众多,它与西方国家的政治、历史和文化传统紧密相连。从词源上看,"公民社会"来自于拉丁文,是由西塞罗在公元前 1 世纪提出的,西塞罗把"polis"译成拉丁文"societas civilis",其含义既是指国家,也是指已发展到出现城市的文明政治共同体的生活状况。西塞罗用"societas civilis"来表示一种与乡村和部落相区

① Pennings Johannes M. "ategically Interdependent Organizations" Nystorm,Paul C and Starbuck, William H(eds). *Handbook of Organizational Design*,Oxford University Press,1981,1:433–455.

② Saidel J. Resource Interdependence:The Relationship between State Agencies and Nonprofit Organization. *Public Administration Review*. 1991,51(6):543–553.

③ Mizruchi. M. S. and Galaskiewicz. J. 1993,Networks of Interorganizational Relations,*Sociological Methods and Research*,22,1(August):46–70.

别的城邦共同体,暗含"文明"之意,与野蛮相对应。"societas civilis"被译为英文"civil society"已经是 14 世纪的事情了,为欧洲人所采用并沿用至今。"公民社会"一词基本上是在西塞罗所确定的含义上使用的,直到黑格尔对"公民社会"与"国家"作出明确区分之前。换言之,从"公民社会"一词的起源来看,它的古典含义意味着其所指涉的是与野蛮社会相对应的文明社会,其外延既包括社会也包括国家,是国家与社会混为一体的整个社会。古典的"公民社会"是指与自然状态相对的文明社会,而不是与国家相对的社会。在传统自由主义时代,人所共知的相对概念是"自然状态与公民社会",而不是"公民社会与政治社会"。"公民社会"的古典意义与现代意义有着根本的区别。

"公民社会"的现代含义则意味着不同于政治国家而独立存在的社会自主领域。在学术界,"公民社会"常常又被称为"市民社会"和"民间社会",国内也有学者在交叉使用上述三个概念。事实上,三个概念并不是完全相同的,它们之间存在着差异。"市民社会"是最为流行的术语,它来源于马克思主义经典著作的中译本。但是这一术语在传统的语境中又带有一定的贬义,因为很多人把"市民社会"等同于"资产阶级社会",而且使用中也容易把市民等同于城市居民。"民间社会"最初是中国台湾学者对"civil society"的翻译,大陆的历史学家在研究中国近代民间组织的过程中使用了上述译法,"民间社会"是一个中性的称谓。但是相对于政府而言,"民间社会"有边缘化的色彩。而"公民社会"这一概念则是我国改革开放以后对"civil society"的新译名,相比较另外两个概念而言,"公民社会"是一个具有褒义的概念,它强调了公民的公共参与和公民对国家权力的制约。"市民社会"则是西方 17 世纪提出的概念,它的理论基础是社会契约论。在契约论政治思想中,社会指的是一种先于或外在于国家而存在的人类联系形式,社会与邦国处于对位而立的状态。①

---

① [英]洛克. 政府论(下篇). 叶启芳,瞿菊农译. 北京:商务印书馆,1993:48.

　　苏格兰启蒙思想家弗格森认为,市民社会具有双重性。一方面,它能确定社会相对于国家的范围,在此范围内,个人不仅能确保自由,而且能促进社会财富的积累;另一方面,财富的增加刺激了市民的物欲,而物欲的泛滥又会侵蚀维系传统政治的公民道德。弗格森的这一观点直接影响到黑格尔"市民社会"概念的确立,也间接影响到马克思的市民社会理论。

　　"公民社会"现代意义的发展中黑格尔发挥了至关重要的作用,其"公民社会"理论的地位十分重要。"第一个真正将'公民社会'作为与政治社会相对概念进而与国家做出学理区分的是黑格尔","从词形来看,'公民社会'这个术语与传统政治哲学家所使用的术语几无差别,然而事实上,它却为同这个传统彻底决裂提供了前提,正是在这个意义上,我们完全可以说在黑格尔之前,并不存在现代意义上的'公民社会'的概念"。①黑格尔在《法哲学原理》一书中对"市民社会"概念进行了系统的论述,开创性地将市民社会和政治社会相区别,并对国家和市民社会的辩证关系进行了描述。在黑格尔看来,市民社会是不同于国家,也不同于家庭的,它恰恰处于家庭与国家之间,同时又是与国家和家庭相对应的概念,它是市场得以运作及其成员得以保护所必需的制度和机构。因此,他认为:"市民社会,这是各个成员作为独立的单个人的联合,因而也就是在形式普遍性中的联合,这种联合是通过成员的需要,通过保障人身和财产的法律制度,以及通过维护他们特殊利益的公共利益的外部秩序而建立起来的。"②换言之,在黑格尔看来,"市民社会"就是指由契约关系而将独立的个人联结起来的市场交往体系及其自我保障机制。市民社会是源于经济发展而带来的人与人之间交往的需要,然而在人与人交往的过程中存在着"把他人当作手段"的可能,这就会造成人的本质和伦理精神被异化,而这种异化所导致的冲突是无法依凭市民社会自身的力

---

①　邓正来.市民社会与国家——学理上的分野与两种架构.中国社会科学季刊(香港),1993(3):61.

②　[德]黑格尔.法哲学原理.张企泰,范杨译.北京:商务印书馆,1997:8.

量去解决的。这时只有借助外部的力量——国家才能对市民社会中人与人之间的关系进行调整。简言之,黑格尔认为国家高于社会,国家决定市民社会。市民社会的观念是经黑格尔进入马克思思想的。

马克思是在对黑格尔市民社会理论批评的基础上建构了自己的市民社会理论。因此马克思市民社会理论呈现出两方面的特点:一方面,马克思继承了黑格尔对市民社会的基本规定;另一方面,他批评了黑格尔对国家与社会关系的论述,把被黑格尔颠倒的国家与社会关系纠正过来。黑格尔把市民社会看作理念的自我运动、精神的自我完善,而马克思则从现实的历史运动出发。在马克思看来,市民社会是生产力发展的产物,与商品经济相对应的,是能够发挥对私人利益与普遍利益,以及对个人和国家调和作用的"中介体"。马克思指出:"家庭和市民社会本身把自己变成国家。它们才是原动力。可是在黑格尔看来却刚好相反,它们是由现实的理念产生的。"①正是在这个意义上,马克思的市民社会理论更显示出其现实意义。②

进入 20 世纪以来,公民社会的讨论经历了两次高潮。第一次发生在 30年代,以葛兰西为代表。葛兰西从文化的角度来研究公民社会,他把"公民社会"界定在上层建筑领域,指传播意识形态特别是统治阶级意识形态的各种私人的民间机构,包括教会、政党、文化学术团体、学校、工会等。葛兰西等把公民社会纳入上层建筑,在他看来上层建筑分为两大领域:一是政治社会,二是公民社会。③政治社会实施强制性的权力,而公民社会实施建立在"同意"基础上的文化领导权。第二次发生在 80 年代,公民社会理论成为西方学术界研究的一个热门话题,公民社会一词成为学术研究领域的一个重要概念,以哈贝马斯、阿拉托、柯亨等为代表。哈贝马斯在葛兰西研究的基础上,

---

① 马克思恩格斯全集(第1卷). 北京:人民出版社,1956:251.

② 王岩. 马克思的"市民社会"思想探析——论"市民社会"理论的现代意义. 江海学刊,2000(4):108—113.

③ [意]葛兰西. 葛兰西文选(1916—1935). 中共中央马克思恩格斯列宁斯大林著作编译局国际共运史研究所编译. 北京:人民出版社,1992:427.

把公民社会理论又向前推进了一大步。哈贝马斯与葛兰西一样都强调文化批评领域是公民社会的重要组成部分,但又与葛兰西存有差异,即他并不把公民社会仅仅归结为文化批评领域。哈贝马斯认为,公民社会是随着市场经济的发展而形成的,独立于政治国家的"私人自治领域"。他把公民社会分为私人领域和公共领域,私人领域指以资本主义私人占有制为基础的经济领域,它包括劳动市场、资本市场、商品市场及其控制机制;公共领域指独立于政治国家的非官方组织所构成的社会文化系统,即社会文化生活领域。"公民社会由那些在不同程度上自发出现的社团、组织和运动所形成。这些社团、组织和运动关注社会问题在私域生活中的反响,将这些反响放大并集中和传达到公共领域之中。公民社会的关键在于形成一种社团的网络,对公共领域中人们普遍感兴趣的问题形成一种解决问题的话语体制。"①哈贝马斯则用公共领域概念去理解、解释资本主义社会生活。他认为,"公共领域"首先意指社会生活的一个领域,在这个领域中,像公共意见这样的事务能够形成。哈贝马斯认为,公共领域是区别于私人领域并与之相对应的概念,公共领域是处于国家和社会的中间地带,是国家与社会之间的张力区域,是独立于国家又依托市民社会的社会交往和文化批判领域。从公共领域作为国家和社会的中间地带、协调国家与社会以及公民社会内部关系的缓冲地带的角度看,公共性必然成为公共领域所强调的特性。综上所述,哈贝马斯公民社会概念中的第一个领域,基本上与黑格尔和马克思公民社会概念所指涉的范围相重合,属于狭义的公民社会;第二个领域则与葛兰西公民社会概念有部分重合。如果说葛兰西的文化批评领域的理论是在对现有制度破坏的基础上致力于重构一个国家与公民社会相统一的未来社会,而哈贝马斯公民社会理论所关注的则是通过对资本主义现有制度的批判,在批判的基础

---

① Jurgen Habermas. *Between Facts and Norms*, Cambridge: Polity Press, 1996: 367.

上寻求通过对公民社会的改造进而提升资本主义国家合法性基础。这一基本的理论取向,决定了哈贝马斯的公民社会概念是对社会生活的广泛现实和综合结构的一种提炼,具有较为完整的形式,具有对社会生活较强的解释力。①哈贝马斯对公民社会理论的发展对西方学术界产生了深远而广泛的影响。其后的很多学者从不同的角度对公民社会进行了研究。

英国学者约翰·基恩、美国学者柯亨和阿拉托为公民社会理论的系统化做出了突出的贡献。其中柯亨和阿拉托认为"国家-公民社会"二分法已经过时,提出了"重建公民社会"理论主张。他们在强调公共领域独立性的同时,还主张把公民社会看成介于国家与经济领域之间的一个社会领域,将经济领域从公民社会中分离出来,把社会组织和民间公共领域当作公民社会的主体,并系统提出了"政治社会(国家)-经济社会(市场)-公民社会"三分法的社会生活划分模式,从而促成了现代公民社会基础理论的建构与转型。在三分法的观点中,国家通过"政治社会"和公民社会相连接,市场通过"经济社会"和公民社会相连接,在公民社会与国家、市场相连接的过程中公民社会不会丧失其独立性。20世纪90年代以来,公民社会理论愈加重视公民社会的制度化和组织化特征,即将公民社会理解为私人自治组织的联合体以及由这一联合体所进行的社会行动。如加拿大学者查尔斯·泰勒认为,公民社会是"一个自治的社团网络,它独立于国家之外,在共同关心的事物中将市民联合起来,并通过他们的存在本身或行动,能对公共政策发生影响"②。英国学者戈登·怀特指出,公民社会是"经济领域"和"政治领域"的对应物,是"国家-市场二分法"的"一个有价值的分析上的补充"。在他看来,"公民社会是国家和家庭之间的一个中介性的社团领域,这一领域由同国家相分离的组织所占据,这些组织在同国家的关系上享有自主权并由社会成员自愿地结

---

① 曾远英. 西方公民社会理论的历史嬗变述评. 前沿,2008(11):22-27.

② 汪晖,陈燕谷. 文化与公共性. 上海:上海三联书店,1999:171.

合而形成以保护或增进他们的利益和价值"①。当然,不管是"国家–社会"两分的观点,还是"国家–市场–社会"三分的观点,国家与公民社会的关系问题始终是公民社会研究者们无法回避的一个重大理论问题。从西方理论界的研究来看,国家与公民社会主要存在以下五种关系:一是"公民社会制衡国家",以托克维尔为代表;二是"公民社会对抗国家",以托马斯·潘恩为代表;三是"公民社会从属于国家",以黑格尔为代表;四是"公民社会与国家共生共强",以迈克尔·伯恩哈德为代表;五是"公民社会参与国家",以米歇尔·麦克莱蒂为代表。②从上述国家与公民社会的五种关系可以看出,随着公民社会概念的演进,在当代公民社会理论中,国家与公民社会关系的对抗色彩逐渐减弱,二者的共生、协调、互动、合作关系开始成为大多学者的共识。

通过西方公民社会理论产生、演变的历程,大体上我们可以将西方公民社会理论的发展划分为三个阶段:第一阶段是指公民社会的发端,即公民社会的古典意义。这一阶段的公民社会是指古希腊罗马时代的文明政治共同体,与野蛮社会相对应。第二阶段是指与政治国家相对应的经济关系领域,形成于17、18世纪。第三阶段是指与政治、经济相分离的独立的社会领域,当代西方社会正在进行这一分离的过程。它主要包含以下结构性要素:柯亨和阿拉托在《市民社会和政治理论》一书中认为,公民社会由私人领域(特别是家庭)、团体领域(特别是志愿结社)、社会运动及大众沟通形式组成。③国内学术界对公民社会的研究大体上可以分为两类:一类是政治学意义上的,一类是社会学意义上的。两者都把公民社会的主体界定为社会组织,但所强调的重点是不同的。政治学意义上的公民社会强调"公民性",以及公民社会主要由哪些保护公民权利和公民政治参与的社会组织构成。社会学意义上的公民社会概念强调"中间性",即公民社会是介于国家和企业之间的中间

---

① 何增科. 公民社会与第三部门. 北京:社会科学文献出版社,2000.

② 周国文. "公民社会"概念溯源及研究述评. 哲学动态,2006(3):58—66.

③ 转引自童世骏. "后马克思主义"视野中的市民社会. 中国社会科学季刊,1993(5).

领域。①在全球治理变革和新公共管理理论的推动下,我国公民社会的研究进入了理论研究与实证研究相结合的新阶段,并从政治学、社会学、哲学、经济学等多学科的角度来进行阐释,探讨中国公民社会的现状、问题及走向成了学术界研究的焦点。

第二节　共生关系形成的现实依据

一、政府与社会组织共生现象分析

前文对政府与社会组织共生的理论基础进行了阐释,特别是对共生理论在公共管理领域中的适用性进行了研究。这些研究从理论的视角为政府与社会组织共生关系的分析奠定了基础,但是理论分析的可行性与实际上政府与社会组织共生关系是否存在是两个问题。理论上的可行性不能脱离政府与社会组织共生现象存在的实际。因此,需要对实践中政府与社会组织共生进行识别。

"质参量兼容原理"是共生关系存在与否的识别依据。共生理论中,质参量兼容表现为不同共生关系主体之间相互表达的特性。换言之,即共生关系主体之间只有具备某种内在的联系才能形成共生关系。相互表达的特性是一种较为抽象的描述,因此在不同的领域中其具体的表现形式各异。以经济领域为例,两个企业要形成共生关系,其质参量兼容可以表现为一个企业的生产量是另一个企业的采购量,一个企业产生的副产品成为另一个企业的原料等。

---

① 俞可平等. 中国公民社会的制度环境. 北京:北京大学出版社,2006.

　　那么对于政府与社会组织而言,对照质参量兼容原理,两者具备质参量相互表达的特性。从两者的运作特点上看,政府是以强制求公益,而社会组织是以志愿求公益。尽管各自运行的逻辑不同,但是两者都将组织的目标指向公共利益, 它们在追求公共利益上的契合性为共生关系的形成奠定了基础。在资源配置方面,政府与社会组织在提供公共物品上有着各自的比较优势是形成共生关系的又一原因。政府在公共物品的提供上具有优势,但在准公共物品和私人物品的提供上则缺乏效率。而社会组织在准公共物品的提供上具有优势,社会组织发挥着公共服务供给的功能。在治理方面,社会组织有助于自主治理体系的建立,承接政府转移职能,发挥政府替代的功能和节约政府成本。政府与社会组织彼此需要也是形成共生关系的重要原因。政府在提供公共物品时,需要消费社会组织提供的准公共物品;社会组织在提供准公共物品的过程中,需要消费政府提供的公共物品,因此政府与社会组织都存在着对彼此的需求。通过上述分析,政府与社会组织两者的质参量可以相互表达,也就是质参量的兼容,因此它们之间构成的关系属于共生关系。

二、政府转型的现实需要

　　事实上,社会组织无论是在全球范围内的蓬勃发展,还是在我国的兴起与繁荣,都必然有其理由和基础。正是社会组织不可替代的功能决定了其独特的本质属性。在社会组织的巨大作用尚未被发现和重视之前的历史时期,人们解决经济和社会发展问题的途径陷入了政府与市场的二元思维, 政府和市场作为资源配置的两种机制早已成为维持社会经济秩序运转的不二选择。因此,西方资本主义发展的历程在某种程度上可以简化为政府与市场的关系,但是实践证明,政府和市场都不是万能的,都存在着失灵现象。"市场失灵"问题不能通过市场机制自身加以解决,因此政府充当了市场失灵的纠错者的角色。令人始料未及的是,政府由于腐败、寻租行为和信息偏好等固有的缺陷也会导致"政府失灵"的后果。[1]"市场失灵"将政府推向前台,而"政府失灵"又诉诸什么?这样就自然地引出了"社会团体"。[2]由此看来,社会组织的兴起是必然的,其发生发展的逻辑在于对政府和市场失灵的反应,纠正政府和市场在促进经济和社会发展方面存在的弱点,填补两者功能上的空白。具体而言,相对于政府来说,社会组织接手了政府不愿做、没有做好或不能做的事情。

(一)社会组织是承接政府职能转移的重要主体

社会组织与政府职能转变两者是否有关系?是什么样的关系?政府职能反映了政府的职责和作用,其必然随着国家经济社会发展而不断调整和改变。我国政府职能转变是政府适应经济社会发展的需要,重新勘定政府在社会生活中的角色,对政府职能的重心、职能边界以及履行机构进行调整。政府职能转变从本质上是对政府与社会、政府与市场的关系进行调整。长期以来,我国实行高度集中的政治经济体制,政府包揽了几乎所有的公共事务和社会管理事务,由此造成了社会自主治理能力的不足。

从1982年至今,我国已经进行了7次行政管理体制和机构改革,转变政府职能贯穿了历次行政管理体制改革,始终是改革的重要任务。尽管每次改革所涉及的职能转变的内容、重点并不相同,但政府职能转变总体上涉及两个方面的问题。其一是政府职能在政府内部配置结构的调整;其二是政府职能的迁移,即政府职能横向的转出,向市场和社会分化。不计政府内部职能的转变,仅就政府职能横向迁移而言,政府职能转变成功的前提条件是具备承接政府让渡出职能的适宜主体,相应地转移出的市场事务由企业来承接,转移出的社会事务,在企业无法承接的情况下需要社会组织来承接。政府横向转移和分化的职能如果没有适宜的主体承接,自然会形成很多事情没有人管、没有人做等权力行使主体空缺现象,从而引发经济和社会发展秩

①　雷兴虎,陈虹.社会团体的法律规制研究.法商研究,2002(2):47–56.

②　谢岳.后现代国家"社会团体"运动评析.复旦学报(社会科学版),2000(4):130–135.

序的紊乱。相关研究和国外发展实践的经验证实,社会组织在承接政府转移出的职能方面有着独特优势。相对于政府庞大而复杂的层级管理模式而言,社会组织的非政府、非营利性和公益性使其更贴近社会、更灵活、更多元。事实上,作为社会重要载体的社会组织,其作用不局限于承接政府职能,减轻政府的负担,而且可以快速回应和满足公民多样化的需求。更重要的是,它的出现和发展促成政府逐渐改变原有的管理模式和治理方式,从而出现了治理主体多元化的发展趋势。

因此,从这个意义上讲,社会组织是政府行政体制改革,更具体而言,是政府职能转变的社会基础和前提条件。我国历次的行政管理体制改革之所以陷入被广为诟病的"精简—膨胀—再精简—再膨胀"的怪圈,除去政府机构改革自身存在问题所形成的内在制约因素之外,在一定程度上,社会组织发展式微的境况成为制约体制改革和职能转变重要的外在因素。在社会组织发育不成熟的情况下,政府一旦从原来施以控制的领域退出,通常就会造成此领域的秩序的紊乱,由此又会形成政府重新介入该领域。如此就造成了政府机构和职能增减的反复性,行政体制改革怪圈的出现也就不可避免。社会组织不仅是政府向社会分化职能的重要承接主体,同时也充当了政府向市场分化职能的桥梁和中介。总之,在很多情况下,政府需要社会组织作为职能转变的承接主体,而且对于一个合理的社会治理系统而言,精简、高效的政府和发育良好的社会组织总是必不可缺的。

(二)社会组织是公共服务供给多元化的重要机制

公共服务主要是指由公共部门以满足社会的需求向社会公众提供公共物品。虽然其作为现代政府的一项重要职能已广为人知,但围绕公共服务供给主体却存在着理解上的差异。福利经济学主流观点认为,社会公共服务作为公共物品只能由政府供给。①此种观点认为,公共服务供给是政府存在的

---

① 张熠,陈蓓丽. 浅论政府与非政府组织在社会公共服务提供中的关系. 理论探索. 2008(5):42–44.

逻辑起点。由于公共服务的非排他性和非竞争性等特点,使得市场难以对公共服务的增加和改善提供有效的激励,反而政府可以通过权威保证公共服务的供给。因此政府成为公共服务的天然和主要提供者。遵循福利经济学的观点,政府通常成为公共服务供给的唯一主体。这种模式在实践中既出现在政府主导的国家,同时也出现在市场主导模式的国家。然而自20世纪后半期以来,公共服务供给中的"政府中心论"在实践中遭到了巨大的困难和挑战。困难和挑战使人们认识到,政府在公共服务供给中存在着种种局限,单纯地依靠政府并不能满足日益复杂多元的社会需求。从理论分析的角度看,政府所提供的公共服务主要是反映"中间选民"的偏好,因此无法满足公众的异质性需求,而且政府在提供公共服务过程中存在着投入不足、效率低下、结构失衡等问题。所以无论是从公共服务满足社会公众需求的覆盖面来讲,还是从公共服务提供过程中出现的问题来看,政府提供公共服务存在着"失灵"现象。实践与理论两个方面都印证了政府作为公共服务供给唯一主体的缺陷,因此社会组织成为政府之外弥补政府公共服务供给功能不足的主体或供给机制。

相对于政府而言,社会组织以其自愿求公益的特色,以及灵活性、参与性和非营利性等特点,使其在公共服务供给中具备比较优势,所以社会组织在公共服务供给中应当是不可或缺的提供者。20世纪70年代以来,西方国家相继进行了公共部门改革,出现了公共服务供给向社会组织转移的趋势,并且两者在公共服务供给的合作上也呈上升趋势。随着我国市场经济的建立和完善,社会资源的占有和支配日趋多元化。现阶段公共服务需求快速增长与公共服务供给不足的矛盾凸显,政府除了大力建设服务型政府、增加自身的公共服务供给之外,更应重视和发挥社会组织提供公共服务的作用。社会组织具备成长的物质基础和满足不同利益主体多元社会需求的现实性,具备了在一定程度上弥补政府失灵和市场失灵的能力。因此政府不可能也没有必要继续维持公共服务的唯一供给主体的传统,应将部分公共服务职能向社会组织分化,实现公共服务供给方式的创新,充分发挥社会组织作为公共服务供给主体的作用,从而形成多元社会主体参与公共服务的格局。

(三)社会组织是政府与公民沟通的纽带

现代公共管理从本质上看是一个政府与公民互动的过程,公民的参与、合作通常成为公共管理能否取得成效的关键要素。政府与公民之间的互动既可以是直接的,也可以是间接的,往往这种互动是间接的。间接的互动与合作常常需要一个中介组织的协调,历史发展的不同时期,政府与公民互动所依托的中介组织可能会不同。计划经济时期,政府在农村通过人民公社,在城市通过单位制来完成对社会和公民的整合。然而随着市场经济体制的建立与完善,原有的社会互动途径逐渐走向解体,利益主体的多元和分化呼唤新的利益综合与利益表达的途径。改革开放冲击了原有的管理体制,带来了人民公社的解体和单位制的萎缩。此时,无论是政府还是社会都需要有新的组织形式来填补制度上的真空,处理社会自由化背后的整合问题。①面对旧有的管理体制、组织的逐渐解体和发展市场经济所带来的社会利益主体多元化、社会阶层多样化的趋势,无论对于分散的社会个体还是政府而言,都需要一种新的整合机制,适应市场经济发展而逐渐萌芽、发展起来的社会组织充当了新的中介。

社会组织作为组织化的利益聚合和利益表达的途径,克服了公民个人参与力量薄弱、表达无力的弊端,同时也为公民参与的有序性和集中化提供了组织保障。一方面,社会组织扎根于社会,代表成员的利益和部分公共利益,能最大限度地调动公民参与社会建设与管理的积极性,发挥信息反馈和利益聚合的作用,可以及时把其成员对政府的愿望、建议、批评集中起来,反馈给政府,既可以为政府决策提供有价值的信息,也可以对政府行为形成一定的制约;另一方面,社会组织可以将政府的政策和对相关问题的处理情况

---

① 郁建兴,吴宇. 中国民间组织的兴起与国家——社会关系理论的转型. 人文杂志,2003(4):
142-148.

转达给其成员。由此看来,社会组织在政府与公民的互动中发挥了上情下达的协调功能,推动了政府与公民之间的合作,推动了政府公共管理效能的提高,促进了民主政治的发展。

(四)社会组织是监约政府权力的重要力量

孟德斯鸠说过:"一切有权力的人都容易滥用权力,这是万古不易的一条经验,有权力的人们使用权力一直到遇有界限的地方才休……要防止滥用权力,就必须以权力制约权力。"①近代以来,西方的政治哲学和政治实践确立的基本权力制约方式是"以权力制约权力"。尽管这种制约方式发挥了很大的效用,但也存在着"权力合谋"的风险。因此,在20世纪后期,罗伯特·达尔等人提出了"以社会制约权力"新方式。无论是"以权力制约权力"的内部监督,还是"以社会制约权力"的外部监督,共同揭示了对权力的制约和监督已然成为不同社会制度和社会形态的必然选择。政府内部的权力监督固然是重要的,但是相对于权力的内部监督而言,外部监督是最有效的。如果缺少独立于政府之外的社会力量的监督,政府内部的分权制衡效度也会大打折扣。外部监督有公民监督和社会组织监督。尽管公民监督因其具有广泛性而被视作一切监督的基础,但是不能否认的是,在面对强大的国家权力,分散的个体力量非常弱小,无法与国家权力相抗衡,因此时常无法以较低的成本有效阻止国家权力对社会、公民个人权利的侵蚀。实践证明,作为外部监督的一种形式,公民监督发挥了巨大的作用。但是公民监督的分散性、自发性、无组织性和过高的监督成本等软肋影响监督效用的发挥,往往形成了权力行使过程中"集中的少数打败分散的多数"②。无组织的公民监督有组织的公共权力,显然监督效用难以有效发挥。

作为一种替代,应将社会组织作为监约政府、防止权力滥用和维护公民

---

① [法]孟德斯鸠. 论法的精神(上). 张雁深译. 北京:商务印书馆,1961:154.

② [美]安东尼·唐斯. 民主的经济理论. 姚洋,邢予青,赖平耀译. 上海:上海世纪出版集团,2005:6.

权利的重要力量。社会组织作为国家与社会、国家与公民之间相对独立的、自治的社会群体,可以进行广泛的社会动员、反映诉求表达民意、参与社会活动等,唤起公民的公共意识,为公民提供自我组织的空间,形成组织化的权力制约力量,以更加理性、有序的方式与国家权力进行互动,从而提高了对国家权力的监督效用。社会组织监督效用之所以能提高,是基于其对公民监督分散性、个体性等特征的改变,整合了分散的监督力量。社会组织"将分散的、自发的群众监督组织起来,可有效地解决专门监督人员不足和群众监督软弱无力的问题"①。因此,托克维尔认为独立的社会组织在多元社会对公共权力构成了强有力的社会制衡。罗伯特·达尔则从保障民主运行和推进的角度肯定了社会组织的监督作用。"这种社会组织的出现,不仅仅是民族、国家统治过程民主化的一个直接结果,也是为民主过程本身运作所需要的,其功能在于使政府的强制最小化,保障政治自由,改善人的生活。"②我们既要认识到社会组织监督的重要性和优势所在,同时也不能忽略其在我国实践中发展的情况。社会组织监督作为一种监督的力量已经逐渐为人们所认知。但是不容乐观的是当下社会组织监督作用并没有得到充分的发挥,因此社会组织作为监约政府的重要力量仍任重道远。

三、社会组织发展需要政府提供生存空间

如果有一个拥有无限权力、包揽全部社会事务的全能政府,就不可能同时存在一个自主、发达的社会,自然就不会有发育充分、功能健全的社会组织。站在民间组织的角度,其生存与发展将取决于政府的认可及其自身能力的建构。

一方面表现为民间组织会在各种适当的场合努力靠近党政机关,并积

---

① 李兴中. 社会主义监督机构研究. 郑州:中州古籍出版社,1993:156.

② [美]罗伯特·达尔. 多元主义民主的困境. 尤正明译. 北京:求实出版社,1989:1.

极争取和维持政府对其合法性的认可,在政治层面上与政府目标保持一致。①社会组织的产生与发展离不开一定的资源和活动空间。从宏观上看,社会组织的发展取决于国家与社会的关系;从微观上来讲,社会组织的发展与政府职能紧紧相连。新中国成立后,为了实现对整个社会的有效整合和构建、维护新的社会秩序,我国实行了高度集中的政治经济管理体制,形成了"整体性社会",即国家对全部社会资源实行了控制和垄断,在社会结构上体现为国家与社会的同构。单位制和人民公社体制的建立使国家垄断了全部的社会资源和社会活动空间,这样也就从根本上取缔了民间组织和公民社会,公民社会的萎缩成为新中国成立之后最为典型的社会事实。②在"整体性社会"下,社会组织缺乏产生和发展的政治、经济和社会基础,因此不具备自主、独立生存的空间。即便当时建立了一些社会组织,这些社会组织只是作为政府机构的延伸,高度依赖政府,且功能上政治化倾向显著。

另一方面,社会组织的发展与政府职能是紧密相连的,政府职能转变为社会组织的发展提供了基础和动力。在"整体性社会"下,政府以行政权力统摄政治、经济、文化、社会的诸领域,政府职能无所不在,政府职能的无限性挤压了社会组织的生存空间。改革开放以来,随着市场经济体制的建立和政治体制改革的推进,政府拉开了职能转变的序幕。政府职能转变的深度和广度决定着社会组织参与社会治理的程度和范围。一般来讲,政府从哪些社会管理领域退出,社会组织就进入哪些领域;政府在这些领域退出的程度,决定着社会组织参与该领域的程度。无论是从计划经济时期微观管理转向市场经济条件下的宏观调控的经济职能的调整,还是在市场经济发展的基础上政府强调社会管理、公共服务的职能重心的改变,都促使政府职能从计划经济时期的全能政府向市场经济条件下的有限政府转变。政府逐渐从社会

① 郁建兴,吴宇. 中国民间组织的兴起与国家——社会关系理论的转型. 人文杂志,2003(4):142-148.

② 王名. 中国民间组织 30 年——走向公民社会. 北京:社会科学文献出版社,2008:58.

自我管理的领域退出,一改无所不包、面面俱到的传统。政府职能范围的有限性为社会组织发展提供了发挥其价值的广阔舞台。因此,随之而来的是社会组织力量的增长,我国改革开放以来,社会组织发展的历程无可争辩地证实了政府职能与社会组织发展的关系。

四、社会转型重塑政府与社会组织关系

社会主义市场经济体制在我国的建立所带来的改变不仅仅局限于经济领域,而是在此基础上经济的发展推动了社会转型。社会转型的实质是社会结构的整体性变迁,表现为整个社会系统从一种状态向另一种状态的转变。社会转型的整体性决定了社会转型所涵盖内容的多向度特征:经济体制上,从计划经济体制向市场经济体制转变;社会结构上,从计划经济时期政治、经济、文化和社会诸领域合一转向各领域相对分离的状态;社会形态上,"从传统社会向现代社会、从农业社会向工业社会、从封闭性社会向开放性社会变迁和发展"[1]。从社会组织层面上看,经济领域内的现代企业-市场体系的建立和完善、政治与行政领域内的国家-政府组织职能的转换和机构改革、市场与政府以外的社会领域中的各种非政府组织的培育和发展,从三个不同而又相互关联的向度构成了一个社会发展的整体,是当代中国社会转型在组织结构层面上的主要内容。[2]由此看来,社会转型使整个社会发生了根本性的转变,并开始塑造新的社会结构、新的社会组织和功能,而且政府与社会之间的关系也被重新塑造。

实际上,社会转型与政府、社会组织、政府与社会之间关系是互相促进、互为因果的关系。政府启动的改革造就了社会转型,反过来社会转型必然要求政府进一步改革。同样,政府与社会关系、社会组织对于社会转型具有同

---

① 陆学艺,景天魁. 转型中的中国社会. 哈尔滨:黑龙江人民出版社,1994.

② 谢舜. 从当代中国社会转型的视角分析非政府组织的社会功能. 江汉论坛,2005(1):14–19.

样的意义。社会转型必然内在地要求政府转型,政府转型本身既包括政府内部行政关系,即政府系统内部的自我改革,如职能的转变、机构的精简等,同时也包括政府外部行政关系的调整,如政府与社会关系的变革。同样,社会转型催生了新的社会组织及其所发挥的作用。然而不能忽略的是新生发社会组织的发展也对社会转型有直接的作用和深远的影响,是社会转型成功的必要条件和微观基础,因为社会转型时期,社会组织的整体发展状况已经日益成为制约我国社会转型进程的重要因素。社会转型必然要求重新确立政府与社会之间的关系格局,而社会组织作为社会的主要载体和重要角色,必然成为关系重塑的主要对象。所以在一定程度上可以讲,政府与社会关系的再调整具体体现为,政府与社会组织关系的建立和不断建构的过程。按照这个逻辑,当下的政府改革主要是针对基于对过去以政府权力整合各领域关系所形成的政企不分、政事不分、政社不分的现象,重构政府与社会、政府与市场的关系。总之,社会转型不仅推动了政府内部的改革,同时也迫使政府与社会、社会组织之间关系的重塑。

第三节　共生关系解析

一、共生及共生关系的本质

(一)共生是结构范畴与行动范畴的统一

共生及共生理论既是一种关于结构的范畴,又是一种关于行动的范畴。从结构层面上讲,共生提供了一个概念性框架,它揭示了组织间、组织与其他社会主体之间关系的若干理念类型。共生关系主体之间可以是竞争关系、冲突关系、合作关系、伙伴关系、敌我关系等。而共生关系是这些关系的基础,是更高层次的关系范畴。作为结构范畴的共生,实际上是共生在哲学领域的发展，共生是一种本源性的存在，是事物之间存在和发展的动力之所在。结构范畴的共生更多地表征为一种关系上的理念——共生的主体和共生领域是普遍存在的。作为行动范畴的共生实际上是共生在非哲学领域的具体运用，是对共生本源性存在的具体阐释，是对社会行为主体之间关系形态形成和演化过程的具体剖析。从行动层面讲，共生提供了分析性的模式，确定了社会行为主体之间相互联系、相互影响的行动模式，涉及资源、信息以及能量流动的方向、频次、强度、效应等。任何共生关系的形成和发展都是结构共生与行动共生的统一。结构范畴意义上的共生为社会行为主体共生关系的确立，提供了宏观上的必然性和方向引导，行动范畴意义上的共生将这种必然性转化为实践性和具体的关系形态。当然，结构上共生的必然性并不必然产生行动上的共生，从结构范畴共生到行动范畴共生，需要与之相适应的共生制度和作为动力的共生机制的推动。同时，行动范畴共生中不同共生类型之间的演化也需要共生制度和共生机制的支撑。

(二)生物学共生、经济学共生与公共管理学共生

共生的原初意义应该是异质主体之间的关系。无论是生物学上的共生现象，还是经济学上企业间的共生关系，都是基于不同的生物体或是不同功能，乃至不同形式的经济组织间的杂然相生和互动关系，在尊重他人差异的基础上，基于一定的行为规范展开交流的状态。

达尔文进化论所确立的"物竞天择，适者生存"的生存竞争法则曾经被认为是事物发展变化的普遍真理，但是当人类文明进入 21 世纪以来，其理念的真理性受到了很多质疑。通过大量的自然界的事实证明，推动自然界进化的是共生法则，竞争只不过是共生过程中的一个方面，生物的存在绝对不完全是你死我活的关系，而是在共生中互动相互作用，共同生成和发展的。①生物学共生是对达尔文进化论的修正，物种进化并非都是因竞争而优胜劣

① 张永缜. 共生：一个作为事实和价值相统一的哲学理念. 西安交通大学学报(社会科学版)，2009(4):62.

汰的线性方式,物种之间也存在着共同生存、共同进化的情况,这就是所谓的"共生"。生物学共生是物种之间按照自然的方式自发地展开的,其发展和演化没有内在的计划和目的。因此,生物学共生所揭示的物种之间不同的共生类型可以杂然相生,各种类型之间也不存在高低发展阶段之分,如共生不是寄生发展的高级阶段和演化的方向。寄生、共栖、共生等不同的共生类型之间是否存在演化,以及如何演化并不以人的意志为转移,其演化的过程和趋势完全是自发、自然的过程,因此在共生自然选择的过程中所出现的偶然事件和随机性也不可避免。

经济学共生对生物学共生既有继承,更有发展。所谓继承,尽管生物学和经济学各自的研究对象存在差异,但是其所揭示的是生物物种间和经济组织之间资源、能量的交互关系,以及因交互方式的不同所形成的共生关系类型。所谓发展,生物学共生是对物种之间关系的描述性解释,而经济学共生则不仅对经济组织之间关系进行了描述性解释,更重要的是它还建构了社会系统共生应然的模式。因此,经济学共生的价值与使命不仅是对实然的描述,其作用更不是局限于对社会共生现象的描述,以及共生关系主体间共生关系现状的维护,而是对共生关系进行分析研究,评论优劣,并探索共生关系演化发展的趋势及演进的机理。共生理论在经济学理论应用的最大价值就在于其突破了生物学共生作为实然描述的框架,在借鉴生物学共生原有概念的基础上,它不仅描述了经济组织间共生关系的形态,更为重要的是,其对不同共生关系形态进行了评价,并提出了社会系统共生关系演化发展的趋势,即共生理论中共生关系进化的原理。因此,共生理论在社会系统中不仅可以进行实然的分析,同时可以作为应然的分析框架。这与社会系统和自然生态系统共生之间的差异也是相吻合的。自然生态系统共生是自然选择的过程,而社会系统共生既有自然选择的过程,也体现出人为的建构,毕竟人是具有主观能动性的。所以作为对社会系统共生进行分析的共生理论,其必然有自己的价值主张,是事实性与价值性的统一。共生理论的价值不仅是描述性的,而且是分析性的,更重要的在于其所建构的共生演化发展的趋势对社会系统共生未来的发展指明了方向。共生理论认为,社会共生关系的演进趋势是从较低阶段的共生关系向高阶段共生关系发展,对称性互惠共生是最终的演化趋势。当然,实践中社会系统共生关系的演化并非是线性的,而是各种共生关系形态交叠相生、相互渗透。

公共管理学共生是对生物学共生和经济学共生的继承与发展。所谓继承,即继承了生物学共生和经济学共生关于共生关系主体之间资源交互和依赖的实质,继承了经济学共生关于社会系统共生关系演化发展趋势的判断。所谓发展,即公共管理学共生在资源相互依赖性的维度之外,提出了从组织自主性维度来共同分析公共管理领域中组织之间共生关系观点,构建了"资源相互依赖性-组织自主性"分析框架;解构了共生理论中的共生环境,提出了共生关系演进的机理,即共生环境、共生制度和共生机制。

当然尚需引起注意的是,从生物学共生到经济学共生再到公共管理学共生,共生关系主体属性的跨越性极大——从自然生态系统到社会系统,在延展共生应用领域的同时,应注意到不同系统、不同关系主体之间差异,以及由此而带来的共生关系方方面面的迥异。自然生态系统遵循自然法则,根据食物链的层级关系进行物质、能量的交换,生物的适应性是共生关系发展演化的动力源,而公共管理领域共生关系的确立与发展是由各种类型组织的功能优势来决定的。自然资源的有效使用对于组织间共生关系的确立不起决定性作用,而是要注意组织间资源和能量流动所形成的依赖关系,以及这种依赖关系对组织自主性带来的影响。但在政府与社会组织共生关系上,却实现了组织的"异质形同"的现象,即社会组织与政府组织的结构、功能的相似性所造成的社会组织的"外形化"。这有悖于共生理论所揭示的异质共生的本意。

我国的历史和现实反映出的政府与社会组织的关系是多元和复杂的,但是无论关系的类型为何,各种关系类型均被关系背后的强大力量所制约,对社会组织发挥制约的强大力量就是作为权力和资源最大掌控者的政府。因此,无论是研究什么样的关系,都无法逾越政府这个关键的主体,这对于当代中国社会组织发展更具有现实意义。

(三)共生关系是共生关系主体间的资源依赖

共生关系的本质是共生关系主体之间的资源依赖关系。从某种意义上而言,尽管共生发轫于生物学研究,资源依赖理论源自组织理论研究,但共生概念的提出揭示了生物学意义上的资源依赖或者称之为资源依赖在生物学上的体现。但相比较而言,共生及其理论的产生要远远早于资源依赖理论。共生既是一种普遍的自然现象,也是一种普遍的社会现象。既然共生反映、揭示了自然界的资源依赖关系,同样也可以将其用来解释人类社会各主体之间的关系。从这个层面上讲,共生描述了共生关系主体之间的物质、信息和能量关系。共生既是一种自组织现象,表征为自然界生物物种间、人类社会各主体间的自发自觉形成的资源交互关系,同时也可以体现为人为构建的关系形态。共生关系的活动过程在于共生关系主体物质、信息和能量的有效产生、交换和配置。共生关系的价值在于共生关系主体的共同适应、共同激发、共同发展、共同进化,通过共生的过程达到各共生关系主体生存能力的增强、功能的日臻完善、效益的提高的效果。

二、共生关系的特征

(一)互利性

共生关系是建立在一定的互利性基础之上的。尽管存在着互利性强弱、多少等非对称性的差异,但是互利性依然是形成共生关系的基本条件。这似乎与生物学共生是相悖的。生物学共生存在着不同的共生方式,有些方式并非以互利性为基础的,例如寄生、偏利共生方式。寄生方式是一方的收益意味着另一方的损失,是一种"零和博弈"。那么共生应用领域的变迁是否会改变原有的共生条件？从生物学共生到公共管理领域共生，共生实现了从机械共生到有机共生的转换，因此严格意义上的寄生关系是不存在的。组织之间相互联系和交往是需要一定的互利性为前提的，尽管这种互利性可能是非均衡的分配。

(二)选择性与差异性

由于社会组织具有相对于政府组织和市场的比较优势，所以在理论上社会组织与其他组织具有形成共生关系的必然性。但在实践中具体到某一类或是某一个社会组织与其他组织是否形成共生关系则具有不确定性。换言之，共生在理论上的必然与应然未必导致现实共生关系的建立。微观共生关系的形成受多种因素的影响，宏观的如政治、经济和社会管理体制，不同的体制可能成为促进或是阻碍共生关系形成的重要因素；微观上的组织所处的地域、规模、目标等因素同样制约着共生关系的建立与发展。宏观、微观影响和制约因素的存在某种程度上决定了共生关系的建立与发展不是铁板一块，体现了共生关系主体之间的选择性。这种选择性可能是单向度的亦可能是双向度的。选择向度的差异反映了双方相互依赖程度的不均衡。共生关系形成过程中选择向度的差异是共生关系主体选择权利的表征，选择权利不同从而形成具有差异性的共生关系。不同共生关系主体之间不仅存在选择向度的差异性，还存在着选择内容、原则的差异。当然，几乎所有的共生关系主体之间都倾向于选择有助于提供生存能力、发挥功能、增强能力以及匹配成本低的共生关系主体。

(三)变迁性

共生关系不是固定不变的，其随着共生关系主体的性质变化和共生环境的变化而发生改变。社会组织共生关系是建立在社会组织自身的比较优势和一定的环境因素的基础之上的。当社会组织自身的比较优势和外部环境发生变化之时，社会组织共生关系也必然会发生变迁。共生关系的变迁性决定了共生关系的建立与发展不可能是一步完成的，更不可能是一劳永逸的,而是在相互识别和交往的过程中逐步提高共生关系的层次。共生关系的变迁性既可以体现为共生主体之间共生方式或是共生类型的相互转化,也可以是共生主体之间共生领域的变化,乃至共生机制的变迁。从变迁的动力来讲,可分为强制性变迁和诱致性变迁。

(四)多元性

在某种程度上共生意味着异质的多元,简单地说,共生是尊重和包容事物或是主体间的差异性,是在尊重差异性基础上的共存。因此,基于尊重差异和包容基础上的共生必然会形成共生关系的多元。共生关系的多元性体现为主体的多重性和关系的多样性。从主体的多重性上看,社会组织共生关系不是单一的,它们可以同时与众多组织和个人形成共生关系。社会组织既可以与政府形成共生关系,同时也可以与企业、其他社会组织、公民等形成共生关系。从关系的多样性上看,不同共生关系主体之间形成相同或者差异的共生关系。例如政府与社会组织的共生关系,中央政府与地方政府和社会组织之间的共生关系可能存在着不同的方式,不同的地方政府之间也可能存在着差异,因此也就促成了共生关系的多元性。

(五)共进化性

共生关系主体之间、共生关系主体与共生环境之间的物质、能量和信息的流动和交换过程体现为相互促进、相互激发。这种促进和激发可以促进共生关系主体的进化与创新,提高其生存和发展能力。但是共生关系主体之间的共进化性是多种多样的,既有对称性的共进化,也有非对称性的。共进化性的特征取决于两者的关系类型,有序、协同的共进化将促进共生关系主体和共生系统的进化发展。

三、共生关系的类型

经济学共生以系统论为基础,并在对生物学共生抽象和建构的基础上,以资源的流向和能量的产生与分配两个维度来划分经济组织之间的共生关系。经济学共生既有对生物学共生的借鉴,同时又有对生物学共生的超越。沿着这种逻辑进路,将共生引入公共管理领域也需要对生物学共生、经济学共生的借鉴与超越。公共管理领域组织间存在着资源的交换以及能量的产生与分配,但是鉴于该领域组织的特殊性,组织能量的产生与分配存在衡量上的困难,并不像经济组织之间可以通过利润、效率、效益等进行衡量。因此,适宜将公共组织之间资源的流向与能量视为同一个维度,而且与生物体之间、经济组织之间不同,公共管理领域组织间的资源流向不存在着绝对的单向,资源流向这一维度还不能完全反映出组织间关系的真实情况。因此,将资源流向所揭示的组织间的资源相互依赖的程度作为衡量共生关系的一个维度。同时,生物之间资源流向所形成的不同依赖关系并不会影响到生物体的自主性,因为生物体是否存在自主性尚待商榷。

然而在社会系统中,依照资源依赖理论的分析,资源依赖程度的差异一般会形成资源依赖间的权力不对等, 由此形成了资源依赖强的组织会受到资源依赖弱的一方的控制。这种外部控制的存在最终影响到资源依赖强的一方的组织自主性。因此,我们确定了影响共生关系的另一维度——组织自主性。组织自主性可以从两个方面来理解:一方面,组织是否是独立的,是否具有自治权,在多大程度上可以坚持组织的任务和核心价值;另一方面,作为此类组织应有的功能是否得到了很好的维系和发挥。"资源相互依赖性-组织自主性"分析框架和具体的解释如图 2.1 所示:

资源相互依赖性

		低(单向)	高(双向)
组织自主性	高	共栖	对称性互惠共生
	低	寄生	非对称性共生

图 2.1 "资源相互依赖性 – 组织自主性"分析框架

表 2.1　"资源相互依赖性 – 组织自主性"分析框架的具体解释

共生维度　　　共生类型	社会组织自主性			政府与社会组织资源相互依赖		
	低	中	高	低	中	高
寄生	√			√		
共栖			√	√		
非对称性共生	√	√			√	
对称性互惠共生			√			√

（一）共栖、非对称性共生与对称性共生

从相互依赖和组织自主性的维度可以将政府与社会组织共生关系分为三种种类型：共栖、非对称性共生与对称性互惠共生。共栖是指双方的相互依赖较低，非对称性共生侧重的是单向度的依赖，对称性侧重的双向的依赖。非对称性共生包括寄生、偏利共生、非对称性共生。政府与社会组织共生关系的三种类型具体表现为四种形态，每种形态都表现出不同的特征。

1. 寄生

政府与社会组织寄生模式是非对称性共生关系的极端形式。它是指两者相互依存，并且一方必须向另一方进行利益索取才能生存，而另一方也愿意为其提供维持生存所需的利益和生存环境。寄生模式中利益分配或资源的流动是单向度的，表现为从寄主组织向寄生组织流动。寄主组织是利益和资源的输送者，寄生组织是利益和资源的受益者。由于寄生关系并不产生新的能量，只是改变利益和资源的分配格局，因此从一定程度上看，寄生模式有利于寄生组织进化，而对寄主组织的进化作用不大。所以寄生关系的维系取决于寄生组织的利益索取是否损害到寄主组织和寄主组织的主观意愿。但是不容忽视的是，生物学上寄生关系是机械的，社会学上寄生关系则是有机的。一方面，从共生关系主体作为"理性经济人"的假定出发，当寄生组织的索取对寄主组织造成损害时，寄生关系也面临着解体；另一方面，现实中的寄主组织在为寄生组织提供资源和发展环境的同时，是以攫取对寄生组织的控制权为筹码的。换言之，寄生组织的生存是以独立性、自治权的削减为代价的。由此，原有的组织间的利益交换关系变成了类科层组织的权威关系。

2. 共栖

生物学上共栖是指"两种或两种以上各自能独立生活的生物共同生活在一起,对一方有利而对另一方无害或对双方有利的一种种间关系"①。从生物学上对共栖的定义来看,共栖包含两个方面:一方面,共栖的主体是各自独立的,不是一方的生存以另一方为前提和基础,这是共栖与寄生的重要差别。推而论之,用共栖来描述组织之间的关系,具有共栖关系的组织相互之间应该是独立的、自主的,不同的组织有着各自的结构、功能、价值、宗旨、使命等;另一方面,具有共栖关系的行为主体之间可以发生资源和利益的交互关系,具有一定的相互依赖性。但是共栖关系行为主体之间的相互依存、相互依赖程度较低,彼此都可以脱离对方而存在。具体到组织之间关系,在共栖关系下,组织之间存在着资源和利益的交互,但是相互之间各自独立,相互依赖程度低。两者相互作用的结果是一方组织的存在影响另一方组织的生存与发展,这种影响可能是促进也可能是阻碍。

3. 非对称性共生

实际上,寄生、偏利共生都属于非对称性共生关系中的一种。因为它们有着共同的一面,即资源的流动和利益的分配都不是对等的。只是寄生、偏利共生属于资源流动和利益分配不对等的极端形式,因此造成了共生关系行为主体之间资源依赖上的非对称性。非对称性共生作为一种共生关系形式,尽管其改变了资源流动的单向性,存在着资源的双边双向交流,而且共生关系行为主体之间相互依存程度较高,但是利益的分配还是按照广谱非对称机制进行的。因此,作为非对称性共生关系中资源依赖强的一方组织,依然未能改变组织自主性相对较弱的地位,无法摆脱资源依赖弱的一方组织对其的控制。这种控制可能体现在对资源依赖强组织活动领域的限制、组

---

① 王旭雁. 寄生 共生 腐生. 生物学教学,1997(10).

织功能的选择性限定、组织结构,乃至组织具体活动的管控等。

4. 对称性互惠共生

对称性互惠共生,是指具有共生关系的组织以彼此的生存和发展互为前提和基础,组织之间处于平等的地位,资源相互依赖程度高,同时,组织各自的自主性高,两者能平等地对话、交流、合作与协商,不存在政府过度依赖社会组织或社会组织过度依赖政府的情况。具体表现为组织之间以资源的双边双向交流为主,还包括资源的多边交流,即共生关系不仅仅局限于二维的共生系统,还可以是与组织具有资源交互和利益分配的多维网络共生关系,正是因为组织之间资源是双向交流的,资源相互依赖的程度高,而且组织的自主性高。双方根据自己的组织功能优势,在共生过程中确立自己的地位,在共生的基础上彼此都是受益的,而且在一定程度上受益是对等的。这种受益的对称性首先体现在组织的自主性上和资源依赖的依存性上。组织自主性强和资源相互依赖高是对称性互惠共生的前提和基础。对称性进而体现在社会组织功能发挥的充分性上,不仅外生性功能得到发挥,组织内生性功能也得到发挥;体现在政府上,政府是将权力和职能收敛于合理疆域的有限政府;体现在组织的政策参与上,社会组织不仅是执行性参与、非制度化的政策参与,而且是参与政策的制定,而且政策参与的渠道逐渐制度化,两者的沟通既有正式的制度化交往网络,也有非正式的交往网络;体现在社会组织与政府共生关系上,共生关系不是偶然性的、选择性的、非制度化的共生,而是共生关系具有必然性、广泛性、制度化等特征。

(二)制度型共生与非制度型共生

根据共生关系稳定性差异进行划分,既有短期稳定性不足的非制度型共生(非正式共生),也有长期稳定性强的制度型共生。非制度型共生(非正式共生)具有交往的偶然性和脆弱性,往往依靠良好的人际关系和组织自身的信誉作为互信互动的基础。制度型共生,是指共生关系行为主体之间在相互交往的过程中将制度作为互动的基础和行为机制,具有交往的竞争性和稳固性,其依据法律规范与契约作为建立关系的基础。从共生关系生成的依据是稳定的法律法规以及其他规范性的文件还是稳定性不足的非规范性文件,可以将共生分为制度型共生和非制度型共生。制度型共生的特点在于维持共生关系的力量是稳定性强的法律法规,非制度型共生的特点在于维持共生关系的力量是稳定性不足的非规范性文件,具体可以体现在组织间关系的历史传统、人际关系、地缘等因素上。

第四节 共生关系演进机理

依据组织之间资源依赖程度的差异和组织自主性的强弱,可以将组织间共生关系划分为寄生、偏利共生、非对称性共生、共栖和对称性互惠共生。实际上,共生关系的类型本身体现了组织自主性由弱到强、资源相互依赖由低到高的过程。这与共生关系类型所揭示的组织间关系逐渐向更高层次关系演进相一致,实践中政府与社会组织之间的关系走向与此有不谋而合之势。事实上,共生关系的演进如同共生关系的存在一样,具有普遍性,无论是在自然生态系统还是在社会系统。相同的是都存在着共生关系的演进,不同的是共生关系演进的机理有着差异。这种差异很大程度上源于自然生态系统与社会系统的区别。自然生态系统共生关系是一种自组织现象,关系的存在更多地表现为原始的、初级的、自然的和被动的;而社会系统共生关系具有双重性,既可以表征为不同行为主体间的自组织现象,又可以表征为不同行为主体间的刻意构建。其关系的确立和发展更多地表现出创始性、高级的、能动的和主动性。这也是自然生态系统与社会系统分界的关键所在。社会系统共生关系具有人为的主导性和目标的导向性。换言之,共生是多元的,共生不仅是自组织的,共生还可以作为工具与价值的统一。总之,社会系统共生关系的构建和演进掺杂着人的因素。因此,相较于自然生态系统的共生关系的自然优化与演进而言,社会系统共生关系的演进过程和影响演进的因素更为复杂。所以考察社会系统共生关系演进显得尤为重要。社会系统各种共生关系类型往往杂然相生。各种类型之间的分界更多的是理论上的界限,实践中不同的关系类型之间往往交融在一起,在不同的发展阶段中循环往复。但政府与社会组织共生关系发展的总趋势是由非对称性共生向对称性互惠共生。其演进的过程体现为关系由不良的结构上升为良性结构。那么这种共生关系生成的机理是怎样的? 共生关系的演进又是如何发生的呢? 如果说共生关系的演进是具有一定方向和规律的,那么总结、发现影响共生关系演进的因素则是必不可少的。

探析影响共生关系演进的因素还需要从共生理论入手。作为共生理论三要素之一的共生环境可以用来解释关系的确立与发展。依照共生理论,共生环境是共生单元以外所有因素的总和, 是共生关系即共生模式存在发展的外生条件。[1]无论是自然生态系统共生还是社会系统,共生总是离不开一定的环境。植物共生需要特定的土壤、水、大气等环境;企业组织共生需要一定的市场环境、制度环境等,同样,社会组织共生也需要环境因素。共生理论根据环境对共生关系影响程度和方式的不同进行了划分。按照影响程度的不同,可分为主要环境和次要环境;按照影响方式不同,分为直接环境和间接环境;按照影响作用的不同,可分为正向环境、中性环境和负向环境。当然,共生理论提出共生环境这一影响共生单元,以及共生关系的要素是具有重要意义的,确立了生物体和组织等共生单元作为开放系统的特征,为不同共生单元之间以及共生单元与外部环境之间的资源、能力的交互奠定了基础。但是尽管如此,共生理论所提出的共生环境仍然没有脱离过于笼统、抽象、宏大之嫌。因此,在将共生理论应用到具体领域时还需要做进一步的解析。况且,任何环境都具有分层分级的性质,撇开不同层次层级环境之差异而笼统地论及共生环境显然是值得商榷的。因此,本书面临两个任务,其一

---

[1] 袁纯清. 共生理论及其对小型经济的应用研究(上). 改革,1998(2):101-105.

是将共生理论引入公共管理领域中所带来的共生环境具体化的问题，即研究政府与社会组织共生关系涉及哪些环境？其二是如何解决共生环境过于笼统、宏大的问题，即政府与社会组织共生关系所涉及的环境如何进一步地划分？

根据环境的多层次特性将共生环境分为宏观、中观和微观三个层次：结合政府与社会组织关系所涉及的领域，共生宏观环境主要为经济体制、政治体制和社会体制，表征为国家与社会关系、政府与市场关系；共生中观环境主要是政府关于社会组织管理的政策和法律规范等制度环境，用共生制度来表述；共生微观环境主要是微观操作层面意义上的，用共生机制来表述，共生机制是考察政府与社会组织微观的动态互动过程。三个层次的环境之间相互影响、相互作用，共生宏观环境对共生制度的出台和改革起着重要影响作用，共生制度决定着微观操作层面共生机制的选择。与此同时，共生机制的改变也以不同的方式推动着共生制度的设计与调整，而共生制度的调整又不断修正着共生宏观环境。因此，不难看出，任何类型共生关系的存在都是与特定的共生宏观环境、共生制度以及共生机制相对应的，共生关系的演进也就与共生环境的改变无法分离。

一、共生环境

国家与社会的关系问题是当代政治学和行政学等学科研究的重要问题之一，并由此构成了自由主义与保守主义、新自由主义与社群主义等不同派别之间的广泛论争。按照马克思主义的观点，国家是人类社会发展到一定阶段的产物，又在人类社会发展的一定阶段趋于消亡。因此，国家与社会之间的关系就是指国家产生、发展直至消亡期间与社会之间的关系。在人类社会发展的不同阶段，存在着不同类型和性质的国家，因而就有不同的国家和社会之间关系。在西方学理传统中，对国家与社会之间关系模式的探讨存在着两种截然不同的论断。一种是以洛克为代表的自由主义者的"市民社会先于或外于国家"的关系构架,另一种是黑格尔所倡导的"国家高于市民社会"的关系构架。洛克理论在本质上认为市民社会决定国家,国家是手段,其职能是保护个体权利,维系和完善市民社会。市民社会通过对其自身"先于"或"外于"国家的身份的规定,在根本上构成了对国家侵吞市民社会可能性的抵抗甚至革命的力量。黑格尔理论与洛克理论相反,其肯定国家对于建构市民社会的积极作用,国家不是手段而是目的,承认国家对市民社会的渗透和干预的合法性。这两种关系构架是对不同侧面的强调,即洛克通过对国家权力的限定而肯定市民社会,黑格尔则通过对市民社会的评价而对国家至上的基本认定,这构成了他们之间的区别。这两种关系构架是关于国家和社会结构关系分析的最基本的分野,是国家与社会关系的两大学理传统。

国家从社会中产生,以维护社会公共利益、处理社会公共事务为己任。国家从社会中获得公共权力,并受社会委托处理公共事务,维护社会秩序。国家的产生和发展是社会的需要。中外学者无论其理论的出发点如何,都会承认国家之所以会产生并存在下去是由于社会的需要。正如乔耀章所说:"从国家产生的那一天起,在国家与社会的关系中,社会就是第一性的,而国家则是第二性的。"①但是尽管如此,如何在历史的长河中去把握两者的关系还有待研究。现代西方政治学关于国家与社会关系问题上形成了两个中心的理论:一是以社会为中心的理论,一是以国家为中心的理论。国家中心论认为"国家至高无上,在政治、经济等所有领域具有最高决定权,各种社会群体和利益组织,如工会、工商协会等,都应纳入国家体制,成为国家机器的一部分"②。这种理论下,国家要对社会生活进行全面的干预,否认国家体制内社会各种组织和利益团体之间存在不同的利益要求和冲突,个人利益和集体利益必须与国家利益相一致。因此,社会群体和利益组织在国家社会经济

① 乔耀章. 政府理论. 江苏:苏州大学出版社,2003:146-147.

② 颜文京. 调整国家与社会关系的第三种模式——试论组合主义. 政治学研究,1999(2):85-93.

政策的制定过程中,很少能参与决策,他们只能是国家决策的执行者。而社会中心论根植于西方传统的自由主义思想中,认为"社会以个人为中心,而国家应以社会为中心,不应凌驾于各种社会群体和利益组织之上"①。国家是社会各种组织中的一种,其地位是从属性的,其功能是服务性的,其作用是极其有限的。

事实上,把国家和社会对立起来,形成两个中心的理论,并没有能够揭示出国家与社会的动态的辩证关系。从历史的动态的长河去把握国家与社会的关系,它们并不构成两个对立的中心极,而是在互动中其重心不断变化的过程。这个过程有学者概括为"社会国家化→国家社会化"②所谓社会国家化,是指国家从社会母体中生成、发展,国家赢得至上性甚至吞并社会,往往使人们只知国家而不知社会。国家社会化是指在社会自身动力和国家导向作用力的互动下,社会不断发育、成长、成熟,内部分裂与冲突的因素逐步消除。一方面国家开始自律,即在国家权力和职能方面自我限制;另一方面,社会随之要求逐步收回曾经让与以及被国家攫取的权力,直到社会获得独立自主性,社会逐步不再需要国家。当然这种发展趋势不能一蹴而就,是一个长期的历史发展进程。

无论是社会组织自身的发展,还是其与政府关系的形态都离不开国家与社会关系。反之,国家与社会关系的嬗变也离不开政府与社会组织关系的调整以及社会组织的发展。这既是逻辑推演的产物,更是对经验事实的总结。特定社会的发展状况和类型与民间组织的发展是联系在一起的,透过对特定社会中这类组织的研究可以发现此一社会的重要特征和发展趋势。③因此,学术研究中呈现了如下的现象:研究政府与社会组织关系,社会组织发展往往要以国家与社会关系作为分析框架。与之相对,在研究国家与社会关

---

① 颜文京.调整国家与社会关系的第三种模式——试论组合主义.政治学研究,1999(2):85-93.

② 乔耀章.政府理论.江苏:苏州大学出版社,2003:147-148.

③ 张小劲.非政府组织研究:一个正在兴起的热门课题.宁波市委党校学报,2002(6):20-26.

系的过程中,常常持一种"还原论"的观点,将国家与社会分别还原为政府和社会组织,以政府与社会组织的关系作为研究切入点和关注的焦点。无论是研究中的哪种现象,都说明了社会组织的发展、政府与社会组织关系和国家与社会关系是紧密相连的。况且,国家与社会关系和政治经济体制改革也是密切相连的。经济体制、政治体制以及社会体制的改革从根本上讲就是对国家与社会关系的调整。反之,国家与社会关系的调整又进一步推动政治经济体制改革。更何况一般情况下,不同的国家与社会关系模式往往对应着不同的政府与社会组织关系。因此,将国家与社会关系作为政府与社会组织共生关系的宏观环境重要组成部分是确切的。

此外,政府与市场关系也是宏观环境的一个组成部分。政府、市场和社会组织是构成当今社会的完整的统一体。一个社会的和谐与否取决于构成社会整体的三个部分之间的力量对比。政府与市场、社会组织的关系决定着各自的发育程度,同时它们的发育程度也反向影响着政府与它们的关系。相对于政府与社会组织的关系而言,政府与市场的关系是更为基础性的关系。因为尽管发育成熟的社会组织可以发挥弥补"政府失灵"和"市场失灵"的功能,其对于高效政府的建设和运作有序的市场体系是必要的,但是相对于社会组织的发展来讲,政府、市场以及政府与市场之间的关系对社会组织的影响则是决定性的。

二、共生制度

什么是共生制度?共生制度与共生宏观环境之间有着怎样的关系?共生理论中并没有共生制度的概念,而是本书在共生理论的基础上对其所提出的共生环境进行新的建构。

共生制度是一个复合词,共生的意义在前面已经论及,那么何为制度?"制度可以界定为工作规则的组合,它通常被用来决定谁有资格在某个领域制定决策,应该允许或限制何种行动,应该使用何种综合规则,遵循何种程序,必须提供或不提供何种信息,以及如何根据个人的行动给予回报。所有的规则都包含禁止、允许或要求某些行动或结果的规定。"①作为管束特定行为和关系行为准则的制度,既可以是正式的,也可以是非正式的。正式的制度包括政治规则、经济规则、契约以及由这一系列规则构成的等级结构,法律法规、政策等均属于正式制度的范畴。非正式制度包括价值信念、伦理规范、道德观念、风俗习惯、意识形态等。对于共生制度而言,同样也包括正式制度与非正式制度。

共生制度是规范和调整共生关系的约束条件,有什么样的共生制度就会有什么样的共生关系,共生制度是影响共生关系确立和发展的关键要素。但是还应该注意到共生制度与共生关系之间可能存在的差异与不一致,共生制度是规范体系,规定了应该是什么的问题,属于应然的秩序,共生关系是实然的问题,体现的是既存的秩序,这两种秩序不可能完全一致,也不能彻底割裂。共生宏观环境为政府与社会组织共生关系勾勒了宏观的图景,同时也影响和决定着共生制度的制定。但是不能否认的是相对于共生宏观环境而言,共生制度属于直接的、具体的共生环境,规范和调整着政府与社会组织共生关系。共生宏观环境亦要通过共生制度来调整政府与社会组织关系。

三、共生机制

什么是共生机制?共生机制与共生制度之间具有什么样的联系?理解共生机制首先应从机制概念开始。机制的原初意义是指机器的构造和工作原理,也指有机体的功能、结构以及相互之间的关系。后来机制被引入不同的生物和医学领域,之后更是被广泛应用于自然科学领域和社会科学领域。从

① [美]埃莉诺·奥斯特罗姆. 公共事物的治理之道——集体行动制度的演进. 余逊达等译. 上海:上海三联书店,2000:82.

学理上讲,机制指的是有机体的结构和功能之间的相互关系,泛指一个工作系统的各个要素、各个子系统之间以及系统的部分与整体之间相互联系、相互制约、相互作用的联结方式,以及通过它们之间的有序作用而完成其整体目标、实现其整体功能的运行方式。①上述定义指出了机制所蕴含的两个关键:一是,机制所描述的范围是系统内部构成部分或是有机体的组成部分之间的关系;二是,机制描述的内容是主体之间动态的联结方式和运行方式,是在相互作用的过程中体现出来的抽象事物。由此可以认为,共生机制是指具有共生关系的行为主体之间相互联结、相互作用的方式和方法。共生机制存在于共生关系行为主体间的互动过程中,是针对不特定行为主体而言的方式、方法,而不是指特定的行为主体之间相互作用方式。共生机制既可以是单一的,又可以是多元的、系统化的,这取决于共生关系的类型。

共生机制与共生制度是怎样的关系? 从共生环境的层级划分来看,作为中观环境的共生制度必然制约着作为微观环境的共生机制形成和发挥作用;但从制度与机制的关系来看,共生机制的形成与构建也一定程度上决定着共生制度目标的实现。之所以如此,在于任何有效管理的达成仅依靠制度是不够的,必须要借助机制才能使人们自觉将行为规则内化,才能使制度的功能有效发挥。机制是制度的系统化、有机化。只有在共生机制运行顺畅的时候,共生制度才能真正发挥作用。因此,共生制度能否自动趋向制度所设定的目标, 关键在于是否形成了便于制度实施的机制或者在一定程度上制度是否转化成了机制。从这个意义上,共生机制是至关重要的,有利于共生关系演进,共生机制的形成决定了共生关系的存续与演进。

共生机制不是单一的而是多元的。那么这种多元性一方面来自于共生机制本身由一系列机制构成的, 一方面来自于共生机制与共生关系类型之间的匹配。在研究的过程中,本书提出了共生机制与共生关系类型具有匹配

---

① 巩建华,赵新宇. 从概念、问题到思路:建设服务型政府的理论思考——基于行政管理的体制、机制和制度的分析角度. 行政与法,2008(10):62-64.

关系的假设,并且将这种匹配的假设具体化。但是这种研究的假设仅限于对非对称性共生和对称性互惠共生两种关系而言。共生机制与共生关系类型匹配关系如表2.2所示:

表2.2 共生机制与共生类型匹配关系

共生类型	共生机制
非对称性共生	信任机制——选择性信任 责任机制——单一责任,法律责任等同于行政责任 非竞争性——政府与社会组织无竞争、社会组织之间无竞争 沟通机制——"命令—服从"式的非平等对话 制度化不足——非制度型共生
对称性互惠共生	信任机制——从特殊信任到普遍信任 责任机制——从单一责任到复合性责任 竞合机制——社会组织之间竞合、政府与社会组织之间竞合 沟通与协商机制——平等主体间的对话 制度化——制度型共生

第三章　社会组织的兴起与发展

第一节　社会组织的界定

　　党的十六届四中全会通过的《中共中央关于加强党的执政能力建设的决定》中提出加强和改进对各类社会组织的管理和监督。这是我国官方文件首次使用社会组织概念,是对民间组织这一官方概念的继承与发展。社会组织在不同的语境和基于研究侧重点的不同有着不同的称谓。比如,有的研究者认为:"与'民间组织'类似的称谓还有'第三部门''非营利组织''公民社会''志愿组织''慈善组织'等,只是这些称谓各自的侧重点略有不同。"①学术界不仅没有一个一致的定义来统称政府与企业外的各种组织,而且认为上述称谓通常可以通用。孙强认为上述这些概念与"社会组织"相比,"在定义上都仅仅侧重或强调了其特征中的某一个方面,不能趋向科学合理地揭示其本质、全体和内部联系,而将这些组织统称为'社会组织'则是适宜的"②。社会组织概念的内涵和外延基本可以涵盖上述各概念所要表达的含义。因此,本书在研究过程中使用社会组织概念,以避免在概念术语上可能引起的争议和混乱。同时需要强调的是,学界基于不同概念业已积累的研究成果都可

---

① 万江红,张小玉.我国民间组织在建构和谐社会中的社会功能探析.广东省社会主义学院学报,2006(2):47-50.

② 孙强.关于社会组织基本概念的几个问题.学理论,2009(10):57-58.

以作为研究社会组织的理论素材,为了保留已有研究的原貌,在引介相关研究过程中保留原有概念。

一、社会组织含义

社会组织概念有广义和狭义之分。广义上的社会组织泛指社会上的一切组织;狭义上的社会组织则专指与政府组织和企业组织相对应和区别的各类组织。本书研究的社会组织是狭义上的。狭义上的社会组织概念只是用排除法划定了社会组织的范围,并没有进一步揭示社会组织的本质。明确地界定研究对象是一切科学研究的起点, 研究对象不清晰就无法将研究对象与其他对象区别开来,也就更谈不上研究结论的合理性。那么什么是社会组织? 社会组织是党的十六届四中全会提出的概念,是对民间组织这一概念的继承与发展。要给社会组织下一个具有普适意义的定义是困难的。因为研究语境的不同和研究者偏好的差异以及社会组织自身的复杂性形成了对社会组织不同的理解。这种理论解释的多样性与差异最直观层面的体现为社会组织概念的多元与不统一。因此,在确定社会组织概念之前需要考察、梳理已有的关于社会组织的界定。

西方国家是"全球社团革命"的发源地,同时也是社团研究的领军者。国外学者的研究中一般用非营利组织来指代政府和企业之外的组织, 而不使用社会组织概念,有时也使用第三部门、独立部门、慈善部门、志愿组织、免税部门、非政府组织(NGO)、公民社会等概念。国外关于非营利组织的界定有以下四种:第一是经济核算法。经济核算法是从组织的经济特征来界定,认为非营利组织的大部分收入不是以市场价格出售的商品和服务, 而是来自成员缴纳的会费和支持者的捐赠。第二是免税资格分类法。美国税法中规定,凡是能够享受免税资格的组织就是非营利组织。享受免税资格的组织需具备三个条件:一是组织运作的目标是慈善性、教育性、宗教性和科学性的事业,二是组织的净收入不能用于私人受惠,三是组织从事的主要活动不以影响立法和选举为目的。第三是组织特征法。莱斯特·萨拉蒙(Lester Salamon)在考察全球 13 个国家非营利组织的基础上提出非营利组织需要具备六个特征:组织性、民间性、非利润分配性、自治性、志愿性、公共利益性。第四是组织功能定义法。日本学者川口清史认为,非营利组织一般是指不以获取利润为目的,而从事商业生产和提供服务的民间组织。[①]

国内对政府与企业之外的组织概念的使用上也存在着多元与不统一的现象,相近的概念有第三部门、非营利组织、NGO、民间组织以及社会组织等。尽管这些概念都是在描述非政府与非企业组织,但是研究的侧重点是不同的。第三部门指的是和公共部门、私人部门相对而言的另一个部门。它们所指称的都是各种非政府、非营利性的民间组织。[②]第三部门是西方制度背景下的产物,是在公私领域二元建构基础上的一种社会中介机制,具有广泛的包容性。第三部门不完全局限于非营利组织这一范畴。非营利组织这个概念是突出组织的非营利性特征,以此来与企业区别开来,后来逐渐演变为政府与企业之外这类组织的代称。"非营利组织"概念在我国学界研究中也有扩大了其原初意义的迹象。王名将非营利组织分为社会团体、经济团体、基金会、实体性公共服务机构及未登记或转登记团体五类。[③]从这个分类不难看出,非营利组织涵盖了取得合法地位与未登记注册的所有组织。NGO 是Non-government Organization 的缩写,即非政府组织。一般认为,非政府组织一词最初是在 1945 年 6 月签订的联合国宪章第七十一款使用的。联合国把非政府组织定义为:"凡不是根据政府间协议建立的国际组织都可被看作非政府组织。"NGO 主要突出组织的非政府性,主要指国际性的民间组织。但在

① 韩俊魁. 功能平衡与非营利组织的可持续发展——评彼得·弗鲁姆金的《论非营利:概念和政策入门》. 中国非营利评论,2008(1):226–233.

② 何增科. 公民社会与第三部门研究引论. 马克思主义与现实,2000(1):27–32.

③ 王名. 非营利组织管理概论. 北京:中国人民大学出版社,2002:24.

我国学界,NGO 的外延也被人为地扩大了,如认为"NGO 是指在特定的法律系统下,不被视为政府部门管辖下的协会组织、社团、基金会、慈善信托以及非营利公司或者其他法人的代表机构,不以营利为目的的国家非政府组织机构"①。在外延被扩大和原初意义被发展的情况下,学界似乎达成了一种共识,认为这几个概念是通用的。"非营利组织是英文 Non-profit Organization(NPO)的中译,公民社会是英文 civil society 的中译,第三部门是英文 third sector 的中译,都来自英语,其含义和 NGO 大同小异。"②在对国内学界使用的几个概念追溯中可以看出,第三部门、非营利组织、NGO 等概念是以不同的预设为基础和不同视角为研究起点而形成的不同概念。它们之间有交叉重叠,亦有差异。因此简单地将差异化整为零、放大共性的做法是值得商榷的。或许这也是我国政府在官方用语的选用上对上述概念都不予以选用的一种考虑。基于理论研究概念的混乱和现实管理的需要,需要一个新概念来统合政府与企业之外的组织。正是在这种背景下"社会组织"应运而生。

"相对于作为政治组织的政府和作为经济组织的企业而言,将政府与企业外的组织,统称为'社会组织'是适宜的。"③在党和政府的文件中,社会组织一直作为一个区别于党政机关、人民团体、事业单位、公司企业、基层群众自治组织的独立部门。④社会组织是非营利组织和 NGO 的上位概念,而不是同位概念,因此它们是种属关系。简单地将第三部门、非营利组织以及 NGO 划等号,以及将这些概念与社会组织划等号是一种对它们之间关系的误读。这种误读会导致对社会组织范围的界定不清。从社会组织概念提出的背景下分析,社会组织是我国在进行社会体制改革、加强社会管理、提倡各个社

---

① 张帆. 中国 NGO 发展现状研究. 经济视角,2011(4):119.

② 王名,贾西津. 中国 NGO 的发展分析. 管理世界,2002(8):30-45.

③ 张尚仁. "社会组织"的含义、功能与类型. 云南民族大学学报(哲学社会科学版),2004(2):28-32.

④ 参见党的十七大报告、党的十七届二中全会《关于深化行政管理体制改革的意见》、十一届全国人大政府工作报告等。

会主体参与社会管理的情况下提出的,因此社会组织具有宽广的包容性。根据张尚仁关于社会组织分类的研究,他认为社会组织包括准行政组织、事业组织、公益组织、中介组织,这个分类显现了社会组织涵盖范围之广,符合我国社会组织发展的实际。然而这个发展的实际是无法用非营利组织、NGO 等概念来概括的。

综上所述,结合国外和国内关于社会组织相关概念的探讨,本书所研究的社会组织是指政府部门和企业之外,由自然人、法人和其他组织依法登记注册取得合法地位,以满足社会需求、致力于公共利益为目的,在一定程度上具有组织性、民间性、非营利分配性、自治性和志愿性特征的组织。社会组织外延宽广性使其所包含的组织种类繁多,也会给本研究带来难度,因此本书在界定社会组织概念后又进一步作出了限定。

第一,本书所研究的社会组织是依法在国家各级民政部门登记注册取得法人地位的组织。依法登记注册的合伙、个体户形式出现的社会组织不在本研究范围之内。未登记注册的草根社会组织在本研究范围之内。

第二,事业单位不在本研究范围之内,因为事业单位的举办主体是政府,与社会组织举办主体截然不同。

二、社会组织概念的变迁

实际上,社会组织概念的变迁包含两个层面的意义:一个是学术研究意义上概念的发展变化,一个是政府管理中使用的语词的发展。学术研究意义上社会组织概念的基本情况在导论部分已经进行了说明,因此本部分仅聚焦我国政府在管理中使用称谓的变化。在我国发展的不同历史阶段,由于政治背景和社会环境的不尽相同,社会组织从内涵到外延并非是一成不变的。

社会团体是新中国成立后政府管理此类组织使用的首个概念。1950 年政务院通过了《社会团体登记暂行办法》,1951 年内务部公布了《社会团体登记暂行办法实施细则》。这两个规范性文件的出台形成了当时社团管理的法律规范,同时也确立了政府对此类组织的称谓。1988 年为了实现社会团体的归口管理,国务院明确民政部负责社会团体的管理工作,由此民政部成立社团管理司。1989 年,国务院颁布了《社会团体登记管理条例》对新的社会团体行政管理体制予以确认。社会团体概念一直沿用到 1998 年,根据国务院机构改革方案,民政部的社会团体与民办非企业单位管理司更名为民间组织管理局,从此民间组织成了官方对此类组织的称谓。至此,民间组织的外延扩张为社会团体和民办非企业单位两部分。

2004 年,国务院颁布了《基金会管理条例》,标志着基金会从社会团体中分离出来。因此,民间组织包括社会团体、民办非企业单位和基金会三个部分。党的十六届六中全会通过《中共中央关于构建社会主义和谐社会若干重大问题的决定》中专门提到:"健全社会组织,增强服务社会功能。坚持培育发展和管理监督并重,完善培育扶持和依法管理社会组织的政策,发挥各类社会组织提供服务、反映诉求、规范行为的作用。"这彰显了新世纪新时期,执政党和政府对社会组织建设的高度重视。同时,也看到官方用"社会组织"取代"民间组织"的用意。随后,党的十七大报告提出"发挥社会组织在扩大群众参与、反映群众诉求方面的积极作用,增强社会自治功能",对这一用意给予了充分肯定,进一步确认了"社会组织"官方概念的地位。这个曾在党的十六届六中全会决定中首次使用的定义,在党的十七大报告中得到了进一步确认。这有利于纠正社会上对这类组织存在的片面认识,有利于进一步形成各方面重视和支持这类组织的共识,有利于这类组织在经济社会发展中更好地发挥积极作用。[①]

---

① 民政部民间组织管理局编. 社会组织建设与管理. 北京:中国社会出版社,2008:4.

三、社会组织的特征与类型

(一)组织特征

当前国际社会,运用较多、较具有代表性的是莱斯特·萨拉蒙所提出的社会组织五个基本特征:"一是组织性,即这些机构都有一定的制度和结构;二是私有性,即这些机构都在制度上与国家相分离;三是非营利性,即这些机构都不以营利为目的;四是自治性,即这些机构都基本上是独立处理各自的事务;五是自愿性,即这些机构的成员不是按法律要求而组成的,这些机构接受一定程度的时间和资金的自愿捐献。"[①]这个标准对于我们理解社会组织的特性极具价值。但是如果严格按照这个标准去衡量和定性我国的社会组织会有失偏颇的。我国的社会组织从兴起、发展到所处的生长环境与西方的都不一样,因此在组织特性上也与基于西方实践所总结的特性有着一定的差距。由于我国长期以来对社会组织实行的是双重管理体制,按照社会组织管理的相关法规注册成立的社会组织都有业务主管单位,因此社会组织的私有性和自治性不足。

(二)类型划分

社会组织的数量众多, 而不同社会组织之间又有着很大的差异性。因此,按照一定标准对社会组织进行分类,是了解不同类型社会组织的特点和发展状况的依据,也为本书的研究作了理论上的铺垫。对社会组织的分类在中国还没有确定的标准,依研究目的的需要,可以按照不同的标准进行不同的分类。常见的分类标准包括法律地位、组织性质和体制、活动领域、活动范围等。下面分别按照不同的分类标准简述中国社会组织的类型。

---

① [美]莱斯特·萨拉蒙等. 全球公民社会——非营利部门视界. 北京:社会科学文献出版社,2002:3-4.

1. 按照法律地位分类

"法律地位是民间组织最基本的分类依据。"[①]由于中国社会处在转型时期，社会组织的实际表现形态与民政部门注册登记的社会组织类型并不完全一致。按照我们对社会组织的定义，基本上可以划分为三种类型：

第一类，法定社会组织。法定社会组织是指依据现行法规在各级民政部门登记注册并获得相应法人地位的组织，包括三种类型：依《社会团体登记管理条例》(1998)注册登记并获得社会团体法人资格的社会团体，依《基金会管理办法》(2004)注册登记并获得社会团体法人资格的基金会，依《民办非企业单位登记管理暂行条例》(1998)注册登记的民办非企业单位。尽管这三种类型的社会组织有着迥异的特点，但它们有着共同的一面，即都具有严格和相对完整的组织性、获得政府认同且获得明确的法律地位，但它们通常在非政府性方面显得不足。由于现行法规对社会组织登记注册设置了很高的门槛，特别是建立双重管理的体制，这样就形成了只有那些具有很强的官方背景的社会组织才有可能获得合法身份的局面，这种情况在社会团体身上显得很突出。与之形成鲜明对比的是，那些完全由民间自发成立的组织则很难得到政府的认可并进而获得合法性地位。此外，在"法定社会组织"中，还包括33个免于在民政部门注册登记而具有法律地位的特殊团体。其中包括参加政治协商会议的8个人民团体，以及国务院批准免予登记的25个特殊的社会团体。相对而言，这些组织不仅行政色彩更加浓厚，而且在不同程度上具有一定的政治职能。

第二类，草根社会组织。草根社会组织是指那些没有进入现行法规体系获得明确法律地位的社会组织。尽管这些社会组织缺乏明确的法律地位，但是它们在组织特性上与社会组织的理想特征更为接近，在相当的程度上具备社会组织的典型特征，即非政府性、非营利性的组织。这些组织中大多属

---

① 王名，刘培峰等著. 民间组织通论. 北京:时事出版社,2004:14-15.

于民间自发组建、因各种原因不能在民政部门登记注册而未获法人资格的组织，又被称为"转登记或未登记组织"。草根社会组织有多种表现形态，其中较为普遍的是两种形式：一种是以社会团体或事业单位下设二级机构的形式开展活动，需要履行必要的登记手续，也因此获得一定意义上的合法性保证，但是严格说来它们不是独立的法人，不能以法人名义和资格开展活动并享有法人权限的组织；另外一种是在工商部门登记注册，并因此获得企业法人资格的组织。除此之外，还有许多在任何政府职能部门未经登记注册的组织，如社区公益性组织、农村基层的互益性、公益性组织等。这些草根社会组织因为未在民政部门登记注册获得合法地位，因此其在开展活动方面不能得到社会组织相关法律的保护，更为严重的是往往因为身份问题而致使受到制约。尽管如此，不能否认的是草根社会组织中不乏有非常活跃、在社会公益事业中扮演着积极的角色，它们很好地诠释了社会组织的特征。虽然现有的研究对草根社会组织的数量尚缺乏统计，但根据研究估计其在全国范围内的总体规模已逾几百万，其实际数量和影响应大大超过法定社会组织。

　　第三类，准社会组织。准社会组织是指那些处在转型中、边缘性及其他社会组织，包括转型中的事业单位、组织界限尚未划清的部门代管组织如业主委员会①、在现代科技手段下出现的新型组织形式如网上社团等。这些组织通常形态多样，且处于发展过程之中，其非政府性、非营利性程度不一，尚需要进一步的观察。

---

　　①　2003 年 6 月出台的《物业管理条例》规定其在建设部门备案即可。

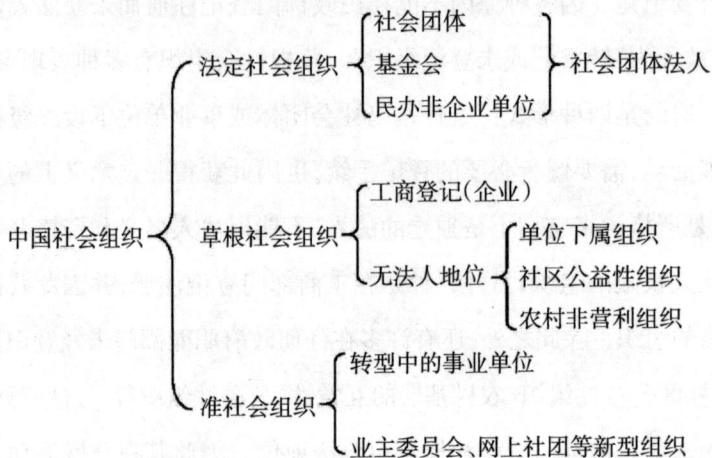

图 3.1   中国社会组织依法律地位基本类型示意图①

2. 按照组织性质和体制的分类

按照组织性质和体制进行的分类是对社会组织的基本分类之一。首先，按照组织性质，社会组织可分为两大类：公益性和互益性。这一分类标准在国际上常被作为对社会组织的最基本分类标准，最主要的原因与税收优惠的条件紧密相关。公益性组织主要是向社会上不特定多数人提供公共服务，也正是因此而享有较高的税收优惠；互益性组织的服务对象是特定的，主要是向组织成员提供服务，有点像放大了的企业，所以其享有有限的税收优惠。其次，按照组织体制也可以将社会组织分为会员制和非会员制。依照组织体制进行的类型划分方法也是国际上较为常用的对社会组织类型划分的标准，它揭示了组织的基本建制。上述两种基本分类具有一定的关联性，两者结合起来可以对社会组织的属性进行一般性的判断。通常会员制组织是维护共同利益或追求共同兴趣的组织，这些组织从组织性质上看大多属于互益型组织，如行业和专业协会、工会、互助合作组织等。非会员制组织主要包括基金会和实体性服务机构，基本上属于公益性组织。当然，上述两种标

① 王名，刘培峰等. 民间组织通论. 北京：时事出版社，2004：16-17.

准也并非是完全重合的,会员制组织也不乏公益性的,通过广泛的公众参与致力于公共事务,如许多环保组织等。

3. 按照活动领域的分类

社会组织的活动领域有许多种分类方法,其中美国约翰-霍普金斯大学在非营利组织国际比较研究项目中提出并采用了"非营利组织的国际分类"(the International Classification of Non-profit Organization,简称 ICNPO)。[1]IC-NPO 体系由于一直致力于把握现实世界,使分类与各国非营利组织的实际情况相符合而较有借鉴意义。ICNPO 体系的分类基准是经济活动的领域,它将非营利组织划入 12 大类,24 小类。各小类再被分为近 150 小项。这些类有文化与休闲,文化与艺术、休闲、服务型俱乐部;教育与研究,中小学教育、高等教育、其他教育、研究;卫生,医院与康复、诊所、精神卫生与危机防范、其他保健服务;社会服务,紧急情况救助、社会救济;环境,环境保护、动物保护;发展与住房,住房、就业与职业培训、经济、社会和社区发展;法律、推促与政治,民权与推促组、治安与法律服务、政治组织;慈善中介与志愿行为鼓动;国际性活动;宗教活动和组织;商会、专业协会、工会;其他。

4. 其他分类标准

除了以上所列举的主要分类标准之外,还有其他一些分类。按照活动范围分类,民间组织可以分为基于社区的组织、城市或地方性组织、全国性组织、国际性组织等。按照民间性(根据组织的形成过程、领导层的产生、主要领导的身份和经费来源四个基准)的程度来分,中国的民间组织可以分为官办型(自上而下型)、半官半民型(合作型)、民办型(自下而上型)、外部输入型四种类型。

---

[1]　http://www.ltcnw.com/Article/hot/cool/200403/67312.html.

四、社会组织的功能

　　传统经济理论在解释经济发展动力时过多地强调政府与市场的作用，市场作为"看不见的手"在资源配置中发挥着基础性和决定性作用，政府作为"看得见的手"通过宏观调控弥补"市场失灵"。然而政府的干预并不是万能的，在"政府失灵"时往往又寻求市场的力量，政府与市场似乎成了经济与社会发展全部动力。但是不能否认的是，在社会中的某些领域存在着政府与市场双重失灵的现象，依靠市场的力量和政府的管理都管不了、管不好，因此我们需要寻求新的社会力量——社会组织。20 世纪七八十年代，西方非营利组织的兴起与发展所形成的"全球社团革命"正是对政府和市场双重失灵的弥补，尽管我国社会组织兴起与发展所处的历史发展阶段与西方有所不同，但是同样可以将其兴起和发展理解为对"集权失灵"和"计划失灵"的产物。虽然社会组织在西方与我国产生的历史情境和具体的原因不同，乃至发展程度的差异，但是可以肯定的是社会组织作为政府和市场之外的第三种力量是确定无疑的。尽管社会组织在各个国家发生、发展的状态和程度不同，但社会组织在社会发展中所发挥的作用日趋重要，这一点无论是在发达国家还是在发展中国家都无一例外。美国学者埃莉诺·奥斯特罗姆在经过充分的实证分析后指出，人类社会中大量的公共事务并不是依赖国家也不是通过市场来解决的，人类社会中的自我组织和自治实际上是更为有效的管理公共事务的制度安排。①社会组织之所以可以成为政府和市场之外的第三种力量，可以弥补政府和市场的失灵，从本质上是源于其自身所具有的与政府和市场截然不同的特征。三种力量的运行逻辑是不同的，政府组织是以强制求公益，市场是以自愿求私利，社会组织是以志愿求公益或互益。除去本

---

　　① 毛寿龙. 有限政府的经济分析. 上海：上海三联书店，2000：171.

质上的区别，社会组织所具备的政府与市场无法替代的功能也是其成为第三种力量的缘由。

那么社会组织具有哪些功能？莱斯特·萨拉蒙曾对非营利组织以下社会功能予以强调："(1)促进经济增长和增加社会就业；(2)培育志愿精神、促进福利社会化；(3)推动产业结构调整；(4)影响政府决策与'变革催化剂'；(5)弱势救助与社会整合；(6)拓展公共领域与公民社会；(7)推进国际整合与全球化进程等。"①贾西津认为NGO在治理结构转型过程中，在公共事务管理方面具备以下五种潜力：(1)在制度建设方面具有倡导功能；(2)有助于社会自治；(3)在政府与市场之间进行协调的中介功能；(4)提供社会服务；(5)促进公共部门的自我转型。②

关于社会组织的功能与作用，国内学者进行了广泛而深入的探讨。在2005年6月15日举行的"构建和谐社会与民间组织发展"研讨会上，与会者认为，社会组织在构建和谐社会中担负着特殊的使命，社会组织是政府职能转移的载体，是沟通政府与民众的桥梁——社会组织帮助政府建立起民主管理机制，实现有序的政治参与，社会组织有极强的组织和动员能力，能有效实现社会的整合。③肖玉明认为："社会组织是构建和谐社会不可或缺的角色，它在利益协调、维护社会公平正义、社会监督等方面对和谐社会建设起着不可替代的作用。有的研究者认为，社会组织自身的和谐发展是构建和谐社会的前提和客观需要。"④张志刚、姚远认为社会组织在创新社会管理体制中发挥着以下四个方面的作用：一是参与社会管理，修正政府的"越位"与"缺位"；二是缓解社会矛盾，降低社会风险；三是提高社会管理的整合力，推动

---

① [美]莱斯特·M.萨拉蒙.全球公民社会.贾西津，魏玉.北京：社会科学文献出版社，2002：9-43.

② 贾西津.治理结构转型与NGO的角色.范丽珠主编.全球化下的社会变迁与NGO.上海：上海人民出版社，2003：132-133.

③ 张京.社会组织——基层民主不可或缺的组成部分.天津市社会主义学院学报，2009(1)：28-33.

④ 崔萍，李磊.和谐社会视野下我国社会组织发展探析.中国特色社会主义研究，2008(5)：81-85.

全社会的协同合作;四是促进全面管理,扫除社会管理"盲区"。[1]吴涛认为,社会组织具有民间性、多元性、广泛性以及灵活性等特点,在社会管理中发挥着民意沟通与提升公共性、培养现代公民素质、激发社会与个体的潜能、推进组织的全面发展、强化公共政策能力、善用公共管理的交易成本六个方面的作用。[2]陈佳俊、杨逢银以上海市静安区社会组织联合会为例研究了枢纽型社会组织所具有的功能,他们认为"上海市社会组织联合会在社会转型过程中具有的社会服务、社会管理、社会协调功能"[3]。林尚立在《民间组织与政治改革中国的逻辑》一文中论述了社会组织在推进基层民主建设中的作用,他指出,民间组织与基层民主有着很强的共生关系,民间组织的发展使基层民主在"自治""协商""参与"三个方面的建设中提升了基层民主的质量,推动了基层民主的发展。[4]王培智指出在加强与创新社会管理的过程中,社会组织具有下列重要功能:"提供社会服务、促进社会公正;反映群众诉求、化解社会矛盾;规范社会行为、调适社会心态;协调社会关系、发展民主政治;缓解就业压力、参与经济发展;繁荣文化事业、拓展对外交流。"[5]还有学者从"市场失灵"和"政府失灵"的角度论述了社会组织在公共服务中的功能,这些功能主要集中在四大领域:一是政府力量不及的领域,二是政府改革中职能转移或退出的领域,三是社会变革中新生的需求领域,四是市场机制不能发挥作用的领域。唐兴霖则进一步指出,社会组织在弥补市场和政府失灵方面的公共服务功能是辅助性的,其公共服务功能的主领域在社会领域。还有学者从不同的视角来分析社会组织的功能,提出社会组织社会建设

① 张志刚,姚远. 非政府组织在创新社会管理体制中的作用研究. 行政与法,2007(10):9–11.

② 吴涛,陈正芹. 资源整合与功能超越——论社会组织在公共管理改革中的重要作用. 中国行政管理,2008(6):89–91.

③ 陈佳俊,杨逢银. 社会转型背景下枢纽型社会组织功能定位研究——以上海市静安区社会组织联合会为例. 中共杭州市委党校学报,2014(1):40–46.

④ 王名. 中国民间组织30年——走向公民社会. 北京:社会科学文献出版社,2008:284–285.

⑤ 王培智. 现阶段社会组织功能探析. 唯实,2011(12):87–89.

功能、政治功能等观点。当然这些真知灼见对于我们理解社会组织功能起到了积极的作用。但是在分析社会组织功能时,首先要注意的就是既不能夸大社会组织的功能也不能缩小其可以承担的角色,其次是要注意我国与西方发达国家社会组织的成长环境差异所带来的功能上的殊异,最后应该区分应然功能与实际功能。基于以上三点,我国社会组织的应然功能包括以下三个方面:

(一)治理供给

社会组织治理供给功能强调的是社会组织"客体主体化"。在传统理论视野下,政府成为社会管理的唯一合法主体。但是随着治理理念的引入以及各国推行的治道变革,理论研究与实践经验昭示着从传统的全能主义政府对公共事务垄断式的"统治"向公共管理时代"多元治理"转型的发展趋势。然而要完成政府治理转型,政府自身的变革至关重要,但是仅此还是不够的。正如学者所言:"善治的基础与其说在政府或国家,还不如说是在公民或民间社会。"[①]进而言之,社会组织在政府治理变革中充当了重要的结构性角色。党的十八届三中全会提出国家治理体系和治理能力现代化是对社会组织治理能力的肯定与期待。社会组织是国家治理体系中重要的组成部分,社会组织所扮演的角色绝非消极被动的被管理者,而是社会管理的一层主体。由此,社会组织的治理供给功能是社会组织的首要功能,因为其揭示了社会组织存在的价值,其至少涵盖两个方面的内容:第一,作为政府治理结构性的基础;第二,作为多元治理主体的一层,输出具体的治理行动。在第二个方面的基础上进一步的细化,可以将政策倡导与反映诉求功能囊括进来。社会组织可以作为政府与公民沟通的桥梁,社会组织存在的本身就体现了公民的结社权利与自由,代表了社会组织成员的利益和愿望。因此社会组织可以成为非政治性公共领域的重要媒介,成为公民理性交流与商谈的场所,从而发挥政策倡导与反映诉求的功能。社会组织在聚合利益表达和利益协调的

---

① 俞可平. 增量民主与善治. 北京:社会科学文献出版社,2004:189.

过程中,缓和了政府与公民之间的关系,促进了两者的合作。

(二)提供公共服务,弥补政府与市场不足

社会组织公共服务供给功能既源自于社会组织自身的组织特性和独特优势,同时也离不开当代社会的深刻变革。社会组织自身的组织特性其根源是来自社会组织产生的理论基础。当代社会变革则体现为公民社会的发展、公共服务供需矛盾突出和政府职能转变等方面。

首先,从社会组织自身的组织特性和优势上来看,关于社会组织提供公共服务的功能,有许多理论对此进行了分析。政府失灵理论、市场失灵理论分析了政府和市场在供给公共服务中所存在的局限。政府所提供的公共服务往往是考虑大多数人的需求,而无法顾及公共服务的多样化和个性化的需求,而市场的效力仅停留在私人物品的提供上。在此基础上,加之社会组织具有志愿性、"非分配约束"等特点,社会组织作为政府与市场之外的选择具有重要的意义。换言之,社会组织之所以可以承担公共服务供给的职能,组织自身所具有的优势成为其参与公共服务供给的现实基础。在分析社会组织的优势时,美国学者萨拉蒙指出,非营利组织的特征决定了在提供公共服务时能避免"合约失灵"出现,能与政府承担共同的责任。[1]我国学者也认为,社会组织扮演着政策"推动器"、民间"服务站"、官方"监视器"、社会"润滑剂"和文明"播种机"的重要角色,这些优势能使得社会组织和政府形成更好的良性互动合作机制。[2]社会组织参与公共服务供给的优势还体现在对整个社会其他方面的影响。萨拉蒙指出:"私人非营利组织传统上为效率所做的贡献,没有比作为促进其他重要社会价值机制的作用大,这些重要的社会价值包括群体和个人自由、多样性、社区感、公民行动主义和慈善。长期以来,这些特点使得为了国家利益,即使付出成本,也要保护和培育志愿部

---

① [美]莱斯特·萨拉蒙. 公共服务中的伙伴——现代福利国家中政府与非营利组织的关系. 田凯译,北京:商务印书馆,2008:44.

② 杨文兵,王晓双. 全球治理语境下非政府组织角色定位新探. 学术论坛,2008(4):10-14.

门。"除了在一些绩效难以测量的服务领域,社会组织具有比企业等其他组织更明显的优势,因此在这些服务领域可以让更多的社会组织参与进来。社会组织在难以测量绩效的公共服务的提供上具有更多的优势,因为其具备"非分配约束"的特点,因此除去公共服务供给效率的考虑之外,社会组织参与公共服务供给在某种程度上考虑的是非效率因素,比如对于公民社会责任感的培养、社会成员之间信任感的增进,公民之间的相互协作等,这些都是社会组织发挥作用和体现其价值的重要方面,也是对其组织优势最好的诠释。

　　其次,公共服务需求关系的变化为社会组织参与公共服务供给提供了可能性和空间。自国家诞生以来,社会发展的历程表明政府是公共服务供需关系变化的主导力量。换言之,公共服务是政府的一项职能,尽管在人类社会不同的社会形态之下其重要性有很大的差异,但是不能否认的是,任何社会形态之下的政府都必然提供公共服务,而且当人类社会发展到资本主义社会和社会主义社会阶段,政府的公共服务职能愈发重要。政府的重要职能之一就是提供公共产品和公共服务,以满足社会公众需求。资本主义经济危机的到来使得西方国家不断扩大政府职能,政府承担的公共服务职能越来越多,由此也开启了西方福利国家建设的序幕。然而伴随着政府职能的扩张,尤其是公共服务职能的扩大,政府财政投入日益增加,这一时期西方国家进入了"滞胀"阶段,经济发展的式微对政府因职能扩大而带来的财政压力无疑是雪上加霜,随之带来的后果就是财政不堪重负,公共服务的供给与需求之间不能有效对接起来,效率低下,出现政府和市场的失灵。正是在这样的情景之下,新公共管理运动应运而生。在新公共管理运动的指导之下,西方各国政府开始了政府再造运动,其中很重要的改革就是转变政府职能,继而向社会力量购买公共服务。政府的角色发生了转化,由公共服务的直接的生产者转变为购买者和监管者,这就为社会组织参与公共服务供给提供了巨大的空间。然而政府职能的转变和在公共服务供给中角色的转变为政府以外的其他社会主体提供了参与公共服务供给的可能性和空间。

再次，社会组织参与公共服务供给的功能随着公民社会的发展愈发显得重要。就我国而言，改革开放以来，中国目前正处于一个由传统社会向现代社会整体转型的时期，伴随着国家与社会之间关系的转变，国家逐步退出对社会生活的微观管理领域，社会自由自主力量在不断增强。市场经济的发展在推动国家与社会关系的转型方面发挥了重要的作用。市场经济的发展逐渐解构传统的政治经济一体化、经济生活单一化、利益主体同质化等局面，社会资源的占有和支配呈现多元化的特点，形成经济社会生活的多元化、经济利益分殊化、利益主体异质化的局面，各种不同的利益主体、利益群体和社会成员在逐渐形成、生存和发展壮大。利益的分殊化和利益主体的多元化必然带来公共需求的多样性，由此催生社会治理主体呈现多元发展的趋势。这种发展趋势使得在新的历史时期和发展阶段，我国政府在计划经济时期所形成的"全能政府"模式已然不适应当前社会发展对政府职能的需要。这意味着在当前的发展阶段上，政府对公共服务的提供和社会事务的管理无法再像过去一样，单纯依凭政府自身的力量不可能满足社会多元化的需求，由此决定了政府需要进行职能转变，把部分社会性、公益性的公共服务职能转移给社会来承担，这样既可以提高公共服务的供给效率，同时也可以更好地满足利益主体多元化所形成的多样化需求，从而改变政府垄断公共服务供给的格局，进而逐步形成多元社会主体参与公共服务的良好局面。

最后，从各国的实践来看，近几十年来，社会组织蓬勃发展，其作为政府的补充与互补日益广泛地开展与政府的合作，不断参与到社会公共服务的提供中来。因此，从理论和实践上两个方面我们可以确认社会组织是提供公共服务的重要主体，尽管社会组织公共服务供给功能在不同的国家或是同一个国家的不同发展时期存在差异，但无一例外的是，社会组织具备提供公共服务的功能，不同的或许是其提供公共服务能力的强弱不一、社会组织提供公共服务领域不同、社会组织与政府关系不同等。

(三)社会组织的政策参与:政治参与的发展

从政治参与主体方面来说,政治参与可以分为个体参与和团体参与。公民有组织地参与政治是现代社会政治发展的一个趋向。根据日本所做的"有关全国选举意识的调查",在1986年,日本参、众两院同日选举中,没有加入任何组织的选民,其投票率为77%,而至少加入一个组织的选民,其投票率上升为90%。[①]在政治发展的相当长的一个历史阶段中,政府是社会中唯一的政治组织,其他政治组织或是因普通民众缺乏政治觉悟而难以建立,或是因政府的有意扼制而无法生成。因而公民的政治参与主要以个体参与为主,呈现一种散乱和孤立的状态。这种个体政治参与行为是政治参与的低级阶段。个体参与往往是围绕着个人利益或少数人的利益发生的,其所试图影响的,也限于某一政府官员的政策态度或政府对某一具体问题的处理,而对政府工作方向性、路线性的方面,则很少触及。

进入现代社会以来,社会政治生活的组织化程度日益提高,政府之外的各种政治组织和社会组织不断涌现,如政党、利益集团和社会团体等,从而为公民的政治参与注入了新的动力。社会组织是公民基于共同的志趣、信念或者利益而结成的非政府的、非营利的、志愿的、独立的民间组织,这类组织也有组织领导机构和组织章程,以维护组织成员的利益为目标。政党与社会团体作为公民政治参与的两种组织,在公民政治参与中的作用是不同的。政党以代表广大公众利益的姿态来制定和实施政策,并不代表普通公民的直接的和具体的目标和利益。社会组织则不然,社会组织乃是人们基于直接、具体并且常常是比较单一的目标和利益而结合在一起的,它的有利方面在于它能够直接反映公众关心的特殊问题,因此普通公民能够通过加入组织去反映他们的利益。但是社会团体自身不可能制定和实施政策,因而需要政党组织在国家政策过程中去反映它们的利益诉求。社会团体通过政策的参

---

① [日]蒲岛郁夫. 政治参与. 解莉莉译. 北京:经济日报出版社,1989:72-73.

与来影响政策,从而为其所代表的利益群体服务。非政府的政治组织和团体的涌现,使公民的政治参与不仅具有了组织特征,而且得到了深化和发展。首先,团体的出现使政治参与的力度大大增强了;其次,团体参与的出现,使政治参与的形式和渠道更加多样化;最后,团体参与的出现表现为公民政治参与的扩展和深化。

在传统的代议民主制下,普通公民的政治参与主要形式就是定期地参加选举投票、选举结束、执政党产生、公民的政治参与也就基本结束了。而在当代,公民不仅可以定期地参加选举投票,还可以通过社会团体影响公共政策的制定过程。选举结束,执政党产生不仅不是政治过程的结束,而恰恰是政治过程中重要阶段的开始。这个政治过程的重要阶段就是政府组成以后的政策制定和执行阶段,这个阶段是一个连续的过程。由于社会组织谋求影响具体的政策制定,这使得社会组织的政治参与也具有了连续的特征。这种政治参与形式无疑是对传统的代议民主制下的政治参与在参与的范围、领域、内容等方面的扩展和深化。

第二节　我国社会组织兴起的原因

中国现代非营利组织的生成和发育沿着两条路径展开,一条是自下而上的路径,存在的基础是由经济体制改革所引发的社会公共领域的逐渐形成和扩张;另一条路径是自上而下的,源于政治体制改革过程中政府主动分离出部分社会领域的管理职能,这种主动让渡出来的职能一般由那些政府设立或主办的所谓"官办非营利组织"来承担。[①]按照这种逻辑考察我国社会组织发展的历史,我们发现改革开放之初,社会组织的建立基本上源于自上而下的路径,是因政府行政体制改革而形成的。一部分社会组织是由原来的

① 王名等. 中国民间组织 30 年——走向公民社会. 北京:社会科学文献出版社,2008:192-198.

政府机构改制而成。1984 年,城市经济体制改革全面启动,提出了政府机构实现由部门管理转变为行业管理、由直接管理转变为间接管理、由微观管理转变为宏观管理。1988 年,中央国家机关机构改革,一些国家机关部委、专业司局撤并,相应成立了若干行业协会。如 1998 年开始,国家经贸委管理的国家轻工业局、国家纺织工业局、国家国内贸易局、国家煤炭工业局、国家机械工业局、国家冶金工业局、国家有色金属工业局、国家建筑材料工业局、国家石油和化工工业局 9 个国家局撤销,原来的行政职能并入国家经贸委。原有国家局撤销后成立相关的协会管理服务有关的行业。一部分社会组织是直接由政府相关部门发起成立,在 1978 年党的十一届三中全会以后,国务院提出了"按行业组织、按行业管理、按行业规划"的思路,国务院批准成立了十几家全国性行业协会,如中国包装技术协会、中国食品工业协会等。无论是政府机构改制形成还是由政府发起成立的社会组织,无一例外地有着浓厚的官办色彩,它们往往在许多方面都依附于业务主管单位,如在人员、经费、场地、职能等方面。

一、经济体制改革与社会组织

任何组织的生存与发展都离不开一定的资源和活动空间, 社会组织也不例外。改革开放以前,我国经济上实行的是计划经济体制,计划经济体制是高度集中的和以政府行政管理为主的体制, 政治上实行的是高度集权的政治体制。计划经济体制下国家控制、垄断了所有的社会资源,以至于改革开放前我国形成了"整体性社会"。在"整体性社会"中政府扮演了全能主义的角色,运用泛政治化机制的行政权力对政治、经济和文化进行全面的控制和管理。在这样的体制下,国家成为唯一具有合法性的组织。国家"不但垄断着绝大部分既有的资源,而且在新的资源出现后,也总是利用国家的强制性权力,将其置于自己的直接控制之下;对于任何潜在的控制稀缺资源的竞争对手,也是利用政治或行政的力量加以摧毁"①。在这种背景下,"私人不能拥有自由支配的资源与活动空间"②。因此,在当时任何其他组织想获得资源与合法性必须得到国家的认可。然而由于国家实施了对社会资源的垄断性控制,致使国家之外的组织生存资源的匮乏和活动空间的缺失,真正意义上的社会组织是无法立足的。因此,当时的社会组织几乎失去任何自我生存和发展的空间和环境。当时尽管存在着社团,但从其成立的情况和实际的运作来看,社团不具备独立于国家的特点,相反只是政府机构的延伸。

　　1978年党的十一届三中全会开启了我国改革开放的帷幕,经济体制改革一马当先。改革开放以来,我国逐渐放弃高度集中、僵化的计划经济体制,开始逐步探索市场导向的经济体制改革,尽管直到党的十四大才明确将建立社会主义市场经济作为经济体制改革的目标,但是党和国家对经济体制改革的认识是不断深化的,经济体制改革的过程就是不断扬弃计划经济体制,处理好政府与市场的关系,发挥市场在资源配置中的基础性作用的过程。经济体制改革建立了以公有制为主体、多种所有制经济共同发展的基本经济制度,新的经济制度极大地提高了社会生产力,也促成了国家控制之外社会资源的产生和流动,这为社会组织的兴起奠定了经济基础。同时,经济体制改革必然会带来其他领域的变化,从计划经济到市场经济引发了中国社会生活发生了巨大的变化。以建设社会主义市场经济体制为目标的经济改革加速了我国原来整体性、同质性社会的解体。伴随着计划经济体制向市场经济体制的转体,市场经济的发展塑造着有自主意识、平等意识、规则意识、竞争意识的市场主体。这些主体,不论是个人还是形成组织的企业,在生产生活过程中都力求更多的不受政治权力随意干涉的自由活动空间。经济的市场化不仅带来经济与包括政府在内的政治体系之间关系的变化,而且

---

①　孙立平.改革前后中国大陆国家、民间统治精英及民众间互动关系的演变.(2008-06-26)[2010-04-29].http://www.ccrs.org.cn/show_2390.aspx.

②　邓国胜.中国非政府组织发展的新环境.清华大学公共管理学院研究报告,2000(12).

经济转轨所引发的社会生活的变革涉及方方面面，其中最为重要的是对以往社会结构造成的冲击以至造成前所未有的变化。[1]

社会结构的变迁重塑了国家与社会的关系，国家的权力边界从无限走向有限，逐渐从微观经济领域和社会自治领域退却，相应社会个体及其他组织的经济活动、话语表达、自我管理的空间得到了释放。随着我国市场经济的发展，一个被马克思称作"公民社会"的自主社会领域在我国开始得以逐渐发育并不断拓展。社会自主活动空间的释放为人们自主进行社会交往和社会组织的产生提供了基础性条件。正是在这种社会"自由流动资源"和"自由活动空间"双重因素叠加作用的基础上，我国一些自下而上产生的草根社会组织和由政府主导的自上而下产生的社会组织不断涌现和发展。

二、政治体制改革与社会组织

社会组织的发展不仅需要一定的经济基础，同时也需要一定的政治环境的保障。在中国改革开放前，公民社会的合法性程度非常低，"'民间组织''民间社会''市民社会''公民社会'从 1949 年后一直是十分敏感的字眼"[2]。改革开放以来，我们在进行经济体制改革的同时，也启动了政治体制改革。四十年来政治体制改革涉及范围广，从党政分开、民主法治建设到政府机构改革、职能转变的行政体制改革，这些改革为经济体制改革的成功和社会变化提供了动力，更提供了发展的途径。改革开放前我国实行的是高度集中的政治体制，这种体制具有全能主义的特征，国家权力没有边界，政府职能无所不包，社会被国家所吞没。在以往的政府和社会关系中，作为履行全能主义职能的政府代表和吸收着全社会的利益，以国家身份统摄各领域的利益

---

[1] 沈亚平,舒博. 当代中国行政发展:逻辑的与历史的统一. 南开学报(哲学社会科学版),2008(5):107–114.

[2] 俞可平等. 中国公民社会的兴起和治理的变迁. 北京:社会科学文献出版社,2002:204–205.

表达,并运用国家权力整合着各领域的关系。①在这种政治体制下,社会各领域界限不清,相对独立于国家的社会组织没有存在的必要,更无存在的可能。改革开放以来,政治体制改革促动了社会领域的分离和各类组织功能的分化。随着政治体制改革的进行,政府能逐渐从微观管理向宏观调控转变,政府开始还权于民、还权于社会,从政府管不了也不该管的社会领域中退出。②

改革开放以来,为了适应从计划经济体制到市场经济体制的转变和发展的需要,我国政府逐渐启动了以政府职能转变为核心的行政体制改革。我国自1982年以来进行了七次大的机构改革,改革的总体目标就是重新勘定了政府的职能疆域和活动边界,将政府的职能收敛于自身的责任范畴之内。政府改革的核心就是转变职能,政府职能转变赋予了社会组织生存发展的空间。但是需要注意的是政府职能转变能否顺利进行,职能转变的数量与质量并不完全取决于政府自身的意志,它在很大程度上还取决于社会能为政府职能转移提供怎样的余地和条件,取决于社会是否具备承接政府剥离出来社会事务的能力。由此看来,政府职能转变的成功进行必然涉及社会治理力量的培育。政府职能转变剥离出的职能需要有效的承接载体,而社会组织作为社会自我治理的主体,具备承接政府转移职能的能力,是政府社会职能转变的有效组织依托。另外,改革开放以来,我国政府对法治建设重要性的认识不断深化,积极推进社会各项事业的法治建设,并将依法治国作为党和国家治国理政的基本方略。公民结社自由的权利得到了相当程度的实现,公民申请成立非政治性的一般社团不仅不会遭到政治的压力,而且很可能得以批准。③所以法治建设已经成为推动我国社会组织发展的重要动力。社会组织的法律法规尽管还有待完善,但是目前已经初步建立起社会组织的基

---

① 沈亚平,舒博.当代中国行政发展:逻辑的与历史的统一.南开学报(哲学社会科学版),2008(5):107—114.

② 胡益芬."参与式治理"——第三部门与政府关系探析.重庆社会科学,2004(1):59—61.

③ 俞可平.正在兴起的公民社会与治理的变迁.(2005—02—24)[2010—04—29]. http://www.cctb.net/zjxz/expertarticle/200502/t20050224_4818.htm.

本制度框架,无论是社会组织的注册登记,还是变更、注销,乃至组织的日常活动、监管等方面都有法律法规进行规范与调整。因此,社会组织法律法规的建设为社会组织的发展奠定了坚实的制度基础和保障。总体而言,伴随着我国政治体制改革的进行,国家逐渐从社会领域退却,形成了宏观上国家与社会相对分离,微观上政府组织之外的自主性社会组织日益成长的局面。

三、社会管理创新与社会组织

社会组织的发展不仅与经济体制、政治体制密切相关,其发展也离不开社会管理体制的变革。政府职能转变和社会管理体制创新与非营利部门发展是一个正相关的互动关系:一方面,非营利部门的发展是社会管理体制创新的重要背景和推动力量;另一方面,社会管理体制创新又为非营利部门发展提供了重要条件和历史机遇。[①]社会管理体制改革从本质上说是一个政府放权的过程。政府放权的过程中将产生政府无法得到满足的公共需求,这种公共需求的缺口在政府与社会之间建立起关联。满足公共需求不仅是政府的责任,同时也是社会组织的使命,在政府无法供给或是供给不足时,在政府和社会共同需求的作用下,社会组织便应运而生。因此,也就形成了社会组织的产生既有来自政府力量的推动的自上而下的生成模式,同时也有来自社会力量的推动的自下而上的生成模式。

我国社会管理体制改革相对于经济体制改革和政治体制改革有一定的滞后性,正如康晓光所言:"社会领域的自治进程与经济领域的市场化进程却不可同日而语,时至今日,社会领域基本仍处于政府的全面控制之下,社会领域的改革还处于'初级阶段'。"[②]我国的社会管理在计划经济时期实行

---

① 张宇,刘伟忠. 地方政府与社会组织的协同治理:功能阻滞及创新路径. 南京社会科学,2013(5):71–77.

② 康晓光. 权力的转移——转型时期中国权力格局的变迁. 杭州:浙江人民出版社,1999:82.

的是政府全面管理,即所谓的一元制模式。实施政府全面管理的一元制模式在当时的历史发展阶段有其必然性与合理性,是与当时的社会现状相适应的,因此该种模式的社会管理为当时的社会发展做出了贡献。然而随着改革开放的依次推进和不断深化,我国经济体制从计划经济向市场经济转变,行政体制也相继进行了改革,但是在社会领域传统的社会管理模式依旧在相当长的时期内是由政府实施全面的管理的。当经济体制和行政体制发生变化乃至整个社会处于转型发展的时期,传统的社会管理模式已经无法适应经济和社会发展的需要。政府通过等级制的组织结构垄断社会管理的效率受到了质疑与挑战,同时政府传统的社会管理模式挤压了经济发展所催生的新的社会力量活动与发展的空间。由于政府垄断了全部的社会资源,在传统的社会管理模式中,政府管理占据了绝大多数的位置,而像一些基层组织(比如居委会)和一些社会组织(比如红十字会)这些本应行使社会管理职权的组织,要么行政色彩过浓,依附于政府,要么徒有虚名,什么都不管。[①]因此,社会管理体制在社会组织兴起的初始阶段所发挥的推动力量还远远不够,但随着国家将社会管理体制改革提上议事日程,其对于社会组织发展的影响将会越来越大。

事实上,经济体制改革、政治体制改革和社会管理体制改革是一个有机的整体,任何一个领域的改革都会影响到其他领域的发展。伴随着经济体制、政治体制改革的推进,我国社会管理体制改革基本明确了改革的方向,即"政社分开"。我国社会管理体制大体经历了以"单位"为依托的传统社会管理体制时期和以社会组织为依托的现代社会管理体制时期。新中国成立以来,我国在高度集权的政治体制和计划经济体制基础上,建构了"国家-单位-个人"的一元主体社会管理格局。执政党和政府成为社会管理的唯一主体,国家成了无所不能、无所不管的"全能国家",社会成了缺乏结构和功能

---

① 罗尔男.创新社会组织参与社会管理的模式研究.四川行政学院学报,2011(6):30-33.

分化的"总体性社会",个人成为缺乏自主性只能被动服从的个体。①这种体制的特征是行政化,强调政府自上而下的单向度的控制,在农村通过议行合一、政社合一的人民公社制度,在城市通过单位将社会个体纳入国家的全面控制。社会个体被固化在特定的轨道上,社会的发展和个人的自由被极大地束缚了,整个社会缺乏自主性,因此也难以产生社会自治机制。这种社会管理体制造成了国家与社会关系的失衡,继而导致社会自治功能的萎缩和国家功能的无限膨胀,造成了政府社会管理的高成本和低效率。

党的十一届三中全会拉开了我国改革开放的帷幕,国家工作的重心转移到经济建设上,同时启动了经济体制和政治体制改革。经济的市场化发展了生产力,同时促成了相对独立于政府之外的私人部门的发育和成长,打破了计划经济时期社会利益铁板一块的局面,利益主体日益多元化。经济与政治的分离促成了独立社会空间的产生,政府以职能转变为核心的改革重塑着国家与社会的关系,国家与社会逐渐走向分离,这一切导致原有的"整体性社会"走向解体,与之相应的政府包揽全部社会事务的社会管理模式也走向瓦解。旧体制的衰落呼唤新体制的产生,党和国家一直在探索社会管理模式问题。2004年,党的十六届四中全会提出构建社会主义和谐社会的目标,并提出了建立健全党委领导、政府负责、社会协同、公众参与的社会管理格局。随后党的十六届五中、六中全会,党的十七大、十八大又对新时期的社会管理问题作了重要表述。

新的社会管理格局从本质上来看,突破了传统社会管理中政府作为唯一主体的思维定势,强调社会管理的社会多元主体参与,实现了从政府全面控制和垄断社会管理到政府主导、社会协同和公民参与的社会管理模式。新的社会管理模式承认了社会组织作为有效社会管理主体的地位,社会组织作为承接政府转移职能和提供公共服务以及规范公民行为、反映公民诉求

---

① 何增科. 我国社会管理体制的现状分析. 甘肃行政学院学报,2009(4):101-107.

的功能得到了重视，因此从中央政府到地方各级政府纷纷重视社会组织的建设，对社会组织的管理从过去的"重监管、轻培育"到现在的"培育与监管并重"。党的十八大后，在新一轮的政府机构改革方案中，更是提出了改革社会组织管理制度，加快形成政社分开、权责明确、依法自治的现代社会组织体制。改革社会组织双重管理体制，部分社会组织依法直接登记，不再需要业务主管单位审查同意。国家对社会组织的重视和具体培育政策的出台会更进一步促进社会组织的发展与壮大。

第三节　我国社会组织发展的历程与特性

一、社会组织的发展

我国社会组织的发展经历了曲折的历程。在计划经济时期由于形成了政府包揽全部社会事务的"整体性社会"，政府几乎成为公共事务的唯一治理主体。这种"强国家–弱社会"的模式限制了社会组织的生存空间。在 20 世纪 50 年代，全国性的社会组织只有 44 个，60 年代不到 100 个，地方性社会组织大约在 6000 个左右。这一时期社会组织的结构与功能分化很弱，活动领域集中在文化、学术和政治运动等方面，类型相对单一，社会公益性组织、维权组织等缺乏，社会组织应有的利益聚合和利益维护功能缺失。社会组织公益性缺失。这一时期，我国社会组织的建立基本上属于政府主导强制性制度变迁的产物，因此社会组织被置于政府直接或间接控制之下。其在与政府关系中处于弱势地位，在社会事务的处理上更多的是充当政府意志的执行者，缺乏自由活动空间和自主抉择的权利。

改革开放以来，以市场经济体制的建立和完善为起点的经济改革的启动和深化推动了我国经济、政治和社会的深刻变化，社会发生整体性变迁，长期以来形成的"强国家–弱社会"格局正在改变。经济体制改革、政治体制改革和社会体制改革为社会组织的发展释放出巨大的成长空间。借此,社会组织日益发展壮大,并逐步成为参与社会管理的重要力量。经过 40 年的实践,一个相对而言较为丰富、多样和开放的结社生态系统逐渐形成,社会组织作为其主要制度形式渐趋规范有序,社会组织的活动领域日益广泛。①截至 2011 年底,在中国民政部门登记的全国各类民间非营利组织已有 44.9 万个,其中社会团体 24.6 万个、基金会 2311 个、民办非企业单位19.9 万个。实际上,社会组织的发展不仅体现在数量上的剧增,还体现在活动领域上几乎覆盖了整个社会层面,占据了越来越多的社会空间,并一定程度上形成了具有公众协商、理性对话性质的公共领域,此外我国社会组织的发展还体现在内部组织建构日趋成熟、社会组织促使社会参与组织化等方面。总之,在"全球结社革命"浪潮以及我国各项体制改革的背景下,我国社会组织也日益发展壮大,并且在我国社会转型中发挥着不可替代的作用。

二、社会组织"官民二重性"

学界认为,"官民二重性"是对我国目前绝大多数社会组织实际运作情况的精准概括。"官民二重性"这一概括最早可以追溯到王颖等学者对我国浙江萧山非营利组织的研究。②康晓光认为,"官民二重性"不仅意味着社会组织的构成具有"半官半民"的"二元结构",同时组织行为也受到行政机制和组织自治机制的"双重支配",其生存与发展也依赖"体制内""体制外"的"两种资源",还意味着社会组织活动需要满足"官方"和"民间"的"双重需求"。还有学者研究指出,"官民二重性"是任何一个中国社会组织都必须面对的问题。毕监武从政治社会转型和社会组织产生的来源(政府机构改革的

---

① 王名,孙伟林. 我国社会组织发展的趋势和特点. 中国非营利评论,2010(1):1-23.

② 王颖,折晓叶,孙炳耀. 社会中间层——改革与中国社团组织. 北京:中国发展出版社,1993:8-9.

产物）视角分析了"官民二重性"产生的原因。学界就基本特性的作用和影响
进行了探讨。有学者认为"官民二重性"并不一定制约中国非营利组织的发
展，"官方性"与"民间性"比例不合理才是其发展的障碍。克服这一障碍的方
法不是盲目地呼吁减少官方投入或脱离政府的控制，而应是尽可能地结合
政府的资源优势来发展自己，从而在职能上实现由政府向非营利组织的顺
利让渡。①另一种观点认为"官民二重性"具有负面影响。"官民二重性"限制
了我国非营利组织的自治与自主，阻碍了它们由"官方性"向"民间性"的转
换，使得非营利组织的社会合法性不足，对非营利组织和政府都不利，最终
会影响到非营利组织的长远发展和政府职能转变。②从长远发展来看，"官民
二重性"是社会转型期的一种过渡现象，社会组织的发展终将呈现"官方性"
式微、"民间性"增强的局面。"官民二重性"被学者认定为我国社会组织的基
本特性，实际上这种特性背后所反映的实质问题是社会组织与政府的关系。
认识、理解和研究中国社会组织的各种问题都离不开这个最基本的特性或
者说是最基本的关系。

三、社会组织与社会自主性

新中国成立后，由于受苏联模式的影响，我国所建立的是一个以政治权
力为主导的"全能主义"国家。国家通过行政手段、单位制度、户籍制度等实
现了对社会生活领域全面渗透。国家与社会之间的胶着状态，损害了社会自
身的发育。改革开放以来，特别是1992年以来，随着社会主义市场经济的确
立，国家权力逐步从社会成员自主领域中撤出，出现了国家与社会的二元分
离。有学者认为，"国家权力与社会和公民个人的权利之间应建立一种平衡，
以便使国家在拥有维护社会秩序的权威的同时，不至于可以滥用权威，侵损

---

① 朱光磊,陆明远. 中国非营利组织的"二重性"及其监管问题. 理论与现代化,2004(3):14–19.
② 毕监武. 社团革命:中国社团发展的经济学分析. 济南:山东人民出版社,2003:110.

社会和公民个人的权利和活力"[①]。这种平衡建立的目的就是要以社会制约国家,实质上讲就是限制国家权力,维护社会的相对独立与自主。相对独立自主的社会不仅对民主政治建设是必要的, 同时也对于我国政府治理模式的转化,对于整个社会的转型有着深刻的意义。相对独立自主的社会有其特定的结构要素,这种结构要素构成了民主政治生长的社会基础。随着市场经济的建立而形成的市民社会是一种多元化、自主性的社会,其结构性内容主要有如下四个方面[②]:

一是经济生活的多元化。市场经济客观上要求经济活动遵循供求关系的变化规律而不是行政命令。市场化发展必然会削弱政治权力对经济活动的直接控制,从根本上解构传统的政治经济一体化、经济生活单一化、利益主体同质化等局面,形成经济社会生活的多元化、经济利益分殊化、利益主体异质化的局面。这样,作为利益主体的社会个体、社会集团从经济上获得了生存的独立性。经济上的独立性必然导致社会生活中的自主性。

二是独立自主的社会组织。一般说来,在经济生活多元化的社会里,特别是典型的市民社会里, 在个人和国家之间往往存在着一股强大的社会中介力量,这就是市民社会里各式各样的独立的社会组织或机构。这些不同性质、不同层次、不同目的的组织在社会生活中交互产生作用,形成一股强大的制约国家政治权力的社会力量。同时,这种力量也是一种自律性很强的社会力量。

三是独立自由的公共舆论。独立自由的公共舆论包括言论自由、新闻自由、出版自由、学术自由等内容。其中,制作新闻的大众传媒被认为是除立法权、行政权和司法权之外的"第四种权力"。在法律限制和保护之下的自由的公共舆论是来自社会,从政治权力系统外部对政治权力的运行及其结果进行监督的社会力量。这种监督的本质就是公开性,它是促使政治权力运行合法

① 傅大友,袁勇志,芮过强. 行政改革与制度创新. 上海:上海三联书店,2004:200-201.

② 袁祖社. 权力与自由. 北京:中国社会科学出版社,2003:148-152.

化、合理化的重要保证。此外,公共舆论在引导人们摒弃偏见、追求真理、形成正确的认识判断、塑造健康的社会认知结构方面起着重要作用。

四是市民社会的政治文化。市民社会的政治文化是一种以契约观点为基础并在其中演化出来的妥协折中、宽容性、责任性、权利性的政治文化,是人们在经济生活中的自主性的产物。在市民社会的政治文化中,法治精神占有重要地位。这种政治文化熏陶出自律性强、讲求权利与义务相统一、负责任的成熟的社会公民。

西方市民社会的构成要素是与资本主义民主相适应的,它为资本主义民主政治的产生与持续创造了极其有利的社会条件。由于民主在性质上存在差别,社会主义民主所要求的社会条件与西方市民社会必然会有所差异。但是任何民主政治的巩固与发展,都需要一个相对独立与自主的社会作为支撑。尽管不同民主要求的相对独立与自主的社会,其构成要素表现的内涵、特点不同,但也有一些共性的要求,如独立自主的社会组织特别是社会团体就是任何一个自主性社会所不可缺少的。

独立自主的社会组织是在国家与社会之间进行信息、能量交流的有效渠道,是国家与社会交互作用的中介。更为重要的是,独立自主的社会组织能有效保护个人免受国家权力的侵害,对公共权力进行有效监督,并为公共权力提供合法性基础,从而促进民主的发展。法国著名政治思想家托克维尔曾指出:"如果民主国家的人没有权利和志趣为政治目的而结社,那么,他们的财富和知识虽然可以长期保全,但他们的独立却要遭到巨大的危险。而如果他们根本没有在日常生活中养成结社的习惯,则文明本身就要受到威胁。"①美国政治学家希尔斯在《新兴国家的政治发展》一书中指出,如果发展中国家想变得更加民主,那就必须建立具有相当密度的、个人自愿结合的、

---

① [法]托克维尔. 论美国的民主(下). 董果良译. 北京:商务印书馆,1988:637-638.

精巧的社团体制。①在某种意义上,国家既是个人权利的保护者,又是个人权利的最危险的侵害者:在其他个人和组织的侵害面前,个人不但可以自卫,而且可以寻求国家权力的保护;但在国家权力的侵害面前,个人则无能为力。相对于强大的国家来说,个人的力量实在是太弱小了。为了维护个人利益,个人就需要组织起来,以集体的力量制约国家权力,也就是说社会的组织化程度是决定社会能否实现相对独立自主的关键因素。而衡量社会组织化程度高低的重要指标,就是社会组织的数量及其功能发挥的程度。在这个意义上,社会组织及其功能发挥是社会得以相对独立与自主的重要保障。

① 转引自郝思. 非营利组织与民主. 载刘军宁等编. 市场社会与公共秩序. 上海:上海三联书店,1996:360—361.

第四章　我国政府与社会组织共生关系的分析

前文提出了社会组织与政府共生关系的分析框架，在此运用该框架来考察我国社会组织与政府关系。共生关系的类型取决于组织自主性和资源相互依赖性两个维度，因此考察共生关系的类型就需要分别对两个维度进行相应的测量。在进行分析之前，有必要回顾一下我国社会组织生长的情况。前文在分析我国社会组织兴起时提到我国社会组织的生长是沿着两条不同的路径，即"自上而下"与"自下而上"发展的。自上而下产生的社会组织往往是在政府机构改革和职能转化过程中，由原本属于政府序列的职能部门转化而成。比较典型的是具备官方背景的行业协会，其在领导成员的产生和组成、经费来源、活动内容和安排等方面都有浓厚的政府色彩。自下而上产生的社会组织往往是基于市场经济的发展和处于整个社会转型的过程中，源于公民社会需求而自发形成和成长起来的社会组织。典型的如地方商会、城市社区服务组织等，其产生源自社会需求。

我们在分析的过程中对自上而下和自下而上的社会组织都予以考察。按照法律地位我们将社会组织分为三类：依法在民政部门登记注册的称为"法定社会组织"，未登记注册的称为"草根社会组织"，还有"准社会组织"。由于准社会组织自身的特点没有纳入被研究对象的范围，依法在民政部门登记注册的法定社会组织包括两类，官办社会组织（自上而下的社会组织通常又被称为官办社会组织）和民办社会组织，两者由于接受政府双重管理体制，与政府部门有着各种各样的联系，因此对这两类组织我们统称为体制内社会组织。对于未登记注册的草根社会组织我们称为"体制外社会组织"。

第一节　组织自主性和资源相互依赖性维度

一、组织自主性

在过去的几十年,自主性研究已进入了学界视野,但自主性尚未作为组织研究的结构变量之一。[1]关于社会组织自主性,国内学者进行了一些探讨。王毅从三个方面考察社会组织自主性:在人员上,与挂靠单位或主管单位无人员交叉;在经费上,基本自理;在活动上,以组织自我价值为导向。陈健民和丘海雄从四个方面考察社会组织自主性:在人事上,社会组织领袖的选任,社会组织日常活动的自由;在经费上,财政独立以及社会组织对自主性的主观判断。美国学者朱莉·费希尔(Julie Fisher)认为,社会组织的自主性与七个方面的要素紧密相关,即组织的承诺、财政分散、公众基础、技术专长、社会和管理知识、策略知识以及培训政府工作人员的经验。[2]实际上,费希尔所提出的七个要素并不是对社会组织自主性本身的解析,而是对社会组织自主性影响因素的考量,因此不能简单地将这七个要素作为自主性测量的标尺。那么社会组织自主性到底所指为何?自主性是指行为主体依据自我意愿行动的能力和特征。社会组织自主性是指社会组织在政府相关法律法规下自由决定其意愿和行动的权利,其包括形式自主性、事实自主性和认知自主性三个层面。形式自主性是指政府的法律法规对社会组织地位、自主管理以及其他方面的规定;事实自主性是指在人事任免、资源吸纳与运用和活动

---

① Brock, David M. 2003. Autonomy of Individuals and Organizations: Towards a Strategy Research Agenda. *International Journal of Business and Economics*, 2(1): 57–73.

② [美]朱莉·费希尔. NGO 与第三世界的政治发展. 北京:社会科学文献出版社,2002:64.

开展等方面,社会组织是否可以免受其他外在因素的制约,简言之,事实自主性指涉的是社会组织在与政府的互动关系中, 在组织运作机制上应该较少受到或者是不受到来自官僚体系的限制,自主管理组织内部事务,依靠志愿力量和独立运作的机制实现组织的宗旨;认知自主性主要是指社会组织对自主性的需求的感知。由于形式自主性是外在于社会组织的,因此在考察社会组织自主性高低时不将其作为考察的对象。

二、资源相互依赖性

政府与社会组织之间并不是单向度的服从与被服从的关系, 而是彼此相互依赖的关系。尽管这种相互依赖的程度存在着差异、依赖不对等或是表现为依赖的非均衡性的事实,相互依赖程度从低(包括一方过度依赖一方、双方相互依赖都比较低)到高(双方相互依赖程度高)各不相同,但是由于资源拥有主体的不可替代性和资源的稀缺性造就了政府与社会组织资源交换的必然。当然,这种理论分析上的必然与实践中资源相互依赖的实然未必能够完全的重合。既然是相互依赖,那就需要分别考察社会组织对政府的依赖和政府对社会组织的依赖。

首先分析社会组织对政府的依赖。康晓光构建了社会组织依赖政府的分析框架,包括七个方面分别是:资金、组织体系、官方媒体、登记注册、活动许可、政府领导人资源、组织决策的机会与权利。[①]这种构建体现了社会组织对政府依赖的复杂性和多元性。当然完全依照这个分析框架来考察社会组织对政府的依赖也会增加研究的难度,况且这个分析框架将不同重要程度的依赖要素放在统一分析层次上,反而会出现增加资源依赖分析的复杂性,无法突出资源依赖的重要因素以及资源流动的本质。

---

① 康晓光,郑宽. NGO 与政府合作策略框架研究. 公共管理与政策评论,2007(1).

本书从合法性依赖、资金依赖、制度依赖三个方面来进行分析。因为社会组织本身包含着不同的类型，同时依据不同的标准也可以进行不同的分类。这些都说明社会组织内部并非是同质的集合，因此在进行共生关系的实际考量时不宜将社会组织作为同质性的分析对象整体对待。同时由于公共管理领域组织之间的共生关系与生物学领域生物之间和经济学领域经济组织之间关系的差异，我们认为政府与社会组织之间的资源依赖是相互的。尽管存在着依赖程度的不同，但是实践中不存在着完全意义上一方依赖另一方的单向依赖关系。这也就意味着在政府与社会组织共生关系类型中，寄生关系只具有理论分析的价值和意义，在实践中，这种关系几乎是不存在的，即便存在，也是组织间关系转瞬即逝的片段。因此，本章在对我国政府与社会组织共生关系进行分析的过程中，不再单独对寄生关系进行分析。更何况，在前面共生关系类型划分的时候，已经将寄生关系界定为非对称性共生关系的一种极端形式，因此在研究过程中亦无单独展开研究的必要。

第二节　非对称性共生

一、体制内社会组织对政府依赖性考量

依据资源依赖理论可以构建社会组织对政府依赖的程度函数：体制内社会组织对政府资源的依赖程度=$F(X1, X2, X3)$。$X1$代表政府拥有的资源对社会组织生存的重要程度；$X2$代表政府对特定资源的控制能力，决定资源的分配和使用程度；$X3$代表除政府以外可替代资源的存在的程度。

（一）合法性依赖

合法性是有着丰富内涵的概念，在社会科学中有广义和狭义之分。广义的合法性被用来讨论社会秩序、规范，其所指涉的范围不局限于政治、法律

领域;而狭义的合法性被用来理解国家的统治类型。然而无论是广义还是狭义的合法性都包含着共同的一面,即由于符合某种规则而被认同、被接受,只不过是规则的基础有所不同。广义的合法性的基础可能指向法律及其以外的道德、宗教、习惯和惯例等。韦伯、哈贝马斯等国外学者都对合法性概念有过深入的研究,韦伯既研究了广义的合法性——作为合法秩序的合法性,包括道德、宗教、习惯、惯例和法律,又提出了狭义的合法性,权力合法统治的三种类型,传统型、魅力型、法理型。

由此,我们可以从两个方面来理解合法性,一方面是合法性的基础或者称为合法性的规则,另一方面是合法性所指涉的领域或者是主体。领域或主体不同,决定了合法性的基础不同,合法性的方向也会存在一定差异。以政治合法性为例, 合法性意味着统治者所建立的秩序得到被统治者的认可和接受,体现了公民对政府的"下"对"上"的承认。那么社会组织合法性具体所指涉的内容是什么? 事实上,社会组织合法性问题不仅关系到其生存和发展的问题,更是涉及其与政府的基本关系问题。因此,社会组织合法性问题引起了国内学者的广泛关注。国内学者高丙中将社会组织合法性分解为社会合法性、法律合法性、政治合法性和行政合法性四种操作性概念;谢海定将之分解为合法律性和正当性两种含义并重点分析了社会组织合法律性。事实上,社会组织合法性绝不仅限合法律性,其合法性还应该包括更广泛的基础,由此高丙中提出的合法性概念更具有现实性。

社会合法性是指社会组织因符合文化传统、社会习惯所构成的民间规范而具备的合法性。这意味着社会组织得到了社会和个人的承认,是社会组织开展活动的社会基础。法律合法性是指社会组织因满足了法律规则而获致的合法性,成立符合法律程序,依法开展活动,其合法权益受到法律保护。法律法规是国家利益和意志的体现,由政府相关部门制定,社会组织要在法律法规的范围内活动,实质上是要在政府圈定的范围内活动。政治合法性是指社会组织因符合国家的思想价值体系而获致的合法性。政治合法性是一种实质合法性,涉及社会组织的性质、宗旨及其活动符合国家利益和政治规范。政治合法性对社团的存在和发展至关重要,因为在中国公共空间的任何事务都要首先解决政治合法性问题,即便是群众自治组织也大多会负起一定的政治责任,将其宗旨定位于一种积极的政治态度。①政治合法性的宽严尺度取决于政府对社会组织的态度,是倾向于将社会组织视为政治统治的辅助工具,还是将其视为与政治统治相抗衡的离心力量。行政合法性是指社会组织因遵守政府所确立规章、程序而拥有的合法性。行政合法性是一种形式合法性,是政治合法性的具体表现,意味着社会组织自觉接受政府的监督和管制,包括政府机关领导人的同意、机构文书、机构的符号等。行政合法性是否充分关系着社会组织能否获得体制内稳定的资金支持和制度保障。在我国行政合法性主要表现为:从社会组织的成立到具体活动的开展,都须经业务主管部门和民政部门的审批、监督检查。民政部门可以对社会组织的不当行为进行处理和处罚。简言之,社会组织的生存与发展取决于行政部门的意志。

　　社会合法性、政治合法性、行政合法性以法律合法性为核心共同构成了社会组织合法性的结构。理想状态上社会组织合法性应当是四个方面的统一,具备四个方面的合法性的社会组织享有充分的合法性。然而现实中社会组织的情况不一,有些社会组织只具备有限的合法性。无论是政治合法性、行政合法性还是法律合法性,都是来源于政府的权威性授予,这本身就体现了社会组织对政府的依赖。这里着重讨论社会组织对政府的法律合法性依赖。之所以集中探讨法律合法性,一方面源于法律合法性在社会组织合法性结构中的核心地位,一方面源于当代中国社会组织法律合法性缺失的现实。

　　(二)资金依赖

　　依据联合国制定的标准,如果一个组织一半以上的收入不是来自于以

---

①　高丙中. 社会团体的合法性问题. 中国社会科学,2000(2):100-109.

市场价格出售的商品和服务,而是来自其成员缴纳的会费和支持者的捐赠,这样的组织称为社会组织。从诸多的实证研究中可以得知,社会组织资金来源有三个渠道:一是政府的投入、二是会费及服务收费、三是社会捐赠。在传统认识中,社会组织的资金来源主要是私人的捐赠、公司馈赠和基金会拨款。社会组织的资金来源渠道是多元的,按照这种逻辑,似乎资源的筹集并不会成为组织发展的瓶颈。然而不幸的是,社会组织资金匮乏是比较普遍的事实,清华大学 NGO 研究中心对社会组织存在的问题调查显示:在所有面临的问题中,资金问题是主要问题的社会组织占到 41.1%,而且社会组织资金来源的结构也与来自传统的认识迥异——社会捐赠作为社会组织的主要来源。

国际上以美国为例,20 世纪 80 年代以来, 社会捐赠占社会组织总收入的比重呈日益下降的趋势。例如, 美国从 1980 年的 30%降到 1986 年的 27%,到了 1995 年慈善收入(包括个人捐款、公司捐款和基金会拨款)只占总收入的 12.9%。①与之相对,莱斯特·萨拉蒙在对 22 个国家非营利部门比较项目调查得到的数据显示非营利组织收入的主要来源是会费和公共部门的支持。会费和其他收入占非营利组织收入的近一半(49%),而公共部门的支持占 40%。②

根据清华大学早期做的一项调查,"根据调查报告,1998 年我国非营利组织的资金来源中政府财政拨款收入占 53.55%,企业提供的资金占 5.63%,公众捐赠的资金占 2.18%"③。1998 年,被调查的非营利组织最主要的收入来源是政府提供的财政拨款和补贴,该项来源占了非营利组织所有来源的一半。这意味着中国非营利组织的收入来源主要是依靠政府。④我国非营利组

---

① ② [美]莱斯特·M.萨拉蒙. 全球公民社会:非营利部门视界. 贾西津,魏玉等译. 北京:社会科学文献出版社,2002:298.

③ 邓国胜. 非营利组织评估. 北京:社会科学文献出版社,2001:71.

④ 同上,12.

织 2003 年的收入来源中,政府补贴占 53%。①"据调查,北京西城区的一些社会组织,来自政府资助的收入占总收入的比例将近 95%。除政府资助外,社会组织的收入来源还包括服务性收费、少量的会员费以及社会捐赠等渠道。不过,总体来讲,社会捐赠相当少。"②尽管由于缺乏近期的关于社会组织资金来源结构的调查数据,但是从相关的研究中还是可以推断,当下我国社会捐赠的比例仍然偏低,政府的资金支持在社会组织收入结构中占据了重要的地位,从而说明了社会组织对政府资金资源的较高程度的依赖。正如汪锦军所言:"关于民间组织对政府的资金依赖,实际上,尽管民间组织对政府存在很强的资源依赖,但政府对民间组织的资金支持并不多。"③

政府的资金支持不多所指是拨款的数量一般不高,更多地具有象征性。但是仅就大多数社会组织而言,相对于薄弱的社会捐赠来讲,政府的资金支持依然是占主导地位的。一项近期调查数据支持了这种论断。黄茜在对黑龙江 325 个社会组织进行问卷调查的过程中,被调查的社会组织 2009 年全年收入中只有一个社会组织没有任何政府资金的投入,政府资金支持占社会组织全年收入的比例分别为:占 1%~49% 的为 41.9%,占 50%~99% 为 27%,占 100% 的为 30.8%。④由此可见,社会组织对政府资金依赖之深,政府的资金支持是社会组织发展不可或缺的。从我国目前的情况来看,政府对社会组织的资金支持主要有政府政策性拨款、委托项目拨款、购买社会组织公共服务、政府补贴、官办基金拨付、奖励等。

---

① 王名. 清华发展研究报告 2003:中国非政府公共部门. 北京:清华大学出版社,2004:73.

② 夏建中, 张菊枝. 我国社会组织的现状与未来发展方向. 湖南师范大学社会科学学报,2014(1):25-31.

③ 汪锦军. 浙江政府与民间组织的互动机制:资源依赖理论的分析. 浙江社会科学,2008(9):31-36.

④ 黄茜. 非对称性依赖:我国政府与社会组织关系分析——基于三省市的调查. 硕士学位论文. 哈尔滨:黑龙江大学,2012.

(三)制度依赖

社会组织的产生源于市场经济发展所催生的"市场真空"以及政府职能转变所让渡出的部分空间,这两部分需求成为社会组织产生的动力。然而无论是市场还是政府所带来的发展空间能否变为现实?换言之,政府是否允许社会组织在这些空间活动决定着社会组织能否拥有自我发展的机会和活动的领域。也就是说,社会组织生存空间的获得依赖于法律法规、政策等制度层面上对社会组织地位与活动范围的界定。当下,各类社会组织都有相应的管理条例,不计各项管理条例自身存在的不完善,条例的存在本身已经发挥了使社会组织的生存与发展获得基本的制度保障。从社会组织的长远发展来讲,法律法规和政策的完善是社会组织健康发展的必由之路。如果缺乏制度层面的优化,社会组织的发展将会遇到制度瓶颈。由此我们相信,政府的相关制度是影响和制约社会组织生存发展与公共服务能力发挥的重要因素,社会组织对政府制度具有较高的依赖性。

最后,结合体制内社会组织对政府依赖的程度函数:体制内社会组织对政府资源的依赖程度=F(X1,X2,X3),以合法性、资金、制度资源分析社会组织对政府的依赖情况。X1表示政府拥有资源对体制内社会组织的重要程度。政府拥有的合法性资源、资金资源和制度资源对体制内社会组织的生存与发展是非常重要的。体制内社会组织的生存与发展取决于政府对社会组织的认知以及在此基础之上的政策态度。如果缺乏政府对体制内社会组织的支持与认可,仅有的社会合法性不足以支撑社会组织持续的发展。X2代表政府对自身所拥有资源的控制能力,应该说政府对这三种资源具有十足的控制能力。X3代表除政府以外可替代性资源存在的程度,这里应区别开来,合法性资源(除去社会合法性)和制度资源是政府作为国家权力组织所独享的,因此不存在替代性资源。就资金资源而言,尽管体制内社会组织在资金来源渠道上存在着社会捐赠和会费及服务收费等途径,但是从现有的资金来源的结构来看,政府投入还是占了相当大的比例。而且社会捐赠和会费及服务收费的开展也有赖于政府所制定的政策和营造的社会环境，因此政府资金资源上具有一定的可替代性。但是政府资金资源对社会组织是必不可少的，社会组织还主要依赖政府的资金资源。所以可以肯定的是，体制内社会组织在合法性资源、资金资源和制度资源方面对政府的依赖程度高。

二、政府对体制内社会组织依赖性探究

上面考察了体制内社会组织对政府的资源依赖情况。由于体制内社会组织与政府之间各自掌握着某些重要的资源，这些资源为对方所需要，因此在理论上它们之间的资源依赖是相互的，尽管资源依赖的程度可能不尽相同。人们对政府所拥有的资源（赋予社会组织合法性、制度、资金、办公场所、信息技术等）谈论得比较多，因为已有的用资源依赖理论研究政府与社会组织关系一般都侧重于社会组织对政府的依赖。因此，政府拥有的资源也更为人们所熟悉。相比较而言，体制内社会组织所拥有的资源以及政府对其依赖谈及得较少。探讨政府对体制内社会组织的依赖可以从不同的视角出发。

本书第二章论及政府与社会组织共生的现实依据时，已经从理论层面上分析了政府对社会组织的依赖，包括社会组织作为政府职能转变的承接主体、社会组织作为公共服务多元供给的重要主体、社会组织作为联结政府与公民的沟通桥梁以及社会组织发挥着监督政府的作用。实际上，已展开的理论上资源依赖的分析是基于社会组织所拥有的资源和社会组织的功能。但是，理论上政府对社会组织的资源依赖与实践中的资源依赖情况未必是一致的，因此考察政府对社会组织的依赖更要在理论分析的基础上进行实践中的考察。

考察政府对体制内社会组织的依赖可以从执政党和政府对社会组织的政策研究作为切入点。这里的政策主要是执政党全国代表大会报告和政府工作报告中关于社会组织的政策安排。遵循此思路，笔者梳理了改革开放以

来执政党重要会议决定和历届党代会中关于社会组织的表述,整理如表 4.1
所示:

表 4.1 执政党关于社会组织的政策

政策出处	政策内容
中共中央关于建立社会主义市场经济体制若干问题的决定(1993 年)	发展市场中介组织,发挥其服务、沟通、公证、监督作用。当前要着重发展会计师、审计师和律师事务所,公证和仲裁机构,计量和质量检验认证机构,信息咨询机构,资产和资信评估机构等。发挥行业协会、商会等组织的作用。
党的十五大(1997 年)	把综合经济部门改组为宏观调控部门,调整和减少专业经济部门,加强执法监管部门,培育和发展社会中介组织。
党的十六大(2002 年)	加大在社会团体和社会中介组织中建立党组织的工作力度。
党的十七大(2007 年)	发挥社会组织在扩大群众参与、反映群众诉求方面的积极作用,增强社会自治功能。重视社会组织建设和管理。规范发展行业协会和市场中介组织,加快推进政企分开、政资分开、政事分开、政府与市场中介组织分开。
党的十八大(2012 年)	加强社会建设,必须加快推进社会体制改革。加快形成政社分开、权责明确、依法自治的现代社会组织体制。
党的十八届三中全会(2013 年)	正确处理政府和社会关系,加快实施政社分开,推进社会组织明确权责、依法自治、发挥作用。适合由社会组织提供的公共服务和解决的事项,交由社会组织承担。支持和发展志愿服务组织。限期实现行业协会、商会与行政机关真正脱钩,重点培育和优先发展行业协会、商会类、科技类、公益慈善类、城乡社区服务类社会组织,成立时直接依法申请登记。加强对社会组织和在华境外非政府组织的管理,引导它们依法开展活动。

除了执政党关于社会组织的政策之外,政府也在改革开放的不同时期
制定了相关政策。如表 4.2 所示:

表 4.2 历届政府工作报告关于社会组织的政策

政策出处	政策内容
1994 年国务院政府工作报告	要坚持政企分开,把属于企业经营自主权范围的事情交给企业,把应由市场解决的问题交给市场,充分发挥行业协会、商会等市场中介组织的作用。
2001 年国务院政府工作报告	进一步实行政企分开,切实转变政府职能,减少行政性审批。发挥商会、行业协会等中介组织的作用。
2002 年国务院政府工作报告	各级政府部门必须坚决按规定与企业和中介机构彻底脱钩。

续表

2004 年国务院政府工作报告	要加快政企分开，进一步把不该由政府管的事交给企业、社会组织和中介机构。
2005 年国务院政府工作报告	进一步推进政企分开、政资分开、政事分开。坚决把政府不该管的事交给企业、市场和社会组织，充分发挥社会团体、行业协会、商会和中介机构的作用。
2006 年国务院政府工作报告	坚决把不该由政府管理的事交给市场、企业、社会组织和中介机构。
2008 年国务院政府工作报告	加快转变政府职能。重视发挥行业协会、商会和其他社会组织的作用。
2012 年国务院政府工作报告	推进依法行政和社会管理创新，理顺政府与公民和社会组织的关系。
2013 年国务院政府工作报告	改革社会组织管理体制，引导社会组织健康有序发展。

从以上政策表述中可以看出，执政党和政府培育和发展社会组织的政策是连续的。从内容上看，政府培育和发展社会组织力度越来越大，体现为从培育社会中介组织到政社分开的改革思路，再到建立现代社会组织体制规划的提出；从社会组织功能的发展来看，从作为市场中介组织、发挥行业管理职能到作为政府联系群众桥梁发挥社会自治功能，社会组织功能发挥日益充分，发挥作用的领域从原来的经济领域扩展到现在的社会领域；从社会组织建设在国家发展建设的地位来看，社会组织建设从幕后走向台前。党的十八大从社会体制改革的高度提出社会组织建设的问题。由此，可以认为执政党和政府在宏观的政策规划上是对社会组织鼓励和依赖的，尽管在管理体制和制度上是控制、约束多于鼓励和培育。无论是控制还是培育、约束还是鼓励，执政党和政府对社会组织存在着依赖性，而且依赖的领域和依赖的程度日益深入。

执政党和政府之所以在依赖领域得到扩张、依赖的程度得到加强，原因在于社会组织拥有着独特的资源。社会组织资源"包括公信力、服务收入、获得资源的能力、公共服务的供应与输送、信息传递与沟通、专业知识、公众支持、正当性的维护等"[1]。当然政府对社会组织的依赖最直接的是指向其所拥

---

① 虞维华.非政府组织与政府关系——资源相互依赖理论的视角.公共管理学报,2005(2):32-39.

有的独特资源,但在现实中,政府依赖社会组织更多地体现为将社会组织所拥有的资源转化为某种功能。换言之,政府是因为社会组织所拥有的资源而对其产生依赖,而这种资源依赖最终体现为社会组织在社会治理过程中的所具备的功能。因此,考察政府对社会组织依赖的维度可以从社会组织所具有的功能着手,主要包括公共服务、利益表达、社会自治等功能层面。当然这仅是从宏观层面上来证实政府对社会组织依赖的存在和依赖的维度。依赖的存在证实了它们之间对各自所掌握的资源和服务都有需求,社会组织并非只是单方面地求助于政府。

政府对社会组织依赖的程度问题还需要从微观层面上来分析。社会组织主要是专门提供集体类型物品的部门,相较于公共服务提供,社会组织的利益表达、社会自治功能是近几年才逐步得到执政党和政府重视。因此,现阶段政府对社会组织的依赖主要是对社会组织提供公共服务的依赖。社会组织具有提供一些公共服务的优势,这种优势的存在使得选择社会组织比政府自身提供更有效率。

公共服务供给是政府存在的逻辑起点,但是公共服务自身结构的复杂性和公民需求的多样性对政府垄断公共服务供给的传统模式提出了挑战,正是这种挑战促成了政府与社会合作供给公共服务成为一种新的选择。政府与社会组织合作提供公共服务,或者说政府允许社会组织参与公共服务提供的情形在西方发达国家已经较为普遍,成为一种世界性潮流。20 世纪 70 年代以来,西方国家在新公共管理运动的影响下,纷纷采取了公私伙伴关系改革,倡导、实行社会组织参与公共服务的供给,取得了显著成效。1990 年的一组国外调查数据显示,法国 30% 以上的儿童日护理和 55% 的居民护理是由社会组织提供的;美国 50% 以上的医院床位和 50% 的大学、日本 75% 以上的大学是由社会组织兴办的; 意大利 40% 以上的居民护理设施以及瑞典 40% 以上的新建或翻新的居民房屋由社会组织提供。然而在我国,社会组织参与公共服务供给确是一个新的事物。社会组织参与公共服务是源于政府公共服务供给出现的困境。

改革开放以来,我国经济取得了举世瞩目的成就,但公共服务供给却未能紧跟经济发展的步伐,出现了供给总体水平低、规模偏小、分布不均衡、增长缓慢等问题。据国务院发展研究中心、中国社科院《中国公共服务发展报告 2006》认为:"公共服务发展的速度落后于经济增长速度,供给数量和质量落后于公众现实需求。"党的十六大将政府的职能定位为"经济调节、市场监管、社会管理和公共服务",将公共服务作为政府的一项重要职能而提出。如党的十七大、十八大又分别就公共服务职能作了重要的论述。党的十七大报告中提出:"必须在经济发展的基础上,更加注重社会建设,着力保障和改善民生,推进社会体制改革,扩大公共服务,完善社会管理,促进社会公平正义,努力使全体人民学有所教、劳有所得、病有所医、老有所养、住有所居,推动建设和谐社会。"党的十八大报告提出:"提高社会管理科学化水平,必须加强社会管理法律、体制机制、能力、人才队伍和信息化建设。改进政府提供公共服务方式,加强基层社会管理和服务体系建设,增强城乡社区服务功能,充分发挥群众参与社会管理的基础作用。"

执政党和政府认识到,仅依靠政府并不能满足公众日益多样化和高质量的服务需求,因此鼓励社会组织参与公共服务已经成为推进社会管理体制改革的重要内容,也是政府职能转变、培育新的社会管理主体的有效形式。实际上,社会组织在公共服务领域的作用并非源于当下,只不过是政府购买公共服务的形式将社会组织参与公共服务推到了舞台的中心。自 20 世纪 90 年代以来,社会组织在公共服务领域的作用日益显著。社会组织在促进市场经济体系完善,履行行业管理职能,加强行业自律,解决贸易纠纷,保护环境生态,发展科教文化事业,化解社会矛盾和扶贫济困等诸多方面都发挥了积极作用。①

---

① 周耀虹. 促进社会组织参与公共服务. 党政论坛,2010(12):33-36.

以政府购买公共服务为例，被学界公认的我国最早的政府向社会组织购买公共服务来自于上海浦东新区的探索。1995 年，浦东新区社会发展局委托上海基督教青年会管理罗山市民会馆，即"罗山会馆"模式。从 2003 年以来，上海、北京、浙江、广州、南京等地方政府相继进行了公共服务社会化改革的实践探索。政府购买的范围不断扩大，涉及教育、医疗卫生服务、养老、社区服务、培训服务、就业服务等诸领域。2000 年上海市卢湾区依托养老机构开展居家养老工作试点、2003 年南京市鼓楼区实行政府购买服务、社会组织运作的"居家养老服务网"工程、2004 年广州举办招聘会由政府财政补贴、2007 年广州政府购买志愿服务项目、2008 年广州荔湾区购买大同社会工作服务中心的社区居民就业服务项目、2005 年宁波海曙区政府向社会组织购买居家养老服务等。

类似的政府不直接提供服务而是通过向社会组织购买公共服务的方式其他地方政府也相继开始了探索。除去这些具体的购买公共服务案例证明了政府依赖社会组织提供公共服务的观点之后，各级政府制定的规范性文件也进一步证实了政府在公共服务方面鼓励社会组织参与的趋势。《中国农村扶贫开发纲要：2001—2010》在"十一五"扶贫工作的基本思路中提出鼓励和支持中介组织、民间组织参与扶贫项目的实施。2006 年财政部、国家发改委、卫生部联合下发《关于城市社区卫生服务补助政策的意见》，指导政府购买城市社区公共卫生服务试点工作。2007 年党的十七届二中全会通过的《关于深化行政管理体制改革的意见》，提出要从制度上更好地发挥公民和社会组织在社会公共事务管理中的作用。2007 年国办发文《关于加快推进行业协会商会改革和发展的若干意见》，提出建立政府购买行业协会服务的制度，对行业协会受政府委托开展业务活动或提供服务，政府应支付相应的费用，所需资金纳入预算管理。这些规范性文件的出台说明了政府已经将部分财政资金用于购买社会组织提供的公共服务。但是尚需注意的是，我国政府购买公共服务还处于初级阶段，表现在以下方面。

(一)购买公共服务领域和对象的选择性

政府对社会组织公共服务资源的依赖呈现一定的选择性，在社会组织和其他类型组织(政府、事业单位、企业等)之间选择公共服务资源。社会组织尽管在提供公共服务方面有着独特的优势，但是政府是否将公共服务项目委托其进行，不仅仅取决于社会组织自身所具备的公共服务能力，事实上影响政府选择购买公共服务对象的因素众多——政府对社会组织的认知、领导的倾向、文化传统、政策、社会组织自身能力、社会组织与政府的关系等。因此，这些不确定因素的存在致使政府在选择公共服务供给主体时存在选择性，在不同组织类型的供给主体之间进行选择和在同类型的供给主体之间选择。按照资源依赖理论来讲，就是资源的可替代性强。政府向社会组织购买公共服务的出现并没有改变公共服务供给过程中政府部门、政府兴办的事业单位等官方、官办组织占据的主导性地位，尤其是在公共服务的核心领域——教育、医疗、社会福利等，政府兴办的事业单位处于绝对的主导地位。从政府购买公共服务所涉及的领域来看，购买领域比较有限，主要集中在非核心公共服务领域，在教育、医疗等核心公共服务领域政府购买服务尚不多见。在核心公共服务领域，政府的资源主要向事业单位倾斜，社会组织依然游离于政府的公共服务体系之外。当前政府向社会组织购买服务主要发生在养老、社区、就业、社会工作、扶贫、残障等领域，不过不同领域的发展并不均衡。①因此，现阶段社会组织参与公共服务只是扮演着"拾遗补缺"的角色，其发挥作用的边界或者说为政府所依赖的领域还局限在政府无力提供或不愿提供的领域。因此，政府对社会组织的公共服务依赖也是有限的。

(二)政府购买服务的规模不大

尽管现时期已经提出要建立和完善"政府承担、定向委托、合同管理、评估兑现"的新型政府公共服务提供方式，但是政府购买服务支出占国内生产

---

① 李国武.公共服务领域政府与社会组织关系研究.科学决策,2011(7):31-48.

总值的比重跟发达国家相比还很低。即使像上海这样公益组织发展较为迅速的城市也只有约1.5%,而发达国家的平均值为4.6%。①从国外的发展经验来看,各种社会组织成为政府购买服务的主要选择。在美国,社会组织提供了政府出资所有社会服务的56%,就业和训练服务的48%,保健服务的44%;在德国,志愿社团或福利协会提供了90%的助残服务、70%的家庭服务、60%的养老服务和40%的医院病床服务。②虽然现在还没有关于我国各级政府购买社会组织公共服务的具体统计数据,但是可以肯定的是,政府购买社会组织公共服务尚处于初级阶段,购买的规模是无法与发达国家相比的,政府依然是公共服务的主要的和优先的提供者,社会组织依然作为政府的补充性力量而存在。甚至在一些经济不发达、观念相对滞后的省份,社会组织没有参与公共服务的机会,政府完全垄断公共服务的供给。当然,这种情况的存在是多种因素共同作用的结果,既有我国长期以来政府垄断公共服务供给的历史原因,更有社会组织自身能力有待提高的一面,同时还有政府对社会组织提供公共服务的认识、购买公共服务作为各级地方政府实践的探索所经历的时间还较为短暂以及购买公共服务本身的制度设计、过程管理等方面还不完善的影响。

(三)购买主体关系不平等

政府购买社会组织公共服务行为存在的基础是双方的合作建立在平等协商基础之上,但现实的情况往往是社会组织在合作的过程中既没有足够的谈判能力,也缺乏平等的地位与政府进行谈判和协商。已经开展的购买行为基本成为政府主导的单向度的合作行为。购买的对象多是与政府有行政或其他隶属关系的组织,购买双方并未形成真正的契约关系。之所以形成这样的局面,一方面源自政府购买公共服务行为缺乏规范的程序和统一的法律法

---

① 李莉,刘晓燕."协同治理"视角下的社会组织公共服务供给. 城市观察,2012(2):16-24.

② 刘金良,姚云云. 社会组织的发展路径选择:基于政府购买公共服务的研究. 辽宁行政学院学报,2011(5):11-13.

规,因此合作过程中随意性较大;另一方面源自社会组织缺乏足够的社会信任,行动能力较弱。在社会组织能力较弱的情况下,政府购买过程中形式性购买、非独立性购买比较普遍,社会组织缺乏与政府谈判的空间和能力基础。

案例1:宁波海曙区居家养老服务

宁波市是沿海发达城市,国家统计局发布的2005年中国综合实力百强城市信息显示:宁波市经济发展水平列第8位,进入前10强行列。人口老龄化程度高于浙江省平均水平。海曙区地处宁波市中心,全区面积28.7平方千米,常住人口29.3万,辖8个街道办事处。海曙区是宁波的中心城区,海曙区系中共宁波市委、宁波市人民政府所在地。2006年该区人均国内生产总值已经相当于8000美元,区政府可用财政达到了10亿元人民币。2006年户籍人口31.36万人,其中老年人53657人,占总人口17.1%。老人对社会养老设施和服务的需求迅速上升,机构养老方式已远不能满足需求。同时,随着家庭结构分化和工作结构变化,空巢家庭日益增多,家庭养老功能日益弱化,2006年海曙区的空巢老人达25755人,占老人总数的47.9%。探索一种新的养老方式成了紧迫课题。

宁波市和海曙区政府面对城市人口老龄化的发展,多年来一直采用机构养老的方式,将大量的老年福利资金投入到修建养老院等养老机构的建设上,但运作了多年,发现这种单一的养老方式难以满足老年人的需求,而政府的财政压力极大。根据民政部门的测算,建设一个具有基本养老保障功能的养老机构,其初期的固定投入最少为每张床50000元,每月每张床位政府还需补贴250~350元。

目前,宁波市老年人从申请进入养老院到获得批准需要4年以上。在老龄化趋势迅速发展的形势下,机构养老模式越来越难以跟上需求。公共服务的困境催生了新的思路。海曙区从2004年3月份起,选取了17个社区开展社会化居家养老服务工作试点。2004年5月12日,宁波市海曙区政府办公室颁发了《关于海曙区社会化居家养老工作的指导性意见》(海政办〔2004〕29号),提出按照"政府扶持、非营利组织运作、社会参与"的工作思路,建立新型的社会化居家养老服务体系,为老年人提供全方位的服务,全面提高老年人的生活质量。其中,在服务方式的第三条中提出:"对家庭经济困难,不能自理或半自理,家属又无能力照顾,需要提供生活服务的老年人,由政府通过购买服务的方式解决其生活困难问题。"2005年3月,宁波市海曙区决定在全区65个社区中全面推广"政府购买居家养老服务"这一新型养老服务模式,由海曙区政府出资,每年花150万向非营利组织——海曙区星光敬老协会购买居家养老服务,每个老人每年的预算是2000元,政府购买的服务时间是每位老人每天一小时。

服务由各社区提供,居家养老服务员为各社区的下岗、失业和困难人员,服务员经社区上报到星光敬老协会,并经敬老协会培训后,方可上岗。以前服务员每小时的报酬是5.5元,现在根据劳动部门的最新规定已上调至每小时5.7元。社区落实居家养老服务员,每天上门为辖区内600余名高龄、独居的困难老人服务。各社区根据本社区的老人和居家养老服务员的情况,进行上门结对服务。服务内容包括生活照料日常护理或者特殊护理、医疗康复包括陪同到医院看病、治疗、配药等、精神慰藉包括每天和老人交流,发现老人的需求,排除老人的孤独感。额外的服务要靠志愿者上门、企业捐助或老人自己购买。

居家养老服务员的服务质量由海曙区星光敬老协会和各社区监督。海曙区政府购买居家养老服务还有其他配套政策,海曙区政府形象地把它概括为"走进去"和"走出来"的"两走"居家养老模式。所谓"走进去",主要是指以一些高龄、独居的困难老人为对象,通过政府购买服务,由专门的服务人员走进老人的住所,提供上门服务。除此之外,"走进去"的服务方式还有志愿者无偿服务、老人自己有偿购买服务和企业为老人购买服务等。所谓"走出来",就是让大部分行动方便的老年人,走出小家庭,融入社区大家庭,老人"走出来"的载体有老人"日托"中心和各种老年民间组织。

海曙区政府购买居家养老服务的政策有一套特有的运作机制，即"政府扶持、非政府组织运作、社会参与"。政府是规划者和政策制定者，政府扶持是决定性因素，海曙区政府每年都把居家养老工作作为一项重要工作来部署。海曙区居家养老工作领导小组作为政府的领导机构，主要职责是完善海曙区、街道、社区三级居家养老服务体系。领导小组组长是分管养老工作的副区长，一位副组长是海曙区民政局局长，另一位副组长是非政府组织——海曙区星光敬老协会的会长，非政府组织的领导者也参与制定政策。海曙区星光敬老协会成立于2003年，它不同于一般的老年协会，是国内少有的开展养老服务工作的非营利组织。海曙区将居家养老公益项目委托给海曙区星光敬老协会执行，即社会化居家养老服务中心交与区敬老协会（总会）运作，服务中心分部交与街道的敬老协会分会运作，社区则以敬老协会名义在服务站开展具体服务。

海曙区星光敬老协会要承担的工作有：审定需要提供居家养老服务的对象、确定居家养老的服务内容、对居家养老的服务质量进行检查和监督、培训居家养老服务员和结对上门服务的志愿者。政府购买居家养老服务的经费，由政府预算拨给敬老协会之后，敬老协会依托于社区来组织运作，敬老协会每两个月提前把每个社区的居家养老服务员的工资划拨到社区，服务员给老人服务后，每月到社区领取工资。敬老协会每天深入社区检查、监督服务情况。海曙区将居家养老公益项目委托给海曙区星光敬老协会执行，即社会化居家养老服务中心交与区敬老协会总会运作，服务中心分部交与街道的敬老协会分会运作，社区则以敬老协会名义在服务站开展具体服务。"社会参与"主要指围绕居家养老工作，有效地整合各种社会资源，充分挖掘、整合和利用社区现有的可供开展居家养老服务的社区资源，不仅可大大节省政府的支出，而且还可以提高社区资源的利用率。

宁波市海曙区政府向星光敬老协会购买居家养老服务是我国地方政府

向社会组织购买公共服务的实践，是政府与社会组织合作的有益尝试，同样是社会组织政策参与的有益探索，这种政府通过社会组织转变政府职能，拓展和深化公共服务的做法，探索出了一条解决社会养老问题的新路子，它表明我们可以在传统的路径之外寻求更好的公共服务解决之道。尽管这一实例是政府开始向社会组织购买服务的实践探索，但是仅就宁波市海曙区购买服务而言，尚存在着一些不足之处。一方面，政府购买社会组织服务的形式是非竞争性购买，即参与养老服务提供的是特定的社会组织，政府向特定的社会组织支付费用。换言之，星光敬老协会参与居家养老服务的提供并不是通过竞争的方式获得的，而是由政府"指定"的，这在一定程度上也证实了政府购买公共服务在提供主体的选择上具有倾向性。另一方面，在社会组织提供服务的过程中，政府对社会组织的工作过多干预。根据《关于海曙区社会化居家养老工作的指导性意见》的有关规定："政府将居家养老公益项目通过海曙区星光敬老协会委托给社会组织执行。在政府的指导和支持下，以敬老协会的名义，形成政府、社会、社区、家庭联动的服务网络。"也就是说，社会组织在提供居家养老服务的时候有自身的自主权，但是在实际中，政府的行政色彩仍然很浓厚。

案例2：南京市鼓楼区政府购买社会组织居家养老服务

就南京而言，自20世纪80年代末成为人口老龄化城市以来，南京市是全国人口老龄化程度较高、发展速度较快的地区之一。目前，南京市60岁以上的老年人已达93万，占全市户籍总人口的15%；其中80岁以上老人目前已达12万，年均增长6600人，并以每年4.5%的速度增长，其增长正在进入加速期，高于全省0.5个百分点，增速仅次于上海、北京和天津。据预测，到2020年，全市老年人口将增至约160万，占全市户籍总人口的21%。而80岁以上的老人，届时将达到21万，占全市老年人口的13%，高于全国1个百分点。

鼓楼区是南京市人口集中、商贸发达的主城区之一，区域面积26.62平方千米,其中主城区 16.82 平方千米、江东新区 9.8 平方千米,辖 7 个街道,65 个社区,常住人口 82.6 万人(据南京市 2010 年第六次全国人口普查主要数据公报)。鼓楼区现有 60 岁至 100 岁的老人 93908 人,占该区人口总数16.07%(不含高校集体户口),早已进入老龄化社会。

此外,南京空巢老人的数量也在不断上升。自 20 世纪 80 年代初开始,家庭结构和社会经济结构的转型、社会成员思想观念变化等各种因素开始对传统的家庭养老方式产生不断的冲击。一方面,自推行计划生育以来,南京妇女生育率持续快速下降,使得家庭规模迅速缩小,核心家庭大量涌现,空巢家庭快速增加。据调查,南京每 10 户老人家庭中就有近 4 户是空巢家庭,鼓楼区对 3 个社区的 212 位老人家庭调查后发现,空巢家庭就有 123 个,占总数的 59.4%,目前,这一比例正在上升。

鼓楼区作为老龄化程度较高的城区之一,社区居家养老服务发展一直走在全国前列,其养老服务模式取得了积极成效。在此情形下,家庭原本对老年人在各种风险上的防范作用和物质经济上的保障作用不断削弱。另一方面,现代城市化进程的加快,使得子女工作压力加大,子女和老年人在生活观念、生活方式等方面的摩擦不断增加。从老年人的心理健康方面来看,家庭养老方式也逐渐难以满足其各种精神需求。

2003 年 11 月,该区在深入调查研究的基础上,策划、设计并实施“居家养老服务网”工程,为独居老人家庭免费提供起居梳洗、买菜做饭、打扫居室、清洗衣被、陪同看病等生活照料服务。工程实施初期,区公共财政安排资金为 15 万元,服务独居老人 100 名。2004 年,资金增至 35 万元,服务独居老人 220 名。2005 年 7 月,鼓楼区老龄工作委员会颁发了《鼓楼区“居家养老服务”实施方案》,提出“居家养老政府、社会、社区共同扶助”的工作思路,进一步完善服务网络、扩大覆盖层面,拓展服务领域,丰富服务形式,规范服务内容,健全服务监督评估机制。2005 年,资金增至 100 万元,服务独居及“空巢”老人 930 多名。2006 年,财政预算资金增至 120 万元,服务老人 1300 名,并在年内建成

20 个左右"居家养老服务网"社区服务站,方便老年人就近寻求和实现养老照顾,为更多老年人家庭提供有偿、低偿和无偿相结合的居家养老服务保障。

政府为各社区的下岗、失业、困难人员,提供就业服务(由各社区上报后,心贴心老年人服务中心经过专门培训后,上门服务)。明确享受服务的对象是辖区内的高龄、独居、困难的老人(包括残疾人)。落实服务,居家养老服务工作在区老龄工作委员会领导下,由老龄委办公室负责实施并协调。各社区居委会、心贴心老年人服务中心下属的托老所根据本社区的老人情况和居家养老服务员的情况提供服务。

同时,鼓楼区政府立足于实施现状,将服务形式、服务内容的落实过程划分为三步,即第一步,以社会困难独居和空巢老人为主体的居家养老服务为主;第二步,以社会困难特殊老人为重点的居家养老服务为主;第三步,以社会实际需求为目标的居家养老服务为主。"居家养老服务网"以项目委托的方式委托在鼓楼区注册的民间组织——心贴心服务中心具体运作。区民政、老龄部门给予全力扶持和悉心指导,心贴心服务中心在组建服务队伍、培训服务人员、规范服务流程、拓展服务内容、建立社区服务站等进程中,积累了居家养老服务的宝贵经验,形成了老年福利事业的一种新型业态。在完善"居家养老服务网"的同时又推出"1+2"服务方式:"1"代表已经实行的生活照料服务,"2"代表在生活照料服务基础上新拓展的服务,为独居老人家庭免费安装"安康通"呼叫服务器,保障老人居家安全。此外,实施《老人家庭探访制度》,以探望、问候、心理疏导的形式进行精神慰藉服务。目前该区"居家养老服务网"的"1+2"服务方式已基本解决千名老人养老难题,老年人的生活状况得到较大改善。在完善服务方式的同时,政府每月购买 20 小时的家政服务。

南京市鼓楼区购买居家养老服务的特点在于,在居家养老服务的提供上探索了政府、社会共同参与的模式,是一个政府主动干预、以民间组织为运作平台、社区公众广泛参与的互动过程。在政府购买社会组织居家养老服务的模式中,既强化了政府在居家养老服务中的责任,同时也积极调动社会力量共同参与养老服务, 从而为推动老年人养老从机构养老向居家养老转移提供了范本。

政府购买居家养老服务的新机制减轻了政府的财政压力, 提高了服务效率,同时为政府进一步在其他社会福利、公益事业方面大范围尝试购买服务提供了借鉴和经验。当然,南京市鼓楼区购买社会组织公共服务的模式除了可供借鉴的经验之外, 也反映出地方政府在探索购买社会组织服务中存在的一些问题。如一方面,购买社会组织服务缺乏制度化的程序。在西方国家政府购买社会服务的过程中,政府会向社会公布社会福利服务预算,并公布政府购买服务的价格、数量和与服务要求相关的各项质量指标。那些从事社会公共服务的民间组织和社会服务组织将通过投标的方式进行竞争,在中标之后拿到政府购买服务的拨款,并按照政府的要求完成服务,这与前一案例也有相似之处。

另一方面,购买社会组织服务缺乏市场竞争。南京市鼓楼区在购买社会组织服务的过程中并没有采取竞争性招标的方式, 而是采取的非竞争性的政府委托经营的模式。当然,地方政府在探索政府购买社会组织服务的过程中, 为了避免购买服务可能产生的风险以及减少社会组织因竞争而增加的成本采取了非竞争性的购买方式,但是非竞争性购买使得能够参与政府购买服务的社会组织总量上受到了限制,因此也就意味着很多养老组织在很大程度上依然游离于政府体制外。政府把资源集中在某一个养老机构上,初衷是为了能够使政策得到较好的推行和见到成效,但也容易因缺乏外部竞争而形成垄断,从而失去改进工作的外部动力,导致效率低下等问题。

案例3:杭州市上城区政府购买社会组织居家养老服务

杭州市上城区辖域面积18.1平方千米,下辖6个街道52个社区。2010年全区生产总值达530亿元,按常住人口计算人均生产总值突破2万美元,地方财政收入 50.2 亿元。2010 年 11 月第六次人口普查数据显示，全区常住人口约 34.5 万人，60 岁以上老年人口约 6.7 万人，约占全区人口的 19.34%，是浙江省老年人口比例最高的城区。

针对老龄人口多、养老服务需求大等问题，上城区政府一直重视社会化养老服务体系建设并出台了诸多举措，"十一五"期间，上城区获得"全国老龄工作先进区""全国养老服务社会化试点区"以及"浙江省养老服务社会化示范区"等奖项。按照《上城区养老服务五年发展规划（2011—2015）》的要求，至"十二五"末，需要为老年人提供不少于 3880 张养老床位，其中区内实现新增 1000 张。然而对于上城区这样居住人口密度大、建筑密集的老城区、小城区而言，以传统方式建造养老机构来实现这一目标无疑存在着用地难等问题。有鉴于此，上城区政府确定实行养老机构挖掘式、社会化推进的方式，努力挖掘潜力，新建、置换了一批养老福利机构，并且加大对旧厂房、闲置学校、办公楼等可利用设施的改建力度，在社区中建设投入少、规模小、占地面积小的养老机构，使全区养老机构床位数得到快速增长。为拓展社区社会化机构养老服务，上城区在落实宣传省、市相关优惠政策的基础上，制定了更加积极的扶持政策和财政补助政策。

《上城区养老服务五年发展规划（2011—2015）》规定，2011 年 6 月以后自建非营业性社会办养老机构用房，经评估合格且床位数达到 50 张以上的，每张养老床位给予 9000 元补助；床位数 50 张以内的，每张养老床位给予 6000 元补助。租用养老用房（包括公建民营）且租用 5 年（含）以上，经评估合格，养老床位一次性增长 50 张（含）以上，每年每张养老床位给予 1500 元补助；一次性增长 50 张以内的，每年每张养老床位给予 1000 元补助，补助期为 5 年。对营利性养老机构，经评估合格，按照非营利性养老服务机构享受的补助标准的 60% 进行补助。

同时，提高对城区社会办养老服务机构的寄养补助，营利性社会办养老服务机构接收杭州市户籍老人入住的，经评估合格，给予每人每月 35 元的寄养补助；对非营利性社会办养老服务机构接收杭州市户籍老人入住的，经评估合格，给予每人每月 60 元的寄养补助。为缓解本地区机构养老的压力，上城区政府还对辖区内持有低保证、困难证家庭的老人跨区域入住非营利性养老机构给予每人每月 300 元的补助。在加大财政投入的同时，上城区政府还明确社区养老机构服务规范，要求强化养老机构的硬件和软件设计，加大对服务人员的培训教育力度，按照《养老护理分级标准》规范服务行为，做到持证上岗。通过培训制度，以《养老护理员国家职业标准》，推进养老护理队伍专业化、职业化建设，提升服务质量和服务水平。

目前，上城区的民办社区养老机构均由华爱老年事务发展中心（以下简称"华爱"）举办。"华爱"的前身是杭州望江街道在水一方社区互助会，是由在水一方公寓 1 号楼 76 户家庭在 2003 年"非典"期间自发形成的一种相互帮助、相互扶持的邻里关系基础上形成的，是全国首家正式向民政局注册的民间互助组织，目前华爱由 5 名理事组成了理事会作为决策机构。2004 年 7月，华爱投资创办了第一家也是全国首家由民间组织出资的养老院——在水一方老年公寓，开业不到半年入住率就达到了 90%以上。至今，华爱共出资 800多万元在上城区先后成立了包括在水一方老人公寓、在水一方益寿院、南星街道老人公寓、湖滨街道老人公寓、南星街道复兴敬老院以及朝晖街道老人公寓等 9 家民办社区养老机构，并且组建居家养老服务所参与居家养老上门服务，服务对象延伸到区属各街道，开拓了为老服务集团化方向发展的新路子。目前，华爱下属社区养老机构床位注册数共计 567 张，员工数超过 300人，2011 年营业收入超过 1000 万。

上城区从 2003 年开始就采用公建民营、公办民营等形式与社会组织、企业等合作，充分利用社会力量、民间资本参与机构养老服务，将公办养老机构的改造和经营活动等交给专业化组织去做，推动全区养老机构的发展。目前，上城区区级养老院（"唯康"和"益寿"）以及街道一级的养老院已经全部实现了民营化改革。2005 年 2 月，杭州上城区民政局正式推出向民间服务机构购买居家养老服务的政策,约 170 多户老人可享受免费的居家养老服务,政府每月发给他们"服务券",由民间服务机构提供服务人员定期上门服务。2012 年,该区为满足老年人对居家养老差异化服务的需求,成立了区养老服务信息处理中心,将每一位 60 岁以上居家老人信息及 800 多家联盟成员单位的服务内容、联系方式等接入信息中心,实现呼叫受理、呼叫联动、加盟单位推荐、服务满意度调查及服务单位服务质量评估等。

当前,区民政局成立的养老服务指导中心,经需求评估后对政府全额免费购买的老人发放养老卡,同时为这些老人免费安装"一键通"呼叫器。经公开招标确定唯康老人文化公寓、在水一方公寓两家民办养老服务中介机构(民非)为服务合作方。在政府补贴等支持下,华爱坚持在社区中兴办养老机构的战略,充分利用社区资源,不仅节省了成本,也受到了老人和居民的支持。

以华爱最早设立的在水一方老人公寓为例,老人公寓就设在社区服务中心边上,能够充分利用社区场地和公共服务资源,并依据老人特性将最顶层规划为居住失能老人,下面几层居住半失能和健康老人。在水一方老年公寓场地采用租赁社区用房的形式,面积约 650 平方米,年租金 14 万,目前共有床位 50 张,入住率为 100%,收费标准依据护理等级分为两档:全护理为 1000~1500 元 / 月不等,半护理为 600~800 元 / 月不等,食堂用餐 300~400 元 / 月不等。它享受政府 2000 元每床位的补贴,以及接收杭州市户籍老人寄养补贴 60 元 / 人 / 月。然而作为民办社区养老机构,它的发展仍然受到了资金的制约。据华爱负责人介绍,以湖滨敬老院为例,总投资额为 75 万,其中民政部门补贴 10 万,即使入住率达到 100%,除去管理和护理人员工资、房租以及水电等日常开支外已所剩无几,预计需要 9 年才能收回成本。事实上,"华爱"旗下的民办社区养老机构与公办养老机构之间享受着不同标准的政府扶持,除上述省、市、区所规定的补贴之外,公办养老机构有财政兜底,能够不断地获得政府财政投入,而民办社区养老机构则需自负盈亏,因而相对公办养老机构而言,它们还面临生存的压力。

政府向社会力量购买居家养老服务有不同的类型。常敏、徐明芬以长三角地区城市购买居家养老服务为例，将地方政府购买居家养老服务划分为四种类型。按照他们的观点,杭州市上城区购买居家养老服务属于第四种类型,即向各类组织的竞争性购买。服务主体包含各种类型的相关社会服务机构,如营利性的服务企业或中介组织、非营利性的民办养老服务实体、社会团体(如老年互助会)、公益性组织等。

从购买程序上看,政府将购买居家养老服务的具体信息向社会公开,并组织专家进行招标评审, 从参与招标的服务机构中确定符合条件的若干家服务机构,由这些组织与政府确定的服务对象签订服务合同。从购买服务的承接主体和购买程序上, 这种购买服务的模式与政府的形式性购买有很大的差别。这种差别既体现在购买服务的承接主体上、购买服务的程序上,同时也体现在政府在购买服务中的承担职能的不同。在形式性购买服务中,政府混合了服务购买者和生产组织者、管理者的多种角色定位,资源筹集、服务组织、需求评估、管理监督等职能依然是由政府承担的。相比较而言,在竞争性购买服务中政府的职能侧重在资金筹措、标准设置、供需双方的资格审核、监督管理等方面,服务的生产则由企业和社会组织承担。

竞争性购买服务存在着很多优点,如前置的竞争机制和老人可以通过"用脚投票"的方式去激励居家养老服务的提供主体改善服务,提高效率。但是竞争性购买服务却因购买服务的制度建设不足往往使得其效果受限。但实践中,我国当前竞争招标的制度规范程度普遍不足,所以使得这种公平竞争规则的实施效果受限, 政府招标到的合作方往往包含了一些有政府背景的服务公司,而且招标后各类组织一旦进入合作,基本不会退出。①在整个服务购买中, 政府是居于主导地位的, 政府掌握着购买服务的权利和相关资源, 如果当前的制度建设无法对政府购买服务进行有效监管的话就容易扭

---

① 常敏,徐明芬.政府购买公共服务的机制比较及其优化研究——以长三角城市居家养老服务为例.上海行政学院学报,2013(6):53—62.

曲这种竞争机制、带来寻租(rent-seeking)问题。

案例 4:苏州沧浪区"虚拟养老院"

沧浪区是苏州市的中心城区之一,位于苏州市区的中南部,因区内宋代名园沧浪亭而得名。全区面积近 30 平方千米,常住人口 31.3 万,60 周岁以上的人 58217 人,占全区总人口的 18%。面对这样的老龄化状况和日益增长的养老需求,从 2003 年 3 月开始,沧浪区葑门街道在全市首创"没有围墙的养老院",建立"邻里情"居家养老服务中心。

经过 5 年发展和探索,成立了沧浪区居家乐养老服务中心。为解决服务人力资源供给相对不足、服务社会资源利用率不高、服务信息不流畅、服务反馈机制不健全等问题,2008 年 7 月,以中国电信苏州分公司研发的"居家乐 221 服务系统"为技术支持,以居家养老对象会员制为基本形式的没有围墙的虚拟养老院产生了。虚拟养老院由苏州市十佳物业公司之一的鼎盛物业管理有限公司作为主运营商,通过鼎盛物业管理有限公司对辖区内提供养老服务业的企业进行整合,借助居家乐 221 服务系统,虚拟养老院发挥 24 小时管理服务的优势,为居家老人提供标准化、专业化、亲情化的养老服务。

虚拟养老院主要通过"居家乐 221 服务系统"这一信息中心和技术平台,对居家养老服务对象实行会员制客户准入管理。话务员根据系统生成的客户所需服务项目向自己所负责的街道里的老人确认当天的服务项目和服务时间,等服务工单确认后,再进行工单分配,即把服务的项目、时间、对象进一步具体分配到每位服务员,服务员根据工单提供上门服务。在每位服务员服务的过程中,221 养老服务系统记录每位服务员的服务状态, 即正在服务中、服务已完成等状态。待服务完成,话务员通过系统检查服务任务是否完成,并进行质量回访,即打电话询问老人对服务员所提供的服务是否满意。服务员服务完毕,回到养老中心,拿回已经完成的工单,领取明天要服务的工单。

按照服务项目,系统每个月形成 1 份收费清单,养老服务中心按约定向客户收取服务费用。系统从客户确认服务开始便对服务过程进行全程跟踪、回访、咨询意见,并以客户满意度来考核服务质量。在服务对象的选择上,凡年满60周岁的区老人都将纳入虚拟养老院服务范围,将服务对象分A、B、C三个层面为老年人提供无偿、低偿和有偿服务。目前虚拟养老院所提供的服务项目主要有家政便民、医疗保健、物业维修、人文关怀、娱乐学习、应急救助6大类53项服务,几乎涵盖日常生活照料的所有内容。

虚拟养老院的运作机制可以概括为政府推动、市场化运作、信息化管理、专业化服务。政府在虚拟养老院的创建和发展过程中,始终发挥着推动者、扶持者、协调者和管理者的重要作用。政府将养老服务纳入苏州社会发展总体规划。2008年制定了《关于在全区推广"邻里情"虚拟养老院的实施方案》和《沧浪区社会养老服务组织资金补贴实施办法》,将虚拟养老纳入养老服务组织,享受政府开办经费补贴和运营经费补贴。虚拟养老院的运作经费主要来自政府的财政支持、服务项目的收费和社会募集。沧浪区建立了专门的养老基金,保证每年有25万元可用经费,养老基金可主要用于全区100余名三无老人的生活照料。

政府有效推动并不意味着政府必须"大包大揽",社区养老服务要实现社会化服务,离不开市场化运作的服务机制。虚拟养老院由苏州市鼎盛物业管理有限公司承办,吸纳有关单位成为居家养老服务商,采取会员制管理,目前已吸引27家企业加盟到虚拟养老院的社区服务。整个管理实行市场化运作,经济上独立核算,自负盈亏。虚拟养老院实施清晰的产业化运作思路,通过了ISO9001:2000质量管理体系认证,建立了企业化家政员工队伍,吸收自愿加入、具有良好信誉的社区经营户加盟,组建了一个紧密的社会化养老服务体系。通过产业化的运作,可以将分散的社会化的社区服务网点整合成为有组织、实体化的社区服务产业;将随意的市场化的社区服务实体,引导为有信用的品牌化的社区服务产业。

苏州沧浪区"邻里情"虚拟养老院服务模式在全国率先提出"虚拟养老院"的概念,充分利用现代信息技术和服务构建新型的居家养老服务体系,取得了良好的经济效益和社会效益。该模式不仅得到了同行的广泛关注,也得到了上级政府的肯定。2009年7月,苏州沧浪区"邻里情"虚拟养老院服务模式获得民政部科技成果创新三等奖。苏州沧浪区"邻里情"虚拟养老院服务模式是一种"政府承担、定向委托、合同管理、评估兑现"的新型的公共服务提供方式,运作机制和服务模式符合"小政府、大社会"的社会转型趋势,是政府机构改革的重要内容,也是建立新型政社关系、培育民间组织发展的重要途径,是地方政府探索社会管理事务模式的一种创新。①尽管该模式取得了很大的成功,但依然存在着不少问题。如提供居家服务本身是一个微利的行业,如何去调动更多的企业和社会组织参与到政府购买居家养老服务中来?由于提供居家养老服务的利润少,同时还要上门提供服务,因此企业和社会组织参与政府购买居家养老服务的积极性不高。这就导致目前养老服务机构较单一,缺乏有效的竞争。如果参与的企业和社会组织一直比较匮乏,无法形成不同服务机构之间的有效竞争,社会组织容易形成垄断,从而失去改进服务和提高效率的动力。

最后我们依据资源依赖理论构建政府对体制内社会组织依赖的程度函数:政府对体制内社会组织的依赖程度=F(Y1,Y2,Y3)。Y1代表体制内社会组织拥有的资源对政府的重要程度;Y2代表体制内社会组织对特定资源的控制能力,决定资源的分配和使用程度;Y3代表除体制内社会组织以外政府从其他组织获取资源的难易程度,即可替代资源的存在程度。结合政府对体制内社会组织依赖的程度函数,以体制内社会组织公共服务作为特定资源分析政府对社会组织的依赖情况。

Y1表示体制内社会组织公共服务对政府的重要程度,上述分析已经表

---

① 张国平.居家养老社会化服务的新模式——以苏州沧浪区"虚拟养老院"为例.宁夏社会科学,2011(3):56–62.

明，理论上体制内社会组织提供公共服务作为政府的重要补充具有重要的价值，这种价值也获得了执政党文件的重视。但是现实中由于体制内社会组织自身能力的因素、政府的观念以及购买公共服务本身制度设计有待完善等问题的存在，致使政府对体制内社会组织提供公共服务的依赖程度还非常有限。这体现为公共服务领域的限定、购买公共服务规模小以及对购买对象的选择性。

Y2 表示社会组织对自身公共服务的控制、分配能力。从政府购买公共服务的"购买主体关系不平等"特点看，体制内社会组织在政府购买公共服务的过程中还缺乏谈判能力，无法进行平等的对话和协商。因此，对自身所拥有的公共服务资源是否能被政府所依赖不具备十足的控制力。

Y3 代表了体制内社会组织公共服务资源的替代资源存在程度。体制内社会组织与政府在一定程度上存在着资源的相互依赖，但是实际上体制内社会组织处于资源依赖的弱势，政府可以通过各种途径来降低对体制内社会组织的依赖，如通过体制内社会组织之间的竞争来增加自身的优势，或是通过委托事业单位来替代体制内社会组织，以此来降低、减弱对体制内社会组织的依赖。因此，体制内社会组织的公共服务资源的替代性很大。

从总体上看，政府对体制内社会组织公共服务依赖是有限的，尽管有越来越多的体制内社会组织参与到各级政府的公共服务项目中去，但是无论是鉴于政府购买体制内社会组织公共服务的领域和对象的选择性，还是基于购买公共服务的规模乃至于购买服务的模式、购买主体关系的不平等，还是基于体制内社会组织公共服务资源的替代性大的情况，这些都印证了一个不争的事实，即体制内社会组织仍然在很大程度上游离于政府服务体系之外，双方的互动机制还较为脆弱，政府对社会组织的依赖程度不高。

在分别对社会组织对政府依赖和政府对社会组织依赖进行考量之后，我们发现相较于社会组织对政府资源的高度依赖而言，政府对社会组织的依赖程度并不高，两者的相互依赖程度是不对称的。

三、体制内社会组织自主性分析

自主性是社会组织最重要的基本特征，甚至有人认为社会组织的本质就在于自主性。如果自主性缺失社会组织独特的价值就不存在了。更有学者把社会组织自主性发达程度作为衡量公民社会成熟与否的核心表现。由此可见，社会组织自主性的重要性是不言而喻的。因此，已有的研究中关于社会组织自主性的讨论已积累了不少的成果，既有理论的分析，也不乏实证的研究。有人认为社会组织特征是国家与社会关系的一个层面，国家与社会关系视角是衡量社会空间相对于政府自治性程度的重要分析维度。许多研究从国家与社会关系的视角来考察社会组织自主性问题。国家与社会关系视角下有不同的解释框架，例如基于国外理论的公民社会视角、法团主义视角以及具有中国本土化特色的行政吸纳社会、依附自主性等视角。公民社会视角下有强国家—弱社会、社会主义公民社会、公民社会参与国家等模式。但这些模式都直接或间接地指出我国社会组织自主性相对较弱，发展需要依赖政府的现实。法团主义模式下，学者们认为在社会组织的建立和发展过程中，国家发挥了主导作用，但社会组织作为国家的附属机构协助政府管理社会仍然处于相对弱势的地位，本身缺乏足够的自主性和独立性。中国本土化的解释框架认为社会组织尽管在政府的依附下生存，但存在着有限的自主性，而且这种自主性存在着结构性，即官办社会组织缺乏自主性，民间草根社会组织有较强的自主性。

以社会组织的领导任职来看，尽管我国已经出台了相关规定，例如2007年国务院办公厅第36号文件《关于加快推进行业协会商会改革和发展的若干意见》，《意见》规定现职公务员不得在行业协会等社会组织兼任领导职务，确需兼任的要严格按有关规定审批。但现实中，社会组织领导人往往是由现职公务员且通常是由领导担任。实证研究方面，张沁洁对广东省级行业协会组织自主性进行了研究,研究结论是"协会自主性整体上偏低和类型间存在差异"①。这项研究从人事安排、财政依赖、活动和自主性自我感知四个方面考察了行业协会的自主性问题。"人事安排上会长的选任离不开政府介入,政府直接任命、推荐的占54%,财政依赖相对较少,活动整体上以政府引导为主,认知上62%的协会感觉到不自主。"②

许鹿教授2013年对贵州省400家全省性社会组织进行了评估,评估依据民政部制定的社会组织评估评分标准,其中一项指标涉及社会组织中现职公务员兼任情况。评估结果显示在"近400家各类社会组织中,负责人是现任公务员的情况依然存在,通过评估,我们也了解到,退休公务员(从退休处级干部到省级领导)任负责人的情况比比皆是,即便一些社会组织无法聘请到任现职或退休公务员作为负责人,也给予其名誉职务或聘为顾问,列在其人员名单中"③。而社会组织在高层人事安排的情况必然影响社会组织自主性的获取和强弱。这种人事安排一方面为社会组织从政府获取资源提供了可能性,但同时,组织在行为方式和活动范围方面受到政府直接或间接影响的可能性也越大。④当然还有其他的实证研究,这里不再一一列举。

综上所述,无论是从国家与社会关系的理论视角还是以某类社会组织为例进行的实证研究,尽管研究的方法不同,但却有着相同的结论,即我国民政注册的社会组织自主性不足或是弱自主性。民政注册的社会组织自主性到底是什么状况?除了国家与社会关系视角和实证研究之外还有没有别的途径来解释社会组织自主性问题?应该说,无论是基于理论的推演还是来自经验事实的支撑,社会组织自主性的缺失是多因一果。换言之,影响社会

①② 张沁洁,王建平.行业协会的组织自主性研究——以广东省级行业协会为例.社会,2010(5):75-95.

③ 许鹿,李云.社会组织在政治关联中的自主性生产何以可能?——评《跨部门协同中非营利组织自主性的形成机制》.公共管理学报,2013(4):12-14.

④ 宋程成,蔡宁,王诗宗.跨部门协同中非营利组织自主性的形成机制——来自政治关联的解释.公共管理学报,2013(4):1-12.

组织自主性的变量是多而复杂的,因此对其的分析也不能局限于某一方面,应既要有理论的分析,也要有实证的检验;既要有静态环境的分析,也要有动态的对运作机制的考察。社会组织的特征离不开特定共生环境,共生的宏观环境、共生的制度环境和共生机制。国家与社会关系视角已经从共生的宏观环境层面进行了解释,那么共生的制度环境层面是如何影响社会组织自主性的呢?此外在社会组织自主性的问题上,我们也可以借助资源依赖理论进行分析。换个角度来讲,政府对社会组织的控制来自于两个方面,一个是强权,国家拥有对社会组织的立法权、行政权、司法权,政府可以借助正式和非正式的各种手段,诸如通过法律制度、税收政策等工具对社会组织的自主性进行干预,正式和非正式的手段总体表现为政府实施控制型的监管策略和去自主性的管理制度;一个是资源,政府拥有社会组织发展必不可少的资源,政府可以通过控制资源的规模、资源的流向来制约和控制社会组织。而且,在我们对社会组织的访谈过程中也可以了解社会组织自主性的真实情况。

(一)共生的制度环境——控制型监管和去自主性的管理制度

我国对社会组织的管理实行双重管理体制。双重管理体制是我国从计划经济向市场经济转型过程中产生的特殊管理体制。该体制确立于1989年国务院颁发的《社会团体登记管理条例》。所谓双重管理体制是指社会组织的成立和运行由登记管理机关和业务主管单位分别行使对其的监督管理职能。以1998年修订的《社会团体登记管理条例》为例,《条例》规定国务院民政部门和县级以上地方各级人民政府民政部门是本级人民政府范围的社会团体登记管理机关;国务院有关部门和县级以上地方各级人民政府有关部门、国务院或者县级以上地方各级人民政府授权的机构,是有关行业、学科或者业务范围内社会团体的业务主管单位。《条例》赋予了业务管理单位广泛的管理权限,其中第二十八条对业务主管单位的职责作了明确规定:"(一)负责社会团体筹备申请、成立登记、变更登记、注销登记前的审查;(二)监督、指导社会团体遵守宪法、法律、法规和国家政策,依据其章程开展活动;(三)负责社会团体年度检查的初审;(四)协助登记管理机关和其他有关部门查处社会团体的违法行为;(五) 会同有关机关指导社会团体的清算事宜。"①

实际上,业务主管单位的管理权限远不止《条例》中规定的这些。民政部主管官员主编的《社团管理工作》一书表明,业务主管单位要"对已经登记的社团负责日常管理。其主要内容包括:负责对社团负责人和社团专职工作人员进行经常性的形势、任务和思想政治教育,使其熟悉并遵守国家的法律、政策;负责对社团负责人的选举和换届任免的审核、社团专职工作人员的党组织建设、工作调动、工资调整、职称评定等方面的管理;负责对社团的重大业务活动(包括召开研讨会)、财务活动、接受资助和外事活动进行审查及管理"②。由此,我们对业务管理单位所拥有的管理权限有了更加全面的认识。业务管理单位对社会组织广泛的管理权力带来的直接后果就是将在民政部门登记注册的社会组织直接置于政府的控制之下,在这种情况下何谈社会组织的自主性和自治,因此就出现了经济领域与社会领域改革不同步甚至是改革走向相悖的情形,即当经济领域计划管理体制在逐步走向瓦解的时候,社会领域中政府对社会组织的计划管理体制正逐步建立。

双重管理体制形成了政府对社会组织过多的行政干预,社会组织的人事、财务等工作都受到了行政的干扰。以人事安排为例,社会组织缺乏独立的人事任免权。一项调查显示:"中国有许多非营利组织的领导人员来源于政府的派遣和任命,或由组织负责人提名,并由组织业务主管部门批准任命,只有不到30%的非营利组织根据组织章程,通过民主选举的方式选出组织管理人员。"③但是不能否认的是相对于改革开放前政府对社会组织"全面禁止"的政策而言,计划色彩浓厚的双重管理体制属于"有控制的发展政策",

---

① 翟鸿祥. 行业协会发展理论与实践. 北京:经济科学出版社,2003:343.

② 康晓光. 转型时期的中国社团. 中国青年科技,1999(3):386-395.

③ 邓国胜. 非营利组织评估. 北京:社会科学文献出版社,2001:148.

这种发展政策和态度的转变还是具有历史进步意义的。尽管看到了"控制发展"政策积极的一面,但我们不能否认的是社会组织弱自主性从根本上是源于去自主性的管理体制,双重管理体制和控制型监管策略造就了社会组织自主性不足的事实。近年来,我国政府意识到双重管理体制存在的弊端和滞后于时代发展的要求,在反思的基础上对社会组织培育与监管并重,并实施差别化的策略,即选择性支持与选择性控制并重,积极探索登记注册制度改革,如针对不同类型的社会组织取消"双重许可",试行备案制等。这些新举措的实施促使社会组织取得了长足的发展,但是新举措的实施并未减弱政府对社会组织控制的力度。政府在推行选择性扶持政策时,并未弱化对社会组织的控制力度。①

综上所述,无论是计划经济时期,还是市场经济时期,尽管政府管理社会组织的制度化水平在不断提升,管理的手段也从单一的行政手段发展到行政手段、法律手段、经济手段等多元化趋势,管理的策略也从限制到选择性控制和选择性扶持,但撇开这些管理制度、管理手段和管理策略的变化,我们依然可以发现政府对社会组织管理在某些方面的一致性,即政府对社会组织的管理更多地表现在对社会组织设立和发展的控制上,政府的控制型监管策略没有变。政府一面肯定社会组织的作用,但却又不太愿意下放权力,或是下放权力到与自己有隶属关系的社会组织,确保社会组织在自己的掌控范围之内。政府更多的时候是将社会组织视为一种政策工具,而且在社会组织运作的过程中设立许多防范性措施,确保社会组织在政府设定的边界内活动,社会组织的发展壮大始终没有脱离政府的管控范围,政府通过"权力控制"和"资源引导"牢牢控制社会组织发展的主动权。正如有学者所指出的:"无论取得了什么样的发展成绩,第三部门都没有摆脱依附的地位,都没有获得与其本性相称的独立性或自主性。而且,发展过程似乎是其独立

---

① 孙发峰.选择性扶持和选择性控制:我国社会组织管理体制改革的新动向.上海行政学院学报,2012(5):95–103.

性或自主性日益丧失的过程,是其依附性日益强化的过程。"①

(二)资源依赖视角的考察

在本节我们已经考察了体制内社会组织与政府之间资源相互依赖的情况。总体的情况是体制内社会组织对政府的依赖大于政府对体制内社会组织的依赖,两者之间的依赖是非对称的。根据资源依赖理论,当一个组织的依赖性大于另一个组织时,便产生了相互之间权力的不平等,依赖性弱的组织在相互依赖中处于强势地位。实际上,社会组织对政府的依赖并非我国独有,在莱斯特·萨拉蒙(Lester. Salamon)对全球非营利组织的经验研究中,非营利组织对政府的依赖是一种很普遍的现象,不同国家之间的区别在于依赖的程度和依赖路径。同样是对政府的资源依赖,为什么我国的社会组织自主性不足? 而有些国家的社会组织自主性很强? 这就引出一个重要的问题,即社会组织对政府的资源依赖并不必然导致其自主性的缺失。换言之,社会组织对政府的资源依赖未必一定是自主性缺失的充分条件, 在很大程度上属于必要条件。从逻辑上看,社会组织对政府的资源依赖并不必然使其自主性缺失。但从我国的经验来看,社会组织对政府的资源依赖导致其出现去自主性的现象。因为政府会对这些社会组织提出许多规则限制,通过资源配置社会组织的人事安排、工作方向、工作重点等,使社会组织为了获取政府的资源而付出了自主性的代价。

当然,我们只是对在民政部门注册的社会组织自主性作总体性的考察,社会组织弱自主性的事实并不意味着自主性强的社会组织不存在, 更不意味着所有的社会组织自主性的程度都是一样的, 而是强调那些弱自主性的社会组织在整个社会组织中占据了绝大多数。

---

① 康晓光等. 依附式发展的第三部门. 北京:社会科学文献出版社,2011:98.

四、对政府和社会组织工作人员的访谈

(一)被访谈社会组织的基本情况

上述对政府与社会组织相互依赖性、社会组织自主性分别进行了考察。为了更好地理解政府与社会组织共生关系,笔者选取了某市2013年社会组织年度评估中获得5A的优秀社会组织进行焦点座谈会。考虑到社会组织类型的广泛性,研究中选取的社会组织涵盖了依法登记注册社会组织的所有类型。参与焦点座谈会访谈的社会组织的基本情况如下:

表4.3 参与焦点座谈会访谈的社会组织的基本情况

序号	组织名称	组织类型	注册时间	业务主管单位	其他"领导"单位
1	某市医学会	社会团体(学会)	1999	市科协	民政局、卫生局
2	某市电力行业协会	社会团体(协会)	2000	市经委	民政局
3	某市浙江商会	社会团体(商会)	2005	市政府合作交流办	民政局
4	某市联合助学基金会	基金会(民营公募基金会)	2005	市教育委员会	民政局
5	某职业培训学校	民办非企业单位	2001	市人力资源和社会保障局	民政局
6	某市国际经济管理研究中心	民办非企业单位	2003	市社会科学界联合会	民政局

(二)访谈的具体情况

当问到"社会组织负责人的产生是政府部门选派还是社会组织通过选举自主决定?政府公务员是否兼任社会组织负责人?"两个问题时,民政部门的工作人员回答道:"原则上社会组织通过组织章程通过选举产生组织的负责人,但实际上,在学会、协会、商会等社会团体和官办基金会组织负责人的安排上政府是介入的。对民办非企业单位和民营类公募基金会在负责人上的介入不多"。这一点,我们可以从对社会组织的焦点座谈会得到印证。某市医学会负责人谈道:"作为协会,医学会受市科协、市社团局、市卫生局直接领导,同时也接受中华医学会指导。无论是从中华医学会还是到地方省级、市级医学会,协会的负责人都是政府选派的。历届中华医学会会长都是卫生部部长,市级、省级医学会会长都是卫生系统的局长。"(社会组织001)电力行业协会负责人没有介绍这方面的情况。

某市浙江商会始建于2005年,由当时浙江省人民政府驻某市办事处牵头成立,是经某市市社团管理局登记注册的具有法人资格的社会团体组织,业务主管单位是市人民政府合作交流办,社团局是审批和监管部门,同时接受市工商联的领导,由在某市浙籍企业家中优秀代表组成。商会以地缘、血缘、业缘为纽带,团结凝聚在某市浙商,秉承浙商精神,深化浙商文化,开拓创新、锐意进取,构建和谐家园的服务理念,积极搭建某市浙、政企、银企、院企和企业之间的交流平台,引领浙商科学发展、做责任浙商。

改革开放以来大批浙商来某市创业发展,截至目前,在某市浙商共有26万人、7000多家企业,涉及房地产、轻工业、商贸物流、服务业、高新技术等多个领域,累计投资额逾4000亿元,创利税120亿元,实现就业70万人,涌现了一批规模企业和著名品牌。多年来,商会在某市和浙江两地市委、市政府和省委、省政府的关心指导下,在某市合作交流办、浙江省经合办的直接领导下,积极开展"对外开放、招商引资、服务会员、慈善公益"工作,现有会员千余家,设立乐清、台州和照明灯具三个分会。作为某市对外开放工作的生力军,自2004年担任"某市招商代表"以来,商会连续12年荣获某市"国内招商引资工作特别奖""双向服务先进单位""先进社团"等荣誉称号。作为在某市浙商的精神家园,商会设立1000万元"浙商爱心助学专项基金",并成立某市浙商沙龙和高尔夫、书画、摄影三大俱乐部,推动浙商人文建设和转型升级。商会秘书处秉承"敬业、高效、严谨、亲切"的八字方针,做企业贴心人,是某市首家5A级社团,被国家民政部认定为"全国先进社会组织"。负责人称:"我们的商会纯属草根,与协会不同。完全由在当地投资的企业或企业家资源组成的,非营利的。"商会主要负责人的情况是:"社团局规定香港籍不能担任法人,由副会长担任,也是政协经济委员会副主任。日常的办事机构由秘书处承担,有名誉会长和顾问,由退休的司局级干部组成和专家学者组成。"

某市联合助学基金会是该市规模最小的民营基金会,业务主管单位是市教育委员会,2005 年登记注册为公募型基金会,是该市唯一的教育类民营公募型基金会。自 2006 年正式开展募捐工作以来,基金会已接受国内外各地捐款及物资达到 2000 万元,并全部用于对农村贫困学校的资助,目前已经资助的地区有甘肃、河北及京津地区 200 余所农村学校,受益人群达到 10万余人,参与慈善活动的志愿者人数超过 5000 人次。基金会的努力同时获得了众多企业的认可。基金会连续 6 年接受了美国世界 500 强 Target 公司的捐赠,是该公司中国北方唯一的国际援助项目合作伙伴。在访谈中基金会负责人强调组织民营的特点。"8 年来,还是强调那句话,自己是民营。我们定向合作企业有世界 500 强、有美国的、法国的等,有像某市卷烟厂这样的大国企。我们的助学项目本着成本降低、准确无误、提高效率、扩大影响的原则。"在基金会负责人是否为政府选派的问题上没有作答。但通过对该基金网站上从 2005 年到 2013 年大事记的考察来看,政府在负责人的安排上似乎介入不多。

当然尽管是民营公募基金会,我们也看到市教委的管理干部任监事会监事、区级教育局的局长任理事的情况。应该说,与学会、协会、商会相比,其在组织自主性上要更强一些。由于该基金会实现了资金筹集的自主,开展了与国内外企业广泛的合作关系,实现了资金筹集的分散化,而且与行业内其他基金会有着横向的联系与合作,因此其自身能力也是比较强的。基于这样的能力基础和筹资的自主与分散,政府对其的依赖是相对较高的。在问到希望政府解决组织发展哪些问题时?负责人提出了两个建议:"第一是社团局应该领导一个慈善研究的工作。希望组织本市成立一个非营利研究所或是研究中心。研究工作不做,其他都是疲于奔命,研究工作是基础。建议社团局将每年的年度培训扩大成为慈善年会或是论坛的规模,加强横向交流,搭建交流平台。""第二是我们网站挂在新华网上内容被转发的很多,因为这方面的信息较少,渠道较少。如果有一个杂志应该会好得多。这是关于媒体的问题,希望政府制定政策时重视民营机构,让社会上每一位富有爱心的人都能找到做好事的平台。"

某职业培训学校是该市规模最大的培训学校。学校 1993 年经市劳动局和社会保障局批准成立。2001 年在市民政局变更登记为民办非企业单位,学校是培养服装设计师、形象设计师、美容美发师、美甲、摄影师等为主的培训学校。到现在面积近 4000 平方米,教师近 40 人,其他职工加起来 50 多人。行业是小产业——培训业。10 年过程中,通过教职工努力、个人把握行业趋势、个人的社会责任等方面的付出,学校取得了不小的业绩。每年招生 1500 人, 占该市整个领域 80%的生源, 获得无数赛事的冠亚军,10 年来共获得 137 项冠军。2013 年在市民政局对社会组织的评估中获评 5A 级。在座谈中学校校长讲道:"我们学校地处某某区某某路某某大厦,没水没电没暖气,我们也协调不来,能解决需要好多周折,解决了房租肯定要涨上去,所以解决也好也不好。政府购买服务,我们不想伸手,也蔑视那样,要用本能的力量,不沾那点光,还要想符合哪条优惠政策,我不太善于嫁接资源。"我们感觉到学校在发展的过程中主要是依靠自身的努力,并没有找政府部门去要政策、要支持,也没有主动争取政府购买服务的想法。在谈到希望政府帮助解决什么问题的时候? 学校校长说:"我们是民非企业,是两个婆婆,过去管我们的一个是社团局,一个是民政局。社团局管业务,民政局管行政。希望看到十八大以后,社会组织的发展环境越来越宽松,能给社会组织松松绑,在发展的过程中我们感觉到政府对我们的束缚。"

某市国际经济管理研究中心的宗旨是联合政府、联合高校、联合企业为该市经济发展服务。2005 年获市杰出奖,2008 年获国家有为奖。该市两任市长都曾是该组织的名誉主席。副主席和执行副主席都有在职的政府官员,而且级别还很高。在业务建设和党的建设方面接受民政局和社会科学界联合会的双重领导。据负责人谈:"该中心为政府做了不少事情,当年和美国和台湾地区有些事情由政府做不太好出面,通过民间的组织来做,为开发区做成好几件事情。"在经费方面,中心的负责人没有提及。在谈到希望政府帮助解决什么问题的时候?负责人谈道:"新形势下,党的十八大后习近平总书记有些新要求。一是用事,政府要放权要给钱,政府的权和钱要放下来,政府要放权,要购买服务,要让民非企业能看到方向,能看到,能用上。二是用人,国家管理体制、机制要适应发展的新形势,队伍建设,包括管理我们的队伍,我接触他们,他们是加班加点任劳任怨,但现在靠加班加点任劳任怨不足以完成任务,因为给你们的任务和你们的编制已经变了,制约着事情的发展。"从该组织的高层负责人的构成上,及从组织成立后完成政府委托事情的经历上,我们基本可以判断该组织也是具有一定官方背景的社会组织。其活动的开展涉及的层面很高,绝非单纯组织内部就完全可以自主决定,因此我们认为该组织的自主性是受到一定的限制的。

五、非对称性共生的总体认识

通过上述对政府与社会组织相互依赖性和社会组织自主性的考量,并结合笔者对民政部门工作人员和六个社会组织的访谈分析,我们证实了政府与社会组织非对称性共生关系的存在。实际上,这种关系的存在与政府对社会组织的态度是相契合的。目前,政府对社会组织的态度从总体上看是矛盾的,即宏观上鼓励与接纳,微观上约束与控制。一方面希望社会组织协助政府进行社会治理,发挥组织功能优势提供社会服务,发挥参谋助手和桥梁纽带等作用,但是另一方面又担心社会组织的发展壮大会成为体制外挑战政府权威的异己力量,因此对于社会组织的信任程度是比较低的——这与访谈中一些有能力的社会组织承担政府转移职能较少的情况和政府民政部门工作人员的表述是相吻合的,所以对社会组织实施了双重管理体制和控制型监管策略,以此消解社会组织的自主性,确保其始终在政府的控制范围之内。因此,非对称性共生的存在不是偶然的,而是政府对社会组织态度和实施管理的必然之果。

当然,我们对民政登记注册社会组织与政府非对称性共生关系的判断是一种总体上的判断,既是基于理论的分析、推演,同时也结合了具体的实践(公共服务考察)以及对某市6个依法在民政部门登记注册的不同类型社会组织的焦点座谈。但是不能否认的是总体上的非对称性并不排除局部社会组织、个别社会组织与政府存在着其他共生关系的可能性。而且值得注意的是,即便都是非对称性共生关系,在这个关系下,政府与社会组织交互的模式也是不尽相同的,因此不同类型社会组织的自主性和社会组织与政府之间相互依赖的程度也必然是不尽相同的。在对政府工作人员的访谈中,我们已经发现了这一点。在回答"不同类型的社会组织与政府的关系如何"这个问题时,参与访谈的两位人员的回答具有一致性。"在社会团体、民办非企业单位、基金会三者之间,政府与社会团体的关系最为紧密,对社会团体的支持和控制也较多。基金会次之,民办非企业单位就更自主一些,但是三者都在政府的掌控和监管范围之内。"

这个结论,我们在对6个社会组织的焦点座谈会中也得到了印证。在高层人事安排上,我们看到政府对社会团体(学会、协会、商会等)介入得比较多。相反,在民办非企业单位和民营公募基金会上并没有那么明显,特别是那个职业培训学校比较典型。同时我们也发现了一个在认识社会组织上的错觉,即政府之所以对社会组织自主性有所蚕食是因为政府在资金上给予社会组织以支持,从社会组织的角度讲就是社会组织如果可以实现资金的自筹是完全可以享受组织自主性的。归纳起来讲,就是资金依赖并不必然导致社会组织自主性的弱化,因为在访谈中我们发现民办非企业单位并没有得到政府的支持,但这或许改变的只是自主性受影响的程度,并没有改变自主性相对于政府较弱的现实。这说明了资金依赖充其量是社会组织自主性弱化的一个必要条件,而不是充分条件。除去资金依赖之外,社会组织自主性更受到社会组织管理体制的影响,而且这种影响是根深蒂固的。

第三节　共栖关系

基于我国社会组织研究成果已有的积累,我们基本上可以判断草根社会组织与政府的关系属于共栖关系。当然这种判断是总体上的,并不意味着所有的草根社会组织与政府的关系均属于共栖关系,也不意味着民办社会组织不存在与政府的共栖关系。

一、共栖关系解析

依据"资源相互依赖性-组织自主性"分析框架,共栖关系指涉两个方面:第一是组织自主性高;第二是组织之间资源相互依赖性较低。从这两个方面出发,我们去挖掘社会组织中那些具备较高自主性,同时与政府之间相互依赖性较低的组织。是否存在这样的组织? 从组织自主性维度出发,本章第二节中关于社会组织自主性的探讨发现我国社会组织自主性基本呈现两种截然不同的局面:即体制内社会组织自主性不高或是弱自主性,体制外(草根)社会组织有着较高的自主性。这可以从草根环保组织自主性的状况得到印证。由于社会组织注册的门槛很高,很多草根环保组织没有在民政部门登记注册取得合法身份,因此使其脱离了政府正式的监管体系,政府现有的管理体制和监管在这一领域通常无法有效发挥。相当数量的社会组织没有合法身份,缺乏法律的保护,活动范围和方式受到很大限制,也不能享受作为一个合法的社会组织的所有权益,如减免税收,即使有一些法规,但管制性规定多,鼓励性条款少。①由于脱离了政府监管的现实,使得草根社会组织具有了相对完整的自主性。相对于其他领域的组织,草根环保组织享有非常明显的独立性与自主性,只是其自主性依然表现出"去政治化"的取向。②换言之,政府对草根社会组织实施的是"底线"控制,即只要组织的运行不会威胁到政府的权威和社会的稳定,政府就不会过多地干预,而是采取"不鼓励、不干涉、不取缔"的策略。

从资源相互依赖性的维度来看,草根社会组织与政府之间的相互依赖性较低。草根社会组织的自主性的存在并不代表其与政府之间没有任何沟通与联系。事实上,透过各种正式或是非正式的渠道,这些组织与政府之间也存在着一些联系。沟通与联系的存在可以说明政府与草根社会组织之间存在着相互依赖性,但是相互依赖程度的高低还要取决于双方沟通与联系的实际内容是否涉及彼此需要资源的交互。现阶段草根社会组织的良好发展取决于其能否借助各种资源,除了国际 NGO 和企业资助之外,能获得政府的资源支持也是重要的。草根社会组织在合法性、资金、人员等方面存在着困境,寻求外部的支持自然成为解决问题的必然选择。

进而言之,理论上讲草根社会组织对政府有着较高的依赖,但理论上较高程度的依赖与现实中较低程度的依赖形成了鲜明的对比。由于草根社会组织往往处于社会的边缘,通常得不到政府的积极支持,政府无论是在合法性上还是在资金支持等方面都没有向草根社会组织伸出援助之手。政府之所以如此的"无情"既说明了政府对此类组织的依赖程度是较低的,同时也说明现实中草根社会组织对政府的依赖程度是较低的,尽管这可能不是草根社会组织愿意接受的结果。

①　高宜新,柳长兴.参与公共服务与社会组织发展的路径选择.重庆工学院学报(社会科学版),2008(12):49-51.

②　唐文玉,马西恒.去政治的自主性:民办社会组织的生存策略——以恩派(NPI)公益组织发展中心为例.浙江社会科学,2011(10):58-65.

为了更好地证实草根组织对政府的依赖情况，从而判定政府与草根社会组织的共生关系，下面通过案例来说明。在实际的案例中，我们考察一下草根社会组织是如何去解决自身发展面临的困境的？在努力破解困境的过程中政府是否发挥了作用？换言之，草根社会组织在解决困境过程中是否依赖政府？同时我们也应考察政府对草根环保组织是否有依赖？

二、案例分析

（一）绿色北京

1. 历史沿革与发展

"绿色北京"成立于 1998 年 11 月 9 日，是最早发源于互联网的民间环保组织，并一直致力于中国的环境保护事业，积极开展环境教育和环境保护行动，通过各种方式，普及环保知识，提升公众环境保护意识及公众参与度。"绿色北京"还充分利用互联网传播环境意识，致力于建立一个环保志愿者的网上基地，分享环保知识与活动实践，并结合"绿色北京"的活动计划，联合开展环保活动。

经历了 8 年的发展，"绿色北京"已经成为一支名副其实的基于网络的，活跃在北京、上海、武汉、广州、济南等地遍布全国的环保志愿者队伍。"绿色北京"也超越了其地域概念，有了新的含义，它是代表活跃在网络和现实空间的这群环保志愿者的一个名字、一个符号。"绿色北京"成员不受地域的限制，以网络为依托，共同关注并携手行动，保护人们共有的地球家园。

"全球着眼，身边着手"是"绿色北京"的理念；充分利用互联网，凝聚绿色力量，共同分享并合作是"绿色北京"的重要依托；张扬绿色情愫、传播绿色文明、携手绿色行动是"绿色北京"的宗旨。该组织发起并开展了"拯救藏羚羊""建绿色北京、迎绿色奥运""抵制食用野生动物""绿色北京布袋行动"、回收废电池、野营、观鸟、清洁长城、植树等一系列活动，得到社会各界的广泛关注和支持。而志愿者们共建的"绿色北京"环保网站,也成为国内最具活力、成立最早的民间环保网站,并多次在全国性权威互联网评选优胜作品中作为唯一的公益环保网站脱颖而出。而"绿色北京"的网络绿色社区作为国内第一个环保主题虚拟社区,已经成为国内环保志愿者互相交流、分享经验、携手行动的网上基地。

"绿色北京"志愿者将依托网络,建设一个环保志愿者的网上基地,充分利用互联网传播环保理念,分享环保知识与活动实践,为环保志愿者提供丰富的网络技术支持及环保知识数据库,并结合实际的环境教育和环境保护行动,联合开展环保活动,通过文学、艺术等多种方式,普及环保知识,提升公众环境保护意识及公众参与度。

2. 活动内容与方式

"绿色北京"是一个基于网络的民间组织,其活动的开展主要通过网络的信息传递和协调。网站的主题包括几大模块:"绿色北京"的活动专题(包括"绿色北京"的最新动态和以前活动的回顾),环境资料方面的最新文章和观点,以及环境方面的咨询评论。目的是搜集、跟踪最新的环保方面的信息,将这些信息向更多的人传递,同时也使更多的人了解"绿色北京",关注"绿色北京"的系列活动,使更多的人参与到"绿色北京"所提倡的绿色理念与绿色文化的推广活动中去。当然这些信息的传递是单向的,仅仅是"绿色北京"宣传环保的一个窗口。

"绿色北京"所提供的网络绿色社区即"绿色北京"论坛是一个关注环保、关注"绿色北京"活动与发展的网上虚拟社区,在这里网友们可以指点江山,激扬文字,随意抒发对环保的热情与理智的建议,关注环保方面的问题,对环保的各个专题进行讨论。论坛包括四个方面的内容共计十三个主题,第一个方面:绿色社区生活,包括绿色北京(GBI)活动公告、组织建设、环境信息中心三个主题;第二个方面:绿色专题论坛,包括建"绿色北京"、迎绿色奥运、走进草原、拯救藏羚羊、环保产业与技术合作、绿色电力;第三个方面:绿色人文,包括人文哲学与生态伦理、绿色情愫;第四个方面:绿色乐园,包括环保知识、绿色视觉、绿色艺苑,每个主题由管理员即所谓的版主负责管理。版主由一人或多人承担,主要由那些经常关注论坛发展、经常发表言论的积分比较高的会员来担任。论坛的最高管理者是坛主,现任坛主是宋欣州先生,他是"绿色北京"的现任负责人。论坛现有注册会员6710个,而登录论坛的除了会员之外还有大量的游客。游客可以浏览论坛的内容,但是无法发文和回复别人的帖子,只有注册成为会员之后才具备发文和回复的权利。当然要注册成为会员需遵守一定的规则。

"绿色北京"是民间环保组织,于2000年建立了现实中的办公室,但主要的活动还是通过网上来协调与组织,最后再落实到实际中去。"绿色北京"的运作完全是志愿者机制,以前有三名全职工作人员,现在由于经费原因,只有一名全职工作人员即现任组织负责人宋欣州先生,其他的一些工作人员都是兼职的志愿者,大部分的活动是靠志愿者来开展的。据宋欣州先生讲,"绿色北京"并没有在民政部门登记注册,也没有在工商部门登记,属于前面所提及的草根民间组织,不具备合法的地位。但据宋先生讲:"绿色北京是中华环保联合会(主席:宋健)的理事单位、中国环境文化促进会(会长:潘岳)团体会员(以上两个邀请我担任理事),中国社会工作协会社会公益工作委员会团体会员(邀请我担任常委),我也以'绿色北京'负责人的身份应邀担任首都大学生环保志愿者协会顾问。"其实这些应该是"绿色北京"发展过程积累的结果。

"绿色北京"与这些正式组织的关系使得"绿色北京"现在的角色很有意思。在北京环保局网站的民间组织链接上有"绿色北京","绿色北京"的负责人宋欣州先生获得2005中国环境文化节评选的2005绿色中国年度人物提名。该文化节由中共中央宣传部、全国人大环境资源委员会、全国政协人口资源环境委员会、文化部、国家环保总局、国家广电总局、共青团中央主办,由中国环境文化促进会承办。由健康环境公众教育促进会、法治环保在线、绿色北京、博客网主办的关注京城水环境现状、水安全与污染防治专题研讨会邀请到了一些知名的民间组织，同时也邀请到了北京环保局宣教中心、北京水利部门等政府部门。像这样的"绿色北京"参与或者是主办的一些活动都会或多或少地与政府发生联系。

3. 具体活动项目概况

"绿色北京"通过网聚绿色力量，参与和举办了一系列环保方面的活动，都取得了不小的反响。这里仅仅举出两例。

（1）拯救草原项目

为深入了解草原的现状，向人们介绍一个真实的草原，呼唤更多的人关注草原的命运、参与到保护草原的行动中，"绿色北京"于2001年确立了"拯救草原"项目，2002年正式启动。为了拯救草原，引起更多人的重视，特别是引起国家相关部门的重视，"绿色北京"倾注全力，在网上和线下举办了一系列活动。主要活动如下：

①组织草原专家、污染问题专家到东乌旗实地考察，采集水样、土样，并带回北京请权威机构检测，得出污染情况数据。

②多次调查、走访受害牧民，对牧民进行权益意识的培训。

③帮助受污染侵害的牧民联系律师、法律工作者，并为牧民在诉讼过程中提供污染检测报告等相关证据。

④邀请多位记者分别在"绿色北京"的几次考察中跟踪采访，并在相关媒体报道反映当地实际情况。

⑤2003年7月，"绿色北京"协同中国生态经济学会、中国系统工程委员会草业委员会，将全国各地的草原问题专家、政府相关部门领导、媒体记者及受害牧民请到北京，共同召开了"内蒙古草原保护与利用——工业发展与东乌旗天然草原保护研讨会"，为保护草原出谋划策，研讨会上听取了众多专家的积极建议。同时，在研讨会上发出了《关于内蒙古草原保护和合理利用的倡议书》，并在"绿色北京"网络绿色社区开展签名活动，吸引了众多个

人和组织的关注,支持草原保护活动。

⑥将"绿色北京"的考察报告提交给政府相关部门,得到了重视。

⑦与其他 NGO 合作,提供草原保护宣传资料。

⑧通过网站、展板、海报、宣传册等向公众宣传保护草原。

在 2002 至 2004 年间,"绿色北京"数次组织专家对草原进行考察,对受害牧民进行援助,并向国家环保总局等相关部门反映了情况,已引起重视并得到了支持。整个项目通过法律援助、公益宣传、专家提议等各种方式,联合各方面的力量来尽力拯救草原。通过"绿色北京"的拯救草原的一系列活动,草原污染的情况得到了曝光,拯救草原在全国形成了一定的声势。"绿色北京"邀请的相关专家使拯救草原项目的科学性、可靠性大大加强,研讨会发出的倡议及保护草原的网上签名活动都把草原岌岌可危的情况推向了社会,成为了社会热点,最终进入了政府议程。"绿色北京"拯救草原项目引起了国务院办公厅的高度重视,国务院办公厅发布《国务院办公厅关于部分地区环境污染案件查处情况的通报》(国办发〔2003〕4 号),对包括草原污染在内的一些地区的环境污染案件进行查处。拯救草原的考察报告和专家的建议也成为政府部门决策的重要依据。

(2)"建绿色北京,迎绿色奥运"有奖征文活动

2000 年 4 月,"绿色北京"志愿者在国内首次提出"建绿色北京、迎绿色奥运"的口号。自与清华大学环境系博士生班共同启动"建绿色北京、迎绿色奥运"征文活动以来,得到了广大网友和社会各界的广泛支持。环保志愿者们在"绿色北京"网站上开设了"建绿色北京、迎绿色奥运"专题网站并开展了网上签名支持、征文等活动。在活动开展过程中,志愿者们,包括不少专家学者翻阅了众多资料,比较系统和全面地提出了关于"建绿色北京、迎绿色奥运"的理论认识,第一次较完整地提出了"绿色奥运"的概念,并作了较充分的阐述。其中无不包含了大家对推动北京环境保护建设、对绿色奥运的期盼。清华大学环境系博士生班全体同学致信刘淇市长,呼吁更多的人关心和

支持首都的环境保护工作，并向全社会发出"建绿色北京，盼世纪奥运"的倡议。刘淇市长充分肯定了清华环保博士生们的建议，认为值得提倡。

2001年7月8日，"绿色北京"环保志愿者通过网络，将"建绿色北京、迎绿色奥运"的策划专辑通过"绿色北京"环保网站（http://www.grchina.net/）公布，并希望将这本高质量的征文作品集提交给奥申委及有关方面，供北京污染治理、环境管理决策工作以及环保志愿者活动参考。在这份志愿者们自己编辑、设计精美的资料册上，整整齐齐地打印着"建绿色北京、迎绿色奥运：绿色北京志愿者用实际行动支持北京申奥，为绿色北京、绿色奥运出谋划策——谨以此献给2008北京奥运，祝北京申奥成功"的字样。"建绿色北京、迎绿色奥运"网站的开通，及网站上关于绿色北京、绿色奥运的系统、全面介绍，在互联网上引起了很大的反响，在网上掀起了一股支持"绿色奥运"的热潮。网站上的不少文章被众多网站采用、传播。在许多关于申奥的站点上，都能看见一些关于"绿色奥运"的文章转帖自该网站。当时，在政府、社会各界、环保志愿者的广泛支持和参与下，"建绿色北京、迎绿色奥运"已经成为大家耳熟能详的口号并逐渐深入人心。据"绿色北京"负责人宋欣州先生讲，他们所开展的这个征文活动调动了清华大学环博班的博士生和众多专家、学者以及普通网友的积极参与，为北京环境保护、为绿色奥运出谋划策，发表了不少高质量的论文和提议，许多是针对目前北京的环境问题提出的有实际应用和参考价值的建议，并对公众的参与也提出了一些积极的倡议。宋先生说从北京市现在出台的一些环保方面的政策可以看到征文活动上一些文章和提议的影子。

4. 小结

虽然"绿色北京"并没有注册，但却得到了政府部门的默认。据宋欣州讲，"主要是因为绿色北京所开展的活动符合当前政府的需要，同时绿色北京的办事方式——与政府合作，使得绿色北京虽然没有一个合法的身份，但是也能开展一些活动"。但是自成立以来，"绿色北京"没有得到政府一分钱的资助。笔者在对宋欣州先生的电话采访时,了解到"'绿色北京'并没有在民政部门登记注册,也没有在工商部门登记,属于前面所提及的草根社会组织,不具备合法的地位"。在问及"绿色北京"的资金来源时,宋先生总结道:"由主到次(截至目前,但不代表以后的情况):①发起人和组织者自费(如部分办公设备、前期活动的大部分资金);②志愿者活动 AA 制(即将开展的植树即如此例);③企业支持(如我们的网站系统、服务器带宽);④志愿者捐助(钱、物);⑤部分项目基金会资助(如拯救草原、可可西里原型讲诉)。"

从"绿色北京"的合法性现状和资金资源的来源渠道看,其对政府的依赖是非常低的,但这并没有阻止"绿色北京"积极地投入到各项环保项目中去,在拯救草原、"建绿色北京,迎绿色奥运"有奖征文活动等项目中,"绿色北京"积极与政府进行沟通,并得到了政府相关部门的回应与重视。但尽管如此,并不能得出政府对"绿色北京"依赖的结论。因为如果存在依赖的话,这也至多是一种被动式的回应。因此,毫无疑问,如果说存在依赖的话,那么依赖的程度也是很低的,而不是主动将一些项目委托给草根环保社会组织,或是通过购买服务的方式与它们进行合作。更为重要的是,"绿色北京"并没有把与政府的联系和互动作为组织活动的核心,而是在组织宗旨和章程的指引下开展相应的活动。对于"绿色北京"开展活动的选择,宋欣州说道:"我们做我们觉得应该做,也能够做到的事情。"之所以如此说,因为开展一些大型的考察活动需要不少经费,有些时候不是不想参加大的环保项目,而是由于财力等方面的限制,此外还与"绿色北京"组织的着眼点有关。自"绿色北京"成立以来开展了各种各样的活动,小到垃圾分类、废电池回收、环保布袋、每年的春季植树等日常生活小事,大至藏羚羊保护、草原生态考察、"建绿色北京、迎绿色奥运"理念的提出,"绿色北京"关注的范围很广泛。用宋欣州的话讲:"作为一个组织存在,我们必须思考我们能做什么?绿色北京主要想做的是绿色文化的推广,也就是对社会大众的环境教育工作。"

"绿色北京"作为绿色文化、绿色环保教育的宣传者致力于提高国人的环保意识,因此"绿色北京"活动的开展更多的是涉及百姓日常生活中的环保、社区中的身边事,这样可能使人们对环保的感受更加切实。"同时除了致力于日常生活、社区中的身边事,也必须考虑社会效益极大化,也就是寻找一些具有代表性、公众关注度高的议题作为着力点,推广环保理念与教育,如拯救藏羚羊活动,要传播的就是野生动物保护的观念。"此外,从"绿色北京"自成立以来的活动大事记中,也可以看出政策参与并不是该组织的核心内容,该组织更多的是致力于环保理念、环保文化的推广,更多的是与民众的直接面对面。这类社会组织有着相对完整的自主性, 只要不触及政府的"底线",就可以享有自主性。因此,从对自主性和相互依赖性两个维度的考察中,我们认为"绿色北京"和政府的共生关系属于共栖关系。

(二)绿网

1. 历史沿革与发展

"绿网"的全称为绿色网络联盟,从名字中就可以大致看出其主要工作是什么。自 1999 年 12 月成立以来,"绿网"依托网络的优势,在环境信息和内容的传播与服务上为自己打下了相当不错的品牌知名度。经过 3 年多的发展,"绿网"于 2003 年上半年进行了一次自我评估,确定了"绿网"的性质是 一个致力于环境保护事业的非营利组织, 通过以网络为主的多种互动手段搭建信息平台,传播环境信息,聚集广大环保志愿者和环保组织,并结合多样的网下活动,达到提高大众环境意识,培养高素质志愿者的目的。

"绿网"的成立说起来也很简单,最初是一群在网易绿色论坛活动的网友觉得有必要建立一个自己的网站来宣传环境保护,于是便在 1999 年底建立了"绿网"。网站刚开通两个月,就发起了减少使用纸质贺卡,提倡使用电子贺卡以保护树木的活动,并在当时引起了相当大的反响。相信许多网友对于世纪之交时减少使用纸质贺卡保护树木的热潮也还是有些记忆的。之后"绿网"便开始了一些社区宣传教育活动,尤其以废旧电池的回收和宣教最为突出,并因此得到了"绿网"的第一笔资助:开展废旧电池回收的项目。这个项目经过进一步的完善,在 2001 年正式被称为绿色生活实践。选择贴近居民日常生活的主题,开展绿色生活实践的宣传活动,旨在为居民的绿色生活提供切实可行的建议。其他的诸如帮助宣化一位承包荒山种了十来年树的农民植树;与青海三江源生态保护协会合作,组织北京在校大学生通过考察、宣传等手段支持青藏高原草原生态的保护活动;邀请专家、学者、社会知名人士通过讲座、交流等形式向公众传播环保信息和意识,促进环保志愿者和工作者之间的交流与沟通等。但"绿网"最突出的特点还是在它的网络信息和内容服务上。这里的信息和内容不只是环境新闻,还有环境科普知识、环保新观念、环境 NGO(非政府组织或者说民间组织)信息和活动、能力建设和培训等。开放式的环境信息发布系统就是"绿网"开的先河,它属下的《自然与人》电子杂志发行量一度超过 2 万本。

2. 论坛概况与活动

"绿网"是一个基于网络的民间环保组织。"绿网"网站主要包括四大模块,第一是信息中心。信息中心建立的目的是搜集和整理与环境有关的各种文章,便于感兴趣或希望了解详细内容的用户查阅,或在实际活动中提供参考。其内容定位在:环保科普知识、自然科普文章,尽量不收集时效性太强的新闻,重大新闻事件除外。主要目的是收集精品内容,重点在质量不在数量。信息中心有许多不同主题的资料,可供对这些环保问题有兴趣的人阅读。同时也可以在这里自由地发布相关信息。第二是环保专题模块。有科学与环保、中国贵屿——电子废物的终点站、拯救黑熊、绿色生活实践、保护湿地(顺义汉石桥湿地)等。在这个模块里,点击任何一个专题都可以进入相应的系列活动、报道之中,可以使网友对相关专题有更加深入全面的了解。第三是环境新闻。介绍一些新出台的环境政策和各地环境方面的新闻。第四是论坛。"绿网"论坛是网友和环保爱好者的基地,在这里可以畅所欲言。论坛的会员都是"绿网"组织各项活动的志愿者,因此论坛也就成为"绿网"开展各项活动、项目诚征志愿者的媒介。同时,志愿者或者其他会员以及非会员都可以从论坛里获知"绿网"的最新关注焦点及各项活动、各个主题的情况。要想在论坛具有发言权就需要成为会员,成为会员要遵循论坛的规定。论坛共有四大方面,第一个方面是活动、项目、关注热点,这里面包括环保活动、环境焦点、环境宣教等专题;第二个方面是"绿网"大家庭,包括志愿者之家、"绿网"建设等;第三个方面是 English,与国际的环保组织、志愿者交流;第四个方面是绿色兄弟,主要介绍国内其他的绿色环保组织,包括"绿色高原""相约绿色营""根与芽"等。每一个主题都有版主负责管理,版主需要具有一定积分级别的会员才有资格申请。版主一般在自己所管辖的版里相当活跃,版主属于"绿网"论坛管理团队的一部分。"绿网"论坛的管理团队包括管理员(现有 3 名人员,用户名都不是本人的真实姓名),超级版主一个,"绿网"协调小组成员(现有 5 名人员,是"绿网"开展网上网下活动的中坚力量),各版版主共计 23人。"绿网"自成立以来参加和开展了许多活动。

3. 具体活动项目概况——顺义汉石桥湿地保护

2001 年 10 月 16 日《北京晚报》发表舒志钢的文章《我们还能看到这块湿地吗?》,报道了顺义杨镇汉石桥水库湿地面临被开发的现状,引起了各方面的关注。2001 年 11 月 2 日,"绿网"转帖了李小溪老师致"自然之友"的信《要湿地还是要高尔夫球场和娱乐城?》,引发了"绿网"网友对于这片湿地的注意。网友们从湿地的基本知识开始,在论坛上提出自己的看法,曾一度使"绿网"论坛变成湿地论坛。论坛链接了相关帖子:《要湿地还是要高尔夫球场和娱乐城?》(2001 年 11 月 2 日)、《关于顺义湿地的一点建议》(2001 年 11月 26 日)、《大头,你就是第三组!!》(2001 年 12 月 19 日)。

2001 年 11 月 7 日,《中国青年报》、人民网刊登李小溪老师的文章《何不建一座湿地公园?》,为这块湿地问题的最终解决提供了一个很好的方法。"绿网"网友纷纷在网上发帖表示支持。2001 年 11 月 18 日,"绿网"部分成员对顺义县杨镇原汉石桥水库进行了实地考察并开会讨论,大家认为,湿地的保护任务艰巨,问题解决相当迫切。2002 年 1 月 18 日,"绿网"部分成员开会专题讨论顺义湿地的保护问题，确定了用公开信及网上签名两种方式表达自己的声音。2002年1月23日在与舒志钢进行电话交流后，讨论了今后合作建专栏等内容，以进一步了解湿地最新的发展情况。2002年1月29日，《北京晚报》刊登舒志钢的文章《一块受到关注的湿地》，对这块湿地进行了跟踪报道，传来了一些好消息，"绿网"网友无不欢欣鼓舞。2002年1月29日，"绿网"部分成员再次开会讨论，确定网上签名页的制作及分工。2002年2月1日，网上签名正式开始。在不到一个月的时间里，从做出保护湿地签名页，到网上签名，再到"绿网"全体网友为保护顺义湿地致各职能部门的公开信递交给相关的职能部门，发展持续平稳。同时，"绿网"网友还通过网络虚拟社区、网易社区的各相关BBS（共约30个）、国内各环境网站论坛（共约20个）和网络信息传输工具QQ（QICQ）宣传湿地保护。为了汉石桥湿地保护，"绿网"的诸多志愿者付出了艰辛的劳动。"绿网"的努力得到来自包括各地网友在内的各方面的肯定，《羊城晚报》也开出半个版来报道"绿网"的活动。这充分说明，"绿网"的努力没有白费。在包括"绿网"在内的社会各界的努力下，一时间，湿地保护成为北京市的"热点"问题。破坏湿地的行为已经无法继续。

根据广大群众和有关专家的建议，北京市林业局牵头研究制定了《北京市湿地保护建设实施方案》。11月中旬按照市领导的批示又研究起草了《关于顺义区汉石桥湿地保护的意见》，取消了建高尔夫球场的规划，从而使这块湿地得到了有效保护。2003年"加强湿地保护与恢复"问题纳入北京市政府工作报告。顺义汉石桥湿地成为2004年北京新建4个湿地自然保护区之一。顺义区政府高度重视湿地保护工作，专门成立了以主管区长任组长，水资源局及各相关部门主要领导为组员的湿地保护协调领导小组，围绕汉石桥湿地抢救性恢复工程的施工设计方案实施分期运作，确保湿地保护工作的顺利进行。而且在"绿网"的呼吁下，湿地保护事件引起了政协和人大代表的关注。顺义区汉石桥湿地在人大代表、政协委员的强烈呼吁下，终于成为北京保护得最好的湿地。现在有数十种野生鸟类、昆虫、小动物在此栖息。

4. 小结

与"绿色北京"一样,"绿网"也没有在民政部门注册,而且目前该论坛已经停办。从其发展的过程中,我们可以看到"绿网"是致力于环保宣传的草根社会组织,它在组织宗旨和使命上有着自身的独特性,在具体活动的开展上有着充分的自主性。尽管组织活动有着较为充分的自主性,但是基于组织自身的生存和长远发展,其一直开展合法性的参与活动。尽管绿网没有在民政部门注册,获得合法的身份,但是这并没有阻断其与在民政部门登记注册的社会组织和政府部门的往来。在实际活动中,网上社团往往避开有争议的或敏感的问题,而将工作重心放在了推动经济发展和解决社会问题上。它们"以政府所期望的方式起到了政府所期望的作用"[①]。通过对中国环境 NGO 的考察,PeterHo 得出这样的结论:它们只为推动环保事业,而不对抗政府。当中国著名的环保 NGO 领导人廖晓义被问到,"你会否像一些海外的组织那样采取激进的方式来批评和要求政府解决环境问题和其他相干问题"时,廖回答说:"我不赞赏激进的方式。我致力于环保,不想把它用作政治目的。这是我的方式,也是我的原则。"所以政府并没有像管理条例所规定的那样对它们进行严格的管理,而是给它们留出了一定的自由活动空间,甚至有些时候政府还会主动与其进行沟通和合作。草根社会组织举办活动,一般都会邀请相关的政府职能部门的官员参与,这些职能部门也都积极配合。同时,在政府部门的网站友情链接上也可以看到这些社会组织的名号。但是尽管"绿网"积极开展各种环保活动,并成功组织了社会公众对顺义湿地的政策参与活动,但并没有因此而得到政府财政的支持。"绿网"开展的项目获得过"福特汽车环保奖"[②]。更为重要的是,"绿网"与政府发生直接联系、互动的政策

---

① 陆建华. 大陆民间组织的兴起——对北京三个绿色民间组织的个案分析. 中国社会科学季刊,2000(32):117-131.

② 起源于英国的福特汽车环保奖于 1983 年在英国与环保基金会(Conservation Foundation)共同设立,名称为"福特汽车环保奖",目的是为急需资金和为公众认知的众多环保项目募集金融与媒体支持。

参与活动并非是经常性的，往往是社会组织根据社会问题的情势及组织自身所关注的领域而作出选择。由此可见，"绿网"与政府之间的相互依赖性并不高。因此，从政府与社会组织共生关系的类型上可以将其归入共栖。

（三）"肝胆相照"论坛

1. 论坛建立与发展

2003 年下半年以来，在我国现有的数万家网站中，有一家民间公益网站引起了全社会异乎寻常的关注。包括《南方周末》《新闻周刊》在内的多家知名报刊杂志对该网站进行了专门报道；包括《实话实说》《东方时空》《新闻调查》《新闻会客厅》等著名栏目在内的中央电视台及各地电视台纷纷专门邀请该网站网友录制专题节目；该网站某会员发起的行政诉讼案开庭之日竟然吸引了四十多家媒体到庭采访；该网站某会员出版的以这个网站网友生存状态为素材的小说也被多家媒体报道、连载；某全国性学术会议破天荒地邀请了该网站版主作为民间代表出席与会。这家网站就是乙肝携带者公益论坛："肝胆相照"。"肝胆相照"是国内最著名的乙肝携带者论坛。该站为乙肝战友捐资、病友互助的非营利性、公益性乙肝联盟网站。这家纯公益性质的网站开设 3 年就吸引了 8 万名会员（现有会员 620416 人），高峰期每天的帖子总数达 4000 张，日点击次数达 150 万次，日访问量超过 1 万人次，截至2017 年 6 月论坛发帖总数已达 4927205 次。"肝胆相照"论坛发源于乙肝患者协会网站内的乙肝论坛。论坛于 2001 年 9 月 30 日注册了 hbvhbv.com 国际域名，并被正式命名为"肝胆相照"。

据卫生部资料显示，我国乙型肝炎病毒携带率为 9.75%，即 1.2 亿中国人长期携带乙型肝炎病原。由于历史等原因，这一庞大的群体无论是求学、求职还是求偶，都遭遇过不同程度的歧视。自"肝胆相照"网站建立之初，它独特的公益互助性质、独有的病友之间同病相怜的天然感情，使得它很快就吸引了大量的乙肝携带者，网站也因此而飞速发展。很快，"肝胆相照"就不仅仅成为一个求医问药和交流医疗信息的场所，更成为乙肝携带者们交流感情、互帮互助的家园,在全国的乙肝携带者中享有很高的声誉。

　　在"肝胆相照",所有的网友都互称对方为"战友"(意思是"一起战胜乙肝病毒的朋友")。"肝胆相照"论坛为我国约 1.2 亿乙肝病原携带者提供了一个求医问药、交流感情、互助互爱的网上平台,使其感到温暖,认识到自己并不孤单,并不无助。经过 3 年的发展,如今的"肝胆相照"已远远不能以一个网站来形容。对内,它成了乙肝携带者自己的王国。在它的医学咨询版面,大量专业医师义务为网友答疑解惑;在聚会交友版面,各地网友组织聚会的通知从未间断,节假日更是人气如潮;在婚恋版面,适龄网友大大方方地寻觅着自己的人生伴侣,缔结百年之好的喜讯不时传出;在权益版面,他们倾诉求学就业权益被剥夺的痛苦和为维护生存权奋斗的决心。热心网友还收集统计出了各种假医假药的"黑名单",提醒同伴避免上当。

　　在社会生活中, 乙肝携带者们或多或少地感受到他人对自己这样或那样的歧视,许多人感到与他人交往存在着一定的隔阂与压抑。而在"肝胆相照"网站上,他们感受到的却是前所未有的温馨、融洽与自在。而对外,"肝胆相照"俨然已是中国 1.2 亿乙肝携带者最有力的代言人。这是一个因维护共同利益而结成的同盟,它已经不单是同类人群的简单集合,而是一个有自己明确主张和诉求的利益群体。为了维护自己的共同利益,他们发起了轰动全国的"中国乙肝歧视第一案"和其后的一系列维权诉讼案。为了宣示自己的共同主张和诉求,他们发起了致全国人大的《违宪审查书》和"致温总理的联名信"。他们已经毫无争议地被视为这 1.2 亿庞大人群维权自救的中坚力量。

　　2. 具体活动项目概况

　　在一段时间里,"肝胆相照"还只是一个默默无闻的小网站,仅在乙肝携带者中才有较大的名气。而从 2003 年发轫的乙肝维权运动使这个网站走进了全社会的视野,成为国人关注的焦点之一。自此之后,论坛的维权活动掀起了无数个高潮。论坛的版主和网友在研究所、医院以及专家的支持下,将乙肝病毒携带者这个群体的利益诉求反映到政协和人大代表那里, 通过代表的提案得到政府相关部门的响应,就此引发了许多政策上的变革。由于篇幅的限制,本书仅举一例:"战友"(即网友)大签名,发起《违宪审查书》。

2003 年 11 月 20 日,一份由 1611 位中华人民共和国公民签名的"要求对全国 31 省区市公务员录用限制乙肝携带者规定进行违宪审查和加强乙肝携带者立法保护的建议书"(以下简称"建议书")提交了。这份建议书共寄出了 5 份,除了全国人大常委会及国务院法制局之外,还寄给了 3 个人——全国人大常委会副委员长何鲁丽、卫生部常务副部长高强、全国人大常委会秘书组副组长蔡定剑。在 5000 余字的正文之后,建议书附录了 1611 位公民的签名和全国 31 省区市公务员录用体检标准,以及名为《我们与温总理说实话——中国 1.2 亿乙肝病毒携带者生存困境调查》的十余万字的相关资料,共 150 多页。

发起《违宪审查书》是我国民间运用宪法维护自身权益的一次创举。《审查书》由小谷子版主执笔,初稿于 2003 年 8 月 13 日公布在"肝胆相照"论坛的维权版上。战友们强烈的反响超出了执笔人最初的预计。"看了十几行我就哭了""像一剂强心针""明天起我要抬头做人",在建议书的后面,类似回帖达到两百多条。很快,一个"万人大签名"的建议得到战友们的呼应。那段时间,给建议书签名成为论坛最盛大的活动。"肝胆相照"版主们特地将建议书以邮件的形式发送到每一个注册用户提供的电子邮箱里。11 月 20 日,提供真实姓名和真实身份证号码的签名总数达到了 1611 人。在开展签名活动的同时,小谷子则不断吸取战友们的意见,对建议书进行修改。"情绪化的东西不能太多""能否简练一点""仅仅是诉苦是不行的,还要提出防止歧视行为的可行方案"。小谷子说:"这份建议书主要由我执笔,但其中的观点和建议是数千战友们集体智慧的结晶。"在 150 多页的建议书上,提出了明确而直接的主张:

我们建议:全国人大要求国务院修改《国家公务员暂行条例》,统一全国公务员的体检标准,并删去将携带乙肝病毒判为不合格的规定。

我们建议:全国人大成立专门的执法检查组,对全国歧视、限制乙肝病毒携带者就学、就业的规范性文件进行执法检查,给予纠正。

我们建议:在入学、招聘时禁止进行乙肝两对半检查和乙肝表面抗原检查,只检查肝功能,保护公民隐私权。

我们建议:全国人大通过决议,国家鼓励公民打乙肝疫苗,建议国家逐步为全体公民提供免费的乙肝疫苗。

历经三个月的修改完善,这部十余万字、一百五十多页的文件终于定稿并在征集到了 1611 位公民的签名之后寄送给了国家最高立法部门和卫生部门。这次发起违宪审查的行动被媒体广泛报道,而且此后这部审查书中的内容也被媒体广泛引用,成为乙肝维权运动的纲领性文件,有的意见已经引起了党和政府的高度重视。2004 年 8 月中旬,国务院领导作出重要指示,要求有关部门把乙肝病原携带者遇到的一些问题抓紧做好;人事部、卫生部按照"以人为本"的要求和国务院领导同志指示精神,研究起草了公务员录用体检标准,其中包括乙肝病原携带者的录用规定,已在网上公布,面向社会征求意见。人事部热切希望广大群众,特别是乙肝病原携带者提出合理化建议。为响应政府号召,国内九家乙肝网站(论坛)积极行动起来,在广泛征求乙肝网友意见的基础上,由"肝胆相照"权益版版主和骨干网友执笔撰写了一系列合理化建议的草案,张贴在各大网站,由各网站版主收集网友们的建议,汇总到"肝胆相照"论坛的权益版,进行补充和修改。

经过一个月的反复征集意见、反复修改,最后这份汇集了数万名乙肝网友的主流意见,体现了多年来饱受歧视之苦的乙肝携带者群体的共同心声,凝聚了中国乙肝维权运动一年多来的主要维权诉求的系列建议信终于于

2004年9月9日全部完稿了。建议信送交到了7个相关部委,在建议信递交后,很快就有相关部委对"肝胆相照"作出了回复。乙肝网友积极递交合理化建议活动也引起了全社会的关注。9月19日,河南电视台播出了对金戈铁马的专访;9月20日,《郑州晚报》《江南时报》等多家媒体以《我代1.2亿HBV赴京诉求权利》《民间力量推动消除乙肝歧视》等标题用专版刊登了对金戈铁马的专访,详细介绍了金戈铁马这次进京递交建议信的始末缘由。各大门户网站也于第一时间进行了广泛转载。政府与民间群体的这种意见沟通和互动一时传为佳话。最让广大病友自豪的是2005年1月,国家人事部和卫生部宣布《公务员录用体检通用标准(试行)》正式实施,乙肝病毒携带者终于有了进入公务员队伍的通行证。

3. 小结

"肝胆相照"论坛虽然没有在民政部门注册获得合法的身份,但是这并没有阻断其与其他社会组织和政府部门的联系与互动。"肝胆相照"论坛依托网络信息传播快速与便利等特点,可以促使社会问题得到广泛的关注从而进入政府议程,在这一过程之中,其所能调动的力量不仅限于论坛的会员,还有社会上的非会员、草根社会组织、体制内社会组织等。"肝胆相照"论坛的违宪审查建议不但得到了本论坛网友(会员和非会员)的大力支持,同时也得到了健康网乙肝论坛、健康网肝病专栏、中华肝病网、西北肝移植论坛等多家相关论坛和网站的支持,而且不少报纸、一些电视台的栏目也对此作出了反应,进行了报道,形成了传统媒体与网络论坛的联合,实现了网上与网下的结合。违宪审查建议书共一百五十多页,建议涉及了若干重要方面,非常系统和专业,是众多网友和相关方面专家共同努力的成果。这些政策建议具有相当大的影响力,引起了政府部门的高度重视,最终也使相关的政策得到了改进和完善。

正是"肝胆相照"论坛积极地参与相关领域社会问题的讨论,搭建社会与政府信息沟通的桥梁,促进相关领域信息资源的共享与沟通,并以合作的方式促成一些社会热点问题进入政府议程，为政府提供了非常有价值的信息，与此同时论坛也为特定群体的网友交流提供了平台，正是基于论坛对于网民和政府的双重作用，在这个意义上促成了政府对这些论坛的默认。尽管这些网上社团并没有在民政部门注册登记，也没有在工商部门登记，但是政府部门并没有予以取缔，而是采取默认的态度。这种态度与政府对传统的草根性民间组织相类似，有学者如此论道："社会产生出了一种以妥协为内容的默认机制，掌管法律合法性赋予大权的民政部门对这些'合情合理不合法'的社团采取了'不接触、不承认、不取缔'的'三不'方针，努力将它们置于自己的监控之下，但对其所开展的活动并不主动加以干涉。"①然而应该看到类似违宪审查建议的政策参与，即论坛与政府部门之间的互动并非是论坛的核心活动内容。"肝胆相照"论坛与"绿色北京"和"绿网"有着共同的一面，即都有各自的宗旨和章程，其主要的活动和功能并不是与政策倡导、政策参与、公共服务提供等与政府发生直接联系的，促成社会问题进入政府政策议程不过是论坛的一个板块，而且与特定时期的政府政策密切相关，除此之外，论坛更多的是网上交流、讨论与各种实际活动的开展，尽管这些活动并不为更多的人所注意。由此可见，"肝胆相照"论坛在其章程和宗旨的指引下具有充分的自主性，而其作为政策参与的组织者身份并不是论坛的核心内容，更何况这种参与并非是来自于政府的主动邀请，因此其与政府之间的相互依赖性是比较低的。

(四)芜湖生态中心

1. 历史沿革与发展

芜湖生态中心成立于2008年，是一个扎根于皖南地区的草根环保组织，致力于通过提高公众参与环境保护，促进中国实现垃圾可持续管理和皖南环境问题的解决。机构成立以来开展了零废弃联盟的组建、垃圾焚烧厂信息平

---

① 刘湘吟. 绿色文化的传教士——绿色北京. 新观念，2005:204.

台建设、焚烧厂清洁运行推动、皖南水环境保护、青弋江的保护、青年环保人才培养及公众环境教育等工作。经过八年多的发展,芜湖生态中心希望推进中国零废弃的进程,推动垃圾焚烧厂清洁运行,探索青弋江流域保护,改善皖南地区水环境。以公众参与、政策倡导、污染源整改推进、公众教育等手法推动环境保护。

2013—2014 年,芜湖生态中心开始思考并尝试如何让更多的本地人参与进来,于是有了"青弋行者"计划、青弋江步道体验、河流志愿者网站、公众污染源监督员等想法和尝试,虽然这个过程有过失败,但也是在推陈出新。该组织慢慢地开始和本地的公众、政府、企业合作,这让团队有了更多信心和力量,看到了在成为行动者的路上,有更多的人一起同行。2015—2016 年,可以惊喜地感受到外界对组织的认可:青弋江河流保护项目的行动,受到省环保厅、同行机构、省电视台的认可和鼓励;在本地开展的公众活动,被更多的本地人了解;在推进垃圾焚烧厂清洁运行上,推动了行业新标准的出台,并监督它的执行和落实,此事得到很多全国性媒体的报道并因此获得了"福特汽车环保奖";在应对安徽长江段工业污染问题上,同事们锲而不舍的精神,一年推动了几十起污染事件的解决,最直接地改善了当地的环境,这就是给环境带来的改变。从无全职到现在有 6 名全职人员的工作团队;从单一协调中国垃圾信息工作网络项目到如今应对长江安徽段工业污染防治项目、推动焚烧厂清洁运行项目和本地公众教育项目;从少数人的声音到多数人的行动……这一路芜湖生态中心似乎走得比较缓慢,但每一步都是坚定踏实的。

2. 开展的主要项目

(1)推动中国垃圾管理的零废弃进程

随着城市化的快速发展与人们消费理念的改变,垃圾与资源的矛盾已成为我们必须要面对的最紧迫的环境问题之一。芜湖生态中心自 2009 年开始关注垃圾议题,并在 2011 年 12 月同数家环保组织共同成立中国零废弃联盟(简称零盟),旨在推动中国垃圾危机的解决,促进政府、企业、学者、公众及公益组织等社会各界在垃圾管理过程的对话与合作。芜湖生态中心为零盟秘书处成员之一,目前零盟已有 45 个团体及个人成员。

(2)推动垃圾焚烧厂的清洁运行

针对全国生活垃圾焚烧厂的迅速增长与监管力度落后的现象,芜湖生态中心致力于通过在线监测与信息申请方式获取全国在运行垃圾焚烧厂的污染物排放数据,并配合相关调研、研究和政策推动等手段,推动垃圾焚烧厂的清洁运行。通过依申请公开的方式,搜集垃圾焚烧厂的相关信息,并在线上呈现。搭建国内唯一一个面向公众的垃圾焚烧厂数据库——生活垃圾焚烧信息平台,该网站旨在向公众提供垃圾焚烧信息及生活垃圾焚烧厂建设信息,影响政府决策和信息公开。

芜湖生态中心致力于获取全国在运行垃圾焚烧厂的污染排放数据,并配合一定的研究和政策推动等手段,推动垃圾焚烧厂的清洁运行。具体包括,第一,推动新标准的执行。《生活垃圾焚烧污染控制标准》(GB18485-2014)在 2016 年 1 月 1 日全面实施,针对垃圾焚烧厂的信息公开和在线数据达标情况,芜湖生态中心在 2016 年开展了三次核查工作。三次核查结果可以明显看到纳入在线监测的垃圾焚烧厂信息公开基本趋于完善,但数据达标情况仍有待进步。同时,2016 年进行了二十余次超标举报,实际推动 7 座焚烧厂在线监测数据达标。第二,推动垃圾焚烧厂信息公开。垃圾焚烧厂体量巨大,同时属于污染物集中处理单位,按照《中华人民共和国大气污染防治法》《企事业单位信息公开管理办法》的规定理应做到全面信息公开,但实际公开情况并不乐观,纳入在线监测的焚烧厂不足全国在运行垃圾焚烧厂总量的一半。信息公开是公众监督的基础,芜湖生态中心将持续开展工作,推动 100%垃圾焚烧厂纳入在线监测。第三,推动垃圾焚烧飞灰规范化处置。垃圾焚烧厂所产生的飞灰属于危险废弃物,整个产生、处理、运输、处置过程都需要按照危险废弃物处置管理规定来进行管理,但目前实际情况并不乐观,飞灰管理存在乱象。芜湖生态中心期望通过信息公开和实地调研推动整个行业飞灰规范化处置。第四,构建焚烧厂支持团队和平台。焚烧厂是垃圾末端处置最为重要的一环,在国家大力提倡垃圾焚烧的大背景下,民间监督力量更需要团结合作,一起推动焚烧厂清洁运行。

(3)探索青弋江流域保护模式

青弋江是长江安徽段最大的一条支流,源自黟县,从芜湖汇入长江,全流域均在安徽,承载着厚重的历史与文化,无论从生态还是从文化的角度,都非常重要。保护青弋江流域的生态环境,是芜湖生态中心一直以来的重点工作,在保护青弋江的过程中,芜湖生态中心探索出以公众参与为主线的民间保护河流模式。芜湖生态中心从2013年开始探索收集河流相关资料,从民间视角出发,搭建青弋江线上资料库;青弋江河流图书馆(www.qingyijiang.org),向公众全面展现青弋江的相关信息。

①青弋地图。基于芜湖生态中心近四年的青弋江保护工作,以公众和民间环保组织的视角,从污染源、保护地、关键物种、人文历史四个方面标注青弋江现在的生态环境及潜在的环境危机。通过动员公众,反馈河流信息,收集青弋江数据库资料,形成青弋地图。

②青弋故事。第一,图片故事。以青弋江不同类型的照片作为主题,一张图片讲述一个河流故事,真实记录青弋江;同时向本地公众征集河流图片故事,从个人的视角讲述记忆中的青弋江,更加全面地了解一条河流。第二,影像故事。针对和青弋江有关的群体,如渔民、青弋行者、沿江居民,以影像的方式记录河流和人的关系、城市发展和河流保护的关系。影像的方式可以长期记录变化,并且可以给公众更广泛地了解河流环境和城市发展的变化,引导大家关注身边的环境发展。第三,文化故事。青弋江生态环境的价值不言而喻,但是因青弋江衍生出来的文化也非常丰富,文化的兴盛和衰落,和河流是相生相长的关系。因而,了解青弋江的文化将更加有助于青弋江的保护工作。

③青弋行者因河流而行走。在线上搭建资料库的同时,线下开展青弋行者计划,使更多的本地人认识并关心自己生活的这片土地,认识身边的河流,引导公众参与到河流环境问题的解决中。第一,青弋江步道体验。青弋江步道指适合于一天徒步行走、观赏青弋江沿江风景、观察沿岸自然变化、了解青弋江水文状况及相关人文故事的一条路线。步道由芜湖生态中心探索开发,并定期举办步道体验活动,期望通过在青弋江沿岸的导赏,引导公众了解和关注青弋江的自然环境、人文现状,唤醒更多的人关注河流,并且身体力行为河流的清澈做出行动。目前,已经探索、开发出罗保村至红杨老街、双摆渡至西河古镇、陶辛至方村 3 条青弋江步道路线。第二,青弋行者暑期调研。青弋行者暑期调研活动主要是通过本地青年人的参与,了解获取青弋江相关历史、文化、环境资料,同时培养一批年轻的青弋江守护者。调研于每年的 7—8 月份举办,半个月左右时间调研,每年的主题都围绕青弋江而展开,目前已经举办了五期,分别为溯源青弋江、定访弋江源头、寻人文青弋江、青弋江上的垃圾、印象青弋江。集中调研结束后,将面向公众、学生等开展分享会,出版调研报告及传播材料,分享给本地的公众,倡导大家关注河流的环境、人文、生态和保护情况。

3. 小结

芜湖生态中心是一个致力于环保事业的草根社会组织,成立于 2008 年,在 2013 年之前该组织并没有在民政部门注册获得合法的身份(2013 年该组织注册为芜湖市生态环境保护志愿者协会),但是这并没有影响该组织自成立以来积极开展各项环保活动,并产生广泛的影响,如上面提到的该组织推动污染排放信息公开,建立中国第一个民间垃圾焚烧环境信息数据库。芜湖生态中心在开展活动的过程中与其他社会组织密切联系,既包括在民政部门登记注册的合法社会组织,也包括那些未登记注册的社会组织。从芜湖生态中心网站上可以看到该组织的合作伙伴包括阿拉善 SEE 基金会、阿里巴巴公益基金会、中国零废弃联盟、自然之友公益基金会、美国国家地理空气与水保护基金、全球垃圾焚烧可替代联盟、太平洋环境组织等社会组织。同时,合作伙伴中也有企业,如千寻文化传播有限公司、芜湖世茂希尔顿逸林酒店、芜湖市小蜗牛户外运动服务有限公司、安徽弋江源茶业有限公司等。

由此可见,芜湖生态中心在登记注册获得合法身份之前,实际上该组织已经获得了广泛的社会合法性,即得到社会公众、社会组织、企业和不少地方性乃至全国性媒体的认可。除去社会合法性之外,当地政府对芜湖生态中心所开展的活动采取默认的方式,该组织所开展的部分活动曾得到安徽省环保厅的认可和鼓励。正是由于芜湖生态中心积极地开展环境保护的各种活动,推动社会各界参与到环境保护的各项活动之中来,因此搭建了社会与政府信息沟通的桥梁,促进了相关领域信息资源的共享与沟通,为政府提供了非常有价值的信息,并在一定程度上发挥了监督政府的作用,促成了其获得广泛的社会合法性和政府对其的认可。芜湖生态中心各项环保活动的开展是根据其组织章程和使命的自主性行为,政府对组织开展的各项活动并没有主动加以干涉,由此可见,组织的自主性是较高的。从芜湖生态中心的网站上所介绍的合作伙伴名单中可以看出,尽管合作伙伴具有很广的范围,但是并没有各级政府或是政府的职能部门在列。芜湖生态中心和前面所介绍的草根社会组织具有相似的一面,即都有各自的宗旨和章程,其主要的活动和功能并不是与政策倡导、公共服务提供等与政府发生直接联系的,而是按照组织的章程自主设计活动项目。

芜湖生态中心活动项目的经费既有组织会员的会费,普通会员是每年100元,同时该组织也号召社会各界对组织的发展予以支持。除此之外,组织活动的经费也来自合作伙伴的支持。因此,无论是从组织活动的主要指向来看,还是从组织活动经费的来源上来看,芜湖生态中心对政府的依赖是较低的。当然,从政府方面来看,在芜湖生态中心历年工作的总结报告中并没有发现政府购买该组织提供服务的案例或是政府与该中心合作的案例介绍,在这个意义上来讲政府对芜湖生态中心的依赖性也不高。由此可见,芜湖生态中心在登记注册前其与政府共生关系的类型更接近于共栖。

三、政府工作人员的访谈

2014 年 3 月,笔者对某市民政部门工作人员进行了深度访谈。在对民政部门工作人员访谈过程中笔者问道:"政府对未注册的社会组织的基本情况是否了解?"民政部门的工作人员讲到对未注册的草根社会组织有基本的了解,但是信息量有限。"我们对草根社会组织有一定的了解,特别是那些组织活跃、有一定影响力的组织。我们通过各种信息搜索途径对这些草根社会组织中活跃的组织予以一定的关注。""政府与未注册组织之间是否有业务上的往来?为什么?""我们关注未注册草根社会组织,但与它们之间没有任何的业务往来,更不会有政府的财政支持。因为我们关注的重点是依法登记注册的社会组织。再缩小一下范围讲,我们培育和监管的焦点是在民政部门依法登记注册的社会组织。""现在从中央到地方大力推进政府向社会组织购买服务,随着国家出台了相应的购买服务指导意见,我们也已经制定了政府购买服务的管理办法。管理办法中对于购买服务主体的资质有明确的规定,其中之一就是要依法在民政部门登记注册的合法组织。因此,可以肯定地说政府与未注册的草根社会组织甚至是一些自下而上登记注册的民办组织之间没有购买服务经历。""接着上面的话题来讲,实际上政府购买服务也好,政府对社会组织的委托、授权也罢,存在着一个信任的问题,不仅是你能不能做的问题,而关键在于政府是否对你有着足够的信任。政府财政支持的资金是有限的,在资源有限的情况下,我们在选择购买对象或合作伙伴的时候一定是谨慎的,这种谨慎就需要在对象的挑选上有选择性,那些与政府部门有着各种隶属关系的社会组织必然成为首选对象。"

政府与草根社会组织之间业务往来状况在街道层面是如何的?由于国内很多地方政府开始实施多层次的登记管理制度,即备案与登记注册。笔者所访谈的市也实行了备案制度,出台了《关于加强社区社会组织建设的意见》,确立了"十二五"末该市社区社会组织发展的目标任务、"一级主体、逐级管理"新机制和"1+n+x"培育发展新模式。在访谈街道办事处工作人员时,笔者问道:"在街道备案的社会组织情况? 草根社会组织基本的类型?"街道办事处邢女士说:"备案的基本流程是组织向所在社区居民委员会提出申请,街道办事处负责备案。备案的内容主要涉及组织的名称、负责人、活动领域、活动场所、成员等基本信息。"据了解,政府对社区社会组织培育发展力度是很大的。以天津市和平区为例,区财政每年拨付专项经费,并逐年提高。目前,区财政按每个社区 5 万元、每个街道 25 万元的标准向社区、街道拨付社区社会组织活动专项经费共计 505 万元, 较好地解决了社区社会组织活动经费紧缺问题,增强了社区社会组织发展动力。但是这些社区社会组织基本上都是各级政府推动成立或是倡导成立的, 其活动的领域和服务的内容基本上都是政府来确定, 或者说, 这些社区社会组织是政府公共服务职能的延伸。"我们街道备案的社会组织中还没有您所说的草根社会组织,因此从政府的财政支持来讲,政府应该不会对草根社会组织予以资助。现在,街道社区社会组织与社区居民委员基本上就是两块牌子,一套人马。社区居委会的主任、副主任都兼任社区社会组织的负责人。"

由此可以看出,政府在与社会组织是否进行业务往来,是否对其进行资金支持等方面,是存在着选择性的。在这个选择的连续谱上面,官办社会组织自然是居于首位的,无论是在市级政府层面,还是在更为基层的区、镇和街道,有着官方背景的社会组织是政府合作的首选和资助的主要对象。其次是已经登记注册的民办社会组织,因为我国社会组织施行双重管理体制,自下而上成立的民办社会组织依法登记注册后也会成为体制内社会组织,与业务主管单位之间发生各种各样的联系,因此也有机会从政府获得资源。未登记注册的草根社会组织处于连续谱的末端, 根本没有机会从政府那里获取各种资源,无论是合法性资源还是资金资源。因此,可以肯定的是政府对草根社会组织的依赖程度很低，草根社会组织对政府的依赖程度也是很低的，草根社会组织相对于政府的自主性是非常高的。

第五章　我国政府与社会组织共生关系的成因及影响

第一节　政府与社会组织共生关系形成的环境因素

一、共生环境

(一)国家与社会关系

"一个没有私人生活的民族,是没有生机与希望的民族,一个没有公共(民间)生活的民族是没有民主秩序的民族。一个没有私人生活与公共生活领域的民族,既是一个没有宽容与个性、没有创造力与生命力的民族,又是一个没有健全法治精神的民族。"①在政治学理论中,国家代表着公共领域,政府是国家的具体化;社会代表着与国家权力相对立的私人领域。私人领域存在于国家之外,一般是基于保护自身利益,与国家相抗衡的一种力量。国家与社会为民族的发展做出各自的贡献,国家与社会相互制约、相互制衡,在互动中推动着历史的车轮前行。

如今,我国社会正处于转型时期,社会的转型带来国家与社会关系的变迁。新中国成立后,社会发展一开始就体现出国家全面主导的态势。1956年

---

① 高兆明. 公共权力:国家在现时代的历史使命. 江苏社会科学,1999(4):77-83.

社会主义改造基本完成后,随着社会主义公有制的全面确立,以集中统一为核心特征的计划管理体制初步形成,这样就为国家全面主导社会、集中权力提供了经济基础和体制保障。有学者总结道:"从总体上讲,改革开放前中国权力关系是以权力高度集中的国家各种体制对社会的全面渗透为基础的,使中国社会政治呈现出鲜明的'国家全能主义'特质。"[①]"这种制度(计划经济体制)安排就使得国家权力全面渗透进社会生活,对社会形成'全能政治'性的强大控制,在这种渗透和控制中,国家与社会走向了一体。"[②]在计划体制下,形成的是国家包办社会事务,国家与社会浑然一体的格局。长期以来,国家不仅在政治领域,而且在社会、经济、文化等领域都既成为唯一的主导力量,又成为具体的操作力量。国家与社会,政治与经济,政治与文化之间的不同结构与功能被同一化了,形成了非政治领域政治化的社会特征。[③]这种体制在新中国建立之初经济落后、社会财富和资源缺乏、外部政治环境恶劣的情况下,对于国民经济的恢复和新生政权的巩固做出了贡献。但是随着经济社会的发展,国家与社会一体,国家包办社会的"全能主义"模式日益成为经济和社会发展的严重障碍。

特别是改革开放以来,我国提出并逐渐建立和完善社会主义市场经济,经济体制的转型带来了整个社会的转型,有学者对转型期社会深层次的变动描述为从领域合一到领域分离。[④]"领域分离这一概念的价值在于能够使人们透过我国社会结构的变迁,重新审视国家与个人、政府与社会的关系,从而把握这种关系调整和发展的趋势。"[⑤]但是随着经济社会的发展,国家与社会一体,国家包办社会的"全能主义"模式日益成为经济和社会发展的严重障碍。原有的国家与社会一体化在经济社会发展的新时期正在面临着挑

---

① ② 乔贵平,杜万阳. 试析我国转型期国家与社会权力关系变迁. 西华师范大学学报(哲学社会科学版),2005(1):80-83.

③ 俞田荣. "市民社会"批判及中国的国家与社会关系问题. 浙江社会科学,2002(5):10-13.

④ 陈晏清主编. 当代中国社会转型论. 山西:山西教育出版社,1998:8-9.

⑤ 沈亚平. 公共行政研究. 天津:天津人民出版社,1999:299-300.

战,因此国家与社会关系的调整是改革的重要内容。改革一方面要改变国家对社会的超常控制,扩大社会的管理权限和自主性,使社会在自我管理中逐步走向成熟;另一方面要改变政府全能管理模式,建立精干、高效、廉洁的政府,实现国家与社会关系的合理化。借此,我国拉开了改革开放的帷幕,逐步建立和完善市场经济。市场经济体制的建立和完善推动了社会转型,而社会转型带来了国家与社会关系的变迁。

20世纪80年代以来,学界通过研究国家与社会关系来解释改革开放前后所出现的变化和发展的趋势。对国家与社会关系的研究存在着不同的解释模式,如"公民社会""法团主义""多元主义"等模式。然而并没有形成支配性的模式,而是各种关系模式自圆其说,相互之间并未展开对话。"公民社会"模式是源于西方传统政治哲学和社会理论中的概念,其强调社会与国家相对的二元性,强调民间力量相对于国家的独立性以及对国家权力的制衡。然而我国的公民社会与西方概念上的公民社会是不同的。西方公民社会所强调的个人主义、自由主义和多元主义和我国国家与社会关系的历史传统大相径庭。西方的公民社会被认为是对抗政府的,而中国早期公民社会的目的不是对抗政府,而是协调政府与社会之间的关系,寻求自治以协助政府。①

相较而言,法团主义似乎更受青睐。斯密特(Pilippe C. Schmitter)认为:"法团主义作为一个利益代表系统,是一个特指的观念、模式和制度安排类型,它的作用,是将公民社会中的组织化利益联合到国家的决策结构中……这个利益代表系统由一些组织化的功能单位构成, 它们被组合进一个有明确责任(义务)、有数量限定的、非竞争性的、有层级秩序的、功能分化的结构安排之中。它得到国家的认可(如果不是由国家建立的话),被授予给予本领域内的绝对代表地位。作为交换,它们的需求表达、领袖选择、组织支持等方

---

① 马敏. 官商之间:社会剧变中的近代绅商. 天津:天津人民出版社,1995:287.

面受到国家的一定控制。"①相对于"公民社会"来说,"法团主义"更接近中国的现实,因为改革开放以来尽管政府对社会的控制在逐渐弱化,尽管社会组织力量在不断壮大并日益发挥着重要的作用, 计划经济体制下国家与社会一体化的传统模式在社会转型期遭遇了挑战, 但是这些组织并不是完全独立于政府,更没有形成对抗政府的力量,相反,国家仍然处于最重要的地位。简言之,在国家与社会的力量对比中,依然呈现国家强、社会弱的格局,社会的自我管理权和自主性仍需进一步扩大。"就目前情况来看,新兴民主化还处于发育阶段,经济增长任务依然十分艰巨,制度改革与制度创新也还是由国家推动的。所以,在国家与社会的关系中,国家的突出地位和作用仍旧是西方发达国家难以望其项背的。"②

"整体性社会"的国家与社会关系模式呈现"强国家-弱社会"的格局,现实中,由传统社会向现代社会的转变将是一个漫长的历史过程,正如经济、政治领域的改革一样,社会领域的改革也存在制度变迁的"路径依赖"问题。③在当前的中国,国家仍趋于重视社会管控和掌握重要社会资源。④改革开放以后,中国国家与社会关系演变的特点是,在国家与社会不断分离的同时,又出现了国家与社会新的结合, 甚至许多自下而上生长起来的相对自治的社会组织还积极寻求被国家行政体系所吸纳。⑤这表明国家对社会的介入绝非仅仅是形式意义上的,而是强调在实践中对社会资源的汲取和控制。如此一来,社会组织所赖以生存的资源(合法性、制度以及资金等)仍然为庞大的"行政国家"所控制。因此,社会组织与政府部门的交流与互动近乎是无法逾

① See Pilippe C. Schmitter,Still the Centry of Corporatism? in P. C. Schmitter and G. Lehmbruch, eds.,*Trends Toward Corporatist Intermediation*,Beverly Hills Sage,1979:9,13.

② 时和兴. 关系、限度、制度——政治发展过程中的国家与社会. 北京:北京大学出版社,1996:240.

③ 胡建锋. 我国非营利组织角色功能论析. 四川教育学院学报,2007(7):41-44.

④ 丁学良. 辩论"中国模式". 北京:社会科学文献出版社,2010:47-54.

⑤ Kenneth W. Foster. Associations in the Embrace of an Authoritarian State:State Domination of Society? *Studies in Comparative International Development*,No.Vol.35(2001):84-109.

越的。在这样的情况下,政府与社会组织权力的对比就变得非常关键。当政府干预社会组织的力量越强大时,其形塑社会组织的正式或非正式制度的能力就越大,社会组织的自主性就相对越小。在这样的国家与社会关系下,我们很难想象政府与社会组织作为平等主体的图景。

(二)政府与市场关系

政府与市场关系合理会促进社会组织的发展,不合理的政府与市场关系会阻碍社会组织的发展。这既是三者关系逻辑发展的必然,同时也是我国社会发展情况的真实写照。改革开放以前我国实行计划经济体制,政府以行政权力统揽政治、经济、文化等诸领域,扮演着配置全部社会资源的职责。我们可以将这个时期政府与市场的关系称之为对立时期,即"有政府,无市场"。在这样的环境下社会组织生存和发展的空间被彻底压缩,仅有的少量社会组织不过是政府行政权力的延伸机构,而社会组织则完全依赖、依附于政府。改革开放以后,随着经济体制由计划经济向市场经济转型,执政党和政府对市场作用的认识不断深化,实践发展体现为政府逐渐放权、市场机制逐步得到培育的过程,继而政府与市场的关系也相继经历了"政府计划为主,市场调节为辅""市场在政府宏观调控下在资源配置中发挥基础作用""使市场在资源配置中起决定性作用和更好发挥政府作用"的发展过程。

当然,随着市场经济体制的建立和完善,市场资源配置的作用日益凸显,因此市场成为继国家之外可以向社会输送资源的重要力量,也正是在这样的环境下,一大批社会组织应运而生。以各种工商协会为例,在经济体制改革和政府机构改革的过程中,20世纪80年代初各种商业协会开始发展,到80年代后期其发展形成了一个高潮。值得注意的是,由于当时市场体系尚不健全,而是政府主导下的有限市场,因此80年代各种工商协会主要是由国有企业构成,影响和决定协会发展的主要是政府部门。当然,随着市场经济的发展,市场体系的逐渐完善以及市场在资源配置中基础性作用的确立,商业协会在经济中的作用日益重要,而且协会的构成也从单纯的国有企业发展到有着独立产权的民营企业。在这样的情况下,工商协会的自主性有了很大的提高。但不能忽视的是,相较于政府在经济发展和资源配置中的主导作用而言,市场的基础性作用或是决定性作用还有待时日。现阶段,我国政府与市场之间的关系尚未完全理顺。①在经济生活中政府过于"武断"和不"尊重"市场的现象还屡见不鲜,政府干预的范围和力度依旧过大。在一定意义上,可以将当前政府与市场的关系描述为政府主导下的有限市场。政府与市场关系的格局就会带来两个问题,一方面,政府还没有建立起与市场经济相协调的政府机构和职能,在对经济和社会实施管理时容易出现错位、越位和缺位的现象;另一方面,市场体系不完善、发展不均衡、市场化程度不高,市场经济发展所需要的社会组织及其为社会组织发展所提供的资源不足。

二、政府与社会组织共生制度讨剩与短缺并存

政府与社会组织关系宏观上取决于政府的价值理念和政府类型, 微观上则取决于具体的管理体制, 而且应该说微观上的管理体制对两者关系的影响更直接,因果逻辑关系更加明确。因此,社会组织管理体制对于两者关系的形成和发展起着关键作用。社会组织管理体制是指为确保社会团体、民办非企业单位和基金会等社会组织作用与功能的发挥而确立的政府对社会组织管理的制度设计和安排。我国最早的关于社会组织的一部法规是 1950 年政务院颁布的《社会团体登记暂行办法》,这部法规确立了社会组织管理上的"分级登记"。1989 年颁布的《社会团体登记管理条例》初步确立了"双重负责、分级管理"的管理体制。1998 年经修订后《社会团体登记管理条例》的颁布意味着"归口登记、双重负责、分级管理"的管理体制正式形成。目前,我国政府对民间组织的管理采取的是"一体制三原则"的做法,即双重管理体

---

① 白永秀,王颂吉. 我国经济体制改革核心重构:政府与市场关系. 改革,2013(7):14—21.

制、分级管理原则、非竞争性原则和限制分支原则。①

（一）双重管理体制

目前，我国社会组织实施双重管理体制。所谓双重管理体制是指对社会组织的登记注册管理和日常性管理实行登记管理部门和业务主管单位双重负责的管理体制。1998年国务院颁布的《社会团体登记管理条例》第六条规定："国务院民政部门和县级以上地方各级人民政府民政部门是本级人民政府的社会团体登记管理机关。国务院有关部门和县级以上地方各级人民政府有关部门、国务院或者县级以上地方各级人民政府授权的组织，是有关行业、学科或者业务范围内社会团体的业务主管单位。"同样，1998年国务院颁布的《民办非企业单位登记管理暂行条例》、2004年国务院颁布的《基金会管理条例》也都延续了双重管理体制。民政部门作为社会组织的法定登记管理机关，依法享有对社会组织的登记管理、监督检查和行政处罚权。业务主管单位对社会组织具有审查、指导日常活动、年度检查初审、协同监督等职责。依据双重管理体制，社会组织设立的程序首先是要经过业务主管单位的审查同意，然后再经过登记管理机关的审核批准。

在这种管理模式之下，业务主管单位成为政府和社会组织之间联系的重要枢纽，成为政府监管社会组织的代理机构。一方面业务主管单位的审查同意成为社会组织得以登记成立的先决条件，意味着社会组织的成立首先要找个"婆婆"；另一方面由于社会组织规模大、高度分散，民政部门无论是在财力、人力、物力上都不能对每个社会组织进行直接管理，当然也没有直接管理的必要，但是政府并不会因此放松对社会组织的管理。因此，业务主管单位就作为政府的代理机构负责对社会组织实施全方位的监管。双重管理体制为政府对社会组织实施监管和社会组织发展的制度基础与信任奠定了一定的基础，但是总体上说这种管理体制还具有从计划经济向市场经济

---

① 王晨. 中国民间组织发展的三大不利性制度因素分析. 社会科学, 2005(10):37-45.

转型过程中的过渡性质的特点。因为在现行管理体制下，政社不分、社会组织自主性不强和公众认可度不高、治理主体地位缺失、社会组织发展"双轨制"等问题的存在，双重管理体制难辞其咎，因此双重管理体制明显滞后于时代发展的需要。

双重管理体制本质上体现了政府取向理念下的管制，违背了公民社会最基本的精神，即社会组织的民间表达性和相对独立的自主性。双重管理设计的初衷在于通过加强对社会组织的监督，确保社会组织有序健康发展，但在相关法规中就业务主管单位与社会组织之间的权利与义务、联结互动机制并没有明确的界定。因此，有的社会组织与业务主管单位之间联系紧密，或者说是业务主管单位通过对社会组织的人事、财务等工作的行政介入来直接参与社会组织的业务和管理。这样就超越了业务主管单位应有的监管范围。因此，社会组织就自然成为业务主管单位的附属机构。这种附属性或是体现为直接的领导与被领导关系，或是体现为隐性化的隶属关系，这种附属关系造成了社会组织管理人员失去了真正的对组织控制的权力。这种管理"剥夺了社团的自治性，使社团本来的民间性所剩无几，而官方性却极为浓厚。同时，也影响了社团的代表性，使社团失去了必要的社会信任和支持"[①]。当然也有的两者联系较为松散，社会组织有较大的独立性和自主权。

同时双重管理也提高了社会组织登记的门槛，严格的准入制度限制了社会组织数量的快速发展。双重管理本质上是将社会组织与政府放在相互对立的关系上，政府管理社会组织的首要目标在于限制其发展并规避可能的风险，因此具有行政许可意义的双重审批成为控制社会组织准入的严格手段。目前世界各国的社会组织在成立时主要采取登记备案和登报声明制度，而我国社会组织在成立时采取的是许可审批制。比较起来看，登记备案和登报声明制度更体现出社会自主性，因为其将社会组织的生存权交给了

---

① 康晓光. 权力的转移——转型时期中国权力格局的变迁. 杭州:浙江人民出版社,1999:201.

社会,是从社会的需求需要出发,最终社会组织的成立是社会选择的体现;而我国的许可审批制恰恰与之相反,社会自主性没有得到彰显,政府掌握着社会组织的成立和发展的权力,许可审批制本质上是计划经济管理思维在社会组织领域的延续,严格的准入制度限制和削弱了社会组织在数量上的发展。况且,现行法规对业务主管单位的要求很高,社会组织很难找到适合的业务主管单位。更为重要的是,有许多具备担当业务主管单位的部门不愿承担风险或是增加自身行政开支等因素而拒绝当"婆婆",因此社会组织的成立就变得愈加困难。

当然双重管理给社会组织成立带来的"门槛"并不局限于业务主管单位的"权力门槛",还有资金的门槛和人数的门槛等。这些门槛的存在从整体上限制了社会组织数量上的发展,而且使那些在权力、资金和人数上都不具备优势的弱势群体成立社会组织更为艰难。事实也证明,我国现存的为优势群体服务的非营利组织比为弱势群体服务的非营利组织多得多。[1]双重管理通过双重负责和双重把关为所有的社会组织获得合法身份设置了障碍。其结果是:由于获得合法身份的门槛太高,越来越多的民间组织转而采取工商注册的形式,或者在其他党政部门的支持下取得各种变相的合法形式,或者甘冒不登记注册的风险。[2]这种"非法"的社会组织大量存在。据一些学者的调查分析,目前没有在民政部门登记注册而开展活动的各类社会组织的数量大约十倍于合法登记的社会组织数量。事实上,大量社会组织绕开现行法规状况的出现使现行法规的有效性遭到削弱,无法起到对各类社会组织的约束和监管作用,同时大量"非法"社会组织的存在也挑战了法律的尊严。

双重管理造成了政府对社会组织监管的越位、错位和缺位并存的局面。尽管《社会团体登记管理条例》《民办非企业单位登记管理暂行条例》《基金会管理条例》都强调了社会组织接受政府监管和社会监督以及与社会组织自

---

① 曾鲲.论非营利组织的双重管理体制.行政论坛,2004(5):25-26.
② 王名.改革民间组织双重管理体制的分析和建议.2007(4):62-64.

律相结合的重要性,理论上监管主体是多元的,但是事实上对社会组织的监管缺乏统一规范的监管体制和负责协调的监管机构,社会组织仅仅依靠政府监管。而政府对社会组织的监管表现为登记管理机关和业务主管单位的双重审核、双重负责和双重监管,形成了两者对同一社会组织职能交叉与重叠的监管体系。但是在实践中这种双重监管的设计并不能确保相关机构监管职责的有效实施。相反,各监管机构各自为政,且监管过剩与监管不力并存。登记管理机关由于在人力、物力和财力有限的情况下,其监管能力相对匮乏不足。业务主管单位受部门利益的驱使,监管职责也不能很好地履行。业务主管单位与社会组织的职责和界限缺乏明确的规定,因此业务主管单位在监管的操作上随意性比较大,权责不一致,对社会组织的态度是存在差异的,有利的事情多插手,无利的事情总甩手,管理时容易出现积极干预和无为放纵两个极端。

所谓积极干预是指很多社会组织是由业务主管单位直接创办的,甚至是与政府相关部门合署办公,政府职能部门直接控制,监管超越了应有的界限,监管错位为对社会组织具体事务的干预,从而侵犯了社会组织的独立自治权。"以协会为例,目前我国在各级民政部门登记注册的行业协会已有4万余个,其中由民间自主、自发成立的仅占10%。大多数协会不是作为一种会员服务机构,而是准政府组织存在。"①业务主管单位把社会组织变成自己的附庸或寻租工具,将自己不方便做(不便收取的费用、不便报销的费用)或是不能做的事情交给社会组织。

所谓无为放纵,是指行政管理机关借工作繁忙、人手不足、业务不熟等理由,逃避其对社会组织的管理职责,任由社会组织出现管理漏洞,发生违规行为。②如对那些不是自己直接创办也无利可图的社会组织往往采取多一事不如少一事的态度,监管的主动性不够,表现为监管不足、监管缺位。因

---

①②　董文琪,王远松.浅析社会组织管理的制度缺陷与改进对策.经济与社会发展,2009(3):17-20.

此,政府对社会组织的双重监管容易演变为无人负责,事实上形成了对社会组织监管缺位的状况。此外,政府的监管手段较为单一,主要采取行政化的监管方式,法律和经济的监管手段运用的少,缺乏从程序和法治的角度监督社会组织,监管通常异化为对社会组织内部事务的介入和干涉,因此监督效果并不理想。具体相对于政府与社会组织共生关系而言,政府监管表现为监管的缺位与越位并存。政府对共栖模式缺少监管,处于共栖关系中的社会组织是政府监管的盲区。因为现有的双重管理体制为社会组织合法性身份的获得设置了较高的门槛,因此相当多的社会组织无法取得合法身份,而现有的政府对社会组织的监管是建立在社会组织合法身份取得的基础之上的。从这个意义上讲,政府对社会组织的监管存在着监管对象上的空缺或是缺位,这无论对于此类社会组织自身的发展还是对于社会秩序、政府治理都是极为不利的。处于非对称性共生的社会组织在人事任免、资金使用、项目开展等方面受到政府的全面控制,政府作为这类社会组织的主导性的监管机构,在行政监管之外缺乏其他社会机构的监督,更不用想象监管机构之间的协同监管。

(二)分级管理原则

分级管理原则是指依据社会组织开展活动的范围和级别,不同层级的社会组织按照级别实行分级登记和管理。以社会团体为例,《社会团体登记管理条例》第七条规定:"全国性的社会团体,由国务院的登记管理机关负责登记管理;地方性的社会团体,由所在地人民政府的登记管理机关负责登记管理;跨行政区域的社会团体,由所跨行政区域的共同上一级人民政府的登记管理机关负责登记管理。"事实上,分级管理原则不仅确定了不同级别社会组织的管辖权,同时也限定了社会组织的活动领域和地域,相应层级的社会组织应在相应的层级范围内活动。但是随着市场经济的发展和社会组织的大量涌现,特别是跨部门、跨区域、跨行业社会组织的出现,以及社会组织活动领域乃至活动方式的变化都对分级管理提出了挑战,分级管理与社会组织多样化发展的矛盾日益凸显。

(三)非竞争性原则

非竞争性原则是指为了避免社会组织之间展开竞争而进行的社会组织设立的限制，不允许在同一行政区域内成立业务范围相同或者相似的社会组织。《社会团体登记管理条例》第十三条规定："有下列情形之一的，登记管理机关不予批准筹备：在同一行政区域内已有业务范围相同或者相似的社会团体，没有必要成立的。"《民办非企业单位登记管理暂行条例》第十一条规定："有下列情形之一的，登记管理机关不予登记：在同一行政区域内已有业务范围相同或者相似的民办非企业单位，没有必要成立的。"然而在现实中这种一业一会的要求在社会团体设立过程中得到了很好的执行，而民办非企业单位对这一规定执行得并不好。被誉为京城四大"绿党"之一的"绿家园"志愿者组织从 1996 年成立至今还没能登记注册。不只"绿家园"，在北京很多环保机构都没有一个合法的社会团体身份，因为北京地区有一家官办的"中国环境工作者协会"先注册了，所以其他同类的环保组织就不能再注册了。[①]更为不可思议的是，有关机关还主动将其认定为业务上有重复或者没有必要存在的社会团体，予以撤销或者合并。之所以出台这样的规定缘于"社会团体的成立过多过滥，无需发展，社会团体之间业务交叉，重复发展会员，会员经济负担沉重。同时，在对外交往中，也易出现互相攀比、盲目竞争，产生不良的社会影响"[②]。出台这样的政策无非就是要避免社会组织之间出现竞争。

这种非竞争性原则造成了人为的垄断，从社会组织自身发展的角度来说，垄断带来的消极影响是巨大的，使社会组织失去了通过竞争获得自我改进和发展的外在动力，同时垄断的地位也容易使社会组织偏离公益性、非营

---

①　李咏. 中国 NGO 夹缝求生. 财经, 2002(13).

②　国务院法制办政法司, 民政部民间组织管理局编著. 社会团体登记管理条例、民非企业单位登记管理暂行条例释义. 北京: 中国社会出版社, 1999: 36-37.

利性的组织特征。非竞争性原则暗含了区域内非竞争性和社会组织之间的非竞争性,因此不利于社会组织合法身份的获得和资源的获取,对社会组织之间的相互竞争也是不利的。而从社会组织所提供的公共物品的属性上看,其向社会提供的公共物品是非垄断性的,因此社会组织没有必要也不应该居于垄断地位。

(四)社会组织的法制环境

有学者称"中国所有社会组织面临的主要挑战是它们与党和政府的关系"[1]。而决定社会组织与政府关系很重要的一个方面便是社会组织的法制生存环境。因为政府在处理与社会组织关系时依据的便是法律法规、政策以及非正式规则等。俞可平认为对中国公民社会生长发育构成约束与规范的制度环境主要包括宪法、普通法律、行政法规、党的政策以及其他非正式规则五个部分。这五个部分构成了影响社会组织发展的制度网络,决定着中国公民社会及社会组织的成长。他指出,现存的制度环境在许多方面已经难以适应它进一步生长的需要,其中有些制度性因素已经成为制约公民社会发展的瓶颈。[2]之所以这样讲,从我国社会组织的发展历程和阶段上来看,社会组织发展经历了几次发展高峰,其生存和发展的能力都在逐步提高,参与公共事务治理的领域日益拓展。总而言之,社会组织的成长处于上升的态势,但与其发展壮大形成鲜明对比的是,政府对社会组织的管理定位和取向虽然从全面禁止转变到监督管理,并逐步走向监督管理和培育发展并重,但是政府管理社会组织的法律法规和管理体系没有本质上的变化。我们将中华人民共和国成立以来政府关于社会组织的法律法规汇总如下:

---

① 华安德.转型国家的公民社会:中国的社团.载中国非营利评论(第一卷),北京:社会科学文献出版社,2007:34.

② 俞可平.中国公民社会:概念、分类与制度环境.中国社会科学,2006(1):109-124.

表 5.1 中华人民共和国成立以来社会组织法律法规一览表

年份	立法部门	法律法规名称	意义
1950	政务院	《社会团体登记暂行办法》	第一部社会团体管理规定,确定分级登记
1988	国务院	《基金会管理办法》	对基金会首次界定
1989	国务院	《社会团体登记管理条例》	确立双重管理、分级管理体制
1992	全国人民代表大会	《中华人民共和国工会法》	针对特殊类型社团专项立法
1993	全国人民代表大会	《中华人民共和国红十字会法》	针对特殊类型社团专项立法
1998	国务院	《社会团体登记管理条例》修订	延续双重管理体制
1998	国务院	《民办非企业单位登记暂行条例》	民办非企业单位从社会团体中分离出来
1999	全国人民代表大会	《公益事业捐赠法》	第一部关于公益事业的法律
2000	民政部	《取缔非法民间组织暂行办法》	取缔未批准、未登记和被撤销还在活动的三类非法民间组织
2000	中央组织部	《关于加强社会团体党的建设工作的意见》	强调社会团体党建工作的重要性
2004	国务院	《基金会管理条例》	从财产角度关注基金会

以上所列的主要是国家层面(中央政府)的法律法规。对其统计可以看出,1988年以来政府关于社会组织出台了一系列的法律法规,这一阶段也是我国市场经济发展、政治体制改革等推动社会组织发展的时期。政府为了规范各类社会组织发展建章立制, 实现了从计划经济时期社会组织在法制建设匮乏、无法可依的状态到逐步有法可依的法制化阶段转变。但同时也要看到相对于经济社会发展的需要和社会组织自身发展的趋势, 社会组织在法制建设上还存在着不少问题。

一是立法的层级比较低。除去政府对工会、红十字会等特殊类型社会团体的法律之外, 政府对社会组织的管理以国务院制定和颁发的 "条例""规定"和"办法"居多,以及国务院组成部门制定的规章。这些立法不仅法律位阶低,而且原则性强、操作性弱。以对社会组织的监管为例,虽然现行法规确定了多元的监管主体,但在问责的内容、问责程序等方面缺乏针对性和操作性。立法层次不高导致了社会组织法律主体资格欠缺,对社会组织法律人格保护不够。例如,我国《民法通则》中没有财团法人制度,这导致了民办非企业单位和基金会在内部治理方面与民事制度接轨上的困难,从而影响了组织的健康发展。由于对社会组织法律主体资格和法律人格的保护不够,社会组织法律人格具有不确定性,这种不确定性自然成为组织生存危机的前奏和与政府非对称地位的必然。

二是社会组织专门法律的缺位也是当前突出的问题,社会组织的法律架构不科学,还没有形成与社会组织地位和作用以及政府的管理导向相契合的完整的、独立的法律体系。缺乏一个与宪法相衔接的统一的结社基本法规定结社的基本权利、义务。[1]我国的立法现状是宪法所规定的结社自由缺乏实现的法律基础,仅靠几部行政法规来规范公民结社,且法规以控制和限制发展为主。按照通行的做法,应该是先出台关于公民结社的实体法,在此基础上出台行政管理性的管理条例。因此,在没有社会组织基本法律的情况下,社会组织管理依靠政府的行政法规和部门规章是不合理的,出现了本末倒置的问题。而且,现有的法律体系已经无法适应改革开放后公民结社需求的发展,表现出滞后性。

三是从立法的导向上,政府法律法规的基本导向是对社会组织实施约束和管控,缺乏鼓励性条款。立法导向上和具体法律法规的规定上都体现出对社会组织发展的抑制。这种抑制一方面体现在社会组织成立前对其成立设立了较高的门槛,从数量上限制社会组织的规模;一方面体现为在社会组织成立后对其实施双重管理,控制组织自主性。"非法"社会组织的大量存在和合法社会组织自主性不足等都是立法抑制导向的明证。而且"非法"社会组织的存在反映了现行法律法规调整范围有限,其所调整仅限于登记注册的社会组织,对于未登记注册的草根组织、网络社团等都不在监管范围之内。

---

① 黄辉明. 社会组织参与社会管理创新的法制建设. 行政管理改革,2013(5):64–68.

四是现行法律法规内容不完善,重程序,轻实体。以社会组织登记管理的程序性规定为主,缺乏实体性规范,监督管理的规定多,培育扶持的内容少,社会组织能力建设和发挥作用缺乏有效引导和必要保障。①

第二节 影响政府与社会组织共生关系的政府因素

一、政府管理的价值取向与政府管理类型

社会组织的成长作为现代社会发育的重要体现,其发展是我国政府改革的必然结果。正是改革开放以来政府实施的经济体制、政治体制和社会体制改革推动国家渐进式地退出对社会生活的控制,体制改革释放了社会组织行动的空间,同时也促成了社会对社会组织的客观需求。然而社会组织的发展水平及社会组织与政府间的共生关系并不是单纯地由社会的客观需求所决定的。从其发展的历史理路来看,民间组织在何种领域内发展到何种程度受到了政府的政策理念和政策选择的左右。②我国社会组织的发展历程很好地证实了这一点。无论是计划时期的"全能主义政府"、市场经济初期的经济建设型政府还是社会管理创新时期的服务型政府,政府拥有和运用强势的公共权力治理国家的现实没有改变,政府的政策理念和政策选择制约和影响着社会组织的发育和其与政府之间共生关系的事实没有改变。因此,社会组织与政府之间共生关系与政府的政策理念,更进一步讲,与政府的价值理念和政府的管理类型有某种内在的关联性。

不同的政府价值理念和政府管理类型决定了不同的政府建设取向。行

---

① 文青. 在新形势下大力推进社会组织法制建设——2012 年社会组织法制建设论坛综述. 社团管理研究,2012(3):12-14.

② 林尚立,王华. 创造治理:民间组织与公共服务型政府. 学术月刊,2006(5):22-28.

政理念是人们对政府行为的性质、任务、目标等根本问题的理性认识及其形成的基本观念。行政理念是指导政府活动的理论基础和主导价值观,行政理念影响政府治理的内在逻辑,对政府行为的选择具有基础性的导向作用。不同的行政理念决定政府行为取向的差异,因而形成不同的政府管理类型。我国在计划经济体制和市场经济体制建设初期,国家和政府的施政理念是政府取向理念,这种理念从本质上来说是一种代表理念。①在这种理念下,政府是公共管理的唯一主体,只有政府且只能由政府实施公共管理,政府管理社会时关注的是如何体现和实现自我的意志,因此社会及其成员受到政府的严格管制,缺乏独立活动空间和自由自主的个体,社会与政府的关系表现为典型的依附关系。这种政府类型职能体现为改革开放前以政治职能整合经济职能与社会职能和改革开放初期以经济职能整合政治职能与社会管理职能,全能主义政府是其建设取向,政府的权力无处不在,对经济与社会全面渗透。

与政府取向理念相对应的是社会取向理念。所谓社会取向型的政府,是以社会为本位,以市场机制和契约机制所不能为主要施政对象,并以规制和服务为手段来维护社会秩序并促进社会发展的政府。②这种政府类型职能体现为以社会管理职能整合政治职能和经济职能,服务型政府是其建设的目标,政府的权力不再无所不在,政府与市场、政府与社会之间有着清晰的边界和各自的行动疆域,在经济领域政府依靠市场经济体制的完善,在社会领域依靠社会组织的发育来弥补政府提供服务上的不足。在这种理念下,政府只是公共管理的重要主体而不再是公共管理的唯一主体,政府、市场、社会组织在社会公共事务中依托各自的优势,各司其职、平等协商、良性互动。因此,政府与社会组织的共生关系取决于政府的价值理念和政府的类型。

一般意义上讲,政府取向理念的政府习惯于包揽社会一切事务,社会组

---

①② 沈亚平,郭琦. 从公共服务型政府到社会取向型政府. 生产力研究,2006(10):112-114.

织要么没有存在的必要和生存空间——计划经济时期，要么虽然有了存在的必要但生存空间狭小，参与社会治理的空间极为有限。政府对社会组织实施严格的管理与控制——市场经济初期，政府培育的社会组织虽然发育水平高，但是自主性不高，处于非对称性共生关系；社会自主成长得不到政府的支持，社会组织合法性不足，发育水平不高，功能发挥受到一定程度的抑制，与政府的关系属于共栖关系。相对而言，社会取向理念的政府对自身存在的价值有了重新的认识，其存在的价值在于弥补社会的不足。政府只是公共管理的重要主体之一，社会组织作为公共管理的重要主体地位得到政府和社会的承认，社会组织合法性困境得以解决，具有较高的自主性，整体发育良好，其在社会公共管理事务中与政府平等对话、协商，社会组织与政府的关系由原来的社会组织从属于政府的非对称性状况转变自由自主的发展的对称性状况。

当然，还要认识到，政府理念和类型与社会组织与政府共生关系的在理论上的关联性与实际中共生关系的对应上存在差异的可能性，因为我们所描述的是一种发展的趋势。这种趋势的演进是一个长期的过程，无论是政府理念和类型的转型还是政府与社会组织共生关系的演进都是旧有的逐步消退、新生的逐渐成长的一个长期过程。在共时性的视角下两者出现一定程度的不匹配、不对应只是时间的问题。同时，这种对应关系具有宏观的整体性，宏观的整体上的对应与微观的局部的表现并非同一问题。

当下，我国政府提出了将服务型政府建设作为行政体制改革的目标。应该看到服务型政府作为新的政府治理模式是对既有管理型政府或是经济建设型政府的超越。一方面体现了政府价值理念的更新，服务型政府是法治政府、责任政府、有限政府、民政政府等；一方面体现了政府职能重心的位移，公共服务和社会管理成为政府的职能重点。但不能否认的是，无论是从服务型政府的概念还是从服务型政府建设的实践来看，服务型政府依然包含着政府取向或政府本位的因素。在这一概念框架下，政府仍然是主动的施惠主体,社会为被动的受惠对象,在社会和政府的关系中,仍然未摆脱依附关系。①

因此,即便是在服务型政府建设的过程中,政府更加重视社会组织在社会治理中的作用的背景下,社会组织与政府共生关系的状态依然没有脱离共栖关系和非对称性共生。不能否认的是,在服务型政府建设中政府致力于从"全能主义"政府向有限政府转型,进一步转变职能,简政放权,为社会组织的生存和发展提供行动的空间。因此,越来越多的社会组织开始承接政府转移的职能,积极参与社会治理,政府和社会组织资源相互依赖的程度在逐渐提高,社会组织也改变了过去近乎单向度被动依赖政府的局面。但是在看到服务型政府对管理型政府或是经济建设型政府背景下,社会组织发展与进步的一面的同时,我们还需要清醒地认识到由于传统管理模式路径依赖和服务型政府本身内含政府取向理念因素的存在,政府依然习惯于自己的主导地位,社会组织更多参与社会治理的事实并没有撼动其作为公共管理配角非对称性参与的地位,谁能参与、如何参与等主导权还掌握在政府手中。因此,政府取向理念下社会组织即便发挥作用,其更多的意义在于一种工具性价值,而不是治理结构创新意义上的目的性价值,所以服务型政府建设背景下社会组织与政府的共生关系的改变尚处于量变的阶段,社会组织与政府资源相互依赖程度的提高也没有改变其自主性不足的事实,亦无法支撑其作为社会治理主体的地位,当然,这也是政府希望和精心设计的结果,政府对社会组织地位的提升并不感兴趣。社会组织的发展和其与政府共生关系宏观上取决于政府的价值理念和政府类型,具体而言离不开政府职能转变和政府对社会组织的管理。

二、政府职能转变释放空间有限

政府职能是指国家行政机关依法对政治、经济、文化、社会诸领域的公

---

① 沈亚平,郭琦. 从公共服务型政府到社会取向型政府. 生产力研究,2006(10):112–114.

共事务进行管理时所承担的职责和发挥的作用。政府职能会随着社会环境和社会发展的需要而发生改变,社会形态不同的国家,同一社会形态国家在不同的历史发展阶段上,政府职能的内容、重心和履行职能的方式是不同的。政府职能转变就是政府为适应社会发展的需要,政府的职责和功能所发生的转换、重组和优化。政府职能转变与社会组织发展之间是一种相互促进、协调发展的互动关系,政府职能转变是社会组织存在的前提和发展的推动力。同时,社会组织的发展也为政府职能转变提供了有效的承接载体,是政府职能转变成功的组织保障。撇开社会组织对政府职能转变的促进作用,我们这里只谈论政府职能转变对社会组织的生存与发展的影响,因为在两者的关系中这是居于主导地位的。政府职能转变实质上是从重塑国家与社会权力关系的视角,重新界定政府与社会的行动边界,实现政府逐步还权于社会,增强社会权力和其自治能力。在计划经济时期,政府职能无所不包,无论是宏观方面还是微观方面,对社会的管理面面俱到。在这样的情形下,社会组织没有生存的空间。改革开放以来,我国的社会政治、经济、社会环境发生了巨大的变化,政府职能转变也成为新时期行政体制改革目标的核心。社会组织就是伴随着政府职能的转变而发展起来的,是职能转变、政府和社会关系调整的必然结果,它承担了政府向社会分化的部分职能。

以经济领域政府向社会组织转移职能为例,1988年以来,为了适应经济发展的需要和政府改革的需要,政府管理职能开始向行业协会、商会等组织转移。具体表现为:一是将一些专业部委改为行业协会,如中国纺织总会、中国轻工总会等。[1]以此为基础,经过试点,中国政府于1998年确立了行业管理的目标模式。[2]这些社会组织成立后发挥了沟通政府和市场主体的作用,减少了政府对具体事务的直接管理,对于政府搞好宏观管理具有重要意义。但是,政府职能转变过程中存在着不少问题,这些问题的存在制约了社会组

---

① 林尚立,王华. 创造治理:民间组织与公共服务型政府. 学术月刊,2006(5):22-28.

② 陶传进. 经济领域中政府权力向社会转移的格局. 中国行政管理,2003(3):24-25.

织作用和功能的发挥。政府职能转变不彻底——政府职能转变成为权力在体制内兜圈,因此社会组织成为政府职能的延伸,在与政府关系中处于非对称性地位。政府"自上而下"推动成立的社会组织,无论是从人员还是组织经费上都来自政府,而且往往成为政府机构改革安置分流人员的重要途径。表面上政府职能转移到"代表社会"的社会组织,但实际上政府的职能和权力依然在政府的控制之内。政府对职能权力的天然迷恋,和"抓好处,卸包袱"的护利性职能改革,导致了政府仍然控制社会各个领域,过多地干预社会自治平衡系统,与社会形成"统治-服从"的依附关系。①

因此,尽管我国早在 20 世纪 80 年代就提出政府职能转变,尽管政府职能转变取得了不少成绩,但毋庸置疑的是我国政府管理范围依然广泛,政府职能转变尚未为社会组织让渡出太多的活动空间,致使社会组织缺乏自由、平等竞争的成长环境和积极发展的活动空间、动力,只能作为政府职能的延伸。在这种意义上可以讲,社会组织的成长没有减弱政府的职能反而变相地增加了政府的职能和权力。但与此同时,社会组织也处于一种半官方、半社会的尴尬地位。社会组织作为一种体制外参与社会治理的力量,不应成为政府的附庸,不应成为政府转变职能的形式工具,更不能成为政府机构精简和人员分流的蓄水池,而是应真正成为承接政府职能,与政府相互信任、相互合作的组织。在一定程度上,社会组织存在的种种问题的根源在于政府与社会组织之间的非对称性关系,而这种关系的形成在于政府职能转变的不彻底。事实上,社会组织的健康发展不仅为政府职能转变提供了必要性,同时也提供了可能性,因此政府应摒弃对社会组织既希望其发展又担心其壮大的矛盾心理,在职能转变的过程中根据组织各自的特点和职能履行优势来划定自身与社会组织的权力边界。在政府职能转变的过程中,明晰各方权责,将属于政府的权能归于政府,属于社会组织的权力归还社会,使政府和社会组织都成为权责相对独立的完整单元。

---

① 汤志林. 关于转型时期我国非政府组织社会功能缺位的思考. 云南行政学院学报,2004(4):83—86.

三、政府对社会组织的选择性信任

信任最早来自于心理学家对信任在人际关系中影响的研究，之后被应用到社会学和经济学等领域。信任是什么？心理学家赖兹曼认为："信任是个体特有的对他人的诚意、善良及可信赖的普遍可靠的信念。"①日本社会学家山岸俊男和山岸绿在《美国与日本社会中的信任和承诺》一文中认为："信任是在对与交往伙伴有关的不完全信息进行评价时的一种认识偏向，是对信誉和良好意愿的期待。"②还有学者将信任与知识相提并论，与组织传统的物资和人才相对。信任是一种社会资源，是可以被作为资源来加以开发和利用的，而且是像再生资源一样可以加以培育的。③事实上，无论是基于哪一种理解，信任的存在与否对社会个体和组织都是至关重要的。它会影响个体和组织的行动方向与策略选择。对于政府和社会组织之间的信任，我们更倾向于将其视为一种基于关系的社会资源，因此信任也成为组织生产力的重要部分，成为组织最基本、最重要的资源之一，能否获得信任意味着能否获得生存所必须的资源。"信任促进了权力的分散，增进了真实的传播，并通过分配稀有资源实现合作。"④

信任是一种相互性行为，但是仅就我国政府与社会组织而言，在政府与社会组织的信任关系中，政府是居于主导地位的，因为在两者的互动过程中权力明显不对等。在我国，政府可以单方面决定社会组织的行动空间，并可以介入到社会组织内部管理中去。易言之，社会组织的自主权保护不够且权

---

① 张康之,李传之. 行政伦理学教程. 北京:中国人民大学出版社,2004:384-385.

② ［日］山岸俊男,山岸绿. 美国与日本社会中的信任和承诺. 转引自吕青云. 论信任对社会可持续发展的影响. 唐都学刊,2005(3):80-83.

③ 张康之. 论信任的衰落与重建. 湖南社会科学,2008(1):68-72.

④ ［美］罗德里克·M.克雷默,汤姆·R.泰勒. 组织中的信任. 管兵,刘穗琴等译. 北京:中国城市出版社,2003:11.

利受到了相当程度的约束,而法律对政府权力的约束反而不够。相对于政府管理社会组织的制度和政策等具象化行为而言,政府与社会组织之间的信任则是更基本和更高层次关系的反映。那么我国政府对社会组织的信任是怎样的?这可以从政府对社会组织的态度来考察。我国政府对社会组织态度是曲折发展的,态度的发展反映了政府对社会组织信任的发展趋势。

改革开放以后,政府对待社会组织的态度和政策从过去的全面禁止转向控制发展。①在 20 世纪 80 年代政府对社会组织主要是持防范警惕的态度,这与当时国际、国内的环境分不开。因此,这一时期政府对社会组织政策主要是控制发展。随着市场经济体制的发展,政府职能转变,政府开始认可社会中介组织的作用,并在党的十五大上提出培育和发展社会组织的重要表述。随后党的十六大、十七大又对社会中介组织的发展给予了关注。党的十六大以后,政府肯定了民办非企业单位的作用,民办非企业单位的发展环境日益宽松。从执政党和政府的政策发展趋势上,政府对社会组织的态度发生了第二次转变,由控制发展到培育与监管并重。基于政府对社会组织发展态度上的两次转变,在宏观视野上,政府对社会组织的信任也经历了从不信任到开始信任的历程。政府对社会组织信任发展趋势的变化源于政府对社会组织信任的现实需求。社会组织在理论上具有的功能和优势给予了政府对社会组织信任的理论基础,实际上我国自改革开放以来社会组织的发展壮大给予了政府对社会组织信任的现实基础。但是,政府对社会组织的信任并不是普遍的,从被信任的主体上看是基于与政府有着密切关系的那部分体制内社会组织,或是那些虽然为体制外组织但与政府有着千丝万缕联系的组织。从组织类型上,行业协会商会类、科技类、公益慈善类、城乡社区服务类社会组织是政府重点培育、优先发展的对象;从双方互动的领域来看,也体现出一定的选择性,如社会组织在公共服务的提供上主要集中在非基

---

① 李国武. 公共服务领域政府与社会组织关系研究. 科学决策,2011(7):31-48.

础的公共服务领域,在基础公共服务领域政府主要依托公办事业单位;从社会组织功能的发展上也体现出了政府的选择性, 政府通常鼓励和支持社会组织提供公共服务的功能,而漠视甚至是压制其公共利益表达功能。

综上所述, 政府对社会组织的信任在被信任主体和信任领域上有着明确的边界和排外性,呈现较强的选择性。以政府向社会组织购买公共服务为例,政府与社会组织的合作或者是基于熟人关系的非制度化程序,或者是实质上的"内部化"合作。政府购买行为"内部化",即购买对象中有相当多的社会组织并非独立成长,而是由作为购买者的政府发起成立或倡导成立的。在这样的情况下,双方的运行缺乏有约束力的契约关系,要么两者的合作根本没有契约,要么契约的存在徒具形式而丧失了契约的性质。从短期来看,基于选择性信任的双方都实现了各自的预期。但无论是从公共服务质量提高的角度出发,还是社会组织生产公共服务的规范性,以及政府公共服务购买的完善,甚至更高层面从治理主体多元化上来讲,都将是不利的。因为选择性信任的基础并不是基于平等、自由的契约而形成的信任关系,而是建立在关系型信任基础之上的。所以选择性信任所确立的共生关系行为主体之间的关系是非对称性的。非对称性关系意味着不平等,这种不平等造就了我国社会组织发展上存在"双轨制"。一方面,选择性信任不鼓励竞争,缺乏竞争对象的激励,社会组织参与公共事务的效率和质量难以保证;另一方面,选择性信任意味着选择性支持,政府的资源支持偏向于体制内社会组织,对体制外社会组织是吝啬和严格的,不公平的竞争环境难免会引起体制外社会组织对政府部门的不信任。

更为重要的是,选择性信任关系很容易异化为信赖-变异的信任关系。"信赖造就控制,而信任则孕育合作。也就是说,信赖由于信赖者失去自主性而必然会受到被信赖者的控制,而信任则是发生在人的自主性完整存在的前提下的,因而不会在交往过程中受到他人的控制,他的自主性保证其在合作关系中总能处于主动的状态,能够拒绝任何控制行为。"①选择性信任异化为消解自主性的信赖正是我国社会组织与政府信任关系的真实写照。当然,这种信任的异化不是巧合与偶然,而是我国对社会组织管理制度的刻意设计。事实上,政府的选择性信任的原因并不是来自于社会组织,更多的在于政府对社会组织的偏见——社会组织的发展壮大会对政府权威构成挑战。因此,与选择性信任相对应的是政府管理上纷繁复杂的规则限制。然而耐人寻味的是改革开放以来社会组织力量的壮大并没有对政府构成威胁,而且社会组织在既有的制度结构中也不是与政府对抗的,或许这是选择性信任的成果?还是其他? 我们相信选择性信任不是政府与社会组织信任关系的常态,也不是达成两者合作的唯一途径。正如克劳斯·奥弗(Clans Offe)指出的:"制度如果被恰当地设计,就能够使我们信任那些我们从来没有接触过以及和我们没有相关的共同效忠对象的人。"②

第三节　影响政府与社会组织共生关系的社会组织因素

党的十八届三中全会提出"推进国家治理体系和治理能力现代化",并将其作为全面深化改革的总目标。国家治理体系和治理能力现代化涉及一系列规范权力运行和维护公共秩序的制度。尽管国家治理体系和治理能力现代化涉及的内容极为广泛,但究其生发和运作的逻辑,国家治理的有效性取决于三个最为基本的问题,即治理主体、治理机制和治理效果。国家治理体系涉及的是治理结构问题,治理能力现代化则是治理结构的功能问题。国家治理体系和治理能力现代化究其实质是新时期处理好政府与市场、政府与社会、政府与社会组织关系的新规约。国家治理体系和治理能力现代化的实现不仅需要政府治理能力的提升,同时也需要社会组织治理功能的有效

① 张康之.有关信任话题的几点新思考.学术研究,2006(1):68-72.

② [美]马克·E.沃伦编.民主与信任.吴辉译.北京:华夏出版社,2004:65.

发挥,这是治理体系和治理能力现代化的重要基础。社会组织治理功能的有效发挥则取决于社会组织能力的建设。

党的十八届三中全会通过的《中共中央关于全面深化改革若干重大问题的决定》在"激发社会组织活力"的章节中明确提出加强社会组织提供服务,进行能力建设的基本要求:"正确处理政府和社会关系,加快实施政社分开,推进社会组织明确权责、依法自治、发挥作用。"《决定》体现了党对培育和发展社会组织能力的重视,对社会组织能力建设提出了更高的要求和期待。然而社会组织的现实能力与国家期望还存在显著差距,甚至能力匮乏已是社会组织发展的主要障碍。能力不足成为社会组织承接服务的扼喉之痛和持续发展的短板。①在这样的背景之下,探索社会组织能力困境及破解的对策就成为当前的重要任务。社会组织能力现状如何? 本书对社会组织能力状况进行了问卷调查。本次问卷调查共发放问卷302份,回收问卷218份,其中有效问卷174份,有效问卷回收率57.6%。有效样本中,社会团体被访者为104家,占有效样本的59.8%,基金会被访者44家,占有效样本的25.3%,民办非企业单位被访者为26家,占有效样本的14.9%。这些社会组织登记注册情况如图5-1所示,所涉及的业务范围如图5-2所示:

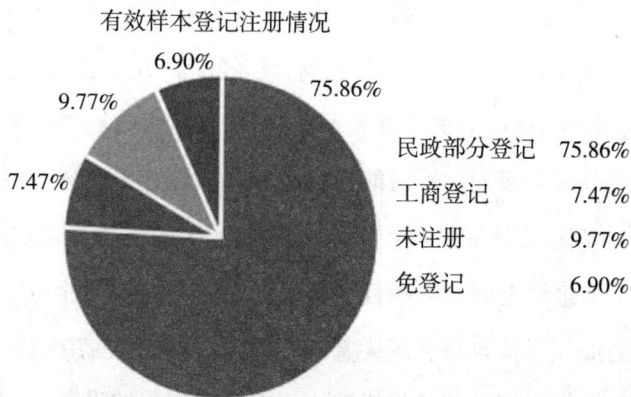

有效样本登记注册情况

6.90%

9.77%

75.86%

7.47%

民政部分登记　75.86%

工商登记　　　7.47%

未注册　　　　9.77%

免登记　　　　6.90%

图 5.1　社会组织登记注册情况

---

① 赵晓明. 能力不足:社会组织承接服务的扼喉之痛. 中国社会报,2013-07-15.

有效样本业务范围

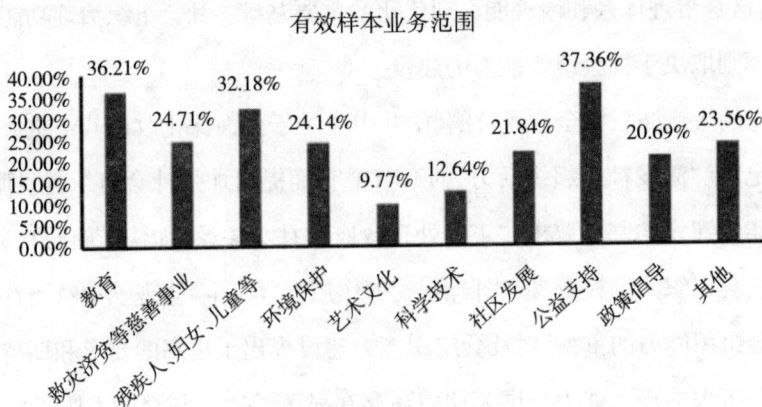

图 5.2　社会组织业务范围

　　社会组织功能和作用的发挥取决于其一定的能力。社会组织能力是其在社会管理和公共服务过程中所实际拥有的能量和力量的总和，它是社会组织发挥作用和实现功能的手段。学界对社会组织能力进行了广泛的探讨，但尚未形成共识。一方面偏重培育社会组织的管理能力，特别强调目标、手段的理性配置，以战略、筹资、项目、评估等管理课程为主；另一方面侧重于赋予社会组织以制度规范，特别是以市民社会为主的自治、参与、倡导、行动及可持续发展等使命价值。[1]曾维和提出社会组织承接政府购买服务的能力生态体系内容，"主要由责任承担、服务提供和信誉维系'三大能力维度'和独立运作、筹集资金、流程规范、设备完善、人力资源、专业技术、自我监督、品牌效应、危机公关等九大子能力"[2]。综上，我们可以看出社会组织能力的构成是多方面的。然而能力构成的多样性并不意味着各种能力重要性的均等。因此，应该对社会组织多样性的能力进行区分，寻求那些"元能力"，即制约社会组织发展和影响社会组织能力体系的关键能力。社会组织责任承担能力应该以其自身管理为基础，离开完善的治理结构，社会组织的责任承担就是空中楼阁。服务提供能力当然需要完善的设备、专业的人才与技术，但

---

① 杨宝,胡晓芳.社会组织能力建设的行为分析:资源导向或制度遵从.云南社会科学,2014(3).

② 曾维和,陈岩.我国社会组织承接政府购买服务能力体系构建.社会主义研究,2014(3).

是资源汲取能力是服务提供能力的基础,不仅决定着组织的生存,更制约着设备、专业的人才与技术,更为重要的是社会组织资源汲取能力直接影响着社会组织与政府的关系。信誉体系其实质与社会组织公信力是等同的。

因此,本书社会组织能力所指涉的内容包括社会组织自身管理、资源汲取能力和公信力。沈亚平教授在研究政府能力的过程中,提出了"政府能力赤字"的概念,"社会对政府能力需求与政府自身能力存量的失衡,即能力需求大于能力存量,或者反过来说,政府能力小于社会对政府能力的需求"①。为了更好地探讨社会组织能力问题,借用政府能力赤字的提法,这里提出社会组织能力赤字概念。"赤字"本是经济学的范畴,转换到行政学语境,可以将社会组织能力赤字理解为社会对社会组织能力需求与社会组织自身能力存量的失衡,即社会组织能力小于社会对社会组织能力的需求。

一、内部治理失当

问卷中设计了"您觉得现阶段社会组织存在哪些问题？",备选项有五个:"信息公开程度不够""执行力不高、活动低效率""内部管理不完善""公信力不高""其他"。有效样本选择各项的比例从高到低依次为:"执行力不高、活动低效率"(51.15%),"内部管理不完善"(50.57%),"公信力不高"(45.98%),"信息公开程度不够"(41.95%),"其他"(16.09%)。无论是社会组织执行力不高、活动效率低下还是内部管理不完善,究其根本是源于社会组织内部治理的不完善。与此同时,问卷中设计了"您认为以下哪几个方面管理能力对于贵组织是最重要的？",备选项有九个,要求社会组织从备选的九项中选择三项,九个备选项调查结果排在前三位的分别是"对社会组织的日常运作组织管理的能力"(63.22%),"谋求组织创新与发展的能力"(40.8%),

---

① 沈亚平,李洪佳. 人民满意的服务型政府及其建设路径研究. 东岳论丛,2014(3).

"组织动员会员的能力"(40.23%)。因此,无论是从社会组织对现阶段自身存在问题的认知,还是从其对最重要管理的管理能力的选择,都可以看出内部管理能力对于社会组织的重要性是首当其冲的。社会组织内部管理的实质就是内部治理。社会组织治理结构的完善,内部各项管理制度的建立健全和民主机制的有效运行才能有助于组织使命和价值的实现,有助于社会组织自身能力的不断提高。然而由于我国社会组织发展的历史不长,发展的整体水平较低,因此其内部治理结构和各项管理制度仍处于有待完善的阶段。在治理结构方面,社会组织尽管在形式上登记注册为法人,但是在实际的运行中不少社会组织缺少相应的治理结构。具体表现为理事会不健全,或者由于组织规模小而没有理事会,或者即便有理事会,但成员仅限于发起人或出资人,缺乏其他社会人士的参与。此外,由于政府的行政介入,社会组织内部治理结构成了"名义上的摆设"。

目前,我国社会组织中普遍存在内部管理制度不健全,规章制度不完善,人力资源缺乏保障,人员管理、专业督导缺乏有效机制等问题。①有些社会组织虽然已建立起各种规章制度,但往往也只是一种形式,其意义主要在于应付上边的检查,而不是为了真正的实施。社会组织日益成为社会管理与社会建设的重要力量,但在社会组织数量上不断发展壮大的同时,也出现了许多令人担忧的问题。如内部机构设置简单、理事会职责不明甚至是形同虚设、内部人控制等现象,内部治理问题逐渐浮出水面。很多社会组织的内部治理尚处于初始阶段,受到其内部管理和运行模式的限制,缺乏规范的制度和章程,或多或少存在内部监管徒具形式、民主决策制度不健全等问题,内部权力制衡机制没有建立或者虽然建立了但没有得到执行,工作的开展主要依据负责人的意愿、兴趣和信念而不是基于社会组织管理者的民主参与而达成的共识。这些内部治理问题的存在使得社会组织内部管理出现随意

---

① 孙华. 从弱权到增权:社会组织能力建设研究——以南京社会组织发展为例. 今日中国论坛,2013(12):459–461.

性和不规范的现象。民主机制的缺失为腐败留下了隐患,一些社会组织领导人为了一己之利而背离组织宗旨,挪用、侵吞善款损害公众利益的行为也就不可避免。

二、掌控资源有限

资金对社会组织的生存和发展的重要性绝不亚于合法身份的获得,甚至在一定意义上其重要性超过了合法性的获得。没有在民政部门登记注册或是在工商管理部门登记注册的社会组织并没有获得社会组织本源意义上的合法性,但这似乎并没有对社会组织的发展造成太大的阻碍。但是,如果社会组织缺乏足够的资金则难以维持运转。缺乏资金导致高素质的专业人才无法引进,有效的组织机构也无法成立,没有人才和机构何谈有效完成组织的社会使命? 在这个意义上,资金成为社会组织生存发展的生命线,成为社会组织能否独立自主发展的基础。因此,也就成为影响社会组织与政府共生关系的重要因素。然而由于社会组织非营利性的特点,资金短缺成为全球社会组织普遍面临的困境,当然这一问题在我国更为严重。

在西方发达国家,经过几十年的发展,社会组织有效地融入社会经济,在公共服务上做出了很大的贡献,得到了政府、企业和民众的支持,也形成了相对成熟的资金筹集体系,有效地解决了社会组织筹资问题。尽管我国社会组织资金筹集的渠道也涉及政府、社会的各个层面,但是我国的社会组织还没有形成成熟和多元化的筹资体系,因此也就未能解决面临的资金困境。根据清华大学非政府组织研究所 2000 年组织的一次问卷调查显示, 我国41.4%的非营利组织认为资金缺乏是它们面临的首要问题。[1]社会组织资金不足的情况可以通过几个相关的数据来了解。由于民间捐赠和社会组织自

---

① 王名,贾西津. 中国 NGO 的发展分析. 管理世界,2002(8):30-43.

创收入低下的原因，我国社会组织主要资金来源于政府财政拨款和补贴。"截至 2011 年底，社会服务事业费支出 3229.1 亿元，全国共有社会服务业机构(其成员组织包括社会组织与自治组织)129.8 万个，平均至每一个社会组织国家拨款与补贴仅为 25 万元左右。国家财政补贴力度远远不够。然而，较少的财政拨款却构成组织 50% 左右的收入。"①

当然由于这里包含着自治组织，同时算的也只是平均数，事实上，政府对社会组织的财政拨款和补贴是结构性的，根据政府的政策重点而有所侧重，这就意味着不是国家重点扶持的领域和项目肯定拿不到 25 万元的平均数，甚至不排除一分钱拿不到的可能。另外我们再看一组数据，"据统计资料显示，2006 年度，民政部民间组织管理局参加年检的社会团体 1632 个，其中受政府资助的有 468 个，占 28.68%；基金会 93 个，其中受政府资助的有 15 个，仅占 16.13%"②。从两组数据中，我们基本上可以看出政府对社会组织的支持总量上不足，支持的分布上不均衡。这种情况的存在使得大部分社会组织在资金上短缺严重，以致无法正常工作。访谈中我们从社会组织负责人那里也了解到当前社会组织资金存在的困境。资金短缺使社会组织只能提供较低的薪水而无力吸引专业人才，更无法与企业和政府等部门竞争人才。社会组织中专职工作人员少，兼职人员多，更缺少社会管理方面的专业人才。再加上社会组织社会保障制度不完善、管理不规范等问题，其人才流失严重。限于财力，社会组织聘任的专业人员比较少，加之劳动保障待遇低，致使职业化、专业化人才缺乏，现有的工作人员缺乏培训，工作手段、方法以及设计公益项目的思路和视野受到很大限制。

根据白光昭等人对青岛市民办非企业单位发展状况的调查，因为受经验状况与劳动人事社会保险制度不健全等因素的影响，民办非企业单位职

---

① 危英. 我国非营利组织资金筹集问题探讨. 商业会计, 2013(11):70–73.

② 孙录宝. 社会组织提升社会管理与公共服务能力研究. 中共青岛市委党校青岛行政学院学报, 2013(1):62–67.

工的待遇明显低于全额拨款的事业单位，仅相当于后者职工收入的一半左右。①由于收入没有吸引力，民办非企业单位人员素质整体不高。根据民政部2009年的统计数据，大学本科及以上学历的民办非企业单位工作人员的比例是12.8%。②资金的短缺和人才的匮乏终究会影响到社会组织能力的提升和正常的运转。更为重要的是，当资金短缺造成生存成为社会组织最关键事情的时候，组织相对于政府的独立性和与政府之间相互依赖程度的问题根本无法进入社会组织的视线，能否与政府进行平等的对话已然不那么重要，它们所考虑的更多的是如何与政府保持良好的关系，从而获得稳定的财政支持。

被调查的社会组织选择经费不足和经费困难的分别占40.8%和1.72%，数据反映了有效调查样本的资金总体情况，如图5.3所示。社会组织资金情况的具体分析还要围绕社会组织登记注册情况、社会组织类型和社会组织与政府关系三个方面作进一步的探讨。

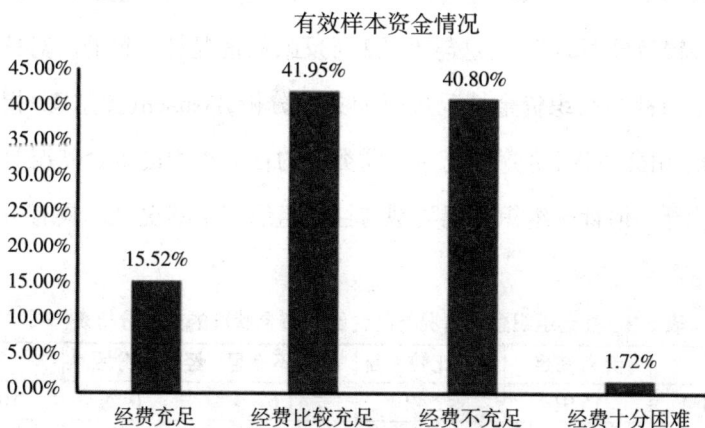

图5.3 社会组织资金情况

① 白光昭，张志勤等. 推进民办非企业单位发展的对策研究. 赵泳主编. 民办非企业单位问题研究,北京:中国社会出版社,2004:254-255.

② 2009年民政事业发展统计报告(民办非企业单位部分),http://www.chinanpo.gov.cn/web/show-Bulltetin.do? id=40007&2204catid.

1. 社会组织登记情况与社会组织资金状况的相关性

从表 5.2 中看出，社会组织登记注册类型不同，其资金状况呈现一定的差异性。工商登记的为 53.85%，未注册的为 47.05%，免登记的为 66.66%。由此可见，未注册和工商登记的社会组织在经费充足和经费比较充足中的占比是低于民政部门登记和免登记的社会组织的。选择经费不充足和经费十分困难的总计民政部门登记的社会组织为 41.67%，工商登记的为 46.15%，未注册的为 52.94%，免登记的为 33.33%。这意味着工商登记的和未注册的社会组织经费困难程度是高于民政部门登记和免登记的社会组织的。有效调查样本所反映的社会组织登记情况对社会组织资金状况的影响呈现出一定的规律，民政部门登记和免登记的社会组织的资金状况要优于工商登记注册和未注册的社会组织。

为了解社会组织登记的不同情况对社会组织资金状况的影响，对登记为不同类型的社会组织资金情况进行了卡方检验，得到了表 5.3。卡方检验结果显示 Pearson（皮尔森）显著性为 0.001，登记为不同类型的社会组织资金情况具有较为显著的差异，这与表 5.2 所反映的情况是一致的。对社会组织登记类型与社会组织资金情况进行相关性分析，Pearson（皮尔森）相关系数为 0.010。由此可知，尽管登记为不同类型的社会组织的资金状况具有较为显著的差异，但社会组织登记类型与社会组织资金状况之间具有较弱的正相关。

表 5.2 社会组织登记情况与社会组织资金状况的交叉分析表(%)

	经费充足	经费比较充足	经费不充足	经费十分困难	合计
民政部门登记	15.91	42.42	41.67	0	100.00
工商登记	0	53.85	30.77	15.38	100.00
未注册	11.76	35.29	52.94	0	
免登记	33.33	33.33	25	8.33	100.00
合计	15.52	41.95	40.80	1.72	100.00

表 5.3　社会组织不同登记情况下组织资金状况的卡方检验

	数值	df	渐近显著性(2 端)
皮尔森(Pearson)卡方	26.849ᵃ	9	.001
概似比	20.579	9	.015
线性对线性关联	.016	1	.899
有效观察值个数	174		
a.8 资料格(50.0%)预期计数小于 5。预期的计数下限为.21。			

2. 社会组织和政府关系与社会组织资金状况的相关性

从表 5.4 中可以看出,社会组织和政府关系不同,其资金状况是有差异的。选择关系非常密切的社会组织经费充足和经费比较充足的比例共计 66.67%,经费不充足的比例为 33.33%,经费十分困难的没有。选择关系一般的社会组织经费充足和经费比较充足的共计 57.97%,经费不充足的比例为 42.03%,经费十分困难的没有。选择联系不多的社会组织经费充足和经费比较充足的共计 34.28%,经费不充足的为 57.14%,经费十分困难的为 8.57%。由此可见,有效样本所揭示的情况是与政府具有非常密切关系的社会组织在经费上关系一般和联系不多的社会组织在经费上占优,即经费充足和经费比较充足的比例最高,而经费不充足的比例最低。

为了解社会组织和政府关系对社会组织资金状况的影响,对社会组织和政府不同关系的社会组织资金情况进行了卡方检验,得到了表 5.5。卡方检验结果显示 Pearson(皮尔森)显著性为 0.008,这意味着社会组织和政府关系不同的社会组织资金状况具有较为显著的差异,这与表 5.4 所反映的情况是一致的。对社会组织和政府关系与社会组织资金情况进行相关性分析,Pearson(皮尔森)相关系数为 0.136。由此可知,不仅社会组织和政府关系不同的社会组织资金状况具有较为显著的差异,而且两者具有正相关关系,即社会组织与政府关系的密切程度越高意味着社会组织资金状况会更好。

表 5.4 社会组织和政府关系与社会组织资金状况的交叉分析表

	经费充足	经费比较充足	经费不充足	经费十分困难	合计
非常密切	20.00	46.67	33.33	0.00	100.00
关系一般	14.49	43.48	42.03	0.00	100.00
联系不多	5.71	28.57	57.14	8.57	100.00
不好说	30.00	50.00	20.00	0.00	100.00
合计	15.52	41.95	40.80	1.72	100.00

表 5.5 社会组织和政府关系对社会组织资金状况的卡方检验

	数值	df	渐近显著性（2 端）
皮尔森(Pearson)卡方	22.458[a]	9	.008
概似比	20.724	9	.014
线性对线性关联	3.197	1	.074
有效观察值个数	174		
a.7 资料格(43.8%)预期计数小于 5。预期的计数下限为.17。			

三、公信效用短缺

在问卷调查过程中，有效调查样本在回答现阶段社会组织存在哪些问题时选择"社会组织公信力不高"的为 45.98%，比选择最多的"执行力不高、活动低效率"(51.15%)仅少 5.17%。由此可见社会组织公信力不高是当下社会组织面临的主要问题之一。问卷中设计了多选题"现阶段社会组织自身在公信力建设上面应该做哪方面的改进?"，备选项有五个："加强组织管理和自我监督机制的建设""服务质量有待提高""资金的使用效率有待提高""加强信息公开,全面建设信息化大众化的平台建设""提升工作人员的素质"。有效样本选择各项的比例从高到低依次为："加强组织管理和自我监督机制的建设"(68.97%),"加强信息公开,全面建设信息化大众化的平台建设"(61.49%),"服务质量有待提高"(48.85%),"资金的使用效率有待提高"(48.28%),"提升工作人员的素质"(43.1%)。

社会组织公信力即是社会公众对社会组织的认可及信任程度，是保证社会资源得到最有效利用的社会约定,是社会组织的生命线。①这个定义强调的是狭义上的社会组织公信力的问题，实际上不仅是社会公众对社会组织的认可与信任,同时还包括政府、第三方机构等对其的认可和信任,所以其重要性被描述为社会组织的第二生命。社会组织能力建设的核心就是要提升社会公信力。②公信力的高低关系着组织外部对社会组织服务能力和质量以及其他方面的总体评价。公信力的提高可以赢得组织声誉,扩大社会组织的影响力,提高其存在的社会合法性,有助于社会组织拓宽筹资渠道,更好地获取志愿者资源以及为实现组织使命奠定良好的基础。

有学者将公信力比作软权力。信誉度高的 NPO 更拥有在国内外施加影响和权威的相当的软权力——吸引和动员公众与社会资源，使局部环境下的舆论转化为整体的社会舆论，直接向政府或企业施压使其改变政策或间接地改变公众对政府和企业行为的看法而制定新的规范，从而达成组织宗旨。③仅就社会组织与政府关系而言,公信力高的社会组织在与政府的互动中更容易博得政府的信任与支持,也能够在与政府互动中争取更多的话语权。社会组织由于非营利性和致力于公益的特性,社会对其公信力寄予了很大的希望。公众要求社会组织"必须运行良好,因为我们托付给它们的是最重要的社会职能——启迪心智、升华灵魂、保护健康和安全"④。然而由于社会组织外部和自身原因，社会组织公信力不足和缺失的情况还是比较普遍的。社会组织"志愿失灵"的情况时有发生,公益腐败、公益低效、公益异化等违规事件不时见诸报端。典型事件包括 2002 年"丽江妈妈联谊会"事件,

---

①　张美娥. 试析延安时期劳动政策. 理论导刊,1999(4):45-46.

②　本刊评论员. 公信力:社名组织能力建设韵生命线. 社团管理研究,2008(7):1.

③　党政军. 监督是提高非营利组织公信力的关键——来自美国的经验与启示. 学习月刊,2008(5):8-10.

④　[美]里贾纳·E.赫兹琳杰. 公众对非营利组织和政府的信任可以恢复吗？载[美]里贾纳·E.赫兹琳杰等. 非营利组织管理. 北京新华信商业风险管理有限公司译.北京:中国人民大学出版社,波士顿:哈佛商学院出版社,2000:23.

2002年"菏泽慈善妈妈"事件,2009年中国红十字基金会"马书军"事件以及2011年中国红十字会的信任危机等。这些事件在社会上造成了极大的负面影响,事件的发生反映出当前社会组织的公信力状况令人堪忧。从另外一方面来看,相对于国外社会组织而言,我国社会组织的捐赠收入比例还比较低,这也在一定程度上反映出社会组织的公众认可度不高、公信力缺乏的现实。

第四节　政府与社会组织非对称性共生关系的影响

依据共生理论中共生能量生成原理可以对我国现阶段共生关系所产生的效应进行一定的评价。共生能量生成原理中提到无论是非对称性共生还是对称性互惠共生,都产生共生能量,但是两者的差异在于能量的分配不同。非对称性共生关系下能量按照非对称机制进行,因此也就导致了共生关系主体之间进化的非同步性。对称性互惠共生关系下能量按照对称机制进行分配,因此也就形成了共生关系主体之间具有进化的同步性。

共生能量在不同的应用领域具有不同的表现形式,在生物界共生能量的增加可以表现为具有共生关系的物种之间生存能力和繁殖能力的增强,在经济领域可以表现为企业经济效益的增加、经济规模的扩大等,那么共生能量在公共管理领域政府与社会组织关系中又表现为什么呢? 对于政府而言,总体上可以表现为政府能力的提升,具体包括促进政府职能的转变、促进有限政府的建设等方面。对于社会组织而言,可以表现为社会组织能力的提升、规模的壮大等方面。

一、非对称性共生对政府的影响

政府与体制内社会组织非对称性共生关系导致共生能量分配的不均衡,由于政府无论是在资源依赖上还是在自主性的维度上都具有优势,因此在能量的分配中占据着优势，也就形成了政府与社会组织共生过程所产生的共生能量分配的不平衡，相对于社会组织而言政府获益更多。正是基于这样的能量分配关系，形成了政府与社会组织进化或是发展的非同步性。因此，在实践中所谓的"强政府—弱社会"的格局也就顺理成章了。在一定程度上，社会组织的发展促进了政府能力的提升。社会组织是政府职能转移的载体，改革开放以来，在政府和市场的权力和责任未及之处，社会组织承担了那些市场和政府想不到、不愿意、也办不好的社会责任，在一定程度上解决了政府失灵和市场失灵的问题。随着我国经济体制改革的进行和社会自由自主力量的成长，社会组织已经承接了政府原来的对经济微观管理的部分职能，例如以管理主体的角色对市场主体的运行提供鉴证、评估、监督等服务，从而发挥了维护市场秩序的作用。社会组织作用的发挥有利于政府职能转变的推进和政府能力的提升，有利于政府处理好与市场、社会的关系。社会组织的发展规模、种类多少、完善与否直接影响着政府服务的质量和效率。

以服务型政府建设为例，"服务型政府的服务质量和效率不仅取决于政府自身的意志，在很大程度上也取决于社会自身自主管理的条件和能力"。一方面，社会组织可以引导和启发公民的民主意识，增强公民行使自身合法权利的自觉性，发挥沟通政府与社会的纽带作用，成为公民参与社会事务和社会管理的重要载体。另一方面，社会组织利用其接近群众、成本低等条件弥补了政府的不足，增加了公共物品的供应总量，提高了供给效率，减轻了政府的财政负担。当然，政府与体制内社会组织非对称性共生给政府带来的积极作用不局限于上述所例举。但不能否认的是非对称性共生在某种程度上抑制了社会组织的发育水平，反过来影响了其对政府所发挥的积极作用。

二、非对称性共生对社会组织的影响

政府与社会组织非对称性共生关系对社会组织的发展也产生了积极的

影响,在本书的第三章关于社会组织发展中已经进行了分析。尽管非对称性共生关系在一定程度上促进了社会组织的发展,但不能否认的是,非对称性共生关系对社会组织的发展也带来了不少不利影响,甚至在一定程度上延缓了我国公民社会的进程。事实上,社会组织发展所遭遇的不利影响会制约其发育水平,进而会影响其与政府共生状况,无法更好地发挥其促进政府能力提高的作用。那么非对称性共生关系对社会组织的不利影响有哪些?以下具体分析。

(一)社会组织发展不均衡

我国社会组织在发展过程中存在的一个突出问题是发展的不平衡。发展的不平衡表现为体制内与体制外社会组织发育水平的不平衡。体制内与体制外社会组织发展的不平衡是社会组织发展双轨制的直接后果。社会组织发展的双轨制是当下中国社会组织发展的特殊路径,从其产生的动力而言,既有政府自上而下的"政府选择",也有社会自下而上的"社会选择";从其资源来源上而言,既有来自于政府的,也有来自于社会的;从组织运作上而言,受到行政体制和社会自治体制的双重约束。双轨制可从两个层面解读:第一,不同社会组织有不同的发展轨道;第二,同一社会组织的发展也会受到来自不同轨道的影响。[1]社会组织发展路径的双轨制源于社会组织与政府关系的差异,而这种差异背后体现的是政府计划经济时期管理社会思维的延续。

改革开放以来,随着计划经济体制的解体和市场经济体制的确立,"全能主义"的政府模式逐渐式微,但政府习惯性将公共权力渗透到社会各个角落的思维还在延续。这种延续在社会组织发展的领域中体现为政府在处理社会公共事务的过程中,习惯于信任和依赖体制内的官办或准政府类的社会组织开展社会管理,因此政府无论是在权力资源、资金资源还是在合法性

---

① 胡薇. 双轨制:中国社会组织发展的现实路径分析. 中国行政管理,2013(6):16–21.

资源上都向体制内的社会组织倾斜。具体表现为：在政府职能转变的过程，政府转移的职能和下放给社会的权力青睐体制内的社会组织。在政府支持、扶持和培育的社会组织中也是以体制内的社会组织为主导，以政府目前正在进行的向社会组织购买公共服务为例，据相关研究显示：目前政府购买公共服务的主体基本上都是体制内的社会组织或是与政府关系极为密切的组织。

总之，政府对体制内社会组织全力开辟活动空间，在法律、政策等制度体系上维护其权益和促进发展，与此同时，也限制了体制外社会组织的发展，因此社会组织发展上的双轨制直接导致了体制内外社会组织发展的不均衡。从发育水平来看，那些体制内的社会组织一方面受到了政府的严格控制，另一方面也得到了政府较多的支持——行动空间的开发、资源的注入以及政策的支持等，因此其发育水平通常较好。从数量规模来看，体制内的社会组织在数量上比体制外的社会组织要多，占据明显优势。一些学者曾对当前中国的社团数量进行了估算，总的社团数量为800多万，其中人民团体及其他准政府社团的数量为670多万，准政府社团占整个社团的比例高达83.6%。①从发挥的功能上看，因为体制内社会组织在数量上和发育水平上都具有明显的优势，结构决定功能，因此体制内社会组织在发挥的功能上也明显比体制外社会组织更强。

（二）社会组织功能的偏离

社会组织作为国家与社会之间的沟通媒介，其本质的功能就是联结和协调两者之间的关系，其天然的使命在于防止和削弱或是补救政府和市场对公共利益的侵犯，因此社会组织能否保持自身的独立性、自治性等组织特性是决定其功能能否正常发挥的关键。然而在现实中，与西方国家-社会二分环境模式下产生的社会组织不同，我国社会组织产生于"强国家-弱社会"的环境模式下，因此其作为公民社会中防范政府侵犯公共利益的重要力量

---

① 王绍光,何建宇.中国的社团革命——中国人的结社版图.浙江学刊,2004(6):71-77.

从其产生之初就是不足的,甚至是不存在的。更为重要的是,社会组织产生和发展的主导力量在于政府选择而不是社会选择,即社会组织的产生不是扎根于民间并由社会自主的力量所推动的,而是来自于政府根据职能履行和社会管理的需要而成立的。这类社会组织名不符实,行政化色彩浓厚,可以说是行政部门工作的延伸,完全违背了"民办、民管、民受益"的组织原则,属于典型的政社不分。①这类社会组织与政府关系联系紧密,其功能的政府取向性与组织本身的行政化都很强,没有扎根于社会充分发挥其社会性,而是更多地考虑政府、从政府的角度出发来发挥作用。

由于我国对社会组织长期实行双重管理体制,政社不分、官办不分等问题促使社会组织产生严重的行政化倾向,从组织设置行政化、组织功能行政化到运行机制行政化等。社会组织行政化是指社会组织被吸纳入体制内的现象,总体上表现为两个方面,一是政府对社会组织的严格控制,另一方面体现为社会组织对政府的高度依赖。"在控制与依赖两种力量的共同作用下,社会组织的人事、资源和运作方式等各方面均向政府体系靠拢,依附于行政机构,带有浓厚的行政属性,缺乏应有的独立性和自主性。"②社会组织行政化的现象表明了社会组织的建立与发展往往与其应然的组织属性与功能相违背,脱离了社会取向的主导性,更多地迎合政府的取向。因此,实践中与其说社会组织是服务社会的机构,不如说是服务政府的机构更贴切,因为社会组织所提供的服务通常是上级下达的任务。短期来看,社会组织行政化似乎解决了社会组织自身发展的资源问题,但从长远来看,对政府和社会组织都是不利的。

从政府的角度来看,以政府选择的方式成立社会组织的目的是缓解政府治理社会的压力,进一步转变职能,解决政府效率低下和"越位""错位""缺位"的困境。但是社会组织行政化的状况并没有很好地解决职能转变、政

---

① 王义. 政府对民间组织管理的控制性倾向及其矫正. 行政论坛,2010(5):66-68.

② 祝建兵,向良云. 社会组织行政化及其治理. 长白学刊,2011(3):73-76.

社分开的问题,反而促使"政社不分"的状况更为复杂。因为缺少相对独立于政府的社会组织来承接政府转移出的公共管理职能,所以政府职能转变也走不出"体内循环"的困境,这与政府改革的初衷是相悖的。从社会组织的角度来看,表面上看,社会组织以政府为服务取向的发展模式似乎既满足了政府对社会组织的有效控制,同时也实现了政府借力社会组织将权力进一步延伸到社会的各个角落。但是应该看到,社会组织行政化的趋势致使社会组织失去了该类组织的原初意蕴与价值,促使社会组织的功能发生偏离,其扩大群众参与、反映群众诉求方面的作用大打折扣,对社会的整合功能也会逐渐式微。社会组织行政化的负面影响是多面的。社会组织行政化后被社会公众视为另一种形式的政府机构,其独立性和自主性无法获得公众认可,造成社会合法性的缺失。社会组织行政化造成了社会组织与政府机构在职能上的重叠,形成了对社会资源的浪费。更为重要的是,社会组织行政化后使得弱势群体的利益缺乏代言者,因为社会组织原本是社会一部分群体公共利益的代表,但当其行政化后其运作过程就如同政府一样,权力的行使是中立的,代表的是更广泛的公共利益而不是特定群体的要求。虽然社会组织能提供一定的社会公共服务,但在参与制定公共政策、影响政府执行力等方面发挥的作用还很小。①

以社会组织监督功能为例,社会组织是公民社会中监督和制约政府的重要力量。但是社会组织的行政化改变了社会组织与政府之间平等互动的关系,政府对社会组织的行政干预和社会组织对政府的高度依赖削弱了社会组织对公共权力的监督制约,抑制了其监督功能的发挥,形成了"主观上不敢监督,客观上无力监督"②的局面。实践中,社会组织更多的是去争取政府的支持,想方设法与政府合作,因此所谓的社会组织对政府的监督只是徒有其表,实际上是名存实亡。社会组织行政化限定了社会组织活动的范围和

---

① 张氢铟,潘尔春.社会组织的社会管理责任及其实现机制探索.人民论坛,2013(12):164—166.

② 杨朝聚.我国非营利组织的行政化及其影响.华北水利水电学院学报(社科版),2007(6):22—24.

深度。目前,我国社会组织参与社会治理的广度和深度都是有限的,还局限于特定的领域、特定的群体,稳定性、长期性、制度性的参与还比较匮乏。

当前,我国社会组织的社会行动领域主要集中在慈善、公益、环保等特定领域,其他社会领域的开放程度亟待拓展,尤其是要扩大涉及社会公共利益、少数群体特定利益、公民权利保障等公共政策领域的开放度。[①]社会组织行政化使得社会组织以政府与其关系作为首要任务,忽视或无暇顾及自身建设,行政化决定了社会组织服务内容、服务对象等方面更多地基于政府的需求而非社会公众的需求,致使社会公众对社会组织的使命、功能和责任的认识较为模糊。这影响了社会组织的公信力,不利于社会组织社会合法性的增强,也不利于其对社会资源的调动与利用。

总之,无论是从政府的角度还是从社会组织的宗旨和本质属性来讲,社会组织行政化都不是常态现象,是政府与社会组织非对称共生关系下的畸形现象,尽管这种特殊的状态有利于转型时期维护政府的政治与行政权威,强化对社会组织的监督控制,但从长远的发展考虑,社会组织行政化既不符合社会发展方向、政府发展的战略,更与社会组织的宗旨和属性相悖;既不利于政治与行政体制改革的进程,又抑制社会组织功能作用的发挥。

(三)社会组织公共责任缺失

公共责任是指提供公共产品和公共服务的个人或组织对所使用的资源的流向和效用向利益相关者有进行解释、说明、公开等义务。长期以来,公共责任主要是针对掌握公共权力的政府部门提出来的,因为政府独自承担公共管理的任务,作为公共性的唯一代表,自然成为公共责任的唯一承担主体。但随着政府管理模式由传统管理到现代治理的转型,更多的社会主体开始参与到公共管理中来,具有了一定的公共性。随之而来的是公共责任扩展到这些新的社会主体之上,社会组织作为重要的社会主体自然也具有公共

---

① 扶松茂.社会组织的实践基础及其社会建设功能研究.社团管理研究,2011(10):21-23.

性和承担公共责任的必然。可以从两个方面理解社会组织承担公共责任的必然：一方面，社会组织自身的特性决定了其是公共性的代表。社会组织的财产来源于社会捐助、政府支持和会员费及自营收入，从产权的角度来讲这是由捐赠和社会资源所形成的新的产权形式，从性质上既不属于私人财产也不是国有财产，而是社会共有的公共财产，王名将这部分产权界定为"公益产权"。基于社会组织公益产权的属性决定了其要有明确的利他的、非营利性的组织宗旨，在一定范围内或领域内参与并承担公共事务的责任。同时，承担公共责任也是由社会组织的社会属性决定的。社会组织存在的合理性在于其公共价值取向，其成立和运作的目的不是为了少数人的利益，而是致力于整个社会的发展和进步，履行公共责任是社会组织实现自我价值的途径。

另一方面，权责对等、权责相符是公共管理的基本原则，这条原则适用于所有的公共管理部门。多元公共治理的实现不仅在于公共治理主体的多元化、公共权力和资源的分散化，更为关键的是多元治理主体公共责任的具体和清晰。社会组织作为参与公共管理的重要主体，在拥有一定公共权力的同时，必须承担相应的公共责任。那么如何理解社会组织公共责任？纳亚姆（Najam）依据社会组织承担责任主体的不同，提出了对捐赠人、委托人和组织自己的三种责任。考佩尔（Koppell）提出了职责、义务、透明度、可控性以及回应性五个维度的公共责任。他指出，公共责任概念框架的每一个维度都有一个关键的问题："职责"的关键问题是"组织是否遵守规则"，"义务"的关键问题是"组织是否承担其行为的后果"，"透明性"的关键问题是"组织是否公开其绩效的实际情况"，"可控性"的关键问题是"组织是否按照委托人的要求做事"，"回应性"的关键问题是"组织是否满足了实质性的期望"。① 社会组织公共责任的焦点在于社会性和公共性，其应承担的公共责任主要包括：对

① Koppell GS J. Pathologies of Accountability：ICANN and the Challenge of "Multiple Account-abilities Disorder". *Public Administration Review*，2005，65(1).

社会公众的公共服务需求作出回应，保障公共服务的有效提供；保护捐助者、服务对象等利益相关者和社会组织工作人员的利益；对自己的不当行为承当责任。从上述分析可以看出社会组织公共责任是复合性的，既包括法律责任（技术性责任），又包括道德责任，同时还包括其他价值判断，诸如国家、社会和人民的利益关系，这些统一为社会组织的公共责任，单一的法律责任已经无法获得社会公众的认同。

发达国家社会组织公共责任经历了从传统的法律责任转变为复合性的公共责任的发展过程。法律责任强调通过强制性的法律规定对社会组织实施监督、命令和控制。法律责任最大的特点是简单地将"责任"等同于来自政府单向度的控制与监督。具体特点包括："沿袭了公共部门等级制的控制机制：非营利组织主要是向政府负责，接受政府的监督、管理与惩罚或奖励，由此而形成了'命令与控制'的监督模式；责任对象单一而明确：政府是非营利组织明确的责任对象；以外部监督为主，缺乏有效的内部责任机制；强调法律意义上的问责概念，缺乏民主性的基础；非营利组织的合法性问题被等同于法律问题，与公民社会没有关系。"①随着社会组织角色、功能和地位的提升，以及社会组织自身问题的暴露，社会组织的公共责任也在逐渐由传统的法律责任向多元复合性公共责任转变，这种责任的转变要求社会组织不仅要向行使监管权力的政府机构负责，而且要向捐赠人、受赠人和社会公众负责；不仅要重视来自社会组织外部的监督和制约，同时也要加强社会组织的自律。上述关于社会组织公共责任内涵的发展和国外实践的进程为理解和分析我国社会组织公共责任提供了有价值的分析框架。

在社会组织与政府非对称性共生和共栖关系下，社会组织公共责任严重缺失。

首先，我国社会组织法律责任不完善。这种法律责任的基础是政府制定

---

① 虞维华. 发达国家非营利组织公共责任的概念转型分析. 中国 NGO 研究学会,2008(7):10—16.

和颁布的法律与规定,法律和规定是社会组织运行的系统约束,同时也是判断其行为是否正当的主要标准。现阶段,非对称性共生关系下我国社会组织的公共责任运行机制体现为单一的自上而下的命令链, 政府与社会组织之间形成了类似行政组织内部的层级关系——监督与服从。改革开放以来,我国制定和颁布了《社会团体登记管理条例》《民办非企业单位登记管理暂行条例》《基金会管理办法》等行政性法规和部门规章,初步实现了对社会组织的依法管理。但是这些法规在立法层次上比较低,在内容上过于笼统,对其所具有的权利和责任的规定也不够全面,对问责主体尚缺乏明确的规定,因此需要在立法层次和内容上进行全面的调整。社会组织法律责任的完善有赖于政府对其外部约束制度和机制的规范化与制度化, 但更为重要的是要调整政府与社会组织的关系, 减少政府对社会组织无处不在的行政性干预和直接管理,更多地依靠法律手段、经济手段进行监督管理。而共栖关系下,社会组织法律责任的缺失体现为政府监管的缺位。如对转登记和未登记的草根社会组织的监管存在法规缺位,还没有将其纳入现行的法规中去,因此在监管上还存在无法可依、无章可循的情况,这无疑会给这类社会组织法律责任的实现带来困难。

其次,我国社会组织公共责任还停留在传统的技术性阶段,公共责任还单纯地表现为社会组织的法律责任, 而法律责任更具体地表现为社会组织对政府的责任。复合性公共责任还仅仅停留在学术研究阶段。在当前的政府与社会组织关系下, 政府垄断公共权力是社会组织生存与发展必不可少的资源,决定着社会组织的生存与发展。政府在社会组织的成立上设定了过高的门槛并确定了非竞争性的原则——同一个地区不允许类似组织的存在,这在客观上造成社会组织的垄断地位,垄断地位不利于社会组织公共责任的承担。当处于垄断地位的社会组织的绝大多数资源来自于政府而不是社会时,通常会形成两种局面:一是社会组织对政府言听计从;二是社会组织对其他社会主体(社会捐助者、社会公众、受益者等)的公共责任意识会趋于弱化。因此,社会组织通常将政府作为最重要的责任对象,而忽视对其他捐赠人和社会公众的责任。现实中很多社会组织的建立是满足政府行政需求而非社会公众的,因此其所履行的公共责任往往是政府为其所划定的公共责任,而政府和社会组织并不能总是保证这些公共责任与公众的意愿相符合。

最后,权责不相符情况下社会组织公共责任的缺失。从权责对等的公共管理原则出发,社会组织承担公共责任的前提在于权责一致。但是在非对称性共生关系下,社会组织尽管在一定范围内参与公共事务,但是其弱自主性的地位决定了社会组织所拥有的权力和承担的责任的不一致。通常是责任大权力小,或是有责无权,甚至是权力和责任都不够具体、清晰。因为权力为相关政府机构所掌控,政府不愿意将原本属于自己的权力真正地下方给社会组织,在权力收与放的过程中会出现选择性,"集权不集责"和"放责不放权"的情况屡见不鲜。因此,出现了社会组织无力承担责任的情况,一旦出现了公共责任事件,政府又会避而不谈,极尽庇护之力,往往追究不到具体的责任人,最后不了了之。之所以如此,因为非对称性共生关系下,社会组织与政府在某种意义上是一种异化的联盟,问责社会组织就意味着问责政府,更何况目前政府作为社会组织问责的主体,从情理上不愿意追责,政府也不会做搬起石头砸自己脚的事情。政府与社会组织的关系致使政府对社会组织的问责本应属于异体问责而异化为同体问责。从异体问责异化为同体问责,问责的成效难以保证,从长远的发展来看,这对于政府和社会组织都是不利的。近年来,社会组织频频遭遇公信力危机,如青基会事件、"胡曼丽"事件、"符广荣"事件,特别是"郭美美"事件、"卢美美"事件、"共和国脊梁"事件、河南宋庆龄基会事件等在社会上引起了轩然大波。①尽管这些事件背后的原因各异,但是公信力危机背后所折射出的公共责任缺失是普遍的和共同的,而公共责任缺失的背后更深层次的原因在于政府与社会的非对称性关系。

---

① 康晓强,潘娜. 当前社会组织监管的着力点. 学习时报,2013—09—23.

三、非对称性共生对社会的影响

（一）社会组织治理主体地位式微，多元治理发展滞后

"在现代社会，任何一个行动者，不论是公共的还是私人的，都没有解决复杂多样、不断变动的问题的知识和信息；没有一个行动者有足够的能力有效地利用所需要的工具；没有一个行为者有充分的行动潜力去单独地主导（一种特定的管理活动）。"①政府是公共管理的当然主体，尽管具有权力和资源优势，但在社会问题日益复杂，治理难度不断增加时，政府作为公共管理的唯一主体的格局已经无法应对复杂的社会管理问题，政府不再是公共管理的天然垄断者。我国政府改革的实践已经证实了这一点，政府通过政企分开、政事分开、政社分开改革，正在逐步调整政府与其他社会主体之间的关系，目的是要通过权力下放、还权于社会，调动各类社会主体参与社会管理的积极性，朝着多元共同治理格局的方向努力，但是仅就政社分开而言，改革的目标还远未达到。

实际上，对于我国来说，多元治理格局的建立是"客体主体化"的过程，以社会组织为例，即社会组织由原来单纯的被管理者的角色转换到被管理者和管理者的双重角色。党的十八大提出加快形成政社分开、权责明确、依法自治的现代社会组织体制也是在构建社会组织社会治理主体地位的战略部署。然而从目前我国社会组织与政府共生关系的现状来看，无论是共栖关系还是非对称共生关系，都无法支撑社会组织作为社会治理主体的地位。共栖关系中的社会组织尽管拥有了较高的自主性，但其与政府之间的相互依赖程度较低，而且由于合法性不足、资源匮乏等原因，这类社会组织的发育水平一般不高，如此何谈其能力？更何况，政府并没有把这些社会组织纳入

---

① Anthony Giddens. *The Consequences of Modernity.* California：Stanford University Press，1990：4–9.

到参与社会管理的体系之中。非对称性共生的社会组织一般不存在合法性不足、资源不足的问题,发育水平比较高,有较强的服务社会的能力,但是政府通常过多地介入组织内部致使其自主性较低,权力的控制不仅蚕食了社会组织的自主性,同时也在一定程度上抑制了其参与社会管理的主动性。

在这种情况下,社会组织已经沦为被动性的政府政策执行的工具,而不是其所代表的那部分群体利益的维护者。与其说社会组织服务所代表的群体、履行对公众的承诺或社会使命,不如说其仅是服务了政府,角色应然与实然的模糊如何成为合格的治理主体? 当前,政府与社会组织的共生关系使社会组织在政府治理体系中处于弱势地位, 地位的弱势自然会产生身份不平等的趋势,这抑制了社会组织能力的发展和公共责任的担当,阻碍了社会组织进入公共治理领域,限制和排斥了其作为治理主体的可能性,影响了其在治理过程中的话语权,且根本无法形成对政府的有效制约与监督。因此,延缓了我国治理主体由一元模式向多元模式发展的进程。在实践中,许多地方政府或是出于认识上存在的误区或是其他原因对社会组织不认可甚至排斥,因此在社会管理中会出现社会组织参与不足甚至严重缺失的现象,治理主体多元化在实践中还远未到位,多元化治理的格局尚未真正形成。计划经济时代形成了政府对社会管理和服务的大包大揽、全面垄断的一元格局,改革开放以后,在社会管理和服务上基本形成了政府与企业的二元格局,而本应作为社会治理主体之一的社会组织还没有成为响当当的"一元"。

之所这样讲,一方面从社会组织整体的发展规模上看。虽然说我们已经发展出 42.5 万个已登记的组织,但是从总体经济规模、就业能力、社会影响来看,仍然微不足道,民间组织总支出占国内生产总值的比例只有 0.73%左右,远远低于发达国家 7%的水平,也低于 4.6%的世界平均水平。①另一方面是从社会组织性质的现状与应然标准的差距来看。我国社会组织中与政府

---

① 马庆钰. 论政社分开与社会组织管理改革. 行政管理改革,2010(7):56-59.

有着各种关系的体制内社会组织占据了很大一部分，这些社会组织中有的有行政编制、享受财政拨款或是政府部门其他资源支持，俨然已经与社会组织应然的非政府性非营利性自主性等特征相背离。再有，从社会组织的合法性状况来看。自1988年《社会团体登记管理条例》出台以来，20年间，大约只有20%的社会组织按照规定在民政部门登记注册，而80%的社会组织则处于"无法定身份"的状态。①尽管社会组织合法性不是其作为社会治理主体的充分条件，但至少也是必要条件，没有合法身份，社会组织只能半公开、半地下活动，如此会影响社会组织的正常发展和对社会公共事务的参与，因此社会组织合法性不足或是合法性难于获得的现实，不利于其成长为社会多元治理的主体。社会组织作为多元治理结构的主体之一，应具有相对容易获得的合法性和相对于政府而言的充分自主性，拥有相当的社会治理的权力、能力和责任，才能促进其功能得到有效的发挥，在与政府就利益与价值达成共识的基础上形成各自独立、权责对等、相互依赖的对称性互惠共生关系。

(二)延缓公民社会的发育和成熟

公民社会是源自西方的概念，20世纪80年代以来在西方再度流行起来，随后被引入我国。由于社会背景和话语体系的差异，学界对公民社会的理解不尽相同。综观历史上对"公民社会"的提出和理解我们可以归纳为三个方面：作为自由秩序的公民社会、作为与国家制衡力量的公民社会、作为治理主体之一的公民社会。②尽管在概念上存在着理解上的差异，但这些概念同样也有着一致的一面，即"公民社会是相对独立于政治国家的民间公共领域，其基础和主体是各种各样的民间社会组织"③。这与加拿大学者查尔斯·泰勒(Charles. Taylor)的观点相吻合："公民社会与国家相对，并部分独立

---

①　马庆钰. 论政社分开与社会组织管理改革. 行政管理改革, 2010(7): 56-59.

②　贾西津. 中国公民社会图纲. 引自社会学视野: http://www.sociology.org/yanjiubankuai/tuijianyuedu/tuijianyueduliebiao/2008-11-26/6638.html.

③　张丹丹, 沈关宝. 公民社会的发育与形成——民间社会组织的培育与公民的有序参与. 学术界, 2011(6): 216-223.

于国家。它包括了那些不能与国家相混淆或者不能为国家所淹没的社会生活领域。"①实际上,不同概念所共同的指向揭示了公民社会的本质:一是其相对于政治国家的独立性,二是社会组织是构成公民社会的主体。按照逻辑推理的思路,显然本质一与本质二可以推断出拥有独立性(自主性)的社会组织是公民社会的基本特征。查尔斯·泰勒认为:"就最低限度的含义来说,只要存在不受制于国家权力支配的自由社团,公民社会便存在了;就较为严格的含义来说,只有当整个社会能够通过那些不受国家支配的社团来建构自身并协调其行为时,公民社会才存在;作为对第二种含义的替代或补充,当这些社团能够相当有效地决定或影响国家政策之方向时,我们便可称之为公民社会。"②

社会组织拥有自主性的前提或者说公民社会是否存在取决于政府行动的权力是否有确定的边界,政府行使权力是否在法律的框架内依法进行,政府是否尊重社会自治权力,社会组织是否拥有自己的意愿和利益表达手段。相对独立于政治国家意味着社会组织是公民社会的重要组成部分,是公民社会的主体、核心要素。与西方国家社会组织兴起与发展是以发达的公民社会为基础的背景不同,我国社会组织的兴起和公民社会的发育几乎是同步的,两者交织在一起,从这个层面上讲,我国社会组织的发展状况将会影响公民社会的发展,因为社会组织的发展本身就是在培育和构建我国公民社会的过程。换言之,可以将公民社会理解为对社会组织发展及其带来一系列社会变化的一种解释。对于我国公民社会的形成和发展来说,更多地是取决于社会组织的发展,社会组织的培育和发展是公民社会的形成基础,没有社会组织的良性发展,公民社会的发展就成了无本之木,其所具有在政治上对公共权力的监督和制约、在经济上促进市场主体完善、在社会功能上发挥利

---

① [加拿大]查尔斯·泰勒. 公民社会的模式. 邓正来. 国家与市民社会. 北京:世纪出版集团,上海:上海人民出版社,2006:25.

② 同上,28.

益表达和维护等等功能就无法有效发挥。因此,在这个意义上,社会组织发展、发育的水平和状态是衡量公民社会发育水平的一个重要标准。

但是在非对称性共生关系下,政府通过管理体制、合法性资源、资金资源等对社会组织实施严格控制,致使社会组织的自主性不足,社会组织的行动空间和权力也全然在政府的可控范围之内。政府鼓励、扶持社会组织一般性公共服务功能,而控制社会组织政策倡导、利益表达等功能。总之,政府对社会组织的管理压缩了其生存空间,使其发展受到严重的制约,造成了相对独立于政治国家的社会组织的缺位。自主性不足的社会组织自然是缺乏活力的,功能的发挥是不充分的。很显然,由发育不充分的社会组织所构成的公民社会也是不成熟的。

第六章　国外部分国家社会组织管理和
政社关系经验借鉴

　　社会组织与政府的关系存在着多种可能性,既可以是与政府的制衡、对抗关系,也可以是协助政府处理社会事务,与政府功能上形成合作互补、共生共强的伙伴关系。当代西方国家一般都争取使社会组织成为其社会治理的合作伙伴,它们或者已经实现了伙伴关系,或者正在努力朝这个方向迈进。之所以能做到这一点,在于它们认识到"市场失灵"与"政府失灵"的同在,认识到社会组织弥补市场和政府不能满足社会需求形成的空白地带的价值,认识到一个社会的有效运行来自于政府、市场和社会组织三者权力的相对平衡。

　　从国外部分国家社会组织管理和政府与社会组织互动关系的实践经验来看,平等合作是两者关系的主流和未来的发展方向。在两者关系的构建中,政府的态度是至关重要的。大多数国家都肯定了社会组织在经济社会发展中的积极作用,并积极与社会组织建立不同程度、不同层次的合作伙伴关系。在建立关系的过程中,双方相互尊重和相互信任。政府尊重并维护社会组织的独立性、自主性,积极搭建与社会组织平等对话的平台,在选择合作对象时保证机会的均等与公平;社会组织在与政府合作时,充分发挥自身的优势,协助政府实施各种职能,为社会公众提供多样化的公共产品和服务。这种平等合作关系对于构建我国政府与社会组织之间对称性互惠共生关系具有重要的借鉴意义。

第一节 英国社会组织

一、英国社会组织的整体概况

英国的社会组织遍及社会生活的各个方面，在数百年来的英国社会乃至人类社会的进步中扮演了重要的角色。在英国，官方和大众媒体习惯将社会组织称为"慈善组织"（Charity Organization），近年来比较常用的是"志愿和社区组织"（Voluntary and Community Organization）。这两者的区别在于"慈善组织"主要指社会组织中那些致力于公益的组织，而"志愿和社区组织"的外延更为宽泛，其不仅包括公益性组织，也包括各种形式的互益性组织。英国社会组织有着非常悠久的历史，可以追溯到12—13世纪的民间慈善团体。12世纪和13世纪，在英格兰地区就至少有五百多家志工医院为民众提供公共医疗服务。中世纪时期，罗马天主教会开展了许多慈善活动，如发放救济品，为穷人提供食物和住宿，提供护理服务，经营学校，这些活动被记载在罗马天主教会的济贫法中。

伴随着经济的发展，14世纪，英国在经济领域出现了社会组织，如伦敦同业公会，这意味着社会组织活动的领域不再局限于宗教领域，经济领域出现的社会组织开始为经济的发展保驾护航，如保护贸易、保证手艺质量等。这些社会组织除了在经济领域有所作为之外，同时也开展慈善活动，如通过捐赠济贫院向贫民提供救济。到了15世纪，社会组织提供的服务不仅限于宗教服务领域和经济领域，而是逐步由宗教服务向贫困救济和教育领域转变。到了17世纪，商业协会蓬勃发展，同时开始提供包括建立救济院、医院、管教所、贫民习艺所、初级学校、大学和市政基础设施等公共服务。

英国是世界上第一个颁布慈善活动法规的国家。1601年，英国颁布了世界上第一个有关民间公益组织的法规——《慈善法》，该项法规不仅划定了公益慈善组织的范畴，强调了这类组织所具有的公益性、慈善性和民间性等原则，而且提出了政府鼓励和支持民间慈善事业的法定框架，给出了进行各种形式社会募捐以筹措公益资源的法律依据。①《慈善法》是世界上最古老且沿用至今的一部有关社会组织的法规，其中规定了政府要对慈善组织提供各种支持，因此该法的颁布对英国社会组织的发展起到了重要的促进作用。18世纪以后，伴随着英国工业化的发展，英国社会组织也取得了很大的发展，社会组织的数量不断增加，除了工厂主或是企业家纷纷成立慈善组织之外，市民、知识分子、社会活动家也都成为成立和参与社会组织的主体，社会组织的工作范围也逐步扩大，从工业领域逐步扩展到公共卫生、教育等各个领域，对社会生活的各个方面都产生了重要而积极的影响。

18世纪，最具有代表性的社会组织就是慈善学校，他们免费或象征性地收取学费，为穷人的孩子提供食宿、衣物和教育。据统计，截至1729年，英格兰有超过1400所慈善学校，收容了超过22000名贫困学生。②英国的慈善事业在19世纪迎来了黄金年代，这一时期也是社会组织积极参与公共服务的时期。在英国经历的两次世界大战中，红十字会、圣约翰救护机构和妇女志愿服务协会等社会组织为军人和民众提供了救护和医疗服务，在战争中发挥了重要的服务作用。③二战后，英国政府更加重视与社会组织的合作，政府为社会组织的发展提供了大力支持，进一步推动了社会组织在公共服务供给中的参与，其在公共服务供给中的作用不断提升，其在公共服务供给理念、提高公共服务供给质量方面都发挥了日益重要的作用。由此，英国的社会组织成长为与政府和企业并列、相辅相成的民间公益部门。

到了20世纪后半期，英国因为执政党的更替而导致政府与社会组织关

① 王名. 英国民间公益组织及其与政府的关系. 中国社会报, 2003–12–05.
② 李峰. 英国社会组织参与公共服务供给的历程及启示. 哈尔滨市委党校学报, 2015(7):66–71.
③ 王名, 李勇, 黄浩明. 英国非营利组织. 北京:社科文献出版社, 2009. 32.

系有很大的差异。新公共管理运动以来,以布莱尔为代表的工党政府上台,对政府与社会组织的关系进行重新定位,强调政府与社会组织的合作,从而建立一个强大而积极参与社会活动的社会组织。在这样的定位之下,英国社会组织逐步成为公共服务的重要供给主体。目前,英国有一百多万家志愿组织,其中有 17 万家慈善组织。志愿组织拥有约一百六十万名带薪雇员,占英国总就业人数的 5%;总市值约 1570 亿英镑,占英国 GDP 的 2%,超过英国农业部门所占的比例。[①]近年来,英国政府逐渐加大对社会组织在公共服务方面的支持力度,英国社会组织在公共就业、社会养老、教育培训、医疗卫生、福利求助等诸多社会公共服务方面表现突出。

二、社会组织登记注册管理制度

在英国,社会组织的登记注册有一套独立、严格的法律制度和行政管理体系。英国的内政部、文化部和独立于政府之外的慈善委员会分别作为社会组织与政府间的协调机构、资助机构、登记注册机构以及监督部门发挥积极的作用。英国社会组织登记注册管理制度实施分类管理。成立志愿者组织不需要登记,只要志愿者组织有自己的章程,不向政府要钱,组织成员不低于 3人即可成立,政府对组织围绕章程开展的互动也不干预。但是自 1960 年慈善法实施以来,根据慈善法的规定,成立慈善组织必须到慈善委员会注册登记,获得批准后才能开展活动。

与我国对社会组织实施的双重管理制度不同,英国的慈善组织统一接受慈善委员会的管理。慈善机构注册在组织形式上可以有多种形式。英国慈善机构分为法人和非法人组织两种,法人组织形式有公司、商业工会、根据国会注册法案注册的实体和根据皇家特许令注册的实体。非法人组织形式

---

① 小政府,大社会——英国公共服务体制改革. http://gongyi.people.com.cn/n/2012/0327/227937—2146598474.html.

有非法人协会、信托和互助会。协会与信托曾经是英国慈善机构的最基本形式。协会是现代公民社会的核心部分,信托是传统的慈善组织形式。英国法律规定,协会与信托不具有法人资格。在英国注册慈善组织需要满足的条件是:一是要注册的慈善组织在工作内容上不能与其他慈善组织重复;二是慈善组织需要有组织章程,组织章程可以是理事会的文件、组织宪章或相应的法规;三是慈善组织依照《托管人管理法》组成托管理事会。理事会成员的构成应多元化,既包括来自政府部门的代表,同时也包括来自慈善组织所在社区的代表,以及私人企业部门的代表。理事会成员可直接受雇于慈善组织,但不能有其他商业目的。在英国慈善组织登记注册过程很简单,由发起人向慈善委员会提出书面申请, 慈善委员会将根据发起人的情况对该组织进行审查。如果提出申请的组织符合相关条件,慈善委员会就会发给该组织注册代码,并将该组织的信息存入公开的慈善机构注册中心。

三、政府与社会对社会组织的监督

英国对社会组织的监督包括外部监督和内部监督。外部监督的主体包括慈善委员会、法院以及社会公众,监督的内容包括社会组织行为监督、财产监督、董事会监管和性质监管四个方面。内部监督主体主要是社会组织的内部治理和自律。英国社会组织的理事对社会组织的行为和资产负有完全的责任,他们有责任监督公共资产的延续,组织的恰当管理,组织的非营利性、公益性目的的实现。[1]值得一提的是,英国慈善委员会不仅是社会组织的注册机构,同时也是社会组织外部监督的重要主体。英国对社会组织实施分类监管, 分类的标准是根据社会组织规模的大小。对于那些以社区为基础的、组织资金规模小的、职员少和社会影响力不大的社会组织,英国慈善委

---

[1]　中国现代国际关系研究院课题组. 外国非政府组织概况. 北京:时事出版社,2010:69.

员会将对这些组织的监管,委托专门的中介机构进行,慈善委员会负责制定监管的统一原则和规范。被中介机构监管的社会组织需要提交年度总结报告并附上收支报表,这些材料不必交给慈善委员会,但是慈善委员会或社会公众可以查阅这些材料。

慈善委员会除了委托中介机构监管规模较小的社会组织之外, 还要求这种类型的社会组织的托管理事会加强自我监管。对于约一万家规模较大的慈善组织,慈善委员会的监管方式是不同的。因为这些大型的组织虽然数量不占整体多数, 但它们的总收入和总资产却占据了整个慈善行业的总收入及总资产的90%。①在这约一万家规模较大的慈善组织中有400家大型组织,慈善委员会对社会组织实施直接监管的对象就是这约一万家社会组织,尤其是重点监管400家大型慈善组织。慈善委员会要求规模较大的慈善组织在运作上要高度公开与透明,并将其运作公开与透明作为监管的一项内容,且随时接受公民对慈善组织的举报。慈善委员会要求此类慈善组织每年提交两份报告——托管理事会的年度报告和财务管理报告。

四、英国政府与社会组织关系

英国的社会组织通常被称为"慈善组织"。英国政府非常重视慈善组织的发展,把推动其发展作为政府的一个使命和一项基本职能。在20世纪末21世纪初,政府每年提供大量财政资金(30亿—40亿英镑)支持慈善组织的发展。为了激发各类社会组织参与公共服务供给的积极性和提升社会组织提供公共服务的能力,从而提高社会组织提供公共服务的质量和效率,英国政府从财政资金和税收优惠方面给予社会组织支持。为了鼓励社会组织参与公共服务供给,政府在财政方面提供多种形式的支持,如政府向社会组织

---

① The UK Voluntary Sector Almanac 2006：The State of the Sector National Council for Voluntary Organizations,2006.

购买公共服务或产品，或是政府直接将某类公共服务的提供以项目的形式委托给社会组织，或者由政府对社会组织进行培训。英国政府除了财政资金对社会组织的发展予以支持之外，还每年从博彩业财政收益中拿出 16.7% 的资金支持参与公共服务供给的社会组织。由此可见，在英国，社会组织资金来源很重要的一个渠道就是政府资助和财政援助。

英国政府在税收方面给予社会组织税收优惠，社会组织在税收上的优惠有专门的立法予以明确规定。《1988 年收入和法人税收法》对社会组织享有的税收优惠做了详细的规定，对那些从事公益活动、参与公共服务提供的社会组织可以享受税收减免优惠政策。更为重要的是，为了使得符合税收减免条件的社会组织能够享受到税收优惠政策，英国有专门的基金会负责帮助符合条件的社会组织去申请税收优惠或是减免。正是因为有这样专门的基金会负责社会组织税收优惠和减免的申请工作，使得政府对社会组织的税收优惠政策的效果非常明显，每年成功申请的退税都能达到 10 亿英镑以上。社会组织资金问题的解决，为社会组织的发展和其参与公共服务供给作用的发挥奠定了基础。英国的慈善组织在发展的过程中都不同程度地接受政府的财政支持，但政府的财政支持并没有成为左右慈善组织运行的额外条件。政府主要是通过政策来引导和影响慈善组织的活动，因此慈善组织的自主性还是比较强的。

自 20 世纪 90 年代开始，英国政府便在与社会组织互动中践行"伙伴关系"，政府与社会组织的合作模式成为公共服务供给中的重要模式。为促进和规范两者之间的"伙伴关系"，1998 年英国各级政府与慈善组织之间签署了"政府与志愿及社区组织合作框架协议"（Compact）。由此，形成了政府与慈善组织之间平等合作的机制与框架。Compact 的签订使英国成为第一个与社会组织签订合作协议的国家。该协议的重要意义在于将政府与社会组织之间的合作关系上升到国家政策层面，赋予了社会组织参与公共服务供给的合法地位。协议的签订表明英国政府对社会组织在社会中重要作用的肯定,并说明政府与社会组织在价值和功能上所具有的一致性。

事实上，协议签订所确立的政府与社会组织之间的合作关系并非一朝一夕之功，而是基于英国社会悠久的慈善观念及公民志愿活动和公益活动的透明，这些发展的历史为政府与社会组织之间建立良好的合作关系奠定了基础。协议除了对社会组织在公共服务中的作用给予充分肯定之外，还确立了政府与慈善组织之间的合作原则及双方应当履行的责任。合作的原则主要包括政府对慈善组织提供财政支持原则；政府在支持慈善组织的同时保持慈善组织的自主性、独立性；慈善组织在使用公益资源时保证公开性和透明性；政府为不同类型的慈善组织获取政府财政支持提供公平的机会等。这个协议本身不具有法律效力，只是一项指导原则，要求政府在进行社会公共管理的时候要与民间组织建立合作伙伴关系，这是非常重要的原则。①

协议既明确了政府的责任，同时也对社会组织在合作中应承担的责任予以规定。政府的责任包括四个方面：第一是独立。政府应当尊重并保持社会组织的独立性，维护社会组织的法定权利和权益。第二是资助。政府应给予社会组织必要的资金援助，使得社会组织具备持续提供服务和治理的能力。第三是政策发展与共同协商。政策制定的过程中政府要尊重社会组织，并与社会组织进行协商，在此基础上不断完善公共政策。第四是建设更好的政府。与社会组织共同致力于双方合作伙伴关系的完善，共同对合作协议执行情况进行回顾与总结。

社会组织的责任包括三个方面：第一是资金和尽职。社会组织应最大限度地满足资助者和服务使用者的需求，遵守相关法律法规和协议。第二是政策发展与共同协商。社会组织在参与政府政策制定时应征求组成人员、志愿者、服务使用者以及资助人的意见，在此基础上积极向政府提出建议，并做好保密工作。第三是一些好的做法。社会组织要协助政府部门工作以帮助他

---

① 王名.国内外民间组织管理的经验与启示.学会,2006(2):23-26.

们提高效率,尽量将服务的使用者纳入社会组织的活动之中,与政府共同对 Compact 协议的执行情况进行回顾与总结。Compact 协议除了对政府与社会组织合作的原则、双方的责任进行明确规定,其重要的意义还在于协议是政府与社会组织经过共同协商,共同签署并遵守的。更为重要的是,协议最初是由社会组织提议,并借助专业力量,在对志愿部门、社区和政府有关部门调查的基础之上提出的报告。换言之,在协议的起草、修订、确立的过程中,体现了多元利益相关者的参与,更为重要的是,协议中的基本原则是由社会组织首先酝酿出来的。

在合作伙伴关系建立的基础之上,英国政府为了给社会组织活动开展提供便利条件,政府更为主动地给社会组织活动给予支持。如为了推动协议各项原则的落实,英国内政部设立轮值性的协议指导工作组,从全英主要的社会组织中推荐 20 名负责人轮流担任工作组委员。除了成立协议指导工作组协助社会组织开展活动之外,政府也制定了社会组织参与公共服务供给的程序、标准等规范,以此来确保社会组织能够有序地参与公共服务的供给,从而为社会组织供给公共服务的质量提供保障。正是政府与社会组织之前的相互信任、相互配合的伙伴关系,为社会组织营造了可信赖的、宽松的外部环境和发展空间。

需要注意的是,Compact 协议属于国家政策,并不是立法,确切地说是政府与社会组织合作的备忘录,不具有法律的约束力。1998 年首相签署的 Compact 协议适用于包括中央政府的地域办公室、政策执行机构、非公共部门等一系列组织,并不包括地方政府。随后大多数地方政府在 2000 年也签署了 Compact 协议,到 2003 年,地方政府签署的协议超过了 100 份。这也就意味着 Compact 协议最初是源自于中央政府的推动,随后逐步在地方政府渐次开展。同时,由于 Compact 协议作为全世界第一个政府与社会组织的合作协定,经验的不足也必然会导致协议存在各种的不足。因此,自 Compact 协议签署以来,英国政府就不断对协议进行补充和修改。布朗政府和卡梅伦政府分别于 2009 年和 2010 年同社会组织签署了 Compact。从 1998 年首次签署 Compact 到后来政府与社会组织合作的持续发展，除去协议本身内容的合理性之外，也离不开 Compact 的有效实施。

Compact 的有效实施取决于英国政府为此建立了一套行之有效的组织体系和运行机制。在组织体系方面主要包括五个机构：一是公民社会办公室。该办公室是内阁领导下的机构，其职能是负责协调政府与社会组织之间的关系，其中包括 Compact 的协调工作，这种协调并非强制性的领导与被领导的关系，而更多的是一种服务。二是 Compact 工作小组。如果说公民社会办公室是代表政府方面协调政府与社会组织关系的机构的话，那么该工作小组则是代表社会组织方面与政府进行联系和协调，反映社会组织利益和诉求的机构。该机构的前身是英国全国志愿组织联合会，其代表全英志愿组织、社区部门、非营利组织、慈善组织以及互助团体与政府各部门进行联系和协调。三是 Compact 年度会议。年度会议是政府与社会组织协作的平台，参加者包括政府部门的部长、地方政府和社会组织等来自不同方面的代表。会议的目的就是政府与社会组织对 Compact 的实施进行共同评议。四是 Compact 委员会。该部门的职责是监督 Compact 的实施，并且推动政府、社会组织之间的合作，增进两者之间的相互信任。五是地方政府协会。地方政府协会是由包括地方政府、志愿者、社会组织等多元主体组成的地方网络平台，是地方 Compact 的实施机构。运行机制中有两个重要的方面，一是 Compact 的实施动力。Compact 之所以能够在中央政府和地方政府持续开展，不仅仅在于其对政府而言具有积极的意义，也在于其对包括社会组织在内的多元主体的尊重与调动，当然，更为重要的在于资金的激励。中央政府将大量的政府采购的资金用于 Compact 项目，并通过财政转移支付的方式激励地方政府在 Compact 协议下实施项目。二是 Compact 纠纷处理机制。纠纷处理机制是多元的，既包括了 Compact 倡导组织、Compact 委员会、地方政府委员会，同时也包括一个被称为"公共法律工程"的独立合法慈善组织。正是在这样的组织体系和运行机制的基础上,Compact 才得以在中央政府和地方政府层面持续开展,也使得在 Compact 签署后,社会组织和政府的伙伴关系得到了迅速发展。

英国政府与社会组织之间签订的 Compact 协议引起了其他国家的注意。2001 年,加拿大政府与该国的社会组织签订了"加拿大政府与志愿部门协议"(An Accord Between the Government of Canada and the Voluntary Sector,简称 Accord)。在内容上,Accord 与英国的 Compact 有着很多共同点。Accord 对政府与社会组织的合作价值理念进行了规定,主要包括:民主,赋予社会组织自主运作、表达言论的自由和咨询信息的自由;活跃的公民意识,双方都欢迎公民个人或群体积极投入到政府或志愿活动中,共同建设加拿大社会;[①]以及平等、多样性和包容性。除去价值理念,Accord 也规定了双方合作的指导原则:独立性,政府应当尊重和保护社会组织的独立性,社会组织也应当利用自身的独立性去参与社会治理;相互依赖,政府应将社会组织视为平等的合作伙伴,构建两者之间相互依赖的关系;对话,在政府与社会组织之间进行开放、平等、正式的积极对话;以及合作与协作、对加拿大负责。在此基础之上,为了更好地落实 Accord,2003 年,政府与社会组织签订了《良好实践准则》,用以规范双方的合作行动。制定《良好实践准则》的指导原则是:志愿部门由于其同社区的联系而把特殊的观点带到其行动中去的价值、相互尊重、包含性、可理解性、慈善性、透明性、责任和可说明性。[②]

---

① 廖鸿,石国亮,朱晓红. 国外非营利组织管理创新与启示. 北京:中国言实出版社,2011:58.
② 李培林,徐崇温,李林. 当代西方社会的非营利组织——美国、加拿大非营利组织考察报告. 河北学刊,2006(2):71–80.

第二节 美国社会组织

一、美国社会组织的整体概况

在美国,社会组织也常被称为"独立部门",是具有重要的社会影响和经济实力的部门,是与政府部门和企业部门并列的重要部门。美国的社会组织在 20 世纪取得了快速发展,其数量从 1950 年的 5 万左右发展到 20 世纪末的 100 多万。2013 年,经国税局(IR.S)批准、豁免联邦所得税的美国社会组织有 159.9 万个,其中 105.24 万个是符合《国内税收法典》第 501(c)(3)条款规定的公益慈善组织。如果加上其他各类社会组织,包括活跃在社区的草根组织,美国的社会组织至少有 230 万个。

根据"慈善美国"(Giving USA)统计,美国社会组织的收入总额情况如下:2013 年美国慈善事业的总捐赠额约为 3351.7 亿美元。美国社会组织每年的收入总额为 2000 亿美元,占美国 GDP 的 12.5%。美国 1% 的慈善机构获得非营利部门总捐款收入的 85%。在人员规模方面,2012 年底,在美国各行业中,非营利部门提供的就业机会排名第三,低于零售业行业。美国非营利组织的从业人员 1500 万(占全国就业人口的 10%,中国为 0.3%)。[1]目前,美国社会组织的种类包括:各类学术研究机构、教育培训机构、医疗保健机构、专业协会、教会、工会、商会、体育组织、文化娱乐组织、青年组织、老年公民组织、志愿组织、民间基金会、公益性团体、慈善机构等。此外,哈佛大学、普林斯顿大学、美国红十字会、洛克菲勒基金会、大都会艺术博物馆、纽约交响乐团、全球救助合作社、环境保护基金、美国商会等,都是比较典型的社会组

---

① 王世强. 美国非营利组织的发展与管理体制. 中国社会报,2014–11–3.

织的类型。由此可见,美国的社会组织数量庞大,经济实力雄厚,社会影响广泛,从业人员众多。

二、社会组织登记注册管理制度

美国社会组织的快速发展得益于美国政府对社会组织的管理,其中美国实施较为宽松的注册制度是重要因素之一。美国对社会组织的管理分为联邦和州两个层面,实行联邦政府和州政府的两级负责制。州在对社会组织管理时需遵循联邦的法律,同时也依据本州的法律对社会组织进行管理,因此在不同的州,社会组织的管理制度会有所不同。但是总体上美国对社会组织注册登记的法律和资金要求非常宽松。社会组织的成立可以自由选择是否注册,在政府相关主管部门注册则具有社会组织法人资格,也可以选择不注册,不注册则不具有法人资格。在美国不具备法人资格的社会组织是不能获得免税资格的。换言之,社会组织在政府相关主管部门注册是其获得免税资格的必要条件。

在美国注册社会组织是非常简单的事情,对成立社会组织的资金和人数并没有具体规定,只需要提交两页纸的机构章程且机构章程在关于机构目标、内部治理等方面符合相关规定,社会组织的管理机构——州内政司即可批准其成立。经州内政司批准成立的社会组织可以向国内税务局申请成为具有免税资格的社会组织。选择注册的社会组织可以选择法律形式不同的组织方式。从法律形式看,社会组织可以是非法人非营利社团(又叫非公司形式的社团,unincorpo-rated associations),也可以是公司形式的社团(in-corporated organizations)。尽管法人登记并不构成社会组织获取合法性的前提,但社会组织为承担有限责任和获得免税地位,大多数都选择了公司形式的社团。

三、美国政府对社会组织的监管体系

美国对社会组织的监管大体上包括三个层面，其一是政府管理，其二是社会组织的自我管理，其三是来自行业的管理。政府对社会组织的监管主要通过税收控制和法律监督。机构自我管理是依法设立机构目标和机构管理标准。行业管理一般分为信息沟通和评估两项功能。美国政府对社会组织的监管并不是通过一个部门来实施的，而是由包括税务机关、登记机关、审计机关、司法机关等多个部门共同协作，形成对社会组织的协同性监管的综合监管体系，从而避免了监管的真空。在众多的政府监管机构中，以税收管理为重点，税务机关通过财务报告、信息公开、财务抽查等途径，对其免税资格进行认定和更新，并对存在问题的社会组织采取罚款、取消免税资格等处罚措施。由于美国社会组织数量众多，单纯依靠政府的监管是不行的，因此除了政府对社会组织的监管之外，社会组织的行业管理、公众和媒体等社会监督也起了很大作用。美国社会组织的行业管理是社会组织自愿联合的产物，很多社会组织的负责人自发地联合成立全国性的机构，例如美国独立部门、美国基金会联合会、美国全国非营利组织董事会中心、美国慈善信息局等。

美国有许多社会组织的同业组织，它在很多方面都发挥着积极的作用。一方面，同业组织为社会组织服务，如维护社会组织的合法权益。另一方面，同业组织也充当着社会组织的监督者，协助政府监管社会组织，从而促进社会组织的自律，确保社会组织的健康发展，这就在一定程度上弥补了政府管理力量的不足。美国社会组织同业组织所具有的影响力使得美国政府在监管社会组织时也需要借助其力量。例如，1956 年成立的基金会中心是一个全国性社会组织，其很重要的一项功能是为社会公众提供各个基金会的详细资料信息。美国国家慈善信息局（简称 NCIB）也是全国性的社会组织，负责相应管理标准的制定和社会组织的管理评估。美国政府委托国家慈善信息局制定管理标准,该组织自行拟定 9 条标准,并依据其制定的标准对社会组织的运行进行评估。除了行业管理之外,美国民众对社会组织的监管也很热衷,并积极参与其中。

值得一提的是,美国政府从法律上赋予了美国民众监管社会组织的权利。美国联邦法律规定任何人都有权查看免税组织的原始申请文件及税务报表等,公众也可以写信给国内税务局,要求了解某免税组织的财务情况和内部组织结构。在美国,不少社会组织的不当行为通常是先由媒体曝光,然后政府才介入调查的。由此可见,在对社会组织的监管中,政府多部门的协同监管、行业组织的管理和社会监督共同构成了美国对社会组织的综合监管体系。

四、美国政府与社会组织关系

现代社会,政府、非营利组织和企业是三类不同性质的组织。政府掌握公共权力,遵循公正和有序的原则;非营利组织则是依靠社会权力,遵循自主和参与的原则;企业通过资本权力,遵循利润和效率的原则。美国是有着自治传统的国家,鼓励自由结社,因此政府与社会组织的伙伴关系一直以来为人所称道。但事实上两者的关系并非一直如此,它们的关系有过起伏,但不能否认的是,合作是美国政府与社会组织关系的历史主流。自从 20 世纪 30 年代资本主义经济危机带来的大萧条之后,罗斯福总统为克服经济危机而采取"新政"措施,加强国家对经济和社会发展的干预。然而随着美国政府对经济和社会发展干预的加强,政府财政支出规模和范围日益扩大,政府固有的缺陷也不断显现。而美国社会组织的特点在与政府和企业互动的过程中既能保持相对对立性,同时也能与政府和企业达成良好的合作关系。正是基于这样的背景,20 世纪的美国社会组织取得了快速发展。20 世纪 80 年代前后,由于受石油危机的影响,美国经济发展处于"滞胀"阶段,美国政府面临着财政危机、政府机构庞大以及效率低下等问题,为应对政府所面临的问题,美国提出对政府进行改革。1974 年通过的《社会保障法改革法案》允许政府利用联邦资金支持那些他们认为需要的社会服务。州政府和地方政府迅速利用"购买服务条款"向私人慈善组织购买服务,以执行州的社会福利政策。这使得政府向非营利组织购买服务的范围和数量越来越大,例如 2009年,美国政府以直接拨款或者是类似购买服务的方式,大约可以向非营利组织提供 32.3%的资助,这导致了非营利组织的数量和类型大量增长。①

20 世纪 80 年代,里根总统推行自由市场和还权于民的改革,政府削减对社会组织的直接资金资助以减少社会组织对政府的财政依赖,通过税法改革鼓励社会捐赠和州、地方政府向社会组织购买服务的方式,推动社会组织自主化发展。经过发展社会组织实现了资金收入的多元化和运作的自主化。克林顿和小布什时期,正值新公共管理在美国流行之际,政府的职责在于"掌舵"而不是"划桨"。因此,政府需要"确定问题的范围和性质,然后把各种资源手段结合起来让其他人去解决这些问题"②。在这样的情况下,政府使用了大量的社会组织实施政府职能和政府扩大的责任,社会组织成为协助政府提供服务的重要主体。政府与社会组织在新公共管理理念的指导下,开始逐渐形成伙伴关系,即在合作的过程中,政府与社会组织具有几乎对等的实力和能力,一方不会在资源或能力上完全压制另一方,两者基本可以以一种平等的态度进行协商与合作。③政府与社会组织在公共服务领域里在一定程度上共享公共资金支出和运用的裁量权,这种广为存在的政府对社会组织的支持与合作的模式,可以看作是第三方治理模式的体现,被莱斯特·萨

---

① Katie L. Roeger, Amy Blackwood, Sarah L. Pettijohn, The Nonprofit Sector in Brief: Public Charities, Giving and Volun-teering, 2011, http://www.urban.org/Uploaded PDF/412209—nonprof—public—charities. pdf.

② [美]戴维·奥斯本,特德·盖布勒. 改革政府. 上海:上海译文出版社,1996:3.

③ 郑琦. 美国政府与社会组织的关系演进. 社会主义研究,2012(2):63-67.

拉蒙(Lester. Salamon)称为"非营利联邦主义"——它在广泛的领域内把所有层级的政府和社会组织连接起来。

政府不是社会组织的替代者或是竞争者,而是它们的伙伴,鼓励社会组织参与到新的领域中去,为社会组织提供运作的资金,并在没有社会组织的地方帮助创造新的组织。正是在这种政府重视、支持和两者伙伴关系的推动下,美国的社会组织已经成长为一个巨大的行动体系,提供了至少与政府机构亲自提供的一样多的政府出资服务。①

美国社会组织的作用领域非常广泛:第一,参与市场监督,发挥维护市场秩序的作用,从而辅助政府对市场的监管。如行业自律性组织、商会、专业协会等社会组织,在维护市场秩序、制定行业规范标准以及协调利益主体间冲突等方面都发挥着重要的作用。第二,社会组织参与公共服务供给,弥补政府公共服务供给的空缺与不足。美国社会组织活动领域广泛、覆盖面广,在诸如文化教育、法律援助、卫生医疗等方面积极提供服务,弥补了政府公共服务供给的不足,同时也发挥了缓解政府财政压力的作用。第三,社会组织参与政府公共政策的制定,避免公共政策制定中因利益代表不够广泛而可能出现的偏差。在政府制定政策时,社会组织会代表利益团体发表意见,参与政策制定。第四,社会组织向社会公众提供服务,促进社会的和谐。社会组织承接政府职能转变,提供部分政府转移或购买的公共产品和公共服务的提供,满足社会公众对公共产品和公共服务的需求,对提高居民生活水平发挥着积极的作用。也正是基于美国社会组织在以上四个方面所发挥的积极作用,使得美国政府与社会组织在公共服务供给和社会公共问题的解决上形成了一定程度的相互依赖,进而形成了良好的合作互动关系。

在政府与社会组织合作互动的过程中,两者取长补短,建立起的合作关

① [美]萨拉蒙. 公共服务中的伙伴——现代福利国家中政府与非营利组织的关系. 北京:商务印书馆,2008:72.

系体现了政府与社会组织各自的组织功能优势,合作中既有分工又有合作,共同致力于公共服务的提供和社会问题的解决,从而推动社会的和谐稳定发展。与政府直接供给公共服务或者单纯依赖社会组织提供服务的模式相比,美国政府与社会组织的合作具有较为显著的优势。因为合作把政府作为资源动员者的优势和社会组织作为服务提供者的优势结合了起来。这种模式避免了在提供公共服务过程中仅仅依靠大规模政府官僚机构可能出现的效率低下,同时也充分利用了社会组织规模较小而具备的灵活性及志愿服务精神。这种合作关系的建立一方面体现了政府在文化、卫生、教育等领域对社会组织的依赖;另一方面,政府也充分发挥两者合作关系的引导者和促进者的角色,通过税收优惠、政府购买社会组织公共服务等方式大力支持社会组织的发展,以提升社会组织服务的能力,从而为政府与社会组织之间的合作关系建立更加坚实的基础。当然,政府与社会组织的合作关系尽管有着上述的长处与优势,但这并不意味着合作并没有问题。随着政府与社会组织的互动日益频繁,社会组织的紧张和困惑随之而来,同时政府也对社会组织的运行逐步进行管制。当然,政府方面也会出现如何更好地控制公共资金的支出,如何在社会组织所提供的服务背离服务对象需求的情形下,处理好与社会组织的关系的问题。

第三节 德国社会组织

一、德国社会组织的整体概况

在欧洲,德国社会组织十分发达。德国的社会组织是德国社会的重要组成部分,它不仅满足了人们的各方面需要,还帮助国家形成重要的经济力量,对经济和社会的发展做出了重要的贡献。社会组织是指在国家和市场之外,以为其成员或第三方提供需求满足、支持或利益代表为目的的志愿公益组织及公助私营商业机构。德国的社会组织不仅类型众多,而且社会组织的活动领域涉及的范围也极为广泛。根据德国社会组织服务公益导向的程度,可以将其分为公益性组织与互益性组织。公益性组织的目的是为全体社会成员或弱势群体提供共享的具有普遍性的服务组织。公益性社会组织的主体是社会福利服务,涵盖了医疗、环保、教育、体育、文化等领域,是德国社会福利服务事业的重要支柱。互益性组织是指组织提供服务的受益者并非整个社会,而是以会员形式界定的特殊的受益群体的组织。互益性组织以行业协会和商会最为典型。社会福利服务组织在德国各种类型的社会组织中就业人数所占的份额是最大的,占到所有社会组织就业人数的 4/5,其中社会组织中教育领域的就业人数占社会组织就业人数的 12%。除了具有公益性的非会员制的社会福利服务组织外,德国还有许多会员制的社会组织,其运作的资金主要来源于会员会费收入和志愿者的投入。

在法律形式上,德国的非营利组织分为以下五类:①注册协会(Verein,亦可译为社团),②私人基金会(private Stifung),③公益性质的有限责任公司(gemeinnutzige GmbH,简称公益公司,缩写:gGmbH),④公益合作社(gemeinü-nutzige Genossenschaft,简称合作社),⑤其他。①至于德国社会组织的数量,目前并没有准确的统计数据。现有资料显示,2011 年,德国有注册协会 580298 家②,私人基金会一万八千多家,另外,还有九千多家注册合作社。据此可以推算,目前德国非营利组织的数量应该在 60 万~70 万。其中,注册协会占社会组织总数一般均在 80% 以上。此外,还有数十万家未注册的非营利组织。德国非营利组织多数规模不大,近 60% 的组织规模在 10 人以下,超过 50 人

① 张网成,黄浩明. 德国非营利组织:现状、特点与发展趋势. 德国研究,2012(2):3-15.

② See Vereinsstatistik 2011 available at. http://www.npo-manager.de/vereinsstatistik/2011-12-1.

的占10%左右,而其中超过250人的大型非营利组织占总数的1%。①德国的社会组织非常大的一个特色是自上而下的体系架构非常清晰。在德国有六大全国性志愿福利联合会, 这六大全国性志愿者福利联合会的上层组织是德国联邦志愿福利组织联合会。这六大全国性志愿福利联合会包括:德国明爱联合总会、德国福音教社会服务联合总会、德国红十字总会、工人福利总联盟、德国平等福利联合会和犹太人中央福利办事处。在德国几乎所有的社会组织都是上述六大全国性志愿福利服务联合会的会员。德国社会组织的资金很大一部分来源于政府,运行经费中约2/3是来自于政府,这个比例比世界上其他国家社会组织经费来源于政府的比例高很多, 且远高于世界平均水平。而社会组织自身的收入不足其运行经费的1/3,远低于世界平均水平。社会组织经费中的捐赠部分所占比例仅为3.4%,同样也远低于世界平均水平。

二、社会组织的注册登记管理制度

在德国没有专门管理社会组织的行政机关。社会组织登记注册需要到所在地的地方法院的社会团体登记处登记。社会组织的登记手续比较简单,只要符合以下基本条件即可获得法律登记,这些基本条件包括:成立社会组织的成员数量在7人以上, 有组织章程且章程中需要明确组织解散后财产的归属,不违反宪法。社会组织是否登记注册并非其取得合法性的前提,而是其取得法人资格的前提。换言之,社会组织是否愿意成为法人取决于社会组织自身是否履行登记注册手续并能否获得法律认可,履行登记手续后,便依法成为法人。不登记的社会组织虽然可以开展活动,也受到国家法律的保护,但是他们不能向政府申请项目,也不能享受国家的税收优惠,且承担的是无限责任。

---

① See Christian Hendanner Der Dritte Sektor in Deutshland:Eine Analyse auf Basis des IAB-Betriebspan-el 30Institut fur Arbeitsmarkt und Berufsforschung 62009,p.19.

根据德国的法律规定，依法成为法人的社会组织可以申请减免捐税等优惠政策，并享有维护自身名誉和利益的控告权，一旦社会组织破产了，成员和理事会承担经济上的有限责任。因此，一般来说，德国的社会组织为了享有税收减免等优惠政策均履行登记手续，从而获得法人资格。公益目的就可以享受免税权，而如果社会组织所从事的活动与其宗旨无关则需要纳税。具体而言，依照德国税法规定，社会组织享受税收优惠主要包括三类：社会组织登记注册且追求获得免税资格的社会组织通常可以享受下列免税待遇：①一是免征法人所得税；二是在继承遗产后，组织的免税身份还可以持续10年，还可免除遗产税和捐赠税；三是按照净资产税法第3(1)条的规定，它们可以免除净资产税；四是按照地方商业法第3(6)条的规定，社会组织还可免除商业税。同时，根据德国公司法和所得税法的规定，向特定社会组织捐赠的个人和公司享有一定的税收递减政策。社会组织在所在地登记注册之后，不仅可以在注册地开展活动，而且可以在注册地以外的地方设立代表机构，进行跨区域活动。当然，社会组织在进行跨地区活动时，开展活动所属地的政府会对社会组织的财务状况进行审查。

三、德国政府对社会组织的监管

德国是法制体系健全的现代国家，社会组织的法制体系建设比较完善。社会组织的法制体系以基本法为基础，其中民法典总则中有社团法人的基本规定，而联邦社团法则作为社会组织的专门法，对社会组织的登记注册、基本权利、治理结构以及监管等问题都作了详细的规定，以此来确保德国社会组织可以在既定的法律框架内有序地运行。如1946年《联邦德国结社法》规定了社会管制机构及社团应承担的经济法律责任，1956年《德国工商会法》明确了工商会的权益、组织与行为、运行与发展等。德国政府并没有专门的

---

① 参见王名，李勇，黄浩明. 德国非营利组织. 北京:清华大学出版社,2006.

社会组织的行政管理机关。德国政府对社会组织的管理是奖励与追惩并重。政府对有贡献的社会组织予以奖励,包括物质和精神褒奖。如法兰克福市政府每年对在非营利组织岗位上有贡献的人进行表彰;在非营利组织中,连续10年从事公共服务的人, 将得到政府提供优惠奖励如免费使用国家办的游泳馆等。①通常情况下,政府对社会组织的管理主要是负责登记,对社会组织开展的具体管理和活动的开展并不干预。但是政府会对那些从政府领取资助的社会组织进行监管,检查这些社会组织的财务和项目执行情况,通过经费和项目的审核,加强对其经费使用领域的监督。除此之外,政府会对那些滥用结社权、危害国家安全、违反宪法规定等违法行为的社会组织由司法部门惩办或依法取缔。

四、德国政府与社会组织关系

为了解释不同国家社会组织的模式特征,萨拉蒙(Lester M. Slamon)和安海尔(Helmut Anheier)提出了所谓社会起源理论(Social Origins Theory)。社会起源理论探讨政府福利体制与社会组织规模之间的关系, 是一种静态的二分法。该理论认为,政府社会福利支出与社会组织的规模之间存在一定的联系。如美英属于自由主义的福利体制,其非营利部门规模大而政府社会福利支出少;德国属于典型的欧洲大陆合作主义国家,其模式特点是:政府福利支出高,非营利部门的规模也较大;实行社会民主主义福利模式的北欧国家的特征则是政府社会福利支出高,但非营利组织规模小;而中央集权国家则既不会鼓励非营利组织的发展,也不会主动扩大政府社会福利支出。②

有学者认为, 简单地将德国政府与社会组织的关系定位为合作主义模

---

① 李勇. 德国非营利组织(上). 中国社会报,2003-05-30.

② Lester M. Slamon/Helmut Anheier. Social Origins of Civil Society:Explaining the Nonprofit Sector Cross-Nationally. *Voluntas*,1998,p.228.

式并不能很好地解释德国社会组织的发展模式，也不能据此判断政府与社会组织关系的未来走向。齐默尔（Annette Zimmer）在萨拉蒙和安海尔的模式基础上引入了辅助原则作为一种特殊的解释变量。辅助原则对国家和社会组织在社会福利和服务提供中的分工进行了界定，实际上是对国家和社会组织在社会服务提供中分工体系的解释。按照辅助原则的界定，国家所承担的职能是私人部门和社会组织无力承担的，而社会组织相对于国家而言在福利产品和社会服务方面具有优先地位。这就意味着国家对社会组织在社会服务供给功能的认可，同时为了支持社会组织提供政府财政支持。这种政府与社会组织的合作格局有着深厚的历史渊源，与德国经济和社会治理所强调的自治是一脉相承的。经济和社会治理中的自治主要是通过辅助性原则建立起来的。所谓辅助性原则是指尽可能地通过较低的行政层级来解决社会事务。正是基于对自治的强调和对辅助性原则的推行，德国的一些州和普鲁士政府早在 1808 年就实施地方自治。更为重要的是，地方自治不仅局限于政府体系不同层级政府间，而且在政府与社会之间也得到了很好的推广。自治准则除了在德国三个政府行政层级（即联邦、州以及地方）内部被广泛使用之外，也在政府与社会组织合作中被广泛应用。由于推崇自治准则，德国政府提供公共服务的职责主要是制定法律法规和对服务质量的监管，在具体公共服务的提供上强调广泛的社会参与。在德国，社会组织参与公共服务的提供受到德国社会法典的保护和鼓励。社会组织参与公共服务的领域或者说德国辅助原则有着领域的区分。以二战以后的德国社会福利制度建设为例，政府在诸如教育、科研等事关国家发展的关键领域成为最主要的投资者，而社会组织则有较少的发展机会；而在诸如社会服务和健康等民生领域，德国政府则会依照辅助原则加强与社会组织的合作，社会组织在民生领域可以获得政府的支持从而有着较好的生存与发展空间，而私营经济在民生领域是受到排斥的；在诸如文化、娱乐等领域，政府则不会依照辅助原则对社会组织的发展予以资金支持，社会组织在这些领域的发展主要取决

于社会支持与私营部门的支持，因此该领域的社会组织对会费和服务收入
有着较高程度的依赖。

也正是因为德国的辅助原则根据社会组织活动领域实施差异化的政
策，由此引导了德国社会组织发展领域的差异。德国社会组织从事卫生健康
和社会服务的比例远高于其他任何国家，政府对这些领域的社会组织给予
资金支持，而在文化与娱乐、行业与职业利益代表、国际活动等领域的社会
组织的活跃程度则远低于其他国家。总体而言，德国政府非常重视与社会组
织的合作关系。一方面，政府对社会组织的发展给予了大力支持。这种支持
体现在多个层面：第一，政府成立了专门机构负责与社会组织的合作事宜；
第二，政府财政支持社会组织的发展。在德国，社会组织总收入的64%来自
于政府的资助；第三，政府将大量的社会福利领域的公共服务提供委托给社
会组织；第四，社会组织除去参加公共服务的提供之外，还有机会参与联邦
和州政府立法的过程。另一方面，社会组织已经成为政府的有力助手。社会
组织通过参与社会服务和卫生健康领域公共服务的提供，减轻了政府提供
社会事务的负担，提高了公共服务供给的效率。同时，社会组织的发展也使
其成为经济社会发展的重要力量，成为解决就业的重要途径。除此之外，德
国社会组织由于具有广泛的群众基础，使得其成为社会公众利益表达和权
益维护的重要平台。同时，社会组织也成为监督政府的重要力量。由此可见，
德国政府与社会组织合作关系的发展使得政府与社会组织双方都受益。

第四节　日本社会组织

一、日本社会组织的整体概况

日本社会组织的名称众多，常用的有社团、民间组织、非营利组织、非政

府组织、免税组织、公民社会等。近年来,较为常用的两个概念是非营利组织和非政府组织。当前,日本已经初步形成门类齐全、覆盖广泛的非营利组织体系,非营利组织活跃在社会生活诸多领域,大大提高了日本公共服务的供给能力和质量,完善了日本公共服务体系。①日本社会组织的发展得益于其完善的社会组织法律建设。日本关于社会组织的法律最早可以追溯到1896年颁布的《民法》,该法规定了公益法人包括社团法人和财团法人,并明确了成立公益法人需要具备的条件,为社会组织的成立和政府的管理提供了法律依据。1946年制定的《宪法》提出了公民有结社自由权。随后,从20世纪40年代末到90年代,日本又陆续出台了包括《医疗服务法》《社会福利服务法》等近200部特别法,以此来对活动在各领域的社会组织进行管理。日本社会组织发展的历史与日本自1868年开始的现代化历程是分不开的。在日本开启现代化进程的最初一段时期内,基于各种不同社会目的而组成的社会组织蓬勃发展,但与此同时政府也将这些自发成立的社会组织与政府机构紧密联系起来。然而20世纪50年代开始,社会组织的发展因为鼓励政府机构重新主张权力而受到抑制。二战后,社会组织试图在社会上发挥积极作用,但是这些社会组织仍处于国家的严格控制之下。尽管如此,日本的很多社会组织成立于20世纪70年代之后。60年代到70年代初期,伴随着经济发展而出现日益严重的环境污染问题,这一时期监督或批判政府的"监督、批判型"社会组织增加。80年代以后,经济的发展和人民生活水平的提高使得日本政府开始关注国内外事务,并且允许社会组织参与其中,由此出现了大量的"事业性社会组织"。进入90年代,尤其1998年颁布《特定非营利活动促进法》(NPO法)之后,随着全球化、网络化的发展,"网络型NPO"发展迅猛,越来越多的民间非营利组织在互联网上建立了自己的网站,加强了同其他非营利组织的信息共享及业务上的相互配合,拓展了业务领域,扩大了发

---

① 王光荣. 日本发展非营利组织的经验. 中国社会科学报,2016-03-14.

展空间。①到了21世纪,专业型社会组织成为这一时期的主流。如日本政府在2000年颁布《护理保险法》促进了老年福利行业机构的发展。日本《特定非营利活动促进法》确定了社会组织的活动领域,包括健康和福利、社会教育、艺术、文化和体育推广、人权与维护、环境、救灾等17个领域。在社会组织诸多的活动领域中,有一半以上的社会组织从事社会福利领域活动。据NPO官方网站调查结果显示,日本特定NPO法人中,从事医疗保健和福利活动的NPO法人数量最多,占57.8%,其次是从事社会教育有关活动的NPO法人,占46.0%。②日本社会组织的地区分布呈现出地方社会组织的数量远高于全国性社会组织的数量,之所以如此,在于日本政府在20世纪80年代推行了地方分权改革。日本地方NPO法人数量约占全国总数的93%。③在数量方面,截至2010年,日本约有四万多个社会团体获得了法人资格,但是其中通过认定可以享受特殊税收优惠待遇(减免所得税、法人税、遗产税等)的非营利组织仅有179家,只占非营利法人的0.4%。

日本社会组织的资金来源主要有政府公益补助、社会捐赠、会员会费、利息收入及部分有偿服务收益。据国际协力NGO中心(JANIC)统计,日本民间非营利组织的平均资金规模为2000万至3000万日元,资金规模小于1000万日元的组织超过一半。其中,总收入最多的为日本Unicef协会(约175.65亿日元),其次是Plan-Japan协会、World Vision(日本)、无国界医生(MSF日本)等。④日本社会组织职员的收入并不乐观。据日本关西国际交流团体调查,民间非营利组织正式职员的平均年收入在300万至399万日元者约占21%,400万至499万日元者占17%,即年收入超过300万者的比例低于40%,大

①　田香兰. 日本民间非营利组织的发展现状、法律环境及社会贡献. 日本问题研究,2013(2):66-72.

②④　胡澎. 日本NGO的发展及其在外交中的作用. 日本学刊,2011(4):115-128.

③　胜又寿良,岸真清. NGO NPO与社会开发. 东京:同文馆,2004:58.

部分职员的年收入少于 300 万日元,这在日本属于偏低收入。[①]因此,尽管近些年来日本社会组织的数量在不断增长,但是由于社会组织资金和人才的匮乏,使得社会组织面临很多困难。再加上日本政府对社会组织实施严格的管理,在社会组织发展上有着较为苛刻的要求,因此导致了日本社会组织发展的独立性较弱,功能不足,在数量上无论是与日本自身的经济发展水平相比,还是与其他发达资本主义国家相比较,日本的社会组织都是发达国家中社会组织最不发达的国家之一。

二、社会组织的注册登记管理制度

在日本,社会组织可以分为法人社会组织和非法人社会组织两大类。而法人社会组织又可以划分为共益法人和广义法人两种。非法人社会组织主要指任意团体。任意团体是指无法人资格的公益性、非营利性团体,又称为无权力能力社团,是公民依据法律所规定的结社权利成立的,无须登记就可以开展活动。[②]在日本,政府对社会组织实施严格的管理,法人社会组织的设立必须得到主管机关的准许,否则不能以团体的名义活动。日本对社会组织的登记注册采取的是审批制,即社会组织的发起人或是举办者在向登记注册机关登记前,必须取得有关机关的批准。日本政府对社会组织的设立采取许可、认证和认可三种制度。

以公益法人为例,日本《民法》规定,日本内阁府及十余个业务相关的中央主管政府机构负责公益法人的批准设立和指导监督。这些负责公益法人设立和监督的政府机构叫作主管官厅。主管官厅对公益组织的成立具有相当大的自由裁量权,可以在法律规定的范围内决定是否准允某个公益组织

---

① 蔡成平. 地震助推日本 NPO、NGO. 世界博览,2011(18):72-73.

② 王名,李勇,廖鸿等. 日本非营利组织. 北京:北京大学出版社,2007:39.

成立。公益法人在获取主管官厅的许可之后，就要到法院履行法律登记，而法院对公益法人并没有具体的管理职能。由于日本对法人社会组织登记注册实施"主管官厅负责制"，并对社会组织登记有财产方面的限制，即登记必须具备3亿日元的资产和不少于3000万日元的年度预算，才可以登记注册。这种相对严格的登记注册制度使得社会组织登记为法人的门槛普遍很高。由此就导致了大量的社会组织选择任意团体而不是法人社会组织。严格的注册登记制度导致那些在20世纪70年代后发展起来的社会组织，有近90%以上是没有登记注册的所谓"任意团体"，只有不到10%是正式登记注册的法人组织。

当然，这一状况在1998年日本政府颁布《特定非营利活动促进法》后发生了改变。该法从法律层面对社会组织的运行环境进行规范，并鼓励社会组织进行法人登记。在新的法律规范下，日本公民可以以慈善、相互利益等任何目的登记为一般社团法人和一般财团法人，其成立无须得到政府主管部门的批准。当然，一般社团法人和一般财团法人只有经由隶属于内阁的公益法人委员会的认定后，才能成为公益社团法人或公益财团法人，从而可以享有税收优惠政策。该法实施后促进了日本登记注册为法人的社会组织数量上的增加，但相较于其他发达国家而言，日本的社会组织规模不大。

三、日本政府对社会组织的监管

日本《民法》将法人划分为财团法人与社团法人。日本政府对申请成为财团法人和社团法人的社会组织，实行业务主管机关和登记管理机构双重管理的体制。从形式上看与我国对社会组织的双重管理体制类似，但不同的是，在日本社会组织的业务主管机关并不是由社会组织自己找，而是主管政府机构根据社会组织的目的和活动领域来确定。尽管日本对社会组织实行的是双重管理体制，但是主管政府机构的权力是非常大的，在这个意义上可以将日本社会组织看成是批准制,即主管政府机构批准后,社会组织只需到法务省履行登记手续即可。业务主管机关不仅拥有着对财团法人和社团法人设立的审批权,同时还担负着其批准成立的社会组织的监督管理权。因此,从日本社会组织的登记注册可以看出,日本政府对社会组织监管的严格。除了业务主管政府机构对社会组织的监管之外,日本还建立了一套社会组织的监管体系。一方面,各个有关的政府部门对社会组织协同监管。例如,当政府对慈善组织开展年度报告制度审查、行政处罚时,通常是总理府、总务厅、防卫厅、法务厅等超过 20 个部门联合行动。①在实施监管的过程中,每个政府部门都有各自的监管重点。另一方面,政府对社会组织监管的内容较为细致。财团法人和社团法人每年定期向业务主管机关提交各种材料,如事业计划书、收支预算书、事业报告书等。主管机关要定期对社会组织进行现场检查,对社会组织是否遵守法律、财产保管等事宜进行检查。

四、日本政府与社会组织的关系

总体上可以将日本政府与社会组织的关系划分为两个阶段:一是 1995 年以前的以控制为主导的阶段;另一是 1995 年以后以合作互助为主导的阶段。日本社会组织发展的历史表明,日本的慈善精神和社会互助的传统很大程度上是受到宗教的影响。佛教传入日本之后,对日本的慈善精神和社会互助起到了推波助澜的作用。8 世纪,著名的佛教慈善家行基僧侣周游日本全国,在各地修建了许多农用水利设施、道路和桥梁,并专门为贫困的百姓修建救济设施,向其提供食物和医疗。尽管宗教精神促进了日本慈善精神和社会互助行动的开展,但是宗教精神却并不能培育社会组织的发展。因为在日本佛教自身就缺乏独立性,是作为服务于统治阶级的政治工具而存在的,是

---

① 张冉. 非营利组织管理. 北京:北京大学出版社,2014:111.

受到中央政府的控制的。因此，这就使得在日本明治维新以前，日本有非营利活动的存在而缺乏现代意义的社会组织，更遑论政府与社会组织的关系。1868 年日本明治维新后，宪法赋予了公民结社自由的权利。日本《民法》第34 条规定："与学术、技艺、慈善、祭祀、宗教或其他公益有关的不以营利为目的的社团或财团，经主管部门许可后方可成为法人。"

据考证，日本近代历史上最早的非营利组织是 1877 年成立的博爱社。博爱社是致力于战争期间伤员救助的公益性慈善组织，1887 年博爱社改名日本红十字社，在 1952 年国会颁布专项法规后，日本红十字社成为一个半官半民的特殊法人。日本红十字社是日本社会组织发展进程中的一个典型，同时其与政府的关系也在很大程度上反映了 1995 年以前这一历史阶段政府与社会组织关系的特征。这一时期日本虽然出现了社会组织，但从这些社会组织的产生、发展的历程来看，相当多的社会组织是由政府直接推动成立或是参与其管理的，具有着浓厚的官方色彩，使得社会组织成为政府政策执行的工具；与之相对应，那些来自民间自发成立的社会组织则在申请法人资格过程中受到法律和经济上的重重限制。政府对社会组织成立和活动的控制一直延续到 20 世纪 90 年代中期。因此，总体上可以将 1995 年以前日本政府与社会组织关系称为政府控制时期。

1995 年阪神大地震之后，日本政府加快了社会组织立法的进程，为社会组织的快速发展提供了法律支持。日本现行的公益法人制度自《民法》颁布110 多年来未曾彻底修改。在主管政府机关自由裁量的许可制下，成立公益法人很难，成立后，公益性的判断标准也不明确。[1]为此，1998 年日本政府颁布了《特定非营利活动促进法》，为公众成立社会组织提供了社会组织法人这一新的形式。该法对以公益活动及联谊活动为中心的社会组织予以法律地位，这有助于增进以不特定多数人利益为目的社会组织的成立与发展。然

① 王名,李勇,廖鸿等. 日本非营利组织. 北京:北京大学出版社,2007:118.

而该法的颁布并没有彻底消除公益法人制度的弊端，诸如社团法人和财团法人浓厚的行政色彩、公益性不足、信息不公开等。因此，2006 年日本国会颁布了《关于一般社团法人以及一般财团法人法》《关于公益社团法人以及公益财团法人认定法》《伴随实施关于一般社团法人以及一般财团法人法以及关于公益社团法人以及公益财团法人认定法、有关相关法律完善法》三部改革法案。新法的颁布有效消除了公益法人制度的弊端，主要改革内容包括：第一，社会组织的成立从许可主义转变为准则主义。这意味着登记成立一般社团法人或一般财团法人只要申请者提供的章程满足法律规定的要件即可，一般社团法人或一般财团法人的成立与主管行政机关的自由裁量权无关，登记之后即可以获得法人资格。第二，将社会组织获得法人资格与法人公益性的判定分开。社会组织公益性的认定不再由政府主管部门自己判定，而是政府委托独立的民间机构判断或认定法人的公益性。第三，取消中间法人，保留非营利组织（NPO）法人。日本公益法人制度的改革为社会组织的发展建立了更加宽松的制度平台，极大地促进了社会组织的快速发展。

伴随着日本社会组织的发展壮大，中央政府和地方政府纷纷制定促进社会组织发展的政策，探索培育和扶持社会组织、与社会组织协作提供公共服务等合作路径，由此政府与社会组织的关系也逐渐走向了合作。由于日本是实行地方自治的国家，因此相对于中央政府而言，日本地方政府是直接参与公共服务的政府机构。随着社会公众需求的多元化，公共服务所涉及的领域日益广泛，加之政府的财政压力和人力资源的紧张，都使得单纯依靠地方政府无法有效承担公共服务提供的职责，因此地方政府与社会组织在公共服务领域的合作就势在必行。日本政府与社会组织合作伙伴关系的一个重要方面就是社会组织接受政府委托，承担部分政府公共服务职能，这种行为在日本被称之为措施委托。如 2000 年日本实施了护理保险制度，2003 年实施支援费支付制度等新的社会福利方式，这些新的制度就是政府部门将社会福利委托给社会组织，并向其支付措施委托费。

以神奈川县为例，该县民政部门成立了专门促进政府与社会组织合作的机构——非营利组织（NPO）合作推进室。除了专门推动政府与社会组织合作的机构之外，神奈川县还制定了《神奈川县 NPO 等与神奈川县的合作推进指南》。该指南指出了政府与非营利组织（NPO）合作的原则，包括保持平等，即尊重非营利组织（NPO）的主体性和自主性；共享认识，在合作的过程中共同分享对于课题的认识；共享过程，政府在与社会组织合作的过程中平等协商；责任分担，明确政府与非营利组织（NPO）的分工及各自的责任；公平公正，即政府在选择公共服务领域的合作伙伴时确保选拔时的公平公正，设定公平的竞争条件；确保透明，政府与非营利组织（NPO）合作的过程、成果等信息要向社会公布；设定合作时限，为了避免政府与非营利组织（NPO）之间形成相互勾结的不良局面，要对双方合作的实施期限设定时限。除此之外，神奈川县的各个部门都以不同的形式推进与非营利组织（NPO）的合作事业，将政府与非营利组织（NPO）的合作贯穿到行政各项工作中，并适时制定推进合作的政策。

第七章　构建我国政府与
社会组织新型共生关系的路径选择

第一节　政府与社会组织共生关系改善的思路

一、政府与社会组织共生关系的定位

国家治理体系和治理能力现代化的实现不仅需要政府治理能力的提升,同样离不开社会组织治理功能的完善,而社会组织治理功能的发挥需要政府与社会组织关系的变革。政府与社会组织关系变革的方向之所以是对称性互惠共生,在于对称性互惠共生与国家治理体系和治理能力现代化具有内在的一致性。对称性互惠共生体现了一种全新的权力关系和管理规则。首先,权力主体的平等性和多元性。政府与社会组织同为公共事务的治理主体,是社会并列平行的组成部分,没有尊卑之分。社会组织是政府进行社会治理和提供公共服务的伙伴,是政府管理社会的助手,是社会发展的“推手”“能手”,而不是政府的“下手”。因此,对于一个健全社会而言,社团和国家都是维护稳定和发展不可缺少的要素,国家并不存在优先性。①

① 王名,刘培峰等. 民间组织通论. 北京:时事出版社,2004:59.

对称性互惠共生反对将政府作为公共管理唯一主体的"一元管理"模式，倡导对异质主体的包容性，也就是说承认和提倡权力主体的多元化，推崇"多元管理"模式，因此称之为"多元共生"。多元共生不仅强调社会组织与政府之间的平等互惠，同时也强调社会组织与企业、其他社会组织以及社会之间的平等互惠关系。多元共生鼓励社会组织采取开放式的发展方式，突破在原有纵向管理体制下形成的纵向沟通，拓展横向沟通，广泛地与外界联系沟通，实现资源来源的多元化。这与国家治理体系和治理能力现代化下，党和国家对政府与社会组织关系建设的思路是一致的——党的十八届三中全会提出"正确处理政府和社会关系，加快实施政社分开，推进社会组织明确权责、依法自治、发挥作用。适合由社会组织提供的公共服务和解决的事项，交由社会组织承担"。对称性互惠共生的价值在于共生关系主体间的共同适应、共同激发、共同发展和共同进化，通过共生的过程实现共生关系主体各自功能的有效发挥。当前，政府与社会组织的关系使社会组织在国家治理体系中处于弱势地位，地位的弱势自然会产生身份不平等的趋势，这抑制了社会组织能力的发展和公共责任的担当，阻碍了社会组织进入公共治理领域，限制和排斥了其作为治理主体的可能性，也延缓了国家治理体系和治理能力现代化的推进。

当然，本书的着力点是社会组织与政府之间的关系。首先，过去那种政府既负责公共政策的制定，同时又负责公共产品的提供，"掌舵"与"划桨"交叠不分的做法已经无法适应时代的要求。尽管政府在当下的治理中仍然起主要作用，但基于政府与社会组织各自的自主性和较高程度的相互依赖，除去对社会组织正常的依法管理之外，政府没有向社会组织发号施令的特权，也不能将行政权力介入社会组织内部，更不能因为对社会组织的资源支持就侵犯其自主性。其次，对称性互惠共生的合作互动性。基于政府和社会组织作为平等的权力主体，那么在实施公共管理的过程中，各行为主体之间就要平等对话，通过沟通、协商、合作与互动进行公共管理。最后，对称性互惠共生权力主体的网络化。对称性互惠共生不仅关注二元主体共生的问题——二维共生,实际上其所强调的关系已经超越了二元,可以说是多元权力主体的并立,多重权威、多向度权力运作的制度框架。强调政府与社会组织之间权力关系的本质在于两者各自职能上的配置。

当下,我国政府与社会组织职能配置的原则应该是:在政府管不了也管不好的事情上,政府放权社会组织去做;在政府行政手段和社会通过自治的方式都能够完成的事情上,尽量发挥社会组织的作用;政府职能限定在市场和社会组织都无法完成的职能上。换言之,政府与社会组织关系所体现的是两者权力的对比,具体表征为职能的划分与配置。对称性互惠共生关系构建的职能前提在于厘清政府职能与社会组织职能各自的疆域。哪些是政府应履行的职能?哪些应该由社会组织来承担?如果缺少科学合理划分两者职能的前提,那么就会出现政府职能过度而社会组织作用受到抑制或是政府提供不足而社会组织也不能有效发挥的情况,最终导致各自的功能优势无法发挥,共生的效应也难以实现。基于此,政府与社会组织之间合理职能划分的目标就是使政府主要集中于宏观经济管理和社会发展的总体协调、社会秩序维持等宏观层面的公共事务上。在对社会组织的建设管理上,政府应发挥宏观制度供给者的作用,而不是在微观领域实施干预,应该从管制走向服务。而社会组织的职能主要侧重于微观层面,准公共物品的提供或部分私人物品的供给,更加注重组织自身建设,实现组织自律从无序到有序的转变。政府与社会组织职能疆域的勘定取决于政府职能转变是否到位。政府职能转变实际上是权力和功能双重转变与回归的过程。从权力转变与回归的角度看,政府将集中的权力通过政社分开使其回归到社会组织手中;从功能回归的视角看,原来由政府独揽的事务逐渐由政府与社会组织共同承担,或是适宜的事务交由社会组织独自承担。

二、平衡政府与社会组织之间的权力、责任、利益

权力、利益和责任不仅存在于组织内部,还协调于有着互动关系的组织之间。合理的组织之间关系不仅需要权力、利益和责任在组织内部的统一,同时也需要组织之间三者的平衡。对于社会组织与政府之间而言,外部的权力、利益和责任的平衡,通常成为组织内部权力、利益、责任统一的前提。因此,只有平衡政府与社会组织间的权力、利益和责任关系,才能改善社会组织与政府之间的关系。当然需要注意的是权力、利益和责任的平衡是它们得以顺利实现,或者说是社会组织功能有效发挥的前提。平衡是关系的合理划分和各自边界的廓清,而不是权力、利益和责任本身的运行。

(一)平衡政府与社会组织之间的权力关系

政府与社会组织之间应有一个合理的界限,政府权力的作用既不是完全替代社会组织,更不是排斥社会组织,而是以合理、合法和有效的手段维护社会组织的正常有序发展。社会组织是政府和市场之外,具有自主性和自治性的社会机构,致力于社会公共事务和公益事业。然而在现实中,政府与社会组织之间的界限模糊,造成两者关系不规范既有政府的原因,同时也有社会组织自身的原因。从政府的角度来说,行政权力固有的延伸性已被理论和实践所证明,如果没有制约和限制,行政权力会一直延伸与扩张,直至遇到界限才会停止。更何况,受计划经济体制下政府包揽公共事务传统的影响,政府习惯于独揽公共事务管理的权力,直接提供公共服务,或是通过与自己有着隶属关系的社会组织来提供公共服务,因此在一定程度上形成了政府依然垄断公共事务管理权的事实,这种事实的存在就导致政府职能转变不能到位。政府职能转变走不出"精简—膨胀—再精简—再膨胀"的怪圈,直接的影响就是社会组织生存空间有限,而且政府行政权力通常介入社会组织内部,从而削弱其自主性。

在社会组织兴起和逐步参与到社会公共事务中之际，政府应发挥社会组织引导者和协调者的角色，可是政府凭借强势的行政权，在与社会组织互动的过程中缺少边界意识，自觉与不自觉扩充权力作用边界，形成了对社会组织自治空间的挤压，从而使其由应有的引导者和协调者蜕变为社会组织的控制者和创办者。这必然造成社会组织能力受限，自主性受损。因此，在与政府的共生关系中处于不对等的地位，也冲击和弱化了政府与社会组织之间对称性互惠共生的可能性。从社会组织的角度出发，在政府现有的管理体制下，政府掌握着社会组织的合法性、资金等资源，决定了社会组织对政府有着较高的依赖性，所以社会组织的产生更多是来自外部力量的推动而不是源自社会内生，由外部推动或政府创办等决定了其天生的脆弱性，甚至随时有被行政权力侵蚀的危险。此情此景下，社会组织为了取得政治上的合法性及政府在政策和财政等方面的支持，通常会偏离组织原初的宗旨，转而从政府的利益出发，服从政府的行政安排，以满足政府的要求为组织运作的重心。社会组织的这种行为模式使其在开展工作的过程中无法摆脱行政化色彩，从而造成"自身公私性质不分，官民身份重叠"①。因此，政府与社会组织关系的不规范、界限的模糊既有政府的原因，也有社会组织自身的问题，但究其根源还是在于政府。

在对称性互惠共生关系下，政府应调整自身的角色定位，从统治者、控制者角色向管理者、协调者角色转变。而与此同时，政府的行政权力也应在一定程度上被限定，但是政府在公共事务管理中的主导地位没有变。我们既不能以政府在公共事务管理中的主导地位否认社会组织在公共管理中的重要作用，也不能以社会组织在公共事务管理中的重要作用否认政府在多元治理中的主导地位。特别是针对在我国社会组织形成的历史不长，组织的可控资源和能力还相对弱小，而且不规则的市场体制为社会组织发展提供的

---

① 熊跃根. 转型经济国家中的"第三部门发展"：对中国现实的解释. 社会学，2001(5)：52–61.

资源支持还极为有限的情况下，政府在社会治理中居于主导地位，通过制定各种法律法规保护和推动社会组织的发展是必要的。对称性互惠共生改变的是社会组织的弱自主性和政府与社会组织之间的相互依赖上的不对称性，是权力的平衡而不是公共事务管理地位上的对等，更不是对政府治理主导地位的觊觎与撼动。政府作为社会治理体系的维护者和制度规则的供给者，仍然是最重要和最主要的治理主体。但是政府治理主导地位的发挥是以发挥社会组织功能优势和确保其自主性为界限的。

在现代政体下，对称性互惠共生关系是政府与社会组织之间关系的主旋律，是两者之间互动的法则，冲突（政府与社会组织之间此消彼长的关系）与竞争应让位于互惠性的合作，我国现阶段的非对称性共生关系下，政府与社会组织之间的领导与被领导、隶属与被隶属的关系已然不适应社会发展的需要。我国政府必须正视政府与社会组织关系的世界发展潮流和我国政府公共管理能力有限性、社会组织巨大潜力有待挖掘的现实情况，给予社会组织适应其自身特点和利于发挥功能优势的宽广的活动空间，允许其在法律的范围内独立自主开展活动，而不是附属于或是完全依赖于政府。两者关系的规范有待于职能的科学、合理划分。政府与非政府组织之间科学的职能划分的目标，就是使得政府部门主要集中于宏观层面的公共物品提供及社会秩序的维持，而非政府组织的职能则主要集中于微观层面的公共物品的提供或部分私人物品的提供。①政府与社会组织之间权力关系和职能配置的平衡有赖于一套有效的机制来协调。政府与社会组织权力关系和职能配置的不合理根源于法律地位不明确。因此，政府应用法律来明确两者的权力关系，通过法律来确定社会组织权力行使的范围和其应尽的义务。在平衡两者权力关系的过程中，政府应本着促进社会组织独立自主发展的原则，给予其更多的信任和承担公共事务的权力。

---

① 崔开云.中国政府与非政府组织间关系——一个总体性研究.理论探讨,2009(4):155-158.

（二）平衡政府与社会组织之间的责任关系——责任分化与共担

科学划分职能是关系规范的基础，另外在此基础之上，还要确定两者之间的责任分担机制。政府与社会组织作为公共事务管理的主体，都应对承担的公共事务负责。政府在向社会组织转移职能的过程中，并不意味着政府公共责任的完全转移，也不意味着政府与社会组织之间的完全脱离，因为尽管社会组织在公共服务提供上可以弥补政府的不足，但也会出现因公益不足而导致的责任困境。因此，政府在向社会组织授权、委托时，有必要在承担服务绩效监管的同时，还要确保社会组织在自主性和责任之间保持平衡，从而促进社会组织的健康发展。具体来讲，政府与社会组织之间的责任平衡涉及两个层面：一方面是社会组织公共责任感缺失，对社会所应承担的公共责任异化为对政府的责任。权责相伴而生是公共管理领域的基本原则，权力的合法性和正义性是以权力主体所担负的责任为基础的。社会组织参与社会治理的权力通常来自于政府转移或是人民让渡，因此社会组织应对政府转移权力和人民让渡权力负责。然而在现实中，政府权力的强大与分散的相对较弱的社会权力之间的不对称，形成了政府权力对社会组织过多的介入与干预，或者限制其产生，或者将其吸纳入体制内并施以严格的控制消解其应有的自主性，而社会权力对社会组织的监督与制约力量式微。社会组织自主性的解构导致了社会组织公共责任感缺失，社会组织公共责任异化为对政府的责任。公共责任的异化带来诸多不利影响，影响社会组织公信力和形象的建立，更为关键的是如此一来社会组织和政府之间责任平衡关系被打破，两者之间无法形成承担公共责任的良性循环和激励机制。一旦社会组织出现责任危机，对社会造成较大负面影响时，政府就要迫不得已进行善后处理。

一方面是政府与社会组织之间责任划分不明确。现实中我们看到了政府职能转变，也注意到随之而来的社会组织承接政府职能，但是再细究承接政府职能的社会组织往往是与其有着非对称性共生关系的社会组织。表面上政府微观责任发生了转移，但实际上责任只是在政府与准政府内部兜圈，责任转移并没有发生本质意义上主体的分化。换言之,责任划分不明确所揭示的是政府对责任认识不清。政府的责任在于宏观的社会管理而不是微观的社会责任,就社会组织发展而言,政府的责任在于建立适合社会发展需要的社会组织管理体制、制度,建立公平竞争的发展环境和完善的培育监管机制等。社会组织的责任在于通过完善自我监管机制承担包括道义责任、法律责任在内的复合性社会责任,增强社会的回应性和公益性等价值,为社会提供更好的公共服务。

在这个意义上, 我们看到政府与社会组织之间的责任应该有着明确的分化。但非对称性共生关系无益于责任的分化,相反,恰恰体现了某种程度上的责任一体化,甚至是一定程度的责任替代、责任错乱。如在政社不分的情况下,政府与社会组织各自的责任范围和边界都难以廓清,社会组织生存的制度环境和生存模式使得其经常面临着被"僭越"的可能,社会组织责任承担存在着缺位、越位和错位的情况,责任替代、责任错乱等现象屡见不鲜。这些问题的出现根源于两者责任分化不够, 这对于政府与社会组织之间关系的平衡也是无益的。在我国公民社会发展尚不成熟,民间力量还不够强大时,社会组织只能是作为政府职能不完善的补充,"被承担"原本属于政府的责任。

党的十八大以来, 我们不断看到政府出台关于积极推动社会组织发展的新举措,诸如2013年国务院机构改革方案中,关于四类社会组织试行民政部门直接登记和2013年9月国务院出台了《国务院办公厅关于政府向社会力量购买服务的指导意见》。但是也应看到,推动社会组织的发展是建立在某种程度上政府利益考虑基础之上的, 而不是建立在良好的公民社会发展基础之上的。换言之,政府的引导性发展一定意义上可能加剧了社会组织与政府之间责任模糊的状况, 社会组织并没有改变为政府负责并成为政府附庸的传统角色。总之,改善政府与社会组织之间共生关系的努力离不开两者之间责任的平衡。责任平衡的要义在于基于各自的功能优势的责任分化与共担,使各自都有较强的公共责任感。对于社会组织来说,责任平衡的关键在于在自主性和责任之间取得平衡,一味地强调自主性而缺乏责任的分担与强化,其运作的结果还不如传统的官僚模式。"任何一种政治体制都无法长期容忍这种结果,在从中央集权到分权进化的每一步,都应该存在给予自由和施加责任之间的平衡。比之为一架云梯,其中每一级都平衡着自由和责任,并保持着管理系统的机能。如果要求人们对控制不了的事情负责,或如果有了自由而没有明确的绩效期望,那么该系统将无法运行。"①

(三)平衡政府与社会组织之间、社会组织内部之间的利益关系——利益共享

任何组织都有着特定的利益需求。尽管不同的组织之间利益需求和偏向不尽相同,但是这并不能改变相互关联的组织之间存在着某种利益连带的关系。政府利益不仅包括自身的组织利益,还包括政府所代表的最为广泛的公共利益。社会组织利益不仅包括其自身生存和发展所必不可少的组织利益,还包括其所代表的特定群体的利益,或是一定范围的公共利益。政府与社会组织作为公共事务治理的主体,尽管两者所代表的利益并不完全一致,但在参与公共事务治理、提供公共服务上两者的利益存在着一致的一面,或者说当两者都致力于公共利益时,其各自所代表的利益是一致的。利益的一致性为利益共享提供了基础。利益共享既包括政府与社会组织之间公共事务管理上的利益共享,同时也指不同社会组织之间的利益共享。而现实中,政府与社会组织共栖关系与非对称性关系的并存,本身就说明了利益共享受到了阻碍。

我国社会组织地位不平等的现实是非常普遍的现象,一方面是社会组织相对于政府的地位不平等;一方面是社会组织内部不同类型的社会组织之间的地位不平等,一边是财力雄厚的体制内社会组织,一边是嗷嗷待哺的

① [美]戴维·奥斯本,彼得·普拉斯特里克. 摒弃官僚制:政府再造的五项战略. 谭功荣,刘霞,译. 北京:中国人民大学出版社,2002:216.

体制外社会组织。对于前者而言,政府还没有认识到社会组织在公共事务管理中的价值,因此社会组织参与公共事务治理的权利受到了限制,无论是参与的领域、深度还是广度,都还处于初级阶段。这与两者致力于公共利益一致性基础上的利益共享相距甚远,利益共享的难于实现首要原因在于两者地位的不平等。对于社会组织之间的不平等而言,政府在利益分享过程中的选择性行为是阻碍利益共享,造成社会组织地位不平等的主要原因。利益不能共享一方面将会使受到不平等待遇的体制外社会组织产生对政府的不信任,另一方面也可能造成社会本身某种程度的分裂。因此,对于优化政府与社会组织现阶段的共生关系而言,赋予体制内外社会组织以平等地位具有重要的意义。政府赋予社会组织平等地位的途径主要有政府通过竞标的方式来对社会组织进行财政支持,也就是说,政府应以让渡为原则,建立合理的、相对公平的利益共享机制,为资源的公平、有效和自由的转移与流动创造条件,而避免政府为了一己之利,滥用权力,阻碍资源的公平、合理流动。另外,政府应当在政策、制度上基于社会组织充分的支持,通过税收优惠政策、项目引导政策的改革,赋予不同社会组织以平等机会,从而实现社会组织之间及社会组织与政府之间的权利平等、待遇互惠和利益共享。

三、平衡政府与社会组织资源相互依赖关系

理论上,政府与社会组织各自都在不同程度上掌握了对方发展所需要的资源,因此两者存在着资源交互的必要性。然而由于双方资源依赖程度有差异和组织自主性的不同,形成了共栖关系和非对称性共生关系。共栖关系中双方的资源相互依赖程度低,非对称性共生关系中相互依赖程度相对较高,但是以社会组织过度依赖政府,而政府选择依赖社会组织为主——政府对社会组织资源存在多元选择,可以在不同社会组织之间选择,也可以选择事业单位作为替代,也就是说两者的资源依赖与互动体现出非对称性。

综上所述,无论是共栖关系还是非对称性共生关系,两种关系的存在对我国社会组织的长远发展都是不利的,因此需要对两种共生关系进行优化。从双方资源相互依赖关系的角度出发, 优化的路径在于平衡社会组织与政府之间的相互依赖关系,平衡而对称的资源相互依赖是理想状态,当然这仅是优化的努力方向而不是必须实现的目标, 而且资源相互依赖的平衡需要政府与社会组织的共同努力。以非对称性共生为例,社会组织需要改变过度依赖政府的现状,在相互依赖上保持相对平衡。一是通过自身能力的提升,增加政府对社会组织的依赖;二是通过资源依赖松弛或是减少,资源依赖的松弛意味着社会组织通过内部能力的提升和对外部环境的改变, 减弱社会组织对政府的过度依赖。三是社会组织应扩展与其他组织和社会公众之间的资源交换关系,即多样化自己的依赖,而不是像过去那样将政府作为唯一的合作伙伴。就政府而言,平衡两者的资源相互依赖关系需要做的和可以做的事情是很多的, 诸如管理体制改革, 特别是社会组织登记注册制度的改革,降低社会组织索求合法性资源的难度;打破登记注册制度中的非竞争性原则,鼓励社会组织在一定程度上的有序竞争,政府对社会组织的支持更多以购买服务形式来进行。除管理体制外,政府应树立社会取向理念,进一步转变职能,为社会组织生存与发展释放和创造更多的空间,促进其成为社会治理的有效有力主体,从而改善政府对社会组织的依赖,实现对两者资源相互依赖关系的平衡, 最终为政府与社会组织对称性互惠共生关系的建立奠定基础。

四、社会组织自主性成长

自主性之于社会组织的意义不仅局限于其作为社会组织的重要特征之一,还在于自主性是社会组织独特价值之所在,更在于自主性不仅影响社会组织自身,还影响社会组织与政府乃至其他组织和个体之间的关系。从前面的社会组织与政府共生关系的矩阵图也可以印证自主性是决定社会组织与政府共生关系的重要因素之一。那么从非对称性共生到对称性互惠共生的关系优化,自然就需要社会组织自主性的提升,毕竟组织各自自主性地位的确立是对称性互惠共生的前提之一。有研究者称:"当前,我国民政注册非营利组织(NGO)最主要的问题之一,就是缺乏自主性。"[①]我国社会组织类型各异,自主性也强弱不均,但总体而言,社会组织自主性弱化是基本事实。影响自主性的因素是多方面的,从社会组织成立的价值基础到支持力量,从去自主性的管理制度到具体的合法性和资金资源的依赖,还有社会组织自身也存在着问题。当然,这些因素更多地属于静态意义上的分析,在现实中,社会组织自主性弱化动态意义上的原因更多地在于政府主导、介入得太多。体制内社会组织的成立和发展通常是政府大力推动的结果,同时政府将行政化、官僚化的办事风格嵌入此类社会组织之中,使之行政化并成为政府的左膀右臂。

为什么要提高社会组织自主性? 首先,自主性增强可以为社会组织在与政府及其他组织之间的互动关系中赢得平等主体的地位。依据资源依赖理论(Resource Dependence Theory,RDT),组织的自主性越强,意味着组织拥有越多的其他组织生存和运作所需要的重要资源, 从而可以使之从其他组织中获取自身生存和发展所需要的资源的同时,减少对于其他组织的依赖。[②]反之,社会组织自主性的丧失将会出现组织使命和目标置换、价值倡导功能不足、创新性丧失以及沦为政府工具和过度官僚化等问题。进而言之,这些问题的出现将从根本上动摇社会组织存在的合法性, 致使整个社会系统在

---

① 徐菲. 民间组织自主性缺失的原因探讨——从民间组织和政府的互动关系角度. 社会工作, 2012(9):72–75.

② 唐文玉,马西恒. 去政治的自主性:民办社会组织的生存策略——以恩派(NPI)公益组织发展中心为例. 浙江社会科学,2011(10):58–67.

功能发挥上出现结构性缺失。①

如何提高社会组织自主性？无论是基于静态意义上理论的分析，还是对实践中政府与社会组织关系的动态分析，社会组织自主性弱化或缺失的事实是不争的。这其中形成的原因是多方面的，但是众多原因并不能等量齐观，政府对社会组织的管理体制及管理体制的运作是首要原因，社会组织自身能力和其发展的社会环境自然也难辞其咎。因为我国社会组织自主性不强，在一定程度上不仅源自纯粹的政府强制或诱导，也有社会组织自行选择的因由，但是相对于政府对社会组织管理体制而言是次要的。换个角度讲，社会组织自主性成长是需要多种条件的支持的，既包括以经济体制、政治体制和社会体制组成的共生宏观环境，也包括政府关于社会组织管理体制、政策和法律规范等制度环境为特征的共生中观环境，同时也离不开表征为共生机制的微观操作层面意义上的共生微观环境。此外，尽管目前共生环境的建构是以控制型监管为主，但这并不意味着社会组织作为被规制的行动者束手无策，它们可以通过自身理念和责任确立与坚持、服务的专业化程度提高、自律与他律机制的建立、拓展资金来源等来逐渐消解政府所建构的单向权力制约关系，在与政府的互动中争取越来越多的主动权，从而赢得自主性成长的空间。正如莱斯特·萨拉蒙(Lester. Salamon)所说："第三部门组织的任务是找到一种同政府的妥协办法，在得到政府足够的法律和财政支持的同时又保持相当程度的独立性和自主权。"②

---

① Frumkin Peter. Balancing Public Accountability and Nonprofit Autonomy：Milestone Contracting in Oklahoma(2001–05–14)[2010–12–09]. http://papers.ssrn.com/sol3/papers.cfm? abstract_id=269361.

② [美]莱斯特·萨拉蒙，谭静编译. 非营利部门的崛起. 马克思主义与现实，2002(3)：57–63.

第二节　优化政府与社会组织共生关系的发展路径

在政府与社会组织共生关系演进的过程中起直接主导作用的是政府。因为现有的共生关系是由政府理念、对社会组织的管理体制促成的,因为社会组织的生成环境是政府形塑的,其发展的每一步都离不开政府的认可,且在发展的资源上也对政府形成较高程度的依赖, 因此社会组织自主性的强与弱与其说是社会组织选择的结果,毋宁说是政府选择的结果。简要地说,在政府与社会组织共生关系的建立和演进优化的过程中, 政府的作用是不可估量的。因此,当我们致力于建立政府与社会组织的对称性互惠共生关系时,首当其冲的是要从政府层面进行改革。这种变革涉及从观念转变到管理模式的转换,再到共生制度的变迁。同时,应充分挖掘政府向社会组织购买公共服务的潜力, 在加大购买力度的同时规范好政府向社会组织购买服务行为,以此作为优化政府与社会组织关系的切入点和突破口。此外,政府与社会组织共生关系的优化不仅需要政府层面的改革, 同时也需要社会组织自身能力的提高,这对于两者共生关系的优化无疑也是必不可少的。

一、转变政府观念

党的十八届三中全会提出"推进国家治理体系和治理能力现代化",并将其作为全面深化改革的总目标。国家治理体系和治理能力现代化涉及一系列规范权力运行和维护公共秩序的制度。尽管国家治理体系和治理能力现代化涉及内容极为广泛,但究其生发和运作的逻辑,国家治理的有效性取决于三个最为基本的问题,即治理主体、治理机制和治理效果。国家治理体系涉及的是治理结构问题,治理能力现代化则是治理结构的功能问题。治理结构的实质是治理主体,治理结构功能则取决于治理机制。由此可见,国家治理体系和治理能力现代化的首要问题是治理主体的明确和治理主体间相互关系的确立，这是实现国家治理体系和治理能力现代化的重要保障和必须解决的问题。从推进制度完善、国家治理和社会治理现代化的生成逻辑出发，治理主体是建立和实现国家治理体系的首要问题。①国家治理体系和治理能力现代化对治理主体的要求是处理好政府与市场、社会的协同与互动关系。党的十八届三中全会提出了"使市场在资源配置中起决定性作用"，明确了新时期政府与市场的关系；提出了"正确处理政府和社会关系，加快实施政社分开，推进社会组织明确权责、依法自治、发挥作用"。对政府与社会、政府与社会组织关系作了说明。因此，国家治理体系和治理能力现代化的实现取决于政府与市场、政府与社会、政府与社会组织协同与互动关系的建立与发展。

国家治理体系和治理能力现代化的提出是对社会组织治理能力的肯定与期待。在传统理论视野下，政府成为社会管理的唯一合法主体。但是随着治理理念的引入及各国推行的治道变革，理论研究与实践经验昭示着从传统的全能主义政府对公共事物垄断式的"统治"向公共管理时代"多元治理"转型的发展趋势。然而要完成国家治理转型，政府自身的变革至关重要，但是仅此还是不够的。社会组织是国家治理体系中的重要组成部分，社会组织所扮演的角色绝非消极被动的被管理者，而是社会管理的一极主体。正如学者所言："善治的基础与其说在政府或国家，还不如说是在公民或民间社会。"②

进而言之，社会组织在国家治理变革中充当了重要的结构性角色。由此不难推论，国家治理体系和治理能力的现代化在一定程度上取决于社会组织治理功能的有效发挥。然而社会组织在国家治理体系中的结构性角色的担当与治理功能的发挥是有条件的。其发挥作用的条件一如治理的内涵所

① 张杰华. 中国政府与非政府组织新型合作关系的建构——基于建立国家和社会治理现代化视角的分析. 前沿,2013(23):11-14.

② 俞可平. 增量民主与善治. 北京:社会科学文献出版社,2004:189.

揭示的如出一辙。治理意味着一系列来自政府但又不限于政府的社会公共机构和行为者。①社会组织在公共事务管理中的自主性是其成为不同层面权力中心，或是其治理功能发挥的前提。但是应该看到，当下政府与社会组织关系的形成是建立在前国家治理体系和治理能力现代化时期基础之上的，因此社会组织被称之为"二政府"，官民二重性特征尤为突出。这种对社会组织发展的定位既偏离了国家治理现代化对社会组织的要求，也反映出人们对社会组织作用认识的不足。

观念是行为的先导，没有科学合理的观念就不会实现有效治理。政府转变观念包括两个层面：其一是政府理念的转变，从政府取向理念向社会取向理念转变。社会取向理念下政府不仅关注政府自身的意志，而且更加注重社会本位，政府与社会的关系由原来的依附关系转变为自主关系。政府是为社会的存在而存在，而不是相反。社会取向型政府概念则具有社会本位的内涵，其内在精神在于以社会为自主自由活动的主体，政府存在的价值只是弥补社会的不足。②从政府取向理念到社会取向理念是社会发展的必然，人类社会从自然经济发展到市场经济是不可逆转的趋势，市场经济的建立和完善就必然对政府与社会关系进行调整，社会依附于政府的状况也必然得到发展。在这个发展的过程中，政府职责的重心不再是包揽社会的一切事物，而是应减少政府作用的空间，重点培育社会的自我协调与满足机制。

其二是政府重新认识社会组织在国家治理体系中的价值与地位。重新认识和界定政府与社会组织的关系，对于能否构建政府与社会组织对称性互惠共生关系起着至关重要的作用。改革开放以前，单位取代了社会成为国家与社会成员之间的中介，社会组织既没有存在的必要更没有存在的空间，政府对社会组织采取了全面禁止的态度。改革开放之后，单位制的解体使原有的国家与社会之间联系的纽带丧失，国家与社会之间缺乏沟通的中介，由

① 俞可平. 治理和善治引论. 马克思主义与现实，1999(5)：37–41.

② 沈亚平，郭琦. 从公共服务型政府到社会取向型政府. 生产力研究，2006(10)：112–114.

此,亟须新的组织化形态联系纽带来替代单位制。正如亨廷顿所说:"传统制度的解体会导致社会心理上的涣散和沉沦颓废,而这种涣散和沉沦颓废又反过来形成对新的认同和忠诚的要求。"社会组织正是在这样的背景下应运而生。

现实的需要改变了政府对社会组织全面禁止的态度,政府对社会组织采取了控制型监管的模式,这种模式是政府矛盾心理和态度的反映,既想借助社会组织力量协助其进行社会治理,但又担忧社会组织成长为体制可以挑战政府权威的异己力量。矛盾的态度也就形成了政府对社会组织在宏观上鼓励、微观上抑制,重监管、轻培育的管理现状。然而这种对社会组织怀疑甚至抵制的态度,不仅抑制了社会组织的发展,也无益于政府职能转变和机构精简,更无助于国家治理体系的构建。因此,在新形势下,政府对社会组织的态度应该进一步转变,从控制型监管到真正的培育、支持与规制并重。更为重要的是,政府要认识到培育与扶持的态度和政策的实施并不意味着对称互惠共生关系的自然生成,培育与扶持可以在较短的时间内促进社会组织的发展,但是对称互惠共生关系的形成从根本上取决于政府对社会组织价值的再认识及政策上由政府主导到政府引导的转变。政府亟须对社会组织的价值重新认识,给予社会组织应有的认同和足够的信任,重塑政府与社会组织关系,确立两者关系的未来走向是基于自主、平等的对称性互惠共生关系。

二、改革社会组织管理体制——对称性互惠共生的体制保障

我国的社会组织之所以难以独立自主,关键在于政社不分的管理体制。通常伴随着政府职能转变和简政放权,政府组建创办社会组织承接政府转移出来的职能和下放的权力,并且在社会组织人事安排、日常管理以及业务活动的开展上进行介入和干扰,从而形成了社会组织与政府之间的非对称

性共生关系。这种关系的形成抑制了社会组织自身功能优势的发挥,更为重要的是随着市场经济的深入发展和改革的不断深化,社会自发组建的社会组织日益增多,发挥着越来越重要的作用和功能,政府管理中习惯用的行政手段和家长式管理的方式已经不适应社会组织的新发展。在现阶段,如果政社不分的情况不能从根本上加以解决,那么社会组织独立自主的发展问题就无法解决。因此,实行政社分开,转变政府双重管理体制,恢复社会组织的民间性、自主性,是优化现阶段共生关系的必经之途。

参照国外公民社会发展的一般经验看,决定社会组织能否真正独立和强大的关键因素不在于社会需求本身,而在于能否形成关于公民社会组织发展的国家意识,即国家关于公民社会组织发展的政治纲领、法律体系和社会政策。[①]社会组织的自主性越强,社会组织就越有能力与政府合作。一种制度如果过于成熟和完备,其路径依赖的程度便越高,对异己制度的接受也会很困难。[②]原有的社会组织管理制度没有给种类繁多、功能各异、规模不等的社会组织足够的合法空间,人为地制造了生存和发展的困境,当然这可能就是制度设计和实施的初衷。但从我国的现实出发,无论是从国家治理体系和治理能力现代化的建设来考虑,还是从社会管理创新来考量,都应该重视和挖掘社会组织的治理潜力。然而社会组织治理能力的培养和发挥首先就需要适宜的管理制度,新制度需要为社会组织的差异性留下足够的空间,无论是在登记管理体制的改革,还是在社会组织自身筹备情况的标准上,都应该体现出多元共生的理念。具体来说,从登记管理上来看,要实行分类管理,备案与注册并行,并进行严格的公益认定。

双重管理体制造就了多头管理和社会组织合法性困境以及监管缺位、越位并存的局面,这种管理体制已经成为阻碍社会组织健康发展最受诟病

①　葛道顺. 中国社会组织发展:从社会主体到国家意识——公民社会组织发展及其对意识形态构建的影响. 江苏社会科学,2011(3):19-28.

②　赵岳阳. 中国社会主义市场经济的所有制共生及弱化. 国有经济评论,2013(3):1-8.

的因素,这种体制的存在不仅剥夺了社会组织的"出生权",同时也制约了社会组织的"发展权"。这种体制实质上是将社会组织和政府置于相互对立的关系上,双重负责、双重把关的审批制度为所有的社会组织获得合法身份设置了障碍。①因此,降低社会组织成立的门槛,取消双重管理体制,放开对社会组织的限制,不仅仅是给予社会组织"生存权"和"发展权",为社会组织的独立自主运作提供政策和体制保障,更为重要的是为构建两者的对称性互惠共生关系提供了体制基础。

(一)我国地方政府社会组织管理体制改革的探索

事实上,社会组织双重管理体制给社会组织成立和运行所带来的束缚,不仅为学界所诟病,也困扰着政府。近年来,中央和一些地方都在积极探索社会组织登记管理体制改革,并积累了一些改革经验,主要有以广东深圳为代表的"一元模式",以北京为代表的"二元模式"和以上海为代表的"三元模式"。2004 年,深圳以行业协会为突破口,对行业协会登记管理体制进行改革,在积累经验的基础上逐步扩大领域。2008 年,对工商经济类、公益慈善类、社会福利类的民办非企业单位实行由民政部门直接登记的管理体制,探索社会组织由民政部门统一登记的一元登记管理模式。②2006 年,广东省率先取消了业务主管单位,改为由民政部门统一行使行业协会的登记和管理职能。这种无须业务主管单位的登记管理体制被称为"一元模式"。该种模式对现行的双重管理体制改革最为彻底,因而能充分反映社会组织的民间性和志愿性。③

但"一元模式"也带来了业务监管问题,民政部门对社会组织的业务领域并不熟悉带来了监管的难度。2009 年,北京市在社会组织管理体制改革中提出了构建枢纽型社会组织的方案,即由枢纽型社会组织作为业务主管单

① 王名. 社会组织概论. 北京:中国社会出版社,2010:93.

② 徐宇珊. 放权与赋权——政府推动下的公民社会成长之路. 特区实践与理论,2010(2):44-47.

③ 夏龙. 关于我国社会组织双重管理体制改革的探索与思考. 改革与开发,2012(2):8-9.

位和民政部门为登记管理机关的新二元登记管理模式,简称"二元模式"。2009年,北京首批确认 10 家市级"枢纽型"社会组织是:市总工会、团市委、市妇联、市科协、市残联、市侨联、市文联、市社科联、市红十字会、市法学会,分别负责职工类、青少年类、妇女儿童类、科学技术类、残障服务类、涉侨类、文学艺术类、社会科学类、医疗救助类、法学类社会组织的联系、服务和管理。北京市"二元模式"的特点在于业务主管单位由原来较为分散转变为较为集中。"二元模式"一定程度上解决了社会组织因找不到业务主管单位而无法注册的困境,同时新的模式体现出分类管理的思路,同类的社会组织集中在同一个业务主管单位之下,有助于同领域社会组织之间的沟通与合作。当然,枢纽型社会组织能力不足限制了其对社会组织的培育和监管。

"三元登记"模式是指在原登记管理部门和业务主管单位的双重管理体制的基础上,成立另一个专门机构,共同行使对社会组织的管理职能。[1] 2002年,上海市成立直属于市政府的行业协会发展署。行业协会的业务主管部门细分为协会主管部门和行业业务主管部门:行业业务指导职能继续由行政主管部门承担,而行业协会业务管理职能则改由市行业协会发展署承担,从而将原来的登记管理部门、行业业务主管部门的双重管理,转变为登记管理部门、行业协会发展署和业务主管部门的"三元"管理体制。[2]"三元模式"尽管在一定程度上淡化了行业协会对作为业务主管单位的行政部门的隶属,减弱了行业协会的行政依附性,但是在实际操作的过程中,行业协会发展署往往职责不清,在原有双重管理体制的基础上又增加了一个管理主体,使得社会组织的登记注册不仅没有简单,相反变得更为复杂。而且,行业协会发展署的建立只是将原来属于业务主管单位的一部分权力转移出来,这种权力的转移依然是在政府部门之间进行的,属于政府行政权力的内部循环和重新配置,从本质上来说,并没有削减政府对行业协会的管理权力。

---

① 郑琦,乔昆. 社会组织登记管理体制改革:模式比较与路径选择. 理论与改革,2011(1):63-66.

② 夏龙. 关于我国社会组织双重管理体制改革的探索与思考. 改革与开发,2012(2):8-9.

(二)国外社会组织登记管理体制经验

在倡导结社自由的国家，社会组织是否登记并不是其取得合法性的必要前提,社会组织进行登记和获取法人地位是其取得税收优惠政策的条件。法国在社会组织登记管理上尊重自由权利、贯彻自由原则,实行自由准入及退出。

法国公民成立社会组织具有相当自由的权限,主要表现为:对社会组织成立的人数基本没有限制,两人以上即可。《非营利社团管理法》第一条规定,社团是一种由两个或多个人员达成共识后组织的以非营利为目的进行活动的团体组织。[①]除此之外,社会组织享有组织自由的权利。该法第二条规定:协会组织可以不受限制也不用提前声明地进行自由组织。[②]

在美国,成立社会组织是公民的权利,一般的结社行为并不需要政府的审核与批准,是否登记注册是可以选择的。只有当社会组织要获得税收优惠时,才需要向政府申请登记注册,只有经过政府批准取得法人地位的社会组织才能享受相应的税收优惠。

德国是世界上社会组织非常发达的国家之一,社会组织人口比为 1:75,远远高于英国(1:250)、日本(1:260)等发达国家。在登记管理上,德国的法律并没有规定所有的社会组织必须登记,而且法律对未登记社会组织的权益也予以保护。未登记的社会组织可以有章程,开设集体账户,但它们没有权利向经济部门申请项目,无法享受政府的税收优惠政策,需要承担无限责任。[③]而对以非营利性为目的的公益性社会组织必须到所在地的法院进行登记,获得登记的社会组织可以享受国家的税收优惠,而且在组织破产时,组织成员和理事会承担有限责任。

在英国社会组织分为志愿者组织和慈善组织两大类。成立志愿者组织

---

① Loidu 1 juillet 1901 relative au contrat dassociation(Journal Officiel du 2 juillet 1901). http://www.edutaiwan-france.org/scbrtf/asso/1901.htm.

② 胡仙芝. 自由、法制、经济杠杆:社会组织管理框架和思路——来自法国非营利社团组织法的启示. 国家行政学院学报,2008(4):95-98.

③ 郑琦. 社会组织登记管理体制:国际经验及其启示. 学会,2012(4):39-43.

无须登记,只要有自己的章程,不向政府要钱,成员不少于三人即可成立,政府也不干涉他们的活动。①成立慈善组织的除享受特殊优惠政策和免予注册的都要到慈善委员会登记注册,经批准后才能开展活动。

　　尽管上述国家在社会组织登记管理上存在着一定的差异,但是依然可以在差异中发现一些共同的经验。首先,在负责登记管理的机关上,是由一个部门统一执行的,即一元登记管理模式。在美国是内政司,在英国是慈善委员会,在德国是地方法院。相对于双重管理体制而言,一元登记管理模式具有相当多的优势,一方面,取消了业务主管单位的审批,登记注册的程序得到了简化,便利于社会组织登记;另一方面,取消了业务主管单位有利于社会组织民间性和自主性的增强;此外,从政府监管的角度上看,社会组织管理权的集成避免了业务主管单位与登记机关之间推诿、掣肘的情况,明确了登记管理机关的职责,提升了政府管理的效力。其次,在社会组织的成立上,实行多层次的注册制度,自行设立与登记注册并存。换言之,社会组织登记注册与否并不是其取得合法性的前提,登记注册获得法人地位才是获得税收优惠的前提。这种准入上的分类管理制度是值得我们借鉴的。再次,相对较为宽松的注册门槛。上述各国在社会组织登记注册上基本不设门槛,即便有门槛也是很低的。一般而言,社会组织的登记注册主要是形式审查,只要人数或资金达到一定规模,明确表明组织具有非营利的性质就予以登记注册。②

　　(三)社会组织管理体制改革进一步发展的设想

　　各级地方政府在探索社会组织管理体制改革的过程中都取得了显著的效果。无论是哪种模式都对原来的双重管理体制有所突破,是对社会组织发展"松绑"的过程,产生了极大的影响力。当然,这种改革的探索离不开党和政府对社会组织的重视。近年来,执政党和政府对待社会组织的态度发生了转变,特别是自党的十七大以来,在指导思想和顶层设计上对社会组织予以

　　① 廖鸿,石国亮,朱晓红. 国外非营利组织管理创新与启示. 北京:中国言实出版社,2011:48.

　　② 郑琦. 社会组织登记管理体制:国际经验及其启示. 学会,2012(4):39-43.

重视。从党的十七大报告重视"社会组织建设与管理"到《中华人民共和国国民经济和社会发展第十二个五年规划纲要》中对社会组织有专章论述,并明确提出了社会组织登记管理体制改革方向,即"统一登记、各司其职、协调配合、分级负责、依法监管",再到党的十八大报告"加快形成政社分开、权责明确、依法自治的现代社会组织体制",以及 2013 年《国务院机构改革和职能转变方案》中公布了今后对四大类社会组织,即行业协会商会类、科技类、公益慈善类、城乡社区服务类组织实行民政部门直接登记,依法加强登记审查和监督管理。从地方的渐进式改革探索到国家对地方改革举措的整合,国家层面的社会组织管理体制改革也向前迈进了。国家改革体现出了分类管理和分布调整改革双重管理体制的思路。国家没有完全取消双重管理体制,而是根据社会组织的类型采取差别化的策略,对行业协会商会类、科技类、公益慈善类、城乡社区服务类组织实行民政部门直接登记,无须业务主管单位的审查。民政部门具有双重地位——登记管理机关和业务主管单位。

应该说这种改革思路与深圳的"一元模式"如出一辙,但实际上这与国际上社会组织登记注册普遍采用的"一元模式"还有一定的差距,因为我国的"一元模式"虽然取消了业务主管单位的审查,但是这种审查的权力没有完全取消而是转移到民政部门,因此只能称为"准一元模式"。无论是地方还是国家层面的改革都是值得肯定的,但是我们更应该看到社会组织管理体制改革还有许多有待优化的空间。登记管理制度的改革只是社会组织管理体制改革迈出的第一步,因为"社会组织管理体制是制度规则、组织机构及其运行机制等多维系统相互作用的有机统一体"[①]。在双重管理体制时期,登记管理制度成为了社会组织管理体制的全部,因此登记管理制度的改革也容易引起人们理解上的误区,即将登记管理制度改革等同于社会组织管理体制改革,实则前者只是后者的组成部分。仅有登记管理制度的改革,没有

---

① 战建华. 我国社会组织管理体制改革的实践分析——基于北京、上海、深圳等地社会组织体制改革的思考. 学会,2009(7):27—32.

机构改革、监管体系的完善等措施的跟进,改革的成效是难以保障的。

具体来说,社会组织管理体制改革有待优化的部分包括:其一是社会组织登记注册的条件门槛没有调整。以社会团体为例,社会团体成立在会员上的条件为"有 50 个以上的个人会员或者 30 个以上的单位会员;个人会员、单位会员混合组成的,会员总数不得少于 50 个"。尽管取消了业务主管单位的审查,可以使那些符合社会组织登记注册条件但找不到业务主管单位的组织得以顺利注册,但是对于那些达不到这些条件的社会组织,是不是可以进一步放宽注册准入的门槛?其二是并没有对非竞争性原则进行调整。社会组织管理的三个条例都强调社会组织成立的非竞争性原则,这种原则是计划经济体制下政府控制思维的产物,既不利于社会组织之间通过竞争提升能力和服务质量,也是对公民结社权的某种剥夺。所以打破社会组织垄断,在社会组织领域引入竞争机制仍是今后改革的重点。其三是登记管理制度改革未必可以赋予草根社会组织以合法性,也不能将这些社会组织纳入政府管理范畴。因此,不应以登记注册作为社会组织获得合法性的唯一途径,在合法性地位的获取上应考虑到社会组织的层次和类别上的差异,应实行包括备案、登记、公益认定的多层次的登记管理制度和分级分类监管制度。对于组织化程度低、规模小、人员少的社区基层组织,应实行备案制度;对于规模大、人员多、活动广、组织化程度高的组织,应实行法人登记制度;对于影响大、公益性强的组织,则实行公益认定制度。①

三、变革共生制度

党的十八届二中全会和十二届全国人大一次会议审议通过的《国务院机构改革和职能转变方案》中提出对社会组织依法加强登记审查和监督管理,

---

① 王名. 改革民间组织双重管理体制的分析和建议. 中国行政管理,2007(4):62–64.

并要求民政部会同国务院法制办负责完成《社会团体登记管理条例》等相关行政法规的修订工作。"我国现行的政策法律对社会组织的约束大大超过了对社会组织的扶持。"[1]因此,加强和完善社会组织法制环境建设既是政府依法行政、规范管理的需要,同时也是维护和保障社会组织合法权益、推动社会组织健康发展的必由之路,更是社会组织与政府共生关系优化,构建对称性互惠共生关系的必然要求。

首先,应在宪法层面重申和确认公民结社自由的原则,制定《社会组织法》将宪法结社权具体化,填补宪法和行政法规之间的空白,以此统领社会组织的其他法律法规。社会组织的繁荣无法脱离对公民结社权的保护,只有在公民结社权得到很好的保护的情形下,社会组织才会成立与发展。我国宪法规定,公民结社权利只有通过部门法才能得到保护和行使。宪法学理上要求对基本权利的限制必须基于公益的考量、通过法律的形式方能施加,而且只限于狭义的法律层面。[2]也就是说,结社权属于公民的基本权利范畴,对于基本权利的限制必须以狭义的法律的名义来进行。而目前的状况是公民的结社权是由行政法规来规范的,这本身就体现了立法上的错位,况且行政法规就其本质而言是以管理为取向的,因此他对公民结社权利的保障显然是有局限性的。大量"非法"社会组织的存在昭示了政府对社会组织管理的失范,然而政府对社会组织管理的失范只是社会组织合法性困境的表层原因,深层原因在于政府立法不当,立法不当造成了社会组织对政府合法性资源过高的依赖。

因此,制定保障公民结社权的社会组织法是解决立法错位、社会组织法律法规立法层次低、缺乏纲领性的基本法律以及权威性不够等一系列问题的不可或缺的方案。通过制定社会组织法从而实现以法律的形式替代原有的立法层次较低的行政法规赋予社会组织合法的社会地位,社会组织才能

---

① 王建芹. 第三种力量——中国后市场经济论. 北京:中国政法大学出版社,2003:283.

② 柳飒. 社会组织法制建构的文化视角. 合肥工业大学学报(社会科学版),2013(4):36-41.

获得合法的发展空间。《社会组织法》的功能在于既要成为公民结社权利的制度保障，促进社会组织自主发展，同时也要限制公民结社权利的滥用，防止社会组织对政府和社会产生的消极影响。其应对社会组织的权利、社会组织的界限、社会组织的性质、社会组织的功能、社会组织运作等方面予以规定和保障。

其次，转变立法导向。当前，社会组织所面临的共生制度使社会组织遭遇到了合法性困境，因此阻碍了社会组织的健康发展，要破解这种困境，关键是要改变以控制为主导的立法和管理取向。以社会团体为例，在《社会团体登记管理条例》颁布之前，许多社会团体在产生时并不一定是社会合法性、政治合法性、行政合法性和法律合法性的统一体，或许只是具备了其中的一种或几种，而且在实际的运作中社会团体可以依托单一的合法性开展活动。但是《社会团体登记管埋条例》颁布之后，立法的控制导向提高了社会团体的登记门槛，合法的社会团体必须同时具备四种合法性，否则会因无法登记注册而成为"非法"组织。立法的控制导向限制了更多的社会组织取得合法的身份，合法身份的缺失影响政府对其的支持和社会对其的信任，必然导致其生存和发展空间的受限。而且，在立法的控制导向下取得合法身份的社会组织发展状况也不尽如人意。

目前，我国非政府组织立法的指导思想建立在"控制型管理"的基础之上，也建立在对被管理对象"不信任""不成熟"的指导原则基础之上。①非对称性共生关系下社会组织发展的种种异化，诸如社会组织行政化、社会组织功能的偏离等，这些问题的出现说明了单纯依靠控制导向下的法律法规不仅无益于问题的解决，更为重要的是，可能直接导致这些问题的产生。因此，从逻辑上来看便会出现用产生问题的原因去解决问题本身的现象，这是荒谬的。因此，试图解决社会组织发展中的种种异化，构建政府与社会组织对

---

① 高丙中. 社会团体的合法性问题. 中国社会科学,2000(2):100–110.

称性互惠共生关系就必须要实现立法导向的转变。要实现立法导向的转变——从"控制管理型"到"培育发展型",实现由消极保护公民结社权到积极保护公民结社权的转变,从而促进社会组织成为社会治理力量的组成部分。在"培育发展型"的立法导向下,社会组织应是权利与义务统一、权责对等的有着较高自主性、非营利性等应然特征的组织。

再次,完善法人制度,逐步针对各类社会组织分别立法。社会组织法人制度的确立和完善对于其保持独立和自治是至关重要的,而社会组织能否独立和自治关系着其在实际运作中自主性的存废。社会组织实现独立自主首要地在于明确其独立的法律地位。从世界各国的发展经验来看,并不是一定要求所有的社会组织都必须是法人,而是对一些特殊的社会组织必须进行法人登记。我国社会组织面临的困境基本上可以分为两个方面:一方面社会团体法人地位的重构。以行业性社会团体为例,当前政府所倡导的行业协会去行政化或是民间化的改革初衷就是还原、恢复行业协会的独立社团法人地位,优化政府与社会组织的共生关系,使其能朝着"自愿发起设立、依据章程自主管理和为会员服务为导向"的方向发展,从而更好地发挥行业性社会团体的功能。

另一方面就是破解民办非企业单位和基金会的法人资格问题。基金会虽然拥有法人所需要的基本条件,但是不属于《民法通则》中所规定的企业法人、机关法人、事业单位法人和社会团体法人中的任何一种,而民办非企业单位尽管是依照公司法人来建制的,但登记却是以个人或合伙的名义。总之,无论是对于社会团体法人地位的名存实亡,还是基金会和民办非企业单位法人地位的缺失来讲,这对于社会组织独立自主的运行都是不利的,使其在与政府的沟通和合作中处于不对等的地位。因此,应恢复和保障社会团体的独立法人地位,认定基金会和民办非企业单位为法人组织。当然这种认定不是一朝一夕可以完成的,但是努力的方向是确定的。由于我国是大陆法系国家,对于内部差异很大的社会组织无法用一部《社会组织法》来规范所有的社会组织,因此为了健全社会组织独立法人制度,应根据不同类别的社会组织分别予以法律规范,逐步明确社会组织法人治理结构。

最后,在行政法规层面,逐步确立分类管理的行政法规体系和加强对社会组织运行的法律规制。陆续出台一批依据科学分类形成的体现分类监管原则和专业性的专项法规, 其中包括修订完善现行的社会团体和民办非企业单位两个主要条例,颁布关于行业协会、农村专业技术协会、慈善组织、公益医疗机构、公益教育机构等专业性强的社会组织的专项管理条例。①在对社会组织运行的法律规制方面还存在着不少空白, 如通过法律解决社会组织员工就业和社会保障问题, 社会组织人力资源的匮乏从某种程度上讲源于法律保障的缺失。还有关于社会组织的财务监管方面,现有的法律法规对这方面内容的规定较少,存在的规定主要是部门规章或者是规范性文件,而且对其财务监管并没有凸显出社会组织与政府和企业之间的差别。还有关于社会组织接受捐赠的情况及使用情况、信息披露等,都应该予以明确的规定。

四、规范政府向社会组织购买服务

政府既要不断提高自身的公共服务供给能力和水平, 同时也要更多地利用社会力量,尤其是社会组织,为社会组织参与公共服务创造有利环境,提升社会组织公共服务功能,使之成为社会治理体系中重要的主体之一。从党的十八大、十八届二中到全会十八届三中全会,国家治理理念逐步深化,社会组织在国家治理体系中的重要地位和作用越发凸显。新一届政府把加快转变职能、简政放权作为开门第一件大事,加大行政审批权取消和下放力度,专门出台文件,力推政府购买服务,在公共服务领域为社会组织让渡空间、搭建平台。2013 年 9 月 26 日,《国务院办公厅关于向社会力量购买服务的指导意见》(国办发〔2013〕96 号)正式发布,明确提出推行政府向社会力量购买

① 陈金罗,刘培峰.转型社会中的非营利组织监管.北京:社会科学文献出版社,2010:58.

服务是创新公共服务提供方式。文件明确到 2020 年,在全国基本建立比较完善的政府向社会力量购买服务制度,形成与经济社会发展相适应、高效合理的公共服务资源配置体系和供给体系,公共服务水平和质量显著提高。

政府购买服务是指"政府在社会福利的预算中拿出经费,向社会各类提供社会公共服务的社会服务机构,直接拨款资助服务或公开招标购买社会服务"①。政府购买服务不仅是治理公共服务供给短缺、服务水平和效率低下的良药,同时也是构建"小政府,大社会"格局的重要举措,更是新时期落实政府培育、发展社会组织和规范政府与社会组织关系行之有效的举措。政府购买服务是在公共服务领域对政府、企业和社会组织的功能与职责的重新配置,目的是通过引入社会组织来避免和弥补政府与市场资源配置可能出现的缺陷。然而政府购买服务所具有的潜在优势的发挥是需要具备一定的条件的。

首先是政府购买服务的制度化。制度化一方面在于政府制定了规范购买服务的法律法规等规范性文件,另一方面在于购买服务的运行稳定、持续。应该说,我国政府购买服务的历史不长,在这方面已经开始了积极的探索,不是政府购买服务问题的最主要方面。其次是购买过程中的竞争性,即谁能购买是通过市场竞争来确定的。对于购买主体方式的竞争性而言,政府购买呈现出"内部化"特征和形式性购买,社会组织成为政府部门的延伸。②购买服务"内部化"和形式性购买都是对竞争性的否定,因此也就使政府购买服务的价值受到了冲击。而对于社会组织来说,公平公开的竞争性购买还尚需时日,因为当下获得政府购买服务的多数社会组织并非独立的社会组织,这样的组织通常是由政府发起或倡议成立,与作为购买者的政府有着各

---

① 孙伟林. 新概括新论述新要求——十七届五中全会关于社会组织论述学习心得. 社团管理研究,2010(12).

② 许小玲. 政府购买服务:现状、问题与前景——基于内地社会组织的实证研究. 思想战线,2012(2):75—78.

种联系，或为社会组织的义务主管单位，或者是其他关系。再次，购买主体双方处于平等地位。但是在政府购买服务实践中购买双方完全独立的几乎没有。从购买主客体间的独立性来看，双方是一种"关联交易"，二者之间存在着非独立、不平等的关系。①

基于政府购买服务中存在的问题既不利于政府购买服务实施的初衷，也不利于两者对称性互惠共生关系的构建，因此应在加大政府财政向社会组织购买服务的同时对政府购买服务进行规范化，以规范化建设为切入点和突破口，促成政府与社会组织对称性互惠共生关系的形成。一方面，推进购买服务制度化，规范政府向社会组织购买服务行为。政府应建立规章制度对政府购买服务的资金、工作流程、招投标制度，制定政府向社会组织购买服务目录，建立社会组织承接公共服务准入制度，实施合同化管理等。政府坚持有所为、有所不为。把不应由政府承办、政府办不好和适合社会组织提供的公共服务梳理清楚，尽快转移给社会组织。另一方面，努力为各类社会组织创造统一开放、公平竞争的发展环境，真正将竞争机制引入政府购买服务的过程中，通过公开、公平和竞争的方式，依照社会组织的专业性和效率来选择社会组织，而不是基于政府与社会组织之间的某种关系。问卷中设计了多项选择题"贵组织承接政府项目采取何种方式？"备选项有六个，有效样本选择各项的比例从高到低依次为："定向补贴"（47.06%），"依据法律法规进行授权"（37.25%），"签订短期合作协议"（28.43%），"由政府公共平台集中招标采购"（17.65%），"定向签订长期合作协议"（15.69%），"其他方式"（0%）。这在一定程度上说明了现行政府向社会组织购买服务采取竞争性购买方式占比不高的现实，政府购买"内部化"较为普遍，体现为社会组织承接政府项目是政府通过定向补贴和法律法规授权进行的。因此，政府应以规范化建设为切入点和突破口，作为规避政府购买社会组织服务的风险的重要手段。只

---

① 许小玲.政府购买服务：现状、问题与前景——基于内地社会组织的实证研究.思想战线，2012（2）：75-78.

有实现政府购买服务的制度化和竞争性，才能为政府与社会组织之间平等契约关系的形成奠定基础,借此才能实现社会组织独立自主的运作。

政府购买服务使得政府自身角色从过去的直接生产者转为服务的购买者。然而角色的转换并不意味着政府所应承担公共责任的减弱,政府更不能借购买社会组织公共服务之名行转嫁公共责任给承担购买服务的社会组织之实。相反,政府应通过强化对社会组织的监管来履行公共责任。政府在购买公共服务的过程中发挥着实质性的作用，这决定了其对公共服务的生产与提供应承担的公共责任是不可规避的，决定了其作用的发挥不能因购买社会组织服务的形式的改变而发生变化，也不能因政府与社会组织关系的亲疏而有所不同。具体而言,政府所应承担的公共责任包括三个方面:"确定公共服务应达到的水平以及可以支出的公共资源；制定和监督提供服务的安全、质量和表现标准;执行这些标准并对违反的情况采取行动。"①为了规范和约束社会组织的行为,政府的监管应贯穿于政府购买服务的全过程。有学者认为:"为公众做个好交易不只是取决于是否要签个合同、合同给谁,而是取决于合同从头到尾整个过程的管理。"②因此,在政府购买社会组织服务的整个过程中，政府既要通过强化公共责任意识和加强监管做好公共利益的维护,同时也要做精明的购买者。政府需要对购买合同的执行情况实施系统的监督,加强合同履行过程中潜在风险的评估与管理,以保障社会组织提供公共服务的质量。除此之外,政府应建立以公共责任为核心的风险防范制度框架,建立以政府为主导的网络监管模式,在不断强化政府对承担购买服务的社会组织的监管的同时,更要充分调动社会组织、公民和社会在风险防范中的积极作用,激发社会监督的活力。

---

① 王名,乐园. 中国民间组织参与公共服务购买的模式分析. 中共浙江省委党校学报,2008(4):5-13.
② 菲利普·库珀,竺乾威等译. 合同制管理:公共服务管理者面临的挑战与机遇. 上海:复旦大学出版社,2007(5):61-140.

五、提升社会组织能力

以上论述强调了政府在政府与社会组织共生关系演进过程中的重要作用，并从四个方面探讨了政府在共生关系优化中所应进行的变革。然而强调政府的作用并不意味着社会组织是不重要的。无论是哪种共生关系，都体现为共生关系主体之间的资源交互关系，非对称性的也好，对称性的也罢，都不可能脱离社会组织而存在。存在的即是重要的，在两者的互动过程中，没有社会组织的积极努力，单凭政府的法律法规、政策上的支持等，不会形成良好的互动和理想的共生关系。因此，政府与社会组织共生关系的优化需要社会组织不断完善自身建设，通过坚守理念和使命、坚持专业化发展道路、拓展资金来源渠道、建立有序的自律以及改善与政府关系等来提升组织能力，从而为对称性互惠共生关系的建立奠定基础。

社会组织在全球的发展和在中国的快速发展已经使其在世人的心中留下了印记，但我国社会组织的发展整体上还处于初级阶段，社会组织还经常处于社会发展的边缘，在与政府的互动中处于非对称性的不平等地位。因此，要进一步发展社会组织和确立起在社会治理中的主体地位，促进其应有功能的有效发挥，不仅需要政府层面的改革，同时也需要社会组织自身加强建设。倘若社会组织需要得到政府和其他组织和个体的认真对待，那么它们首先应学会如何认真对待自己，如何通过完善自身建设来提高能力，以此在与政府和其他社会主体的互动中赢得更多的话语权和保持自主性，而不是单纯地依赖甚至是依附政府或其他社会主体。"第三部门在全球舞台上活动的时代已经来到，但是它现在必须设法加强自身的制度能力并以更加有意义的方式促进主要问题的解决。在做到这一切的同时，第三部门还不能失去自己的群众基础和追求变革的灵活能力。"①

(一)信念与使命

信念与使命是社会组织的根基和灵魂,引导着组织的健康发展。社会组织应本着对会员和公众负责,遵循公益使命优先的原则,在组织内部构建一种道德驱动的自律,以此来确保组织的行动致力于公益目标。社会组织自身就蕴含着为公共利益奉献的信念与使命,因此明确和坚守自身使命应成为社会组织的核心价值和追求。随着社会组织的发展,社会组织应不断提升和深化服务公众、服务社会的信念和使命,强化不以盈利为目的的观念和意识,并将这种价值观内化为组织内每一位工作人员的价值导向和行为规范,从而使社会组织能够更好地立足于社会,以对社会的奉献和对公共责任的承担不断赢得社会的认可,扩大社会组织的社会基础。

国外社会组织在强化组织的信念和使命上有着较为成熟的做法。以美国的联合会——独立部门(Independent Sector, IS)为例,其在《志愿组织中共同的基本价值和道德行为的总结报告》中提出了 9 项伦理守则标准:无私的奉献、道德承诺、公益使命优先、尊重个人的价值和尊严、包容社会的多元性并维护社会公平、对公众负责、公开和诚实、慎用社会资源和服从法律。②该组织不仅提出了守则,更制定了如何落实这些守则的可操作性的措施。如每年进行道德标准的审核,并将其重要性提升到与组织的财务审计同等重要的地位。这些措施的实施强化了社会组织的信念与使命,这对于我国社会组织信念与使命的建设是值得借鉴的。

(二)完善内部治理结构

在国家和政府重视社会组织作用并改善其发展外部环境的情况下,社会组织应主动完善内部治理结构,健全组织内部管理体制和管理制度。社会

---

① [美]莱斯特·萨拉蒙,谭静编译. 非营利部门的崛起. 马克思主义与现实,2002(3):7-63.

② 程昔武. 非营利组织治理机制研究. 北京:中国人民大学出版社,2008:27.

组织能力的提升不仅取决于良好的外部环境，更为重要的在于内部治理结构的改进。内部治理结构的完善是社会组织公信力和能力建设的制度性保障。国外许多国家的社会组织为了提高服务效率和维护组织公信力，都重视内部治理结构的调整，突出理事会构成的监督作用。多数国家的社会组织实行理事会领导决策下的执行官负责制。理事会是最高的决策机构，代表公众利益对组织进行监督，最重要的是制定战略决策和监督经理人员。[①]而据清华大学 NGO 研究所调查，我国有近一半的社会组织缺乏正式的决策机构。社会组织内部治理的问题主要是组织结构和管理存在问题，具体涉及组织章程、组织机构、干部来源和决策方式等。总体上来说，大量的社会组织内部治理缺乏民主决策的机制和权力机构、执行机构与监督机构之间的相互制衡。因此，完善社会组织内部治理结构任重道远。

当然，我国社会组织内部治理结构存在的问题不仅在于社会组织自身，也与政府对社会组织管理分不开。改革开放后，国家与社会关系重构，但在政府与社会组织的权力对比中，社会组织力量依然十分弱小。社会组织在发展过程中的自主性缺乏体制和制度保障，易言之，社会组织外部环境是不完善的，在这种情况下，社会组织完善内部治理结构的动力难以形成。所以在一定意义上可以讲，社会组织外部环境的状态直接映射了其内部治理结构的状态，因此完善内部治理结构应该从内部与外部两方面共同着眼，而且在推动内部治理结构建设的前期更应该发挥政府等外部力量的拉动和促进作用。

（三）资金分散化

在非对称性共生关系下，政府可能在短时间内满足社会组织资源短缺的需要，但随着社会组织的不断发展和自主意识的增强，它们逐渐认识到过度依赖政府和自主性不足的状况于自身的长期发展并非是有利可图的，反而会影响组织目标的实现。社会组织发展的实践经验也表明，只有拥有独立

---

① 程昔武. 非营利组织治理机制研究. 北京：中国人民大学出版社，2008：26.

发展所需的物质基础和多元化的资金来源渠道，社会组织才能真正改变过于依赖政府和自身的弱自主性。也就是说，在一定意义上，解决资金支持方面的问题是处理政府与社会组织关系的一个关键。因为资金是社会组织的生命线，资金匮乏是社会组织面临的普遍问题，成为其健康发展的一大障碍。社会组织应当依托自身的社会公信力和致力于公益性质的优势，扩大社会组织的社会影响力和公信力，将发展的根基立足于社会而不局限于政府。社会组织应立足于经费自筹，走多元化的筹资渠道，拓宽筹资渠道，一改以往主要从政府获取资金支持的单一渠道，增强和社会力量的沟通与合作，争取社会力量的支持，向企业、个人等筹措发展资金。

特别是针对目前多数社会组织采取相对封闭的发展方式，活动范围局限于自己所在的领域，缺乏与业务范围之外的政府部门、社会组织和企业之间的联系沟通。这种封闭式的发展必然会压缩社会组织的信息通道，造成资源来源的分散化，从而制约其自身能力的提升，应努力实现在政府资源支持和其他渠道资源支持的相对平衡，因为"经济地位的独立性是真正摆脱对行政体制依附的根本性前提"[1]。当然资金筹集的分散化不意味着社会组织与政府关系的疏离，相反由于政府掌握着社会组织发展所必需的资源，社会组织更应学会如何与政府相处，开发和改善与政府的关系，积极主动争取政府的财政支持和与政府更多地进行合作。但是在争取政府财政支持和合作的过程中要保持自己的独立性，绝不能仅仅为了生存便过度妥协而失去自主性，更应该不断提升自身能力建设，增强政府对社会组织的依赖。

(四)自律机制

自律是社会组织健康发展的重要保证，从全球社会组织发展的历史，特别是发达国家社会组织发展的历程中，可以发现自律是社会组织发展中必须面对的问题。对我国社会组织而言，其真正发展的历史并不长，政府对社

---

① 金文哲，涂良川. 新时期中国第三部门组织完善与发展趋势问题研究. 长春大学学报. 2006(1):88–91.

会组织的管理尚不成熟,在这种情况下,社会组织如何健康发展,更好地发挥在经济和社会发展中的作用,自律扮演着重要角色。学者对社会组织自律的界定是:"民间组织自律是指民间组织围绕章程,制定系统的制度和规则,建立相互制约的运行机制,以指导约束内部的行为,实现自我组织、自我管理,保证其健康发展。"①自律是社会组织发展的重要问题,对于没有政府权力,也不会自己生财的社会组织来说,通过自律提高机构的效率和社会公信力,是自我管理能力提高的体现,是未来发展的需要。社会组织自律是指通过内部自身的力量来实现对行为主体的监督和约束。对于社会组织来说尽管存在着政府监管、社会监督等外部监督,但是由于信息不对称所导致的外部监督成本过高、监督成效不高的情况屡见不鲜。与政府管理监督相比,社会组织的自律有着更高效率、管理境界也更理想;与社会监督相比,社会组织自律组织化、制度化程度较高。因此,强化自我约束作用,是促进社会组织发展的基本机制之一。

社会组织自律建设不仅是来自道德层面的要求,同时也是增强竞争力的有力选择,因为通过自律可以提高效率和提升社会公信力。因此,在社会组织的发展上不能只强调外部监督而忽视内部自律,如果外部监督不能和社会组织自律有机结合起来的话,社会组织"志愿失灵"的情况恐怕难以得到有效遏制。在我国,当前社会组织的自律状况发展不平衡,有些社会组织在自律方面已经取得了一定的成果,而有些组织的自律还仅仅停留在文字上面,缺乏实际的约束力。社会组织的自律规范有三个层次:自律的环境、自律机制的建设、内部制度建设,其中以章程为核心的内部制度建设尤其重要。当前社会组织的自律建设中内部制度建设不完善比较突出,有些社会组织组织规章制度不完善,组织机构不健全,或者虽有制度,比如成员代表大会、理事会制度等,但由于专职人员过少等原因,都不能有效落实。有些社会

---

① 王名,刘培峰等. 民间组织通论. 北京:时事出版社,2004:54-155.

组织根本没有章程,有的只有口头规定、没有成文章程;有的虽有章程,但是不能随着时间发展和组织所面临的形势变化而进行修订。因此,社会组织的自我治理还需要走很长的路。

社会组织建立健全自律机制,当前应主要注重完善组织章程和机构,建立健全内部制度。社会组织要搞好自律,首先要完善组织章程,并在章程规定的范围内依法开展活动。以章程为依据,健全组织机构,如权力机构——会员大会或会员代表大会,用来讨论、决定组织发展方向、活动开展等重要的组织活动。其次要以章程为核心,建立健全各项内部制度。如加强资格管理,对会员进行资格审查,对违背组织章程的会员应当给予一定的惩罚。完善成员备案制度,建立完备的成员资料数据库。完善财务管理制度,对于那些涉及筹资和资金运用的社会组织来说,建立严格、透明的财务制度是非常必要的,这样社会组织的廉洁就能得到制度上的保证,同时也是对社会、对公众负责的体现,只有这样才能赢得公众的信任和支持。社会组织的自律从内容上不仅包括伦理道德方面的内容,组织内部构成部分之间的相互监督也包括在内。在重视社会组织自律的同时,还要着重培育发展行业自律。我国社会组织的监管实践显示,政府监管有效性不高的原因不仅在于监管任务繁重而导致的不堪重负,另外政府所制定的社会组织的行动规则缺乏针对性也难辞其咎。相对于政府监管而言,行业自律组织监管的优势在于监管更有针对性、灵活性和预防性,从而使得监管更加有效率。行业自律组织之所以具备如此的价值优势源于其汇聚了一批专业人士,他们更加熟悉社会组织的情况,更清楚应当运用什么样的规则去监管社会组织。因此,培育发展行业自律组织是完善我国社会组织监管体制改革的重要举措之一。

第三节　建立促进共生关系演进的共生机制

体制和制度层面的改革能否有相应的机制建设作为保障是改革能否成

功的关键。然而在各种改革实践中往往只重视体制、制度而忽视机制的现象具有普遍性。改革实践中大部分问题的归因、改革失败的经验教训总是被解释为体制、制度的弊病,而鲜有对机制进行反思。"中国确实有较多问题出在了体制方面,但是更多的问题,特别是经常性的问题,还是出在了机制方面,或者说是把许多机制性问题当作了体制性问题,甚至还有人把自己的工作失误说成是'体制性问题'。"①当前社会组织发展中出现的种种问题,如公信效用短缺、社会支持欠缺等,既有体制、制度原因,更有机制层面的因素,而社会在解读这些问题产生原因时往往有失偏颇,症结全部指向了体制和制度,忽略了机制不足所带来的问题。

一、信任机制

信任作为一种社会资本,是人类社会发展中任何互动关系取得实效的基础,正如巴伯(Bernard Barber)所说:"虽然信任只是社会控制中的一个工具,但它是一切社会系统中无所不在和重要的一种,在社会控制中权力若要充分或甚至最大程度的有效,就必须有信任在其中。"②政府与社会组织共生关系的进化也不例外,共生关系的优化依托政府与社会组织之间的理解与信任。尽管政府与社会组织之间共生关系的类型取决于组织自主性和资源相互依赖程度两个方面,但实际上共生关系的类型也在一定程度上反映了两者互信的程度。而在政府与社会组织的互动中,政府因为拥有强制性的权力和制定规则的地位,而在政治力量与社会资源上明显处于绝对优势地位,两者处于不对等的地位。"在社会所有制度安排中,政府是最重要的一个。作为一个合法使用强制力的垄断者,虽然国家不能决定一个制度如何工作,但

---

① 朱光磊. 从机制建设入手深化政府自身改革. 行政管理改革,2012(8):50.

② 巴伯. 信任,信任的逻辑与局限. 福州:福建人民出版社,1989. 转引自郑也夫. 信任与社会秩序. 学术界,2001(4):30-40.

它却有权力决定什么样的制度将存在。"①因此,政府对社会组织的信任程度从一定程度上决定了两者的共生关系类型,从而对社会组织管理制度和行动权利产生直接的影响。换言之,目前在政府与社会组织信任层面上,政府是占据优势地位的,当然这并不意味着社会组织在是否信任政府方面毫无选择。

实际上,政府在处理与社会组织信任关系中的态度是矛盾的。一方面,政府依赖社会组织获取资源和缓解合法性危机,有信任社会组织的现实需求;另一方面,又担心一种新的体制外力量的出现会对政府权威构成挑战,不利于其对社会的管理。因此,政府在获取社会组织资源和实施社会控制之间存在着矛盾的一面。在政府看来,对社会组织的信任存在着潜在的风险,所以当下我国对社会组织的总体信任程度较低,信任程度低可以从两个方面来看,一是社会组织管理上制定了严苛的规则,从社会组织的成立到组织活动的开展,从人事安排到财务的检查,从日常活动的开展到年度检查等,无一例外都从法规上给予了事无巨细的限定和监督;二是政府为了降低信任的风险,一面制定严格的管理规则,一面将权力以各种形式嵌入社会组织中,通过直接成立组织,或是控制社会组织的重要人事安排,或是将部分社会组织收编至其麾下等方式,增加对社会组织的控制来缓解信任可能带来的风险。

目前,政府对社会组织的信任还没有脱离"血缘关系"和"人情关系"的限制,是基于"亲缘"和"拟亲缘"关系而非基于契约关系,属于选择性信任、特殊信任的范畴。这种选择性信任限制了组织间横向的联系与沟通,纵向上的交往在空间和规模上也受到了制约。在这种情况下,就难于在社会组织与政府之间形成既独立又整合的社会机制,最终制约了两者之间的互动与制衡。

费孝通先生用"差序格局"的概念描述中国的信任格局是建立在关系基

①　林毅夫.诱致性变迁与强制性变迁.科斯等.财产权利与制度变迁.上海:上海三联书店,1989:77.

础上的,以自己为中心,按照关系远近来确定信任度高低的特点。这种基于人格特征的特殊信任不仅限于人际交往范畴,在组织间交往范畴也具有现实性。我国政府对社会组织的选择性信任就没有脱离传统特殊信任,选择性信任是基于政府与社会组织先天的联结(政府直接建立的社会组织)或是形式上的归属(双重管理体制),这种特殊信任人为地造成了我国社会组织发展的不均衡或是社会组织发展上的"双轨制",造成了社会组织发展上的不公平,从长远来看对体制内外社会组织的发展都是不利的。针对特殊信任,李伟民提出社会信任不仅是基于人际关系而形成的,还应当是基于人性的基本观点和对法律制度的社会认同而形成的"普遍信任"。[①]当前,有些地方政府对立化地理解社会的稳定与发展,对民间组织的认识仍然存在轻视、不信任、害怕甚至敌视等消极态度。[②]在访谈中,医学会的负责人谈道:"优化社会组织环境中需要解决的问题。党和国家对社会组织非常重视,一方面社会组织放开了,在大环境下,作为优质社会组织,给他们以足够的信任和转换职能的空间,医学会学科那么大,专家那么多。"也就是说,即便对于这些官办社会组织而言,政府的信任也是谨慎和有选择性的,当然这也与政府的部门利益难以割舍相关。还是以医学会为例,"医生职称考核与鉴定,包括医疗设备进入和医疗质量控制,实质上在卫生局控制,医疗技术也是卫生局控制,CT、核磁进入哪级医院是政府说了算,这些属于技术行业,是否有效、有害,应该由专家说了算"。因此,政府应打破基于"血缘关系"和"人情关系"而形成的选择性信任,实现由特殊信任向具有广泛适用性和稳定性的普遍信任、制度化信任转变。

信任是一种相互性行为。因此,信任机制的构建也需要相关主体的共同努力。当然基于政府与社会组织各自的特点,两者在信任机制建构过程中所发挥的作用不尽相同。当前,我国处于转型时期,政府在制度变迁中处于主

---

① 李伟民,梁玉成. 特殊信任与普遍信任. 社会学研究,2002(3):11–22.

② 俞可平等. 中国公民社会的制度环境. 北京:北京大学出版社,2006:6.

导地位,政府控制了信任形成和重建的制度环境,因此从选择性信任到普遍信任,政府的行动至关重要。学者们对制度型信任进行了大量研究,指出制度是产生信任的重要来源之一。①更进一步讲,制度之所以可以成为信任产生的基础,是以制度价值取向具有公正与正义性,制度设计的完善并可以得到执行等内容为前提的。政府作为制度制定、实施监管的主体,是一个社会制度信任关系的建立和良好运行的保证。普遍信任的确立需要政府建构体现公正和较为完善的制度体系,并确保制度得到有效的实施。政府对社会组织的选择性信任是"血缘关系"和"人情关系"在这个领域的体现,尽管选择性信任的建立也不乏制度基础,如双重管理体制等。换言之,选择性信任是以"关系"和制度为基础的,这里的制度是"关系"的保障,因而从价值取向上现阶段的制度公正与正义性不足。同时,在前面章节曾提到我国政府对社会组织的管理制度是过剩与短缺并存的状况,从短缺的角度讲,制度的完备性和有效性也是不足的。因此,加强政府对社会组织的制度建设是建立普遍信任的首要任务。

对于政府与社会组织信任的制度构建而言,首先需要政府解决实际中还普遍存在的社会组织合法性问题,赋予社会组织合法性主体地位,明确规定政府与社会组织各自的角色及活动范围。应当赋予社会组织与政府部门平等的法律地位,在此基础上,在政府与社会组织之间订立契约,规范两者的关系。其次,建立制度化的沟通渠道。沟通与信任是相辅相成的,信息流动通畅有利于信任的建立。政府应加强与社会组织的沟通与协调,建立制度化、便捷的沟通渠道,将社会组织视作可靠的合作伙伴而不是对其持怀疑与戒备的态度,尊重社会组织独立性,鼓励与支持社会组织依法自主发展。正如特德所说:"政府聪明的做法是建立政府与包括社会组织在内的外部组织的联络机构,这样沟通可以持续不断进行,政府和社会组织之间的信任感也

① 徐贵宏. 制度特征与非政府组织对政府的信任. 河南社会科学,2009(3):58-60.

会得到提高。"①社会组织作为连接政府与公民的纽带和桥梁,可以及时、准确地收集和反映公民的意见和建议。这对于推动政府决策的科学化和民主化具有重要的现实意义。因此,政府应主动加强与社会组织之间的沟通,发挥社会组织纽带和桥梁的作用。再次,在政府与社会组织之间建立平等互惠的关系。政府与社会组织作为社会服务供给的两大主体,公共服务需求多样化和政府供给能力的有限性是促成两者合作的现实动力,两者良好信任关系的达成是基于政府与社会组织平等合作基础之上的。最后,实现政府与社会组织之间各种资源的共享。依据资源依赖理论,政府与社会组织不可能拥有发展所需要的全部资源。此外,两者所拥有的资源优势也不尽相同。因此,在某种程度上,信任机制的建立是围绕着资源整合与有效利用而展开的。这里特别强调一点是信息资源的共享。因为只有在两者信息资源公开、共享的基础上,才可能进行更加有效的沟通。

当然,政府行为对信任重建的重要性不能替代社会组织对信任建设的重要意义,无论对于政府还是对于社会组织而言,信任都是必要的和基础性的资源。信任具有相互性的特点,自然需要信任机制的构建来自各方的努力。特别是一些社会组织还存在着用对立化思维看待政府对其的管理,将政府的管理视作对自己权益的侵犯和发展的束缚,这种来自社会组织对政府的不信任同样影响了政府与社会组织共生关系的优化。因此,社会组织要认识到政府的信任是其自主发展的基础,政府塑造的支持和鼓励的有利环境以及资源支持是社会组织实现组织使命的重要保证。为了获得政府对社会组织的信任,社会组织应加强自身能力建设,探索与政府沟通和合作的机制及技巧,积极参与公共事务,承担更多的社会服务职能,确立社会组织的整体地位和公信形象,消除政府的矛盾心态,明确和加强其在社会治理体系中的地位。对于双方而言,相互信任对于对称性互惠共生关系的确立起着至关

---

① ［美］卡罗·安·特德. 政府与非政府组织之间的关系：可能性与风险. 国家行政学院学报,2000(5):37–40.

重要的作用。同时,信任程度的拓展可以将双方的合作推向新的阶段,合作的领域、范围、层次都会扩大,社会组织的应然功能也可以有效发挥,使政府和社会组织各自的功能优势得到最大程度的发挥,从而有益于实现公共利益最大化。

二、监督机制

本书第五章分析了双重管理造成了政府对社会组织监管的越位、错位和缺位并存的局面。就我国目前政府对社会组织的监管而言,总体上属于一种控制式监管,其形式上的意义要远远超过实质性的意义。这种控制式监管内含的理念则是政治责任至高无上,从而导致非营利组织应当具有的重要内核公共责任,被单一的"政治责任"取而代之。[1]这意味着现有的监督存在着错位的问题。同时,由于双重管理体制造成了大多数社会组织无法通过合法途径登记注册,这些未登记注册的社会组织通过各种渠道争取到政府部门的认可或支持,但事实上,这些社会组织脱离了政府现有的监管,这无疑增大了政府监管的难度,更为确切地说,政府的监管通常是无法覆盖这部分社会组织的,这样就形成了政府监管在某种程度上的缺位。当然现有监管体系的不足尚不只是这些,本书第五章已经作了详细的论述。这里要着重探讨对称性互惠共生关系下,我们需要什么样的监督机制?如果说责任机制强调的是社会组织内部的自我约束,那么监督机制可以说是来自社会组织外部的外在约束力量——这是通常的理解。但是在对称性互惠共生关系下,监督机制不仅仅是政府和社会对社会组织的监督,同时也应该包括社会组织对政府的监督,因为在对称性互惠共生关系下,政府与社会组织已然是平等的主体,社会组织获得了较高的自主性,两者在责、权、利方面取得了相对的平

---

① 陈华. 吸纳与合作——非政府组织与中国社会管理. 北京:社会科学文献出版社,2011:150.

衡,相互依赖性也相对平衡,因此监督机制也要实现从政府单向的对社会组织监督到多元主体对社会组织和社会组织对政府的双向监督。简言之,监督机制需要从一元单向转变为多元双向。

新型关系下的监督机制与非对称性共生和共栖关系下监督机制的差别在于监督是多元主体之间的互相监督,而不是在监督上政府一元独大。一方面在监督主体上,双方既是监督主体,同时也是被监督的对象,监督主体与监督客体之间是互动的且可以互换的,什么时候互换取决于监督的事项,这意味着监督机制的建立超越了政府对社会组织的监督,也赋予了社会组织通过合法的空间和渠道监督政府的权利;另一方面监督的主体是政府主导下的多元共治,特别是社会监督的地位从边缘走向中心,成为社会组织监督的主要力量。监督机制中政府主导作用的发挥在于协调和整合各种相关监督资源,明确各监督主体的职责,协调多个监督主体运行。

面对数量众多的社会组织,仅靠专业机构实施监督管理,不仅会造成管理成本居高不下,同时也会造成管理效率低的问题。因此,公众和传媒就成为监督社会组织不可或缺的力量。从国外的经验看,尽管各国的监管制度不尽相同,但社会监督都是社会组织监督必不可少的机制。社会监督的依据源于社会组织承担了公共责任,社会组织接受社会捐赠和享受税收优惠政策而获得公益财产,因而有向社会公众(互益性组织向会员)作出交代的责任。与政府监督相比,社会监督虽然不是一种正式的监督机制,但因为监督的成本低和社会效益高,它却能发挥正式监督机制所不能替代的作用。①

对社会组织进行社会监督机制一般包括:①舆论监督,主要是指大众传播媒介的监督。一方面,大众媒介的揭露成为政府机构和司法机构的主要信息来源,在此基础上开展调查活动并对违规社团实施制裁;另一方面,媒体"曝光"影响公众态度和行为,对社会团体形成巨大压力。②竞争环境,主要

---

① 闫宏伟. 第三部门公共责任与监督机制研究. 改革与开发,2010(6):11—12.

指因资源稀缺造成资源竞争。资源相对稳定和机构数量的急剧增长是资源竞争加剧的两大重要因素，竞争的环境有利于促使网上社团充分发挥应有功能、争取公众支持。③捐赠者监督。捐赠者的效益意识和监督作用既是社会组织运营的客观环境，又是社会组织监督机制的重要组成部分。实践也证明了社会监督是非常有成效的监督机制。美国前联合之路总裁 Aramony 的贪污行为躲得过其理事会及全国慈善活动中心的审查，却最终在记者不懈的努力下曝光。①

但与社会监督的低成本和有效性的优势不相称的是，社会监督在我国社会组织监管体系中是最为薄弱的环节。从我国社会组织的社会监督看，情况不容乐观。主要问题包括：一是舆论监督无力。我国的新闻报道一般以正面宣传为主，揭露问题为辅，国家对一些问题的报道有政策上的限制。这本是坚持正确舆论导向的需要，但如掌握不好，往往使传媒的监督受到很大限制。同时，舆论监督也常常滞后于其他监督。在国外，社会组织的监督机构即政府监督部门经常根据新闻媒体对社会组织问题的曝光来追查和发现问题。而我国的新闻媒介则往往是在政府监督部门或其他监督机构发现问题并处理后才进行报道，这就制约了其监督职能的发挥。二是捐赠者和社会公众监督的薄弱。由于捐赠者和社会公众缺乏有关社会组织运作等方面的相关信息，对社会组织的监督也很难执行。三是民间监督和评估组织的缺失。在发达国家，一般都建有专业化、规范化的社会评估机构对公益组织进行有效监督。在我国，这方面的组织缺失是显而易见的。从我国社会组织发展的历程来看，社会监督对社会组织的监督制约所发挥的作用是极为有限的。尽管现实中存在着公众举报、媒体曝光社会组织事件，但总体上，社会监督基本上属于非常态，在监督体系中还处于边缘地位。因此，我们必须对社会监督予以重视、支持，明确公众和媒体的社会监督主体地位，现有的法律法规

---

① 董文琪. 强化非营利组织监管体制建设的意义及具体措施. 行政与法,2006(4):29-30.

尽管赋予了社会公众监督社会组织的权力，但是现有的规定过于原则化并且比较粗糙。

此外，社会监督的有效进行取决于社会组织的信息披露或者是社会组织的社会交代机制，因此要将信息公开作为社会监督的原则，只有让公众更多地接近和了解社会组织，才能将监督落到实处。贾西津指出，社会监督的首要原则是公开，没有社会组织向公众的主动交代是无法保证社会监督的顺利实施的。最后还要制定社会组织拒绝社会监督的制裁措施。社会监督从内容说包括对社会组织日常管理的监督和评估监督。日常工作信息的监督可以通过社会组织公开的信息来进行。评估监督主要是指由第三方（一般指具有法定权威的组织）对社会组织进行审计和鉴定。拿美国来说，美国的国家慈善信息局（NCIB）、福音教会的财务理事会（ECFA）和商务发展局理事会的慈善咨询服务部（CBBB）就属于第三方机构。它们并不直接从事管理社会组织的工作，而是通过制定社会组织的行为标准，并据此对社会组织作出评估，评估的结果可以引起政府部门、私人捐赠者、媒体及社会公众的关注。当然，我们既要看到社会监督的巨大潜力，同时也要看到目前我国对社会组织的社会监督尚处于稳定性差、非制度化的情形中，要实现社会监督从边缘到中心的改变，必须依靠政府的法律法规和政策来促成社会监督的制度化。

三、责任机制

制约和影响社会组织发展的不仅仅是政府的管理体制、法律制度、社会环境等因素，公共责任的缺位是影响社会组织发展但又经常不被重视的因素。公共责任是社会组织的灵魂，社会组织运行的内在动力在于其志愿性或是志愿精神，在这种动力下，社会组织的责任不同于企业执着于对利润和自我发展的追求，不再是过多地关注社会组织的自我发展，而主要是关注社会公共利益的实现。公共责任是社会对社会组织的期待和要求，也是社会衡量和评价社会组织的重要标准,人们总是期望社会组织能够运用好社会资源,担负起社会责任,通过专业化的服务参与公共服务的供给、维护公民权益、帮助弱势群体等。因此,公共责任成为社会组织生存和发展的社会基础。

由此我们发现,无论是从社会组织运行的内在动力,还是从其发展的外在社会环境来讲,公共责任对于社会组织都是非常重要的。公共责任的缺位必然会造成社会组织发展的困境,责任缺位所导致的社会组织获取资源的减少和社会合法性甚至是法律合法性危机屡见不鲜。再进一步讲,社会组织公共责任是否到位关涉到社会组织对其潜在资源的战略性管理,责任履行得当会有助于组织自身合法性的提升,同时也有助于增加利益相关者和社会公众对社会组织的依赖性,从而为组织自主性成长奠定了基础。2011年,中国红十字会因为"天价饭费"事件和"郭美美"事件引发了社会各界对其的质疑,造成了极大的负面影响——公共责任的不足。再加上那时候红十字会并没有对捐赠者、社会公众做好解释说明的工作,致使社会公众产生了对红十字会的信任危机。信任危机的直接后果就是红十字会近两年来吸收社会捐款总量的锐减。据有关媒体报道,自从"郭美美"事件爆发以来,红十字会的捐款数额大幅下降,有些地方红十字会的捐款逼近零,红十字会公信力严重丧失。①

社会组织公共责任的重要性促使我们思索如何破解公共责任缺失的问题。客观地讲,社会组织公共责任缺失的现状既有政府与社会组织关系不合理的一面,同时也有政府监管越位、缺位和不到位的原因,更有社会组织自身认识和行动有失偏颇的因素。因此,社会组织公共责任缺失问题的解决应该说是一个系统的工程,需要从以上几个方面分别进行解决。这里仅从责任机制的角度来探讨解决问题的途径。从传统技术性公共责任到复合性公共责任,责任内涵的发展揭示了社会组织公共责任的变迁性、多维性和复杂性

---

① 刘俊. 非营利组织的公共责任探讨——以中国红十字会为例. 科技创业月刊,2013(10):96-98.

的特点，由此更加凸显了社会组织在变迁的环境中选取适当责任机制的价值。如果说公共责任关注的是责任内容的话，那么责任机制关注的是如何确保公共责任得到有效的履行。公共责任与责任机制的关系好比目的与手段的关系，公共责任的意义在于明确了责任的具体内容和不同主体之间的责任关系，但无法确保责任的实现，因此属于有待实现的目的，而责任机制在一定程度上可以推动责任的落实，是实现公共责任的手段。

那么责任机制的功能在于推动公共责任的落实，这与更为我们所熟悉的监督机制的功能有一致的一面，或许将责任机制与监管机制进行比较，对于责任机制的理解会是更有益的。两者有着共同的目标，即都是致力于规范和约束社会组织及其工作人员的行为，都能确保公共利益的有效实现等。但两者的差异在于，责任机制关注的是社会组织对其他负有责任的主体的责任，换言之，责任机制关注的是社会组织对其他社会主体（政府、捐助者、受益者、社会公众等）的责任，这种责任可以通过汇报、解释、说明、信息披露等方式来实现，同时责任机制也表现为通过严格的自律和努力实现组织的宗旨，体现的是社会组织自我的约束。而监督机制更多的是强调社会组织之外的社会主体（政府、捐助者、受益者、社会公众等）对社会组织的监督，体现的是其他社会主体某种程度的干预和限制。而且，两种机制发挥作用的时限也是不同的，责任机制先于监督机制。正常情况下，责任机制在社会组织采取行动之时就已经存在并开始发挥作用，而监督机制发挥作用的前提一般在于社会组织做出具体的行为之后，才能对其行为的方式、程序和效果进行评估。

在责任机制构建方面应主要从以下四个方面推进，将责任机制内化于社会组织的观念和行动之中。

（一）权责对等原则

英国政治思想家 J.S.密尔在其名著《代议制政府》中，反复强调了权力与责任相统一的原理。他认为，如果能够将权力和责任统一起来的话，那就完全可以放心地将权力交给任何一个人。权责对应强调权责均衡一致，有多大的权负多大的责。宪政民主体制下,权责对应是公共领域的一个基本原则,也是一个天然的底线。①权责对等是公共管理领域的一个基本原则,权责相符、相伴而生、共生共灭是权责对等的必然要求。对于任何公共管理主体而言,权责对等都是天然的底线和管理有效的基本前提。然而长期以来在我国公共权力体系中缺乏权责对应的规则。权责经常是不对称的,这使得重提权责对应成为必要。

在我国社会转型期,多元治理主体逐步进入公共管理领域已然是不争的事实,随之而来的是公共权力在一定范围的分散化和公共责任的转移与重构,多元治理主体权力与利益的博弈影响着各主体组织价值的确立、实现和功能的发挥,进而影响着各自公共责任的履行。现阶段,我国社会组织特殊的生成模式和制度环境造就了社会组织与政府的共栖和非对称共生关系,这种关系模式背后所揭示的是社会组织参与公共管理但并没有改变公共权力的结构,获得真正的社会赋权——公共权力。这样的情况下社会组织与政府的责任边界和范围都很难廓清,社会组织的责任边界不仅难于确定,而且还有相当的不确定性。以官办社会组织为例,它们所行使的是政府的部分职能,有人称其为“隐形政府”,即以社会组织的形式来行使政府的职能,从表面上看似乎公共权力从政府转移到了社会组织,但基于官办社会组织和政府的关系以及实际中充当“隐形政府”的角色,我们对于公共权力的分散化和结构的改变是持怀疑态度的。如果说有权力的分散和结构的改变,那也是在体制内或将其纳入政府等级权力系统以确保在政府可控的范围之内,这种分散和转移无疑像从一个人的左手转移到右手。

当然,社会组织的公共权力不全然来自于政府的直接赋权,因为公共权力本身包括政府权力和社会自治性权力两部分。也就是说,社会组织参与公共管理的权力也可能来自于社会自治性权力,但是“社会权力分散和非组织

---

① 秦晖.公共权力、公共责任与限权问责.吉林大学社会科学学报,2006(3):9-13.

化从而过分弱小的社会权力,明显表现出大国家、小社会的权力不对称"①的特点, 使政府凭借自身的强权可以对自下而上建立的社会组织或阻止或限制或吸纳,因此缺少政府的认同,残弱的社会自治性公共权力无法支撑社会组织成为公共责任的合格主体。换言之,国家与社会权力格局的非均衡及政府与社会组织之间权力从属关系的确立致使社会组织公共责任主体地位缺失,主体地位的缺失必然导致责任的缺失。因此,政府需要认同社会组织参与公共管理的价值,并在价值认同的基础上进行公共权力结构的调整,使两者关系由从属性关系向平行、平等关系转变,赋予社会组织与其所承担的责任相称的权力,实现责权对等和统一,只有这样社会组织才能成为公共责任的合格主体。当然,从社会组织自身来讲,避免因自身因素而造成权责不一致的状况,也要增强自身的自治品质,主动争取和实现权责一致,在担当社会公共责任上实现良性循环, 并以此来逐步促进政府与社会组织权力结构的改变。

（二）社会交代机制

社会交代机制既是社会组织进行自律的良好工具, 同时也是加强对社会组织外部监督的有效途径, 但我国社会组织社会交代机制目前处于缺位状态。社会交代是指组织对其被授权进行的工作和职责进行说明,其实质是为确保社会组织高效工作、完成组织使命而向利益相关者报告、解释、披露信息的制度安排。在社会交代的内容上,主要涉及整体工作的方向性/政治性问题、财务、工作过程和项目执行。在对象上,社会问题交代的对象向上包括政府、资助者、社会公众;向下主要包括其服务对象和志愿者;中间主要包括合作伙伴、附属机构等。②从社会交代的主动性上看,分为自愿性社会交代和强制性社会交代。社会组织自愿性社会交代的动机在于可以通过披露信息

---

① 陈秋苹. 公共治理视角下的非营利组织公共责任机制. 学术月刊,2006(9):16-19.

② 崔玉,马凤芝. 中国非营利组织社会公信力建设的制度化途径:自律与社会交代. http://www.gzyld.org.cn/zd_oldsite/06-07/html/Article/487.html.

来扩大宣传提高组织的社会公信力，建立社会交代机制就是实现社会组织规范化运作，一个成熟的社会组织会主动完善社会交代机制，自觉接受各相关利益主体的监督。但是自愿性社会交代有其局限性，社会组织交代的内容具有选择性，存在"报喜不报忧"的问题。

因此，自愿性社会交代需要进一步规范，其所交代的信息需要根据组织自身的类型而有所不同和侧重，而且同类社会组织所交代的内容应具有可比性，也就是说，应该有自愿性交代的指标体系，对交代的内容、形式、时间等进行规范。以我国慈善事业为例，2013 年，中民慈善捐助信息中心发布《2012 年度中国慈善透明报告》，《报告》显示"2012 年度我国公益慈善行业'年度透明指数'为 45.1 分（总分为 100 分）"①。而且慈善组织向社会交代内容及时性和规范性较差，在内容上治理信息和基本业务信息公布得较好，财务信息公开情况较差。由此我们看出，社会组织的自愿性社会交代还有很大的提升空间。社会组织自愿性交代作为一种制度化的自律工具固然重要，但是它所具有的局限性决定了其效用的不确定性和社会组织自愿交代动力性不足，弥补这种不足就需要政府建设有利于社会组织交代机制完善的制度安排，规范交代的内容、交代的对象等，当然这种对自愿性交代的规范应与强制性交代的规范有所区别，应更多是引导性的，并辅之对虚假交代行为的事后惩罚，以确保社会组织交代内容的真实性。

（三）价值层面——强化社会组织的信念和使命

正如西方德性论的代表人物麦金泰尔所讲，只有拥有正义美德的人，才能了解如何去运用法则。没有自身的德行和品格作为基础，责任不可能被内化，也不可能在行为中得到实施。简言之，信念是先于责任的，是责任的支柱。社会组织的公共责任是复合性的，既包括硬约束的法律责任，也涵盖软约束的道德责任。责任不仅是一个法律性的制度性的规定，而且是与信念联

① 中国公益慈善网. 2012 年度中国慈善透明报告. http://www.charity.gov.cn/fsm/sites/diaphanous2012/preview1.jsp? ColumnID=841&TID=20130106105030181867993.

系在一起的,是一种道德的自觉。[1]法律责任划定了社会组织行为的底线,避免社会组织违规和其他不当行为,但法律规定必然是一种不完全的规定,是关于社会组织及其工作人员最低限度的规定,这种消极意义上的规定不足以最大限度地激励社会组织开展公益活动的积极性,达成良好的工作效率和效果。道德责任尽管是一种软约束,但是可以激发社会组织有效利用资源来实现组织的宗旨和使命,是社会组织具有责任感和履行责任的内在驱动力,是一种发自内心的履行责任的自觉。

法律责任作为外部控制,其作用的发挥离不开道德的引导和转化。一方面,道德责任可以作为对法律责任的补充;另一方面,道德责任又发挥着对法律责任功效提升的作用。"任何责任都不是一种纯粹的外部性设置,任何责任都只有通过具体的人的信念才能发挥作用,才能得到履行。如果责任不是转化为个人的信念,人就自然而然地会尽一切可能来回避这种责任。"[2]因此,在重视法律责任的外部控制的同时,更应关注社会组织作为积极责任的伦理道德建设,强化社会组织的信念和使命,将社会组织所内涵的公共精神和公益使命内化为组织及其成员的价值观,以道德的自律营造社会组织健康发展的秩序。具体而言,应当重建社会组织主动的责任感,强化其公共性和公共精神,树立组织及其工作人员公共利益至上的信念。无论是作为整体的社会组织,还是作为个体的工作人员,它们的行为均应围绕公益性而展开,任何违背公共利益的行为,不仅应受到法律的惩罚,更应受到道德良知的谴责。

(四)评估机制

社会组织公共责任的履行还需要有效的评估机制。评估机制既包括社会组织自我进行的内部评估,又包括社会组织之外主体进行的外部评估。相对于外部评估而言,内部评估是组织的一种自觉行为,具有不确定性,需要在良好的社会环境下才可以有效进行。因此,外部评估机制的构建对于社会

---

①②　张康之. 公共行政中的责任与信念. 中国人民大学学报,2001(3):79-85.

组织公共责任的实现是更为重要的。在国外独立的第三方评估是被广泛应用的用来确保社会组织公共责任履行的机制。通常意义上,第三方是具有法定权威的组织或中间机构,它们的作用是收集、管理、发布社会组织的运作信息;建立社会组织评估的体系;对社会组织的运作进行评估。以美国的三个独立的权威性机构为例:国家慈善信息局(NCIB)、商务发展局理事会的慈善咨询服务部(CBBB)及福音教会的财务理事会(ECFA)。它们作为社会组织的评估机构,主要职责就是运用自己建立的评估体系、收集信息等对各类社会组织的责任履行情况进行评定和监督。

我们可以借鉴国外独立第三方评估的经验,建立独立的机构专门对社会组织的工作及项目进行评估。这种评估机构的价值不仅在于其针对社会组织的运行情况作出相对客观的评价,更为重要的是,它可以向公众提供信息,使公众更加理性地参与社会组织开展的各项活动,以此来增加社会组织的责任感,从而督促其更加注重公共责任的履行。当然,在我国社会组织还未发展成熟的情况下,由政府机构执行评估功能是可行的,也是必要的,同时社会组织也要接受来自公民个人的监督。但是未来的发展趋势是建立多元的评估机构,即政府对社会组织的评估、利益相关者评估和由独立的第三方负责社会组织的评估。

四、沟通与协调机制

对称性互惠共生是平等主体之间相互交往关系的理想形态,这种关系形态的实现离不开主体间共识的达成,而共识的达成是需要建立在沟通与协调的基础上的。哈贝马斯主张合作主体之间必须建立交往理性基础上的协商对话机制,通过构筑在"真实性、正确性、真诚性"三点有效性要求之上的话语共识,即以主体间自由认同的方式,通过民主和合理的程序来达成或重建交往理性。①也就是说,政府与社会组织之间的沟通与协调是一种主体间的行动,双方都是有意志的行动者,而不是被动服从命令的行为者。沟通与协调为政府与社会组织之间搭建了交往的平台,有益于增强社会管理各主体的权利、义务和责任意识,而沟通交流的过程体现为政府与社会组织发现共同利益和表达、宣传与说服的过程,是政府与社会组织之间基于平等基础之上的"交互式沟通"。

沟通与协调机制是指政府与社会组织在平等的基础上,基于共同利益的需要,在特定的规范和条件之下,通过制度化和非制度化的途径,所进行的信息沟通、共享、协调的过程。沟通与协调机制的一个重要前提在于双方平等地位的确立,沟通与协调是主体间的行动而不是主客体间的。另外值得注意的是沟通的交互性和广泛性。就交互性而言,从政府的层面上来说要实现从过去单纯的信息公开到信息的双向流动与沟通,不断拓宽社会组织参与的渠道,因此就需要鼓励和支持社会组织参与到政府社会治理中来。从社会组织层面上来说,社会组织应积极主动与政府进行沟通,并且加强自身能力建设,通过承担更多的公共事务获得社会公众和政府的信任与支持。就广泛性而言,政府与社会组织的沟通协调不是针对特定社会组织的特惠政策,而是所有合法社会组织享有的具有"普惠"意义的权利。

我国长期以来,政府在社会治理中居于主导地位,政府更多的是把社会组织视作监管的对象而不是扶持和发展的对象,政府与社会组织在沟通协商中的地位是不对等的,政府还习惯于用行政命令的方式促成双方的合作行为,且在合作实施的过程中过多地介入社会组织的活动,由此削弱了社会组织参与的积极性,最终影响合作行为的效率。在这样的情况下,一个基于平等主体间的沟通协商机制的价值就更加凸显。尽管近年来党和国家对社会组织给予了高度的重视,各级地方政府也都在积极探索搭建政府与社会

---

① 章国锋. 哈贝马斯访谈录. 外国文学评论,2000(1):27-32.

组织沟通、协调的平台,如"深圳市政府主要领导每年都召开行业协会负责人座谈会,面对面听取社会组织的意见和建议;邀请社会组织代表参加各种听证会、论证会。同时,在党代会、人大和政协中增加社会组织的代表比例,进一步发挥社会组织在协调利益关系、反映群众诉求方面的作用"①。但不能忽视的是长期以来政府作为社会治理唯一主体的角色,政府与社会、社会组织之间的权力对比上的差距和不平等是历史形成的,由于历史的惯性决定了这种情况的消弭还需要一段时间。在此期间,政府应担负起构建沟通与协调机制的责任,搭建各种直接和间接的沟通协调途径,赋予社会组织以充分的自主权,使社会组织在与政府交往中成为名副其实的主体,而不是化简为客体,再次沦为政府的工具。

五、竞合机制

我国社会组织双重管理体制中的一个原则就是非竞争性,前面第四章已经对这一原则的内容及其所带来的弊端进行了分析。尽管非竞争性原则所指涉的是社会组织之间的非竞争性,但是因非竞争性作为政府职能部门审查社会组织是否准予登记的标准而使得很多社会组织难以获得合法性,这样也加剧了政府与社会组织之间的不平等。因此,无论是为了社会组织自身改革和发展动力的挖掘、社会组织公共责任的有效履行,还是为了社会资源的合理和高效配置,更为重要的是为了政府与社会组织责、权、利的平衡,应该建构竞合机制。政府部门不能仅仅依靠内部的行政命令成立新社团或者取消不合适的社团,而是需要建立一种机制,这种机制使得那些符合社会需要的社团能够得到足够的支持,而那些不符合社会需要,或者那些危害社

---

① 刘振国. 中国社会组织的治理创新——基于地方政府实践的分析. 经济社会体制比较,2010 (3):137–144.

会的社团得不到必须的支持。①

　　这种机制与这里所提出的竞合机制是相吻合的。这个竞合机制至少包含两方面的含义：其一是允许社会组织之间的竞争与合作。政府应该尝试或是放开允许在同一地区、同一业务领域内成立两个或多个社会组织，并且在它们之间展开竞争，将对社会组织选择的权力交给社会，由社会与政府共同而不是单纯由政府来评价社会组织的业绩，这样使社会组织在竞争中优胜劣汰，通过竞争的方式来培育出有竞争力的社会组织，而不是由政府采取行政的手段去选择。同时应鼓励社会组织之间的合作，原来由于社会组织管理体制上的纵向控制限制了社会组织横向之间的联系与合作。

　　其二是允许社会组织与政府之间的竞合。非对称性共生关系下，社会组织与政府之间的互动合作是一种尴尬的合作，在这种"合作"关系中政府居于主导地位，社会组织受到政府较多的行政干预，因此两者并没有形成真正的合作伙伴关系，而更像是社会组织对政府的配合或附属。因为合作主体的独立性是双方合作的前提，没有独立，就没有真正的合作，只会出现尴尬的合作。②尴尬的合作从根源上在于我国国家与社会关系缺乏对抗的历史，具体而言，在于社会组织独立自主权的不足或缺失。针对当下的情况，我国社会组织不仅要处理好如何与政府有效地进行合作，同时还肩负着在与政府合作中争取更多的自主权、维护社会公众利益、促进社会力量发展的使命。

　　基于社会组织所肩负的使命，在构建社会组织与政府关系时应从新的视角寻求突破。对称性互惠共生提倡和鼓励平等主体间的合作关系，但也不排斥竞争。合作并不是政府与社会组织之间唯一的关系模式，在合作中注入竞争的因素可以使得社会组织从政府那里获得更多的发展空间，同时也有助于解决社会组织自主性弱化的现实问题。事实上，社会组织与政府之间的

----

　　① 王名,刘国翰,何建宇. 中国社团改革——从政府选择到社会选择. 北京:社会科学文献出版社,2001:9.

　　② 郭小聪,文明超. 合作中的竞争:非营利组织与政府的新型关系. 公共管理学报,2004(1):57-64.

竞合关系与美国学者奥斯特罗姆所提出的"多中心"理论是相契合的。在"多中心"理论下,政府不是公共服务的垄断者,公民、社会组织也可以参与到公共服务的提供中来,而且社会组织在公共服务的提供上经常与政府发生交叠,这本身就意味着两者之间存在竞争的可能性。竞合机制的构建可以使社会组织在与政府的合作和竞争中保持独立自主的意识,自主性得到尊重与维护,并可以对政府的各种不合理控制予以积极防范。换言之,竞合机制自身包含了合作与竞争两个相互制约的因素,这两种因素的相互制约避免了社会组织与政府关系滑向极端的可能——过于强调合作而使得社会组织自主性受到剥损或是过于强调竞争而使政府公共管理权力在整体上受到削弱以致可能引发一些社会问题。当然,竞合机制的基础仍然是以合作为主导的,双方竞争的目的是为了更好地展现各自的功能优势与力量以及促进各自不断的完善,而不是以谁取代谁为目的。任何一方对公共事务管理的垄断都可能导致严重的负面后果。①

---

① 郭小聪,文明超. 合作中的竞争:非营利组织与政府的新型关系. 公共管理学报,2004(1):57–64.

结　语

社会组织的发展始终与体制改革紧密相连。改革开放以来，伴随着我国经济体制、政治体制改革和社会管理创新的推进，社会组织逐渐兴起和发展起来。政府为社会组织的发展释放和让渡出一定的空间，同时社会组织的发展也适应了政府转型的要求——发挥承接政府职能、参与公共服务的提供、沟通政府和人民的桥梁和纽带作用等。社会组织发展的历程显示，政府与社会组织关系不仅决定着社会组织发展的过去、现在和未来的走向，同时在更深远意义上也对政府改革的成功与否发挥着重要的作用。因此，本书研究的主题聚焦在政府与社会组织关系上。在研究的过程中以共生理论和资源依赖理论为分析工具，通过考察转型时期政府、社会组织以及社会转型的需要，可以发现，政府与社会组织共生不仅有理论基础，更有共生的现实依据。在整个研究过程中既发展了共生理论，更对政府与社会组织关系有了全新的认知，并对构建两者关系的未来走向有了明确的思路和具体的发展路径。

"工欲善其事，必先利其器。"发轫于生物学的"共生"概念在其被提出之后被广泛地应用在自然科学和社会科学诸领域，但在公共管理领域的研究中尚不多见。对于公共管理领域，共生是否具有研究适用的可行性？共生理论如何应用到公共管理领域？如何将政府与社会组织关系置于共生理论之下？这是共生理论延展其应用领域需要思考和回答的问题。为回答这些问题，换言之，将共生理论引入公共管理领域的过程中，使其既有继承，更有新的发展，对共生理论的研究应包括以下三个方面：首先，对共生的本质有深刻的认识和新的诠释——在共生与资源依赖之间建立起某种联系。本书首次提出了"共生关系的本质是共生关系主体之间的资源依赖关系,共生概念的提出揭示了生物学意义上的资源依赖或者称之为资源依赖在生物学上的体现"的观点。

其次,构建共生关系分析框架。共生资源依赖本质的解释为其分析政府与社会组织共生关系奠定了基础,以此为基础构建了"资源相互依赖性–组织自主性"分析框架。在对共生关系类型的借鉴上,没有完全照搬,而是有取有舍,更为重要的是对所取的关系形态予以了界定。

再次,提出并构建共生关系演进的机理。共生理论仅仅描述了共生关系的不同类型,对于共生关系形态的更替和优化并没有给予太多的关注,这对于共生理论在社会科学领域,特别是在公共管理领域的应用是受到很大影响的。因此,在研究中提出了共生关系演进机理的概念。具体而言,将共生理论中共生环境要素进行解构,提出了共生环境的三个层次:共生环境、共生制度、共生机制,并分析了三个层次之间的相互关系。此种努力有助于改善在目前研究中出现的"理论导向研究欠缺、微观经验研究不足、解释力有限"①的情况。

利其器之后要善其事。在对共生理论继承与发展的基础上,将其应用到政府与社会组织关系研究中,构建了我国社会组织与政府的共生关系的理论形态,包括寄生、非对称性共生、共栖和对称性互惠共生,分析了当前我国政府与社会组织共生关系的形态及其成因。社会组织与政府共生关系命题的提出和论证实现了研究视角的转变——从学者们惯用的国家与社会宏观视角到组织间关系的中观层面,研究的开展冲击了我们对两者关系已有的认知。将政府与社会组织关系置于共生理论研究的视野中,通过对改革开放

---

① Jianxing Yu, Jun Zhou. Chinese Civil Society Research in Recent Years: A Critical Review. *The China Review*, Vol.12, No.2(Fall 2012), pp.111–139.

以来政府与社会组织共生关系的总体考察，采取案例分析、访谈和理论推演的方式，认为现阶段政府与社会组织共生关系是共栖与非对称性共生并存。

从两种关系所涉及的社会组织类型上看，自上而下的官办社会组织和自下而上成立的且在民政部门登记注册的民办社会组织通常与政府处于非对称性共生关系，即组织自主性相对较弱，社会组织对政府的依赖大于政府对社会组织的依赖，两者的依赖不对称。政府对社会组织的依赖展现出宏观上强依赖倾向，微观上依赖不足，最终结果是政府对社会组织的依赖程度相对较低，原因一方面是政府对社会组织的控制性政策，一方面是社会组织的自身能力。通过对社会组织的焦点座谈发现，社会组织对政府的资金依赖关系并不是社会组织自主性较弱的充分条件，而仅是必要条件。座谈中商会负责人的发言并没有提及政府相关部门给予其资金支持的事实，但是这并没有改变其接受来自政府三个管理部门交叉、重复管理的事实，这种多头管理的状况不仅使福建商会在应对不同部门管理中手足无措，更影响了其自主性运作。因此，我们得出社会组织对政府的资金依赖是其自主性弱化的必要条件而非充分条件的结论。简单地说，社会组织对政府的资金依赖并不必然导致其自主性弱化，其自主性弱化的根源在于去自主性的管理制度。

未登记注册的草根社会组织，通常与政府处于共栖关系。即社会组织的自主性较高，政府与社会组织之间资源相互依赖的程度较低。我们通过草根环保社会组织——"绿色北京"的案例来说明共栖关系。同时，在对民政部门工作人员的访谈过程中，我们也进一步印证了这类社会组织与政府的共栖关系。

政府与社会组织共栖和非对称性共生关系的形成，既有来自国家与社会关系、政府与市场关系所反映的共生宏观环境的影响，也有来自政府管理价值取向与政府管理类型、政府管理制度过剩与短缺并存、政府职能转变不到位以及政府针对社会组织的行动策略——选择性信任等因素的影响，更有社会组织内部治理失当、掌控资源有限和公信效用不高的影响。研究中发现社会组织与政府之间共生关系与政府的价值理念和政府的管理类型有某种内在的关联性。在政府取向理念下,政府权力无所不在,政府作为唯一的公共管理主体要么禁止社会组织发展(计划经济时期),要么将社会组织的发展置于自己的严格控制之下(市场经济初期),政府与社会组织共生关系通常为共栖和非对称共生关系。在社会取向理念下,政府权力不再无所不在,政府与市场、政府与社会之间有着清晰的边界和各自的行动疆域,政府、市场、社会组织在社会公共事务中依托各自的优势,各司其职、平等协商、良性互动。政府对社会组织不仅有监管,更强调培育,两者的共生关系通常为对称性互惠共生关系。现阶段共生关系对社会组织的发展带来了一系列的不利影响,包括体制内与体制外社会组织发展不平衡、社会组织功能的偏离、社会组织公共责任缺失、治理主体地位缺失,乃至于延缓了公民社会的发育和成熟。

政府与社会组织之间应建立什么样的共生关系才能有利于双方的发展?这是本书的落脚点。在对我国政府与社会组织共生关系现状及不利影响考察和分析之后,应如何理性构建政府与社会组织的关系?政府与社会组织的共生关系的未来走向如何?在借鉴和比较西方国家与社会组织关系之后,我们提出构建政府与社会组织对称性互惠共生关系的观点,并提出了包括平衡政府与社会组织之间的权力、责任、利益、相互依赖关系和促进社会组织自主性成长的思路。对称性互惠共生关系不仅是政府与社会组织关系发展的理念,更是两者互动的实践。因此,实践中的互动需要具体的发展路径和促进共生关系演进的共生机制来作保障。为此,研究中提出了转变政府观念、改革社会组织管理体制、变革共生制度、规范政府向社会组织购买服务和提升社会组织能力的发展路径,并在政府与社会组织互动的过程中提倡建立健全有利于发展对称性互惠共生关系的共生机制——信任机制、监督机制、责任机制、沟通与协调机制和竞合机制。

尽管政府与社会组织关系问题研究已经成为"显学",但是政府与社会组织的共生关系还是一项崭新的研究,尚处于起步、探索阶段,更何况这项研究涉及多学科理论知识的交叉与互鉴,其复杂性无异于一项纷繁复杂的系统工程,加之调研资料获取的难度,因此研究开展的过程是艰难的,研究的发现和结论也在所难免有以偏概全之嫌,进而言之,研究结论的解释力是否能在更大的范围内获得认同尚需要进一步的验证, 研究中出现的问题有待于在后续的研究过程中加以改进。

附　录

附录A　《政府与社会组织共生关系研究》的访谈提纲

一、访谈对象:政府部门工作人员

您好,我是南开大学周恩来政府管理学院行政管理专业博士研究生。因为撰写毕业论文的需要,希望向您了解一下政府与社会组织关系、政府向社会组织购买服务等情况,从而为建设更加科学合理、更能激发社会组织活力的政府与社会组织共生关系提供现实依据。本人承诺此次访谈所获资料仅用于学术研究,并对透露身份的内容做匿名处理,请您放心!

二、访谈内容

(一)当地社会组织发展的基本情况

1. 近年来,当地政府在社会组织发展上的总体思路? 社会组织发挥的主要功能? 如公共服务提供、人民调解、政策参与。

(二)政府社会组织管理情况

2. 是否对行业协会商会类、科技类、公益慈善类和城乡社区服务类社会组织实行直接登记？直接登记后，如何监管这些没有业务主管单位的社会组织？现行社会组织的准入制度分为登记注册、备案注册(谁负责备案)。

3. 社会组织负责人的产生是政府部门选派还是社会组织通过选举自主决定？政府公务员是否兼任社会组织负责人？

4. 政府对社会组织有无财政支持？财政资助的形式？(财政拨款、购买服务及其他形式)

5. 政府对社会组织高层人事安排的介入和财政资助是否具有选择性？选择性的标准通常是什么？政府行政干预主要涉及哪类社会组织？(官办社会组织、民办社会组织)如果方便，举例说明。政府的优惠政策和财政资助能否平等面向所有合法性社会组织？

6. 政府与社会组织之间如何沟通？是否有沟通协调的制度化平台？

7. 政府是如何监管社会组织的？现有的监管体制下是否能做到有效监管？您对未来监管改革有何建议？

8. 政府对未注册的社会组织的基本情况是否了解？与未注册组织之间是否有业务上的往来？为什么？对它们是否有监管？这些社会组织是否对政府进行监督？

9. 当前政府与社会组织是否开展了向社会组织购买服务？合作的领域、合作的形式主要有哪些？合作对象的选择是竞争性的还是非竞争性的？社会组织在与政府的合作中是否有话语权？政府如何评估合作的绩效？

10. 北京、上海等地建立了枢纽性社会组织，您这里是否也有类似的组织？

(三)政府对社会组织管理的未来规划

11. 在对社会组织的监督上，是否引入多元监督主体，发挥社会监督的力量？

12. 目前，影响和制约社会组织发展的困境有合法性、资金、人才或者其他因素，政府在社会组织解决困境过程中应当发挥什么样的角色？理想状态下，政府应该如何引导组织发展，与社会组织应是什么样的关系？不同类型

的社会组织与政府的关系如何?(社会团体、民办非企业单位、基金会)

您觉得就政府与社会组织关系还有什么需要补充的吗?

此次访谈到此结束,非常感谢您的参与和配合!

附录B 《政府与社会组织共生关系研究》的访谈提纲

一、访谈目的

您好,我是南开大学周恩来政府管理学院行政管理专业博士研究生。因为撰写毕业论文的需要,希望向您了解贵组织成立、运行以及与政府互动关系的基本情况,从而为建设更加科学合理、更能激发社会组织活力的政府与社会组织共生关系提供现实依据。本人承诺此次访谈所获资料仅用于学术研究,并对透露身份的内容做匿名处理,请您放心!

二、访谈对象:社会组织工作人员

三、访谈内容

(一)社会组织的发展历史

1. 组织成立时间、目的、服务宗旨、有无业务主管单位、登记注册情况。

2. 组织发起成立的动力(政府发起成立、社会发起成立、政府与社会共同成立)。

(二)社会组织的基本架构

3. 组织主要负责人的基本情况,组织的负责人是组织通过选举产生还是由政府相关部门选派或是其他方式产生？组织专职兼职工作人员情况？

4. 组织是否有章程？组织运行是否与章程保持一致？如是否定期召开会员大会、理事会？

5. 组织的资金来源有哪些？（会员费、服务性收费、政府财政支持、基金资助）各种资金来源的大概比例是多少？

（三）社会组织运行情况

6. 组织开展日常活动经常接触的部门有哪些？双方在日常管理中是如何沟通的？

7. 业务主管单位在哪些方面参与到组织的管理中，参与的程度如何？组织开展活动前是否需事先审查，活动结束后是否需要向政府汇报？

8. 您所理解的组织自主性是什么？业务主管单位和登记注册机关对组织的监督和管理是否影响了组织的自主性？组织自主性程度如果分为低、中、高，您认为贵组织属于哪一种？为什么？

9. 政府有无从贵组织购买服务的经历？有的话，基本的情况如何？什么时间购买、购买的形式是通过招投标还是项目委托或是其他形式？如果没有的话，今后是否有这种可能性？作为组织如何争取参与到政府购买服务中去，去争取政府的财政支持？

10. 贵组织与政府资源相互依赖情况，组织对政府的依赖有哪些？（合法性、资金、制度等）政府对组织的依赖有哪些？（承接政府转移职能、提供公共服务等）如果相互依赖程度分为低、中、高，您认为贵组织属于哪一种？为什么？

11. 政府对贵组织有无监管？监管的形式是什么？社会公众和媒体有无对组织监督？

12. 贵组织信息公开情况如何？现有的政府法规是否要求对部分内容强制性披露？

13. 在组织发展过程中，组织是否主动寻求与政府合作？在与政府的合作中双方的地位是否是平等的？

（四）组织面临的困境

14. 目前，影响和制约组织发展的困境有哪些？合法性、资金、人才或者其他因素？依照困难程度从大到小的顺序依次是？组织如何破解这些发展困境？

15. 在您看来政府应该创造什么样的环境来引导组织发展，政府与组织目前是什么样的关系？理想状态下两者应是什么样的关系？能否实现平等互惠的关系？

您觉得就政府与社会组织关系还有什么需要补充的吗？

此次访谈到此结束，非常感谢您的参与和配合！

附录C 《政府与社会组织共生关系研究》访谈编号

民政部门工作人员访谈（zhA. nG. 001）

民政部门工作人员访谈（liu002）

街道办事处工作人员访谈（xinG. 003）

某市医学会（社会组织001）

某市电力行业协会（社会组织002）

某省商会（社会组织003）

某市联合助学基金会（社会组织004）

某市职业培训学校（社会组织005）

某市国际经济管理研究中心（社会组织006）

附录D 社会组织发展状况调查问卷

您好！感谢您百忙之中抽出时间对本问卷进行填报。我们是天津财经大学公共事业管理专业的大三学生，现正做关于中国社会组织发展状况的研究，此问卷是为了解社会组织发展建设的现状。此问卷调查仅做学术研究之用,我们将严格保密,希望您能如实填写并提出合理化建议! 再次感谢您对课题研究的支持!

填答说明:

填答时请在选项编号(A、B……)前打钩,或将答案直接填写在括号内。

1.你们的社会组织的类型是? (　　　)

A. 社会团体 　　　　　　　　B. 民办非企业

C. 公募基金会 　　　　　　　D. 非公募基金会

2. 贵组织的登记情况? (　　　)

A. 民政部门登记 　　　　　　B. 工商登记

C. 未注册 　　　　　　　　　D. 免登记

3. 贵组织的业务范围(可多选)? (　　　)

A. 教育

B. 救灾济贫等慈善事业

C. 残疾人、妇女、儿童等弱势群体关注

D. 环境保护

E. 艺术文化

F. 科学技术

G. 社区发展

H. 公益支持

I. 政策倡导

J. 其他

4. 您所在组织成员(专职人员和兼职人员数量,不含志愿者)人数是? (　　　)

A. 5人以下 　　　　　　　　B. 5~10人

C. 10~20人 　　　　　　　　D. 21~30人

E. 31~50人 　　　　　　　　F. 50人以上

5. 贵组织专职工作人员人数情况?（　　　）

A. 具有与章程规定的业务工作相适应的工作人员人数

B. 专职工作人员人数偏少

C. 专职工作人员人数过少,业务工作开展困难

6. 贵组织专职工作人员学历为本科及以上所占比例?（　　　）

A. 40%以下　　　　B. 40%~70%　　　　C. 70%以上

7. 贵组织专职工作人员年龄分布情况?（　　　）

A. 基本为离退休人员

B. 基本为学校刚刚毕业学生

C. 离退休人员与刚刚毕业学生比例分别不超过工作人员总数的20%

8. 近三年来,贵组织工作人员是否接受过培训?（　　　）

A. 接受过

B. 从未接受过(直接跳至第10题)

9. 贵组织接受过培训的内容通常有哪些?（可多选)（　　　）

A. 提高社会组织服务能力的　　　　B. 财务、专业等知识的

C. 政策、法律信息的　　　　D. 所在产业领域的专业性知识

E. 人事、社保政策信息　　　　F. 其他[请列举]

10. 对于工作人员的培训,根据贵组织的情况,您认为最急需的是（　　　）

A. 社会组织的组织管理方面　　　　B. 会员的组织管理方面

C. 国家政策法规方面　　　　D. 项目管理方面

E. 筹资策略方面　　　　F. 管理能力与知识方面

G. 其他[请说明]＿＿＿＿＿＿＿

11. 贵组织的资金状况?（　　　）

A. 经费充足　　　　B. 经费比较充足

C. 经费不充足　　　　D. 经费十分困难

12. 贵组织的经费来源是(可多选)?（　　）

A. 政府给予资助

B. 社区给予资助

C. 成员募捐

D. 由负责人解决

13. 你们的组织发展的动力来源是(可多选)?（　　）

A. 政府支持

B. 社区主任等社会工作者推动

C. 社区居民客观需要

D. 非营利组织负责人的热心推动

E. 成员的参与和关心

14. 您认为以下哪几个方面管理能力对于贵组织是最重要的?（限选三个)（　　）

A. 对社会组织的日常运作组织管理的能力

B. 组织动员会员的能力

C. 对社会组织的把握与认知高度

D. 开发有偿经营项目的能力

E. 谋求组织创新与发展的能力

F. 提高为会员服务的能力

G. 提高与政府的协调能力

H. 把握政策环境的能力

I. 其他[请说明]＿＿＿＿＿＿＿

15. 您觉得现阶段社会组织存在哪些不足?（可多选)（　　）

A. 信息公开程度不够

B. 执行力不高、活动低效率

C. 内部管理不完善

D. 公信力不高

E. 其他

16. 现阶段社会组织自身在公信力建设上面应该做哪方面的改进?（可多选)（　　）

A. 加强组织管理和自我监督机制的建设

B. 服务质量有待提高

C. 资金的使用效率有待提高

D. 加强信息公开,全面建设信息化大众化的平台建设

E. 提升工作人员的素质

H. 其他

17. 在能力建设方面,贵组织目前面临的问题有:(可多选)(　　)

A. 行政干预太多,体制不顺　　　　B. 缺乏人才

C. 缺乏资金　　　　　　　　　　　D. 缺乏国家政策

E. 缺乏社会支持　　　　　　　　　F. 社会组织自身素质有待提高

G. 其他[请说明]＿＿＿＿＿＿

18. 您认为贵组织与政府相关部门的联系?(　　)

A. 非常密　　　　　　　　　　　　B. 关系一般

C. 联系不多　　　　　　　　　　　D. 不好说

19. 近三年来,贵组织是否与政府建立合作关系?(　　)

A. 建立

B. 未建立(直接跳转至第24题)

20. 贵组织承接的政府项目是何种形式?(　　)

A. 委托购买　　　　　　　　　　　B. 资金补贴

C. 无偿服务　　　　　　　　　　　D. 其他方式[请说明]＿＿＿＿

21. 贵组织承接的政府项目采取何种方式获取?(可多选)(　　)

A. 依据法律法规进行授权　　　　　B. 由政府公共平台集中招标采购

C. 定向签订长期合作协议　　　　　D. 签订短期合作协议

E. 定向补贴　　　　　　　　　　　F. 其他方式[请说明]＿＿＿＿

22. 政府对委托的项目进行何种形式的考核?(　　)

A. 项目审计　　　B. 项目绩效评估　　C. 其他[请说明]＿＿＿＿

23. 贵组织曾接受过政府部门什么类别的资助?(可多选)(　　)

A. 项目资金　　　　　　　　　　　B. 财政拨款

C. 税收优惠　　　　　　　　　D. 财政补贴

E. 其他［请说明］_____

24. 贵组织在承接政府项目中主要面临哪些困难？（可多选）（　　）

A. 社会组织人才短缺　　　　　B. 信息不对称，无法获知相关信息

C. 资金不足　　　　　　　　　D. 税收政策优惠无法落实

E. 政府职能部门不愿放权　　　F. 存在法律法规方面的障碍

G. 缺乏透明、公平的采购程序　H. 缺乏相应的采购标准

I. 组织自身能力不足　　　　　J. 其他方式［请说明］_____

25. 您认为政府向社会组织购买公共服务可能存在的风险程度？（　　）

A. 一般　　　　　　　　　　　B. 较大

C. 较小　　　　　　　　　　　D. 没有风险

26. 您认为政府向社会组织购买公共服务存在哪些风险？（可多选）（　　）

A. 政府所购买公共服务与公民的需求脱节

B. 社会组织提供公共服务的公共性弱化倾向

C. 社会组织提供公共服务的效率不高

D. 社会组织提供公共服务对服务对象的回应性不高

E. 社会组织垄断某一种公共服务的提供

F. 政府对社会组织提供公共服务行为监管不到位

G. 其他风险［请说明］_____

27. 政府所购买公共服务与公民的需求脱节风险发生的可能性？（　　）

A. 极高　　　　　　　B. 高　　　　　　　　C. 中等

D. 低　　　　　　　　E. 极低

28. 政府所购买公共服务与公民的需求脱节风险的危害性？（　　）

A. 极高　　　　　　　B. 高　　　　　　　　C. 中等

D. 低　　　　　　　　E. 极低

29. 社会组织提供公共服务公共性弱化发生的可能性?（　　）

A. 极高　　　　　　　B. 高　　　　　　　C. 中等

D. 低　　　　　　　　E. 极低

30. 社会组织提供公共服务公共性弱化的危害性?（　　）

A. 极高　　　　　　　B. 高　　　　　　　C. 中等

D. 低　　　　　　　　E. 极低

31. 社会组织提供公共服务效率不高的可能性?（　　）

A. 极高　　　　　　　B. 高　　　　　　　C. 中等

D. 低　　　　　　　　E. 极低

32. 社会组织提供公共服务效率不高的危害性?（　　）

A. 极高　　　　　　　B. 高　　　　　　　C. 中等

D. 低　　　　　　　　E. 极低

33. 社会组织垄断某一种公共服务提供发生的可能性?（　　）

A. 极高　　　　　　　B. 高　　　　　　　C. 中等

D. 低　　　　　　　　E. 极低

34. 社会组织垄断某一种公共服务提供的危害性?（　　）

A. 极高　　　　　　　B. 高　　　　　　　C. 中等

D. 低　　　　　　　　E. 极低

35. 政府对社会组织提供公共服务行为监管不到位发生的可能性?（　　）

A. 极高　　　　　　　B. 高　　　　　　　C. 中等

D. 低　　　　　　　　E. 极低

36. 政府对社会组织提供公共服务行为监管不到位发生的危害性?（　　）

A. 极高　　　　　　　B. 高　　　　　　　C. 中等

D. 低　　　　　　　　E. 极低

37. 您认为政府向社会组织购买公共服务可能存在的风险与购买形式（委托购买、竞争性购买）是否有关系？（   ）

A. 是　　　　　　　　B. 否

38. 您所在组织每年大概的活动资金为？（   ）

A. 10万元以下　　　　B. 10万—50万元　　　　C. 50万元以上

39. 您对社会组织建设有什么建议？

感谢您在百忙之中完成这份问卷，感谢您的支持和配合。衷心祝愿贵组织在新的一年发展得越来越好！

参考文献

一、中文著作类

1. 陈林. 非营利组织法人治理[M]. 北京:洪叶出版社,2004.

2. 陈金罗,刘培峰. 转型社会中的非营利组织监管[M]. 北京:社会科学文献出版社,2010.

3. 程昔武. 非营利组织治理机制研究[M]. 北京:中国人民大学出版社,2008.

4. 邓国胜. 非营利组织评估[M]. 北京:社会科学文献出版社,2001.

5. 邓国胜等. 事业单位治理结构与绩效评估[M]. 北京:北京大学出版社,2008.

6. 国务院发展研究中心社会发展研究部课题组. 社会组织建设现实、挑战与前景[M]. 北京:中国发展出版社,2011.

7. 何增科. 公民社会与第三部门[M]. 北京:社会科学文献出版社,2000.

8. 康晓光. 依附式发展的第三部门[M]. 北京:社会科学文献出版社,2011.

9. 康晓光. 权力的转移——转型时期中国权力格局的变迁[M]. 杭州:浙江人民出版社,1999.

10. 李良贤. 基于共生理论的中小企业竞合成长研究[M]. 北京:经济管理出版社,2011.

11. 廖鸿,石国亮,朱晓红. 国外非营利组织管理创新与启示[M]. 北京:中国言实出版社,2011.

12. 刘培峰,谢海定. 民间组织发展与管理制度创新[M]. 北京:社会科学文献出版社,2012.

13. 刘玉能,高力克. 民间组织与治理:案例研究[M]. 北京:社会科学文献出版社,2012.

14. 沈亚平. 公共行政研究[M]. 天津:天津人民出版社,2013.

15. 苏力等. 规制与发展——第三部门的法律环境[M]. 杭州:浙江人民出版社,1999.

16. 陶传进. 社会公益供给——NPO、公共部门与市场[M]. 北京:清华大学出版社,2005.

17. 汪锦军. 走向合作治理:政府与非营利组织合作的条件、模式和路径[M]. 杭州:浙江大学出版社,2012.

18. 王名. 非营利组织管理概论[M]. 北京:中国人民大学出版社,2002.

19. 王名,李勇,廖鸿,黄浩明. [M]. 北京:社会科学文献出版社,2007.

20. 王名,李勇,黄浩明. 美国非营利组织[M]. 北京:社会科学文献出版社,2012.

21. 王名,刘国翰,何建宇. 中国社团改革——从政府选择到社会选择[M]. 北京:社会科学文献出版社,2001.

22. 王名,刘培峰等. 民间组织通论[M]. 北京:时事出版社,2004.

23. 王绍光. 多元与统一:第三部门国际比较研究[M]. 杭州:浙江人民出版社,1999.

24. 吴玉章,谢海定,刘培峰. 中国民间组织大事记[M]. 北京:社会科学文献出版社,2010.

25. 徐晞. 我国非营利组织治理问题研究[M]. 北京:知识产权出版社,2009.

26. 俞可平. 治理与善治[M]. 北京:社会科学文献出版社,2000.

27. 张勤. 中国公民社会组织发展研究[M]. 北京:人民出版社,2008.

28. 周志忍等. 自律与他律——第三部门监督机制个案研究[M]. 杭州:浙江人民出版社,1990.

二、英文著作类

29. Joan M. Hummel. Starting and Running a Nonprofit Organization[M]. University of St. Thomas,1996.

30. Werther J. W. B.,Berman E. Third Sector Management:The Art of Managing Nonprofit Organizations[M]. Washington,D. C:Geogetown University Press,2001.

31. Weisbrod B. A. Comparing Behavior of For-profit and Non-profit Organizations:Does Institutional Form Matter?[M]. Presentation at Center on Philanthropy,Indiana University,November,1993.

32. Young D. R.. Executive Leadership in Nonprofit Organization. In W. W. Powell,Eds. The Nonprofit Sector:A Research Handbook[M]. Yale University Press,1987.

三、中文论文类

33. 陈晓春,李苗苗. 非营利组织的发展:动力、机制与作用[J]. 湖南大学学报(社会科学版),2006,(1).

34. 陈晓春,赵晋湘. 非营利组织失灵与治理之探讨[J]. 财经理论与实践,2003,(2).

35. 陈再福. 非营利组织发展与我国的对策研究 [J]. 经济与社会发展,

2003,(8).

36. 崔开云. 中国政府与非政府组织间关系———一个总体性研究[J]. 理论探讨,2009,(4).

37. 崔玉开. "枢纽型"社会组织:背景、概念与意义[J]. 甘肃理论学刊,2010,(5).

38. 党政军. 监督是提高非营利组织公信力的关键——来自美国的经验与启示[J]. 学习月刊,2008,(5).

39. 董文琪,王远松. 浅析社会组织管理的制度缺陷与改进对策[J]. 经济与社会发展,2009,(3).

40. 董文琪. 政府、企业及非营利组织的共生关系探析[J]. 江淮论坛,2006,(02).

41. 扶松茂. 社会组织的实践基础及其社会建设功能研究[J]. 社团管理研究,2011,(10).

42. 郭国庆. 国外非营利组织的界定与分类研究[J]. 市场与人口分析,1999,(6).

43. 郭小聪,文明超. 合作中的竞争:非营利组织与政府的新型关系[J]. 公共管理学报,2004,(1).

44. 韩俊魁. 功能平衡与非营利组织的可持续发展[J]. 中国非营利评论,2008,(1).

45. 黄茜. 非对称性依赖:我国政府与社会组织关系分析——基于三省市的调查[D]. 哈尔滨:黑龙江大学,2012.

46. 吉莉. 非营利组织与企业合作的匹配性研究[J]. 时代金融,2009,(8).

47. 金雪军,郑明海. 比较视角下非营利组织治理的缺陷与重构——基于非分配约束特性的分析[J]. 发展研究,2008,(3).

48. 康晓光,韩恒. 行政吸纳社会:当前中国大陆国家与社会关系再研究[J]. 中国社会科学,2007,(2).

49. 李国武. 公共服务领域政府与社会组织关系研究[J]. 科学决策,2011,(7).

50. 李莉,刘晓燕. "协同治理"视角下的社会组织公共服务供给[J]. 城市观察,2012,(2).

51. 李培林,徐崇温,李林. 当代西方社会的非营利组织——美国、加拿大非营利组织考察报告[J]. 河北学刊,2006,(2).

52. 廖鸿. 我国民间非营利组织发展的机遇与挑战[J]. 中国民政,2005,(2).

53. 刘畅. 非赢利组织的治理结构探索[J]. 社会科学,2006,(4).

54. 刘俊. 非营利组织的公共责任探讨——以中国红十字会为例[J]. 科技创业月刊,2013,(10).

55. 刘晓佳. 中国非营利组织现状探析[J]. 国家行政学院学报,2003,(5).

56. 马庆钰. 论政社分开与社会组织管理改革[J]. 行政管理改革,2010,(7).

57. 马迎贤. 从代理理论的角度谈非营利组织治理[J]. 财会月刊,2006,(4).

58. 马迎贤. 非营利组织理事会:一个资源依赖视角的解释[J]. 经济社会体制比较,2005,(4).

59. 毛刚,我国非营利组织内部治理机制研究[D]. 重庆:西南交通大学,2005.

60. 钱颜文,姚芳,孙林岩. 非营利组织治理及其治理结构研究:一个对比的视角[J]. 科研管理,2006,(02).

61. 沈亚平,郭琦. 从公共服务型政府到社会取向型政府. 生产力研究[J],2006,(10).

62. 宋程成,蔡宁,王诗宗. 跨部门协同中非营利组织自主性的形成机制——来自政治关联的解释[J]. 公共管理学报,2013,(4).

63. 孙发峰. 选择性扶持和选择性控制:我国社会组织管理体制改革的新动向[J]. 上海行政学院学报,2012,(5).

64. 孙华. 从弱权到增权:社会组织能力建设研究——以南京社会组织发展为例[J]. 今日中国论坛,2013,(12).

65. 孙录宝. 社会组织提升社会管理与公共服务能力研究[J]. 中共青岛市委党校青岛行政学院学报,2013,(1).

66. 孙强. 关于社会组织基本概念的几个问题[J]. 学理论,2009,(10).

67. 谭日辉. 社会组织发展的深层困境及其对策研究[J]. 湖南师范大学社会科学学报,2014,(1).

68. 唐文玉,马西恒. 去政治的自主性:民办社会组织的生存策略——以恩派(NPI)公益组织发展中心为例[J]. 浙江社会科学,2011,(10).

69. 田凯. 西方非营利组织理论述评[J]. 中国行政管理,2003,(06).

70. 万江红,张翠娥. 近十年我国民间组织研究综述[J]. 江汉论坛,2008,(4).

71. 万江红，张小玉. 中国民间组织在建构和谐社会中的社会功能探析[J]. 广东省社会主义学院学报,2006,(2).

72. 王名,孙伟林. 我国社会组织发展的趋势和特点[J]. 中国非营利评论,2010,(1).

73. 王名,贾西津. 中国 NGO 的发展分析[J]. 管理世界,2002,(8).

74. 王名,佟磊. 清华 NGO 研究的观点与展望[J]. 中国行政管理,2003,(3).

75. 王名. 改革民间组织双重管理体制的分析和建议 [J]. 中国行政管理,2007,(4).

76. 王妮丽. 非营利法人治理对公司治理的借鉴与创新 [J]. 行政与法,2006,(12).

77. 王绍光. 促进中国民间非营利部门的发展[J]. 管理世界,2002,(8).

78. 王伟昌. 非营利组织的治理和评估[J]. 云南行政学院学报,2005,(4).

79. 王义. 政府对民间组织管理的控制性倾向及其矫正[J]. 行政论坛,2010,(5).

80. 尉俊东,赵文红,万迪防. 非营利组织治理研究综述[J]. 经济学动态,2005,(11).

81. 文青. 在新形势下大力推进社会组织法制建设——2012 年社会组织

法制建设论坛综述[J]. 社团管理研究,2012,(3).

82. 夏建中,张菊枝. 我国社会组织的现状与未来发展方向[J]. 湖南师范大学社会科学学报,2014,(1).

83. 夏龙. 关于我国社会组织双重管理体制改革的探索与思考[J]. 改革与开发,2012,(2).

84. 谢蕾. 西方非营利组织理论研究的新进展[J]. 国家行政学院学报,2002,(1).

85. 徐崇温. 非营利组织的界定、历史和理论[J]. 中国党政干部论坛,2006,(5).

86. 徐菲. 民间组织自主性缺失的原因探讨——从民间组织和政府的互动关系角度[J]. 社会工作,2012,(9).

87. 徐汝华. 第三部门在中国：现状与制度化路径选择 [J]. 武汉学刊,2008,(2).

88. 徐宇珊. 放权与赋权——政府推动下的公民社会成长之路[J]. 特区实践与理论,2010,(2).

89. 许鹿,李云. 社会组织在政治关联中的自主性生产何以可能？——评跨部门协同中非营利组织自主性的形成机制[J]. 公共管理学报,2013,(4).

90. 闫宏伟. 第三部门公共责任与监督机制研究[J]. 改革与开发,2010,(6).

91. 颜克高. 信息披露与非营利组织失灵的治理[J]. 探索与争鸣,2007,(11).

92. 杨朝聚. 我国非营利组织的行政化及其影响[J]. 华北水利水电学院学报(社科版),2007,(6).

93. 叶常林. 非营利组织失灵:组织边界之模糊与清晰[J]. 中国行政管理. 2006,(6).

94. 于水. 共性视角下我国非营利组织行为异化问题研究[J]. 江汉论坛,2008,(12).

95. 虞维华. 非政府组织与政府的关系——资源相互依赖理论的视角[J]. 公共管理学报,2005,(2).

96. 曾维和. 非营利组织治理中的综合监督机制探讨[J]. 兰州学刊,

2004,(3).

97. 詹少青,胡介埙. 西方政府——非营利组织关系理论综述[J]. 外国经济与管理,2005,(9).

98. 战建华. 我国社会组织管理体制改革的实践分析——基于北京、上海、深圳等地社会组织体制改革的思考[J]. 学会,2009,(7).

99. 张才新,夏伟明. 我国非营利组织的发展与政府规制[J]. 广东青年干部学院学报,2003,53(17).

100. 张丹丹,沈关宝. 公民社会的发育与形成——民间社会组织的培育与公民的有序参与[J]. 学术界,2011,(6).

101. 张洪武. 非营利组织利益相关者责任治理研究[J]. 中共天津市委党校学报,2008,(1).

102. 张康之. 论信任的哀落与重建[J]. 湖南社会科学,2008,(1).

103. 张康之. 有关信任话题的几点新思考[J]. 学术研究,2006,(1).

104. 张沁洁,王建平. 行业协会的组织自主性研究——以广东省级行业协会为例[J]. 社会,2010,(5).

105. 张旭. 基于共生理论的城市可持续发展研究[D]. 哈尔滨:东北农业大学,2004.

106. 张宇,刘伟忠. 地方政府与社会组织的协同治理:功能阻滞及创新路径[J]. 南京社会科学,2013,(5).

107. 郑琦,乔昆. 社会组织登记管理体制改革:模式比较与路径选择[J]. 理论与改革,2011,(1).

108. 郑琦. 社会组织登记管理体制:国际经验及其启示[J]. 学会,2012,(4).

109. 郑苏晋. 政府购买公共服务:以公益性非营利组织为重要合作伙伴[J]. 中国行政管理,2009,(6).

110. 仲伟周. 中国非营利组织行为的研究现状与未来趋势[J]. 预测,2003,(3).

111. 周美芳. 论非营利组织治理理论与我国非营利组织治理的方向[J].

经济纵横,2005,(8).

112. 朱云杰,孙林岩. 发达国家非营利组织治理研究评述[J]. 公共管理,2005,(12).

113. 祝建兵. 非营利组织信息披露政府管制的理论依据与现实路径[J]. 商业时代,2008,(21).

四、英文论文类

114. Block S. R. Boards of Directors. In J. Steven Ott,Eds. Understanding Nonprofit Organization:Governance,Leadership,and Management[J]. Westview Press,2001.

115. David O. Renz. An Overview of Nonprofit Governance. Philanthropy in the US:An Encyclopedia[J]. Dwight Burlingame,2002.

116. Fishman,R. &Hubbard,GR.Precautionary Savings & the Governance of Non-profit Organizations[J]. Journal of Public Economics,2005,(89).

117. Hallock,K. F. Managerial Pay and Governance in American Nonprofits [J]. Industrial Relations,2002,(7).

118. Hart O. Corporate Governance:Theory and Implication[J]. Economics of Jourmal,1995,(3).

119. Jenson M,Meckling W. Theory of the Firm:Managerial Behavior,Agency Costs and Ownership Structure[J]. Journal of Financial Economics,1976,3(4).

120. Koppell J. G. S. Pathologies of Accountability:ICANN and the Challenge of Multiple Accountabilities Disorder [J]. Public Administration Review. 2005,65,(1).

121. Kramer R. M. A. Third Sector in the Third Millennium?[J] Voluntas: International Journal of Voluntary and Nonprofit Organizations,2000,11(1).

122. Saidel J. R.,Harlan S. L. Contracting and Patterns of Nonprofit Governance[J]. Nonporfit and Voluntary Sector Quarterly,1998,8(3).

123. Salamon L. M.,Anheier H. K. Social Origins of Civil Society:Explaining the Nonprofit Sector Cross-nationality[J]. Voluntas,1998,(9):213-248.

124. Young,Dennis R. Alternative Models of Government-Nonprofit Sector Relations:Theoretical and International Perspectives[J]. Nonprofit and Voluntary Sector Quarterly,2000,29,(1).

后 记

"人生天地之间,若白驹之过隙,忽然而已。"此时此刻,拙作即将付梓之际,内心五味杂陈。既有对时光流逝的慨叹,又有对夜以继日奋笔疾书暂告一段的欣慰,更有着书稿即将面临"裁定"的惶恐与惴惴不安。本书是在我博士论文的基础上进一步修改而成。回首撰写博士论文和修改书稿的日子,内心少了一些波动,多了一些平静和不舍。在体味内心感受的同时,更应该怀着感恩的心去感谢这些年给予我帮助的人。

饮水思其源,学成念吾师。首先要感谢我的导师沈亚平教授。多年来,沈老师谦和的人格魅力、严谨的治学态度、敏锐的学术洞察力、深厚的理论功底和宽以待人的博大胸怀使我受益终生。沈老师是我学术道路上的引路人,从硕士到博士有幸一直师从沈老师,他引领我进入公共管理领域学习和研究的大门,置身广博的学术殿堂而乐此不疲。怀念为先生做助教的日子,感谢先生让我有机会站在南开的讲台上,体会作为一名教师肩上所担负的崇高使命。先生不仅传授知识,更注重培养我的学术自信。在博士论文选题面临能否做下去时,我几次犹豫不决,但先生每一次都给我莫大的鼓励,并为我指点迷津。在我博士论文的写作过程中,先生倾注了大量的心血,没有他始终如一的叮嘱、鼓励和指导,我是无法完成论文的写作的。师恩难忘,无以言表。导师的教诲和恩情我会永远铭记在心。

感谢南开大学周恩来政府管理学院王骚教授、常健教授、金东日教授、谭融教授、杨龙教授、孙涛教授和徐晓日副教授,他们闪烁的思想火花和智慧使我受益匪浅。学院研究生办公室的黄怡老师、高翔老师、黄晓燕老师,辅导员高阳老师及其他老师也给予了我巨大的帮助。

感谢南开大学的各位同门和各位同学,尤其要感谢我的师兄张金刚,师姐张宇、闫章荟、王瑜及其他同门师兄师妹对我的支持与帮助。感谢2011级行政管理博士班所有同学三年来对我的关怀,与他们一起学习、讨论是非常快乐和有收获的。特别感谢班长张春颜三年来给予我的帮助。

感谢天津财经大学成人教育学院的领导和科里同事在我博士论文写作期间对我的支持与理解,特别感谢洪涛为整理录音材料所付出的艰辛。感谢天津财经大学经济学院的各位领导、财政与公共管理系的各位领导和同事们在书稿写作过程中给予我的鼓励和支持!

感谢南开大学社会学系吕小康副教授、市委政策研究室屈波科长、中国社科院人口研究所的土磊副研究员,感谢受访的民政部门和街道办事处工作人员,以及参加焦点座谈会的社会组织负责人。感谢我的学生张妍瑸为联系访谈工作所做的努力。感谢天津财经大学财政与公共管理系公共事业管理1401班学生为问卷调查所做的努力。

特别感谢我的家人,攻读博士期间我深刻体会到了无私的亲情和真挚的爱情给予我的无穷力量。感谢时刻牵挂着我的父母、岳父岳母,是他们的关爱、鼓励和支持使我鼓足了前进的勇气。特别感谢我的父母,在身体健康状况欠佳的情况下依然不遗余力地帮我照顾幼女和料理琐碎家务,解除了我学习和工作的后顾之忧。感谢我的妻子对我学业的默默支持和在家庭生活中的无私奉献,使我能专注于学习。感谢我的女儿沫沫,她的到来带给了我更多的责任、动力和希望,她与我的博士论文和书稿共同成长。感谢我的姐姐们肩负了照顾父母的责任,支持我完成了学业。

感谢天津人民出版社的副总编王康老师,编辑郑玥、王玲老师,正是她们高效率的工作和辛勤的付出才使得本书得以顺利出版。

对于政府与社会组织共生关系,本书只是进行了初步研究,对于书中不当之处,欢迎同行和读者批评指正。

刘志辉

2017年8月9日